Montesquieu

A Critical Biography

孟德斯鸠评传

Robert Shackleton

〔英〕罗伯特·夏克尔顿

著

*

兴 许明龙 刘明臣

译

上海人民出版社

再版译者序

　　流年似水，岁月犹如山间的小溪奔流不息一泻千里，汇入江河海洋。这本《孟德斯鸠评传》离第一版的出版，已有30余年，本人也从青壮年步入垂垂老矣的行列。诚如一首诗所云："四季轮回又一冬，流年似水去无踪，不见当年少年郎，如今已是白发翁。"今年的冬天又特别寒冷，不久前下了一场大雪，飘飘洒洒，让北京城内城外，都披上了一片银白色的冬装。就在此时，我接到了由上海人民出版社孙瑜先生打来的电话，告诉我上海人民出版社准备再重印一次《孟德斯鸠评传》，并出精装版。我一时回不过神，有些疑惑，这本评传已出版30余年，2018年又出版了重新修订过的第二版，现在又要出精装版，担心会得到读者的认可和欢迎吗？但是我又转眼换位思考了一下，出版社是最了解图书市场的，他们最贴近和了解读者的需求，虽然近些年来受到网络图书的冲击，但仍有不少读者喜欢纸质版图书，于是心觉坦然，应当支持他们的工作。图书的价值本来不分新旧，许多经典名著传世至今，长盛不衰，是根本不能用时间去区分的。这样一想，更觉得这是出版社的一个明智之举，便爽快答应了他们的要求。

　　说起我与这本《孟德斯鸠评传》的缘由，就要追溯到20世纪80年代中期，那时我在《世界历史》编辑部工作，负责《世界历史》和《世界史研究动态》的编辑出版工作，虽然我自己的专业是世界现代史和现代国际关系史，但在杂志编辑工作中,不免会接触到古代、中世纪和近代史的稿子,尤其当时有一些研究法国启蒙运动的稿子。于是我认真研读由罗大冈先生翻译的《波斯人信札》、由婉玲翻译的《罗马盛衰原因论》以及由张雁深先生翻译的《论法的精神》这三部孟德斯鸠的代表作,颇有一些启发和心得体会,并且找了其他一些研究孟德斯鸠的作品。我觉得国内对孟德斯鸠这位思想家和文化名人的研究是不够充分的,其中对部分问题语焉不详且存在一些概念化、简单化倾向,于是我就写了一篇《关于孟德斯鸠研究中的几个问题》的文章,发表在《世界历史》上。此后发现,国内尚无一本有关孟德斯鸠且有研究深度的传记作品,便产生一个念头:为何不翻译一本有学术水平的孟德斯鸠评传?于是我走访了多家图书馆,终于找到一本拥有丰富资料和较高学术水平的作品,这就是呈现在读者面前的、由英国牛津大学教授罗伯特·夏克尔顿撰写的《孟德斯鸠评传》。由于编辑部工作很忙,书中涉及多种文字,如法文、西班牙文、希腊文、拉丁文等,而且注释甚多,很难在国内找到相关资料,便找了几位合作者,花了三年时间才完成。

作者罗伯特·夏克尔顿是一位研究孟德斯鸠的权威,他从1940年就开始研究,曾去孟德斯鸠在波尔多附近的故居拉布莱德古堡中搜集和研究关于孟德斯鸠的绝大部分资料,还能分辨识别孟德斯鸠曾经用过的11位秘书的笔迹。他走访了孟德斯鸠在欧洲旅行过的每一个国家和地区,搜集孟德斯鸠留下的笔记和其他文献资料,最终才写成了这本《孟德斯鸠评传》,书中对孟德斯鸠的生平、家庭、法院工作、葡萄酒经营、在巴黎沙龙接触的达官贵人与名流,以及科学研究、作品发表和如何了解中国等,都有详细描述和评论。无怪乎法国波尔多孟德斯鸠研究会会长达拉先生如此评价本书:"这是我所见到的孟德斯鸠传记中最好的一种。"可见本书的学术价值之高,是值得一读的著作,也是每一位想了解孟德斯鸠生平和思想的研究者必不可少的参考书。

孟德斯鸠作为一位贵族、法官、葡萄酒经营者、巴黎沙龙的常客、科学家、启蒙思想家,同时还是波尔多科学院院士、法兰西学士院院士、英国皇家学会会员、柏林皇家科学院院士,他的生平经历和思想当然是十分丰富的,这里不再一一赘述,因为在本书第一版的序言中我已作过较为详细的介绍。近几年来,国内对孟德斯鸠的研究并不算很多,但有一套著作是应该引起重视并值得一读的,对于深入研究孟德斯鸠也是大有裨益的,这就是商务印书馆出版的、由许明龙先生翻译的五卷本《孟德斯鸠文集》,作为他的同事和合作者,我曾两次出席过他的新书发布会,并作了发言。这套文集,不仅包括了由许明龙先生重新翻译过的孟德斯鸠的三本代表作,即《波斯人信札》《罗马盛衰原因论》和《论法的精神》,而且第四卷和第五卷完全是新译,其中第四卷包括了《论中国》和《随想录》(选编),第五卷则是《杂文选》。我认为,这些新译的资料,必将对孟德斯鸠研究的深入很有益处。据我所知,这是许明龙先生退休之后花了整整 20 年时间才完成的,他不仅法文英文功底好,更可贵的是做学术的态度极为严肃认真,对此商务印书馆的责编在《光明日报》读书版有详细介绍,可供参考。因为此事与孟德斯鸠研究有密切关系,所以在此顺便介绍一下。可惜许先生于今年 7 月去世,在此也表达对他的怀念和深切哀悼。

这次重版并出精装本完全是由上海人民出版社主动提议的,在此我要对负责此项工作的上海人民出版社副总编辑孙瑜同志和责编邱迪同志表示由衷感谢。没有他们的支持和帮助,这本书是难以问世的。正如清代书画家郑板桥诗云:"咬定青山不放松,立根原在破岩中,千磨万击还坚劲,任尔东西南北风。"这种坚持不懈的精神是值得学习的。

最后想说的是,本书虽然经过认真修订,多次重印出版,但无须讳言,由于水平所限,仍存在许多不足和缺点,恳望从事世界史研究的同行和法律界朋友以及广大读者提出批评意见,不吝指教。本人一定虚心接受,待有机会时改正。

沈永兴

2023 年 12 月 22 日

冬至日于北京华芳园

译者序

呈现在读者面前的这本《孟德斯鸠评传》是由英国著名历史学家罗伯特·夏克尔顿撰写的。他是一位研究孟德斯鸠的专家，早在 20 世纪 40 年代就开始发表有关论文，对孟德斯鸠的生平和思想深有研究。他曾在孟德斯鸠的故居——波尔多附近的拉布莱德古堡整理过孟德斯鸠的遗稿，能辨认孟德斯鸠生前 11 位秘书的笔迹，凡欧洲各国收藏有孟德斯鸠手稿和资料的图书馆，他几乎都去过，可见本书收集的资料是相当丰富和详尽的。同时，这本评传对一些问题也有独到的见解和深刻的分析，描写了孟德斯鸠作为法官、院士、葡萄酒经营者、沙龙常客、旅行家和思想家的详细经历，评述了他的思想和学说的由来及发展，具有相当高的学术水平。这本书曾在 1976 年译为法文，并在法国受到好评。波尔多孟德斯鸠研究会会长达拉先生曾评价说："这是我所见到的孟德斯鸠传记中最好的一种。"可惜夏克尔顿先生已于 1986 年病故，我们在此谨表对他的悼念之意。

由于我国读者多数只接触到已译成中文的孟德斯鸠的三本主要著作，而尚未出版一本像样和可靠的传记，因此，我们认为，将此书译成中文对我国读者是有益的，人们将通过这本书，比较详细地了解到这位 18 世纪的伟大思想家。今年恰逢孟德斯鸠诞生 300 周年，我们谨将此书作为对这位杰出思想家和世界文化名人的一个纪念。

为了使读者对孟德斯鸠有一个概略的了解,同时避免某些不够确切的译法和提法,并抛砖引玉,期望在国内对孟德斯鸠的研究进一步深化,引起争鸣和讨论,我们想借这一序言,对孟德斯鸠的生平和思想,以及孟德斯鸠研究中的若干问题,谈一些不成熟的看法。

一、生平与思想

孟德斯鸠于 1689 年 1 月 18 日出生在法国西南部的重要城市波尔多附近的拉布莱德古堡。他的家庭是一个地位不高的贵族。孟德斯鸠在幼年时曾被送到磨坊里哺养,度过了 3 年清苦的平民生活。11 岁以前,他一直在村里接受教育。1700 年被送进有名的朱伊公学,在这所天主教奥莱托利会办的学校中受到良好的教育,接受一些新的思潮。

1706 年,17 岁的孟德斯鸠回到了波尔多,在波尔多大学专修法律。1708 年获法学学士学位,并取得律师资格。从 1709 年至 1713 年,孟德斯鸠初次到了巴黎,认识了当时的一些著名学者,逐步踏进了巴黎社交圈。

1713 年 11 月 15 日,孟德斯鸠的父亲去世,他因此回到了波尔多。次年,他在波尔多法院任推事。1715 年 4 月 30 日,他与让娜·德·拉尔蒂克结婚。1716 年 4 月 24 日,他的伯父去世,因无子嗣,立下遗嘱,由孟德斯鸠继承了他的产业、爵位和官职,使孟德斯鸠的地位与声望逐渐提高,并且得以认识当时吉耶讷的司令官、詹姆士二世的私生子、当过英国和西班牙将军及法国元帅的贝里克公爵,这位有影响的人物后来给予孟德斯鸠很大的帮助。

孟德斯鸠并没有被法院的事务和社交生活所束缚,他博览群书、钻研学问,从事科学研究和写作。在这期间,他写了《论罗马的宗教政策》《论西塞罗》等论文。他还醉心于自然科学研究,其中包括解剖学、植物学和物理学。1716 年,他当选为波尔多科学院院士。这时的孟德斯鸠已深受哲学家笛卡尔和皮埃尔·培尔的影响,吸收了他们思想中唯物主义的成分。孜孜不倦的学习和研究,为后来他的思想理论的形成打下了坚实基础。

孟德斯鸠的青少年时代是在路易十四这样一位以"朕即国家"为格言

的专制国王统治下度过的,路易十五继位的第二年,孟德斯鸠才刚刚踏上仕途。所以,孟德斯鸠生活的时代,正是法国封建专制主义由盛转衰的时代,法国的资产阶级正在形成和壮大,国王、僧侣、贵族与第三等级的对立日益加深,加上法国与西班牙、奥格斯堡联盟和奥地利发生连年战争,更加剧了社会矛盾。生活在这样的社会背景之下,对法国社会现实十分关注的孟德斯鸠不能不有所感触和认识。他往来于波尔多与巴黎之间,经常出入贵族之家和一些沙龙,结交许多名门权贵、文人学者和贵妇人,对法国这具已经腐朽的封建专制主义的躯体,有较深入的体察和透视;他涉猎很广,阅读过许多古今名著,了解各国的历史和现实,很容易接受先进思想家的新思潮;他本人既是一名学者,又广有地产并亲自经营葡萄种植和酿酒业,而且主要向英国出口。这样的社会环境和经济地位,容易促使他对法国封建制度产生不满,从而打破旧贵族的狭隘眼界,以新的思想和新的角度来观察和思考法国的社会现实,尖锐地抨击法国的专制制度。

经过多年的埋头苦干、潜心著述,1721 年,孟德斯鸠第一本具有广泛影响的名著《波斯人信札》在荷兰阿姆斯特丹匿名出版。这既是一部书信体小说,也是一部闪烁着启蒙思想的哲理性作品。它以新颖独特的构思和具有强烈感染力的生动故事,使这部作品一鸣惊人、轰动文坛,一年之内竟再版了 21 次。这部著作,通过两个波斯人云游法国,与他们的朋友、妻妾、阉奴之间的通信,既描写了东方社会的风貌,也勾勒出一幅路易十四时代法国社会的讽刺画。这本著作针砭时弊、猛烈地批判了封建专制制度,也含而不露地表达了孟德斯鸠的政治观点。

《波斯人信札》的一举成功,使孟德斯鸠踌躇满志,更加频繁地到巴黎去。1726 年,他鬻卖了庭长的职务,便经常住在巴黎。他以贝里克公爵为靠山,结识了军界贵族马蒂翁元帅等人,又经常出入尚蒂伊宫和贝勒巴的社交圈,与一些社交界名人来往密切。在这段比较眷恋巴黎上流社会生活的时间里,他写了《尼德的神殿》《巴弗斯游记》这样比较华丽轻佻、具有洛可可风格的作品。但孟德斯鸠毕竟是一位封建主义的反叛者而决非一个同流合污者,他虽与宫廷有来往,但主要活动圈子是在知识界的社交圈,在朗贝尔夫人的沙龙、奥利瓦教士主持的民间学术团体和由阿拉里教士主持的中楼俱乐部里,他结识了一批文坛名流,一起讨论各种问题,其中《论义务》《论幸福》《论敬重与名望》《论情趣》等就是这一时期的作品。在这些作品中,有的闪烁着他思想中的唯物主义倾向,有的为《论法的精神》作了一些准备,某些重要的观点已在那时形成。

1728 年,他当选为法兰西学士院①院士,使他跻身于这个名流荟萃、声誉卓著的高等学术机构之中,进一步提高了他的声望与社会地位。

从 1728 年 4 月起,孟德斯鸠开始了他漫长的旅行考察,先后到过德、奥、匈、意、荷、英等国,直到 1731 年 5 月才回到故乡。1730 年 2 月 26 日,孟德斯鸠当选为英国皇家学会会员;同年,他加入了共济会。这一次长时间的考察旅行,使他接触到大量材料,了解各国的风土人情,结识了许多著名人物,实地考察了各国的政体结构、经济情况等,对他的思想发展和著述起了很大影响。

1731 年孟德斯鸠回到故里后,一直蜗居在家,读了大量有关古代罗马的著作,整理资料,埋头著书立说,直到 1733 年。其间,曾写过《论欧洲一统王国》《论英格兰政制》等文章。1734 年,《罗马盛衰原因论》一书出版,这是他的第二本主要作品,这部历史著作是利用古罗马的历史材料来阐发他的政治主张和思想观点。书中强调,一个国家的兴衰是由政制与风俗的优劣来决定的。他通过对罗马由盛到衰的转变过程和原因的探索,说明了共和制优于君主专制,否定专制政体的合法性,这显然具有进步意义。该书还企图探索社会历史发展的一般规律,摈弃了历史宿命论,认为支配世界的并不是命运,这些都对资产阶级历史编纂学的发展有重要影响。

从 1733 年起,孟德斯鸠又重新回到向往的巴黎,经常往返于巴黎与故乡之间。他经常参加勃朗卡家族和唐森夫人的著名沙龙,与一些知名学者一起诵读作品,讨论感兴趣的问题,写过《阿萨斯与伊斯梅尼》《真实的故事》等作品,还酝酿宏大的写作计划,包括为撰写一部法国史和一部政治法学

---

① 法兰西学士院(Académie française),现也多译为法兰西学术院。

理论巨著作好准备。

1746 年,孟德斯鸠被选为柏林皇家科学院院士。1748 年,孟德斯鸠最重要的一本巨著——《论法的精神》出版,这是一部集数十年研究之大成的呕心沥血之作,也是他毕生思想的结晶和代表作。著作一出版就立即引起轰动,还被译成多种文字。但《论法的精神》的出版也掀起了一场风波,激起了教会人士和一些启蒙运动敌人的憎恨,他们在《特雷沃杂志》和《教会新闻》上发表文章,进行责难和攻击。孟德斯鸠回击说:"几只黄蜂围着我嗡嗡叫,但如果蜜蜂能采集一点花蜜,我将不介意。"1750 年,他写了一篇《为〈论法的精神〉辩护》的文章,毫不妥协地回答了种种责难。尽管法国的教会企图查禁此书,罗马教廷于 1751 年 11 月 29 日把该书列入禁书目录,但它阐明的思想理论和产生的巨大影响是不可遏制的。

《论法的精神》可以说是自亚里士多德之后到 18 世纪影响最深远的一部社会政治理论著作,也是关于资产阶级国家与法的学说的经典作品。这本书以理性为基础,构筑了一套有关资产阶级国家与法的理论体系。这部著作具体构思了资产阶级国家的政治体制,不仅为法国与其他一些国家的资产阶级革命提供了理论武器,而且也为资产阶级国家的建立提供了政治模式和宪政原则。

从孟德斯鸠的三部主要著作中,我们也许可以看到他的思想脉络。如果说《波斯人信札》的用意主要是抨击法国封建专制制度和教会,揭露路易十四、十五时代黑暗现实的话,那么在《罗马盛衰原因论》里,孟德斯鸠已通过对罗马盛衰的考察,探索社会发展的原因和规律,并暗示他的政治主张;而《论法的精神》一书,则构思出他的一套完整的政治法律思想体系,从理论上为他设计的政治制度作了充分的论证。

孟德斯鸠在晚年由于眼疾等健康原因,著述不多。1754 年底,他回到巴黎,打算料理和结束那里的事情,然后回拉布莱德安度晚年,不幸在巴黎染上流行性疾病,于 2 月 10 日告别人世,享年 66 岁。

孟德斯鸠一生的贡献是多方面的。首先,他是封建制度的反叛者,对专制制度进行了严厉谴责和猛烈抨击。在《波斯人信札》中,他敢于无情地暴露法国社会的黑暗现实,大胆辛辣地隐喻和讽刺路易十四的专制暴戾、穷兵黩武、卖官鬻爵。在《罗马盛衰原因论》中,他又用罗马盛衰原因的对比分析,说明他对专制统治的痛恨。在《论法的精神》中,更表达了他对专制政体的深恶痛绝,他比喻说:"路易斯安那的野蛮人要果子的时候,便把树从根柢砍倒,采摘果实,这就是专制政体。"它的本质就是抛弃任何法律,按照个人反复无常的意志实行独断专横的统治。在专制国家里,"法律等于零",君主的意志就是法律,以致从上到下无法可循,人人自危,人人可以被任意宰割,人人都是奴隶。应该说,孟德斯鸠对于封建社会罪恶的揭露,入木三分,相当深刻。他甚至已经看到,在专制制度下"一切事情都可以骤然地导致革命,革命是不能预见的"。可见他已认识到封建专制制度是一种岌岌可危的腐朽政体。孟德斯鸠能从社会政治制度本身去剖析封建专制国家的实质,这是他比前辈进步思想家深刻之处。

孟德斯鸠虽然有许多好友是教会人士,但他对天主教会仍进行了尖锐猛烈的批判,因为天主教会是当时法国封建制度的主要支柱。他把矛头首先指向教皇,讽刺教皇是比国王更强有力的"魔法师","有时他令国王相信,三等于一,人们所吃的面包并非面包,所饮的酒并不是酒,诸如此类,不胜枚举"。他列数教会的罪行,他们攫取大量地产,"几乎掌握全国的财富,这是一帮吝啬的人,他们永远往里拿,决不往外掏",造成"没有贸易,更没有百艺,也没有制造"。修道院"永远张着大嘴,和无底洞一般"。他指出,在天主教各国,人口减少,田园荒芜,内战之多,无可相比。他斥责天主教教义的荒谬和教士的贪婪、放荡及虚伪成性。他坚持反对残酷的宗教迫害,认为天主教对于专制国家来说,"是恐怖之上加恐怖",痛恨天主教会常以"异端邪说"之罪名,禁止好作品,扼杀新思想,残害无辜。孟德斯鸠不是一般地反对宗教,他同情新教,赞扬信奉新教的国家比天主教各国的人口更多,税收更可观,商业更繁荣。他认为,新教将逐渐富有和强大,而天主教则日趋衰弱。

从哲学观点看,孟德斯鸠曾受到霍布斯、培尔和笛卡尔的影响。他早期追随马勒伯朗士,接受了这些哲学家最接近唯物主义的部分。但是,孟德斯鸠还没有达到无神论者和唯物主义的高度,而是一个自然神论者。他承认上帝的存在,上帝是世界的创造者,在《论法的精神》一开头就这样说道:"上帝是宇宙的创造者和保养者,这便是上帝和宇宙的关系。"但是,他又认为,上帝不干涉自然中的事务。他说,上帝有自己的法,兽类有自己的法,人类本身也有自己的法,各不相干。上帝并非十全十美,也有缺陷。他反对把上帝人格化,也反对把上帝说成神力无边,能支配和干预一切。总之,孟德斯鸠所承认的上帝是很抽象的,好像是被架空的傀儡。孟德斯鸠提倡科学,反对神学,对一些自然现象的解释,闪烁着唯物主义思想。他认为,"我们的世界是由物质的运动形成的",宇宙是无限的,"地球无非是宇宙中的一小点","世界决不是万古长存的,就连天体本身,亦非永远不坏","而这些变化,是宇宙中物质运动之极自然的结果","地球与其他行星一样,受运动规律的支配"。孟德斯鸠反对灵魂不灭,认为死亡不过是"更动了物质的变化",就好比圆球变为方形的物体一样。他反对所谓神的显圣或显灵的说法,有一次,当他在意大利旅行时,他不相信看到的所谓"圣体液化"现象,认为这可能是附近的烛光的热量使血块液化的结果。他还认为"人的机体乃是幸福之所依",幸福与不幸福,是人的机体所引起的"心理效应",没有机体,也就无所谓幸福。可见,孟德斯鸠的自然观,基本上是唯物的、进步的。这与他热爱自然科学、亲自参加一些实验有密切关系。

孟德斯鸠一生最有价值的贡献是他的政治法律思想,他不仅极大地丰富了资产阶级国家和法的学说,而且他的理论对各国资产阶级政治和法律制度的确立及完善起了重大的推动作用。孟德斯鸠明确地提出了政体的分类:共和政体、君主政体和专制政体。他解释说:"共和政体是全体人民或仅仅一部分人民握有最高权力的政体;君主政体是由单独一个人执政,不过遵照固定和确立了的法律;专制政体是既无法律又无规章,由单独一个人按照一己的意志和反复无常的性情领导一切。"共和政体又分两种:当"共和国的全体人民握有最高权力时,就是民主政治",当"共和国的一部分人民握有最高权力时,就是贵族政治"。孟德斯鸠还进一步指出,共和政体的原则是品德;君主政体的原则是荣誉;专制政体的原则是恐怖。虽然,孟德斯鸠本人心目中的理想政体是以荣誉为原则的君主政体而不是共和政体,但这样的政体划分褒扬了好的政体,针砭了以恐怖为原则的专制政体,无疑对反对封建专制制度具有启发意义。

洛克曾把英国的政制概括为立法权、联邦权(外交事务权)和行政权的分立。孟德斯鸠发展了洛克在《政府论》中关于分权的理论,更加明确、周详地提出了"三权分立"的学说,他把国家权力分为三种:立法权、行政权和司法权。孟德斯鸠具体设计了掌握三种权力的机构和各自的职责。他说"立法权应该由人民集体享有",并且主张实行代议制,使"人民必须通过他们的代表来做一切他们自己所不能做的事情";行政权应该掌握在国王手里;司法权必须独立。这三种权力和机构必须分立而又互相钳制,形成权力制衡。如果立法权与行政权集中在同一个人或同一个机构手里,如果司法权不同其他两种权力分立,"自由便不复存在",因为"一切权力合而为一,虽然没有专制君主的外观,但人们却时时感到君主专制的存在"。由此可见,孟德斯鸠提出分权理论,是旨在向封建专制统治者要求分享统治权力,同时也是为了保障政治自由的需要,因为孟德斯鸠说得很清楚,"政治自由是通过三权的某种分野而建立的"。至于资产阶级国家建立以后,把孟德斯鸠的分权理论作为资产阶级政体构成和国家机器三种权力互相制衡的理论依据,更说明了这一理论的影响深远。

孟德斯鸠非常重视法律的作用,他的法律思想的基本点是主张以法治代替人治,防止暴君专制独裁,保障自由。他十分强调法治的重要性,他认为,如果没有法治,国家就会腐化堕落,法治是国家的灵魂。各国的法律和各自的地理环境、气候、土地面积、宗教、人口、生活方式和风俗习惯等都有关系,而政体原则对法律的影响最大。孟德斯鸠把法分为两类,即自然法与人为法。自然法是指人类社会建立以前就存在的规律,那时人类还处于平等状态。自然法的第一条规律是和平;第二条是寻找食物;第三条是互相爱慕;第四条是愿望过社会生活。人类一旦组织成社会,就失去了人与人之间的平等状态而成为战争状态,就需要人为法加以约束,通过法律去恢复平等。孟德斯鸠又把人为法分为几种:体现在处理不同人民之间关系的法律,就是国际法;处理人类统治者与被统治者之间关系的法律,就是政治法;处理人类在一切公民间关系的法律,就是民法。孟德斯鸠强调,只有实施有效的法律,才能保障公民的自由,指出:"要防止滥用权力,就必须以权力约束权力。我们可以有一种政制,不强迫任何人去做法律所不强制他做的事,也不禁止任何人去做法律所许可的事。"孟德斯鸠对自由的解释颇为深刻,在他看来,没有一个词比自由具有更多的含义,所以"自由"这个概念绝对不可滥用,自由并不是愿意做什么就做什么,自由仅仅"是做法律所许可的一切事情的权利;如果一个公民能够做法律所禁止的事情,他就不再有自由了,因为其他的人也同样会有这个权利"。自由既受法律保障,也受法律约束;自由以守法为前提。如果我们认真读一读这位18世纪思想家的这些话,就可以明白,在20世纪80年代的今天,如果有人再提倡和鼓吹什么"绝对民主"和"绝对自由"的话,不是无知,便是荒谬。因为即使是18世纪的孟德斯鸠,也明确地认识到,自由并不是绝对的。

孟德斯鸠还有其他一些值得重视的法律思想,例如:他认为,各类法律如民法、刑法、国际法等,都有各自的适用范围,不能混淆;一切行政和司法的处置都应有法律的文字根据为准,不得以个人意志为转移;主张立法的精神应当是宽和而不是苛严;对于刑法,他提出了一系列很有借鉴意义的原则,如预防犯罪应甚于惩罚;根据罪罚相当的原则,对犯罪者量刑要恰当;反对逼供信、反对肉刑与株连等等。

孟德斯鸠也是一位历史学家、社会学家和经济学家。他在社会历史领域里所作的探索,比起他的先辈们也有许多新的贡献。首先,他抛弃了神学的束缚,反对以神学观点解释历史,他否认上帝是历史的主宰,严格地将人史与神史分开,把社会学和历史学朝着科学的方向推进了一步。孟德斯鸠又认为,人类社会历史的发展是有规律可循的,因为"世界没有这些规律将不能生存",并且认为历史是前进的,不是静止不变的,各个国家都将有新陈代谢的过程,由盛转衰,走向衰亡。这样,他把历史发展中的必然性看作是根本性的。他对历史的因果阐述得比前人更明确,他认为,应该把一个事件发生的根源与时机加以区别,"偶然的事是可以补救的;而从事物的本性中不断产生出来的事件,则是防不胜防的"。这从《罗马盛衰原因论》一书中体现得很清楚,他认为支配罗马盛衰的绝不是偶发事件,而是由政制的好坏和民风的优劣这样的"一般原因"所决定的,他说,罗马"共和国的灭亡是注定的,问题不过是要知道它如何被推翻,被谁所推翻罢了"。即使不是恺撒和庞培使共和国寿终正寝,也会由其他人将其灭亡。孟德斯鸠强调要从"一般精神"中探索影响人类社会历史发展的各种原因,他说:"每一个民族都存在一种一般精神,而权力本身就是建立在这一精神之上的;当这个民族侵害这一精神时,它自己就受到了侵害,结果就必然停顿不前了。"又说:"人类受多种事物的支配,就是:气候、宗教、法律、施政的准则、先例、风俗、习惯。结果就在这里形成了一种一般的精神。"在孟德斯鸠的"一般精神"中,既包括精神的因素,也有气候土壤、地理环境等物质因素。而且在不同的国家中,"一般精神"中各种因素的作用也各不相同。例如,对野蛮人来说,在"一般精神"中起主要作用的是大自然和气候;在中国,则是受风俗的支配;在罗马,则是施政的准则和古代风俗起主要作用。孟德斯鸠已经看到,物质原因在社会历史发展过程中占有重要地位,如在《论法的精神》第30章和第31章中,他详细研究了法国早期封建制度的形成,特别强调了土地的占有和分配在法国封建制的建立过程中所起的作用,这是很有见地的。

孟德斯鸠特别强调地理环境对社会历史发展的重要作用,在《论法的精神》第3卷中,以大量篇幅论述法律与地理环境的密切关系,认为气候土壤等地理环境对一个民族的性格、感情、道德、宗教、风俗和法律乃至政体,都有巨大影响。在地理环境的诸因素中,他最强调气候的因素,认为"气候的影响是一切影响中最强有力的影响"。他举例说,在气候寒冷的北方地区,人们对快乐的感受力低,精力充沛,自信心强,刻苦耐劳,热爱自由;在炎热的南方,人们则心神萎靡,倦怠怯懦,妇女早熟,容易建立奴役制。他认为,疆域的大小对一个国家的政体具有举足轻重的作用,共和制适宜于小国;君主政体适宜于中等国家;而幅员辽阔的国家适宜于专制政体。孟德斯鸠的地理环境决定学说,以今天的科学标准来衡量,当然是机械的,幼稚的,甚至是荒谬的,但从当时的历史条件来看,他能够撇开唯神史观,从客观环境与物质因素方面去考察社会历史发展的原因,还是有进步意义的。这种地理环境学说,对后来的一些资产阶级学者也产生过很大影响。

孟德斯鸠重视教育的作用。他认为,一个社会是善是恶,取决于教育的力量,而不是取决于个人的本性。在《波斯人信札》中,他借一个臣民的口说:"大人,您知道,您的人民的美德赖以建立的基础,就是教育。"孟德斯鸠能在 300 年前就如此明确地阐述教育的重要性,称得上是一种真知灼见。

孟德斯鸠对战争与和平问题也有独到见解。他把战争分为正义与非正义的战争,认为为了争权夺利、扩张领土、掠夺财富而发动的战争是侵略和非正义的;而为了抗拒敌人的侵袭和救援被侵袭的同盟者的战争,则是正义的。他呼吁国际和平,缔结和平的条约对于人类是神圣的、正义的盟约;为了压迫第三民族而缔结的盟约,则是非法的盟约,破坏这样的盟约,不算是罪行,任何人没有征服别人的权利,"征服乃是暴政的纪念碑"。孟德斯鸠的这些思想,闪烁着理性和正义的光芒。

孟德斯鸠的经济理论也是值得探索的。他主张私有财产是人类的自然权利,反对封建统治者和教会对私有财产的侵犯;他认为劳动是财富的源泉,反对横征暴敛,驳斥"要人民勤劳,就必须征重税"的谬论,主张为鼓励人们的勤劳,应该对较大的劳动给予较多的报酬才是合理的。国家的税收应该兼顾国家和人民两方面的需要,它的尺度,绝不是老百姓"能够缴多少",而是"应当缴多少"。孟德斯鸠谴责殖民政策和奴隶制,说殖民政策带来的无非是"荒芜的田野、整片的废墟";认为一切人生来就是平等的,所以"奴隶制是违反自然的"。他提倡发展工商业和促进贸易,认为"哪里有善良的风俗,哪里就有商业,这几乎是一条普遍规律"。他还认为,贸易的结果是促进和平,因为两国之间既然有了贸易,就彼此相互依存,他反对关卡林立、手续繁多,称赞英国的自由贸易手续简便易行。

孟德斯鸠一生的贡献是多方面的,思想遗产十分丰富,除上述我们概括列举的之外,他在人口理论、货币制度及妇女和婚姻等问题上都有一些独到的见解,在此不再一一列举。但从上述简略的介绍中,完全可以说明,孟德斯鸠是属于站在他的时代前列的人物,他的这些精辟和深邃的理论,不管主观愿望与初衷如何,在客观上都适应和代表了正在兴起的资产阶级反对封建专制制度的需要,成为资产阶级推翻旧制度、创立新制度的锐利思想武器。他与伏尔泰、卢梭、狄德罗等人一样,无疑属于"在法国为行将到来的革命启发过人们头脑的那些伟大人物"①之列,成为 18 世纪法国启蒙运动中的一位杰出代表。

但是,另一方面,孟德斯鸠本人是从旧的贵族营垒里脱胎出来的,从这本传记可以看到,他与王室、贵族、教会有着千丝万缕的联系。他一面抨击封建制度,一面又希望同旧制度妥协。他的思想属于比较保守的一翼,甚至带有贵族思想的色彩。所以,对于他的思想上的局限性和不彻底性,我们也应有所认识和剖析。首先,孟德斯鸠的政治主张是比较温和的,他没能像卢梭那样,提出较为激进的民主主义主张,妥协色彩很浓。他心目中的理想政治制度,是所谓开明的君主立宪政体,他在《论法的精神》中十分强调立法者的精神,应当是"适中宽和的精神","适中往往比极端更适合于人类"。因此,在他看来,君主政体不仅优于既无法律、又无规章的一人独裁的专制政体,又比"人民既是法官又是控告者"而容易走向"极端平等"的共和政体要稳妥。他甚至还为贵族在三权分立的政体结构中保留一席之地呼吁,认为贵族与平民一样应拥有立法权。人民只能选举他们的代表,而完全不适宜于讨论国家大事。在政体机制的运行中,他认为卖官鬻爵是有必要的。显然,这也是在为贵族利益辩护。与此同时,孟德斯鸠把政体划分为共和政体、君主政体和专制政体,并以品德、荣誉和恐怖为原则,来区分几种政体,而且把君主政体与专制政体截然分开,这恐怕是不够科学的。因为政体是一种国家政权的组织形式,它与国体相适应。君主政体与专制政体既有区别,又有联系,在某些情况下是重叠的。仅就君主制而言,历史上曾经出现过等级代表君主制、君主专制制和君主立宪制;而共和制又有贵族共和制和民主共和制两种。以孟德斯鸠生活的法国为例,当时是一个君主制国家,但路易十四和路易十五实行的又是一种专制制度。而品德、荣

---

① 《马克思恩格斯选集》第 3 卷,第 404 页。

誉和恐怖能否作为区分上述三种政体的原则,也是大可怀疑的,马克思就曾批评过把荣誉作为君主制的原则,这是为大家所熟知的:"君主政体的原则总的说来就是轻视人、蔑视人,使人不成其为人;而孟德斯鸠认为君主政体的原则是荣誉,他完全错了。"①

还应该指出的是,孟德斯鸠与同时代的人相比,在对世界的认识上,并未像狄德罗、爱尔维修、霍尔巴赫那样,达到唯物主义的高度,而是走在半途上,停留在自然神论者的立场。就社会历史观而言,他虽然摆脱了唯神史观,认识到社会历史发展是有规律可循的,而且企图从物质与精神两个方面去解释历史发展的原因。但是,当他在解释社会历史发展的原因时,他把"一般精神"视为包罗万象的东西,同时又归结为气候、土壤、地域、道德、宗教、风俗、法律和政体原则等诸因素的总和,这不能把握社会历史发展的本质和主要原因,而往往陷于唯心的、多元的或外因论的解释。由于他对社会发展规律的理解本身是错误的,因而对一些具体历史事件的解释,如对罗马盛衰原因的结论也是错误的。至于用地理环境决定论,特别是用气候因素来解释历史,更是机械和形而上学的。另外,孟德斯鸠的法学思想也存在明显的缺陷。他并没有把法律看作是人类社会物质生产关系的产物,而是作了相反的理解;他对法律本质的认识是模糊的,没有看到法律的阶级性,而视为超阶级的东西;他夸大了法律的作用,把法律视为衡量一切的,包括社会关系、社会秩序乃至政体好坏的基础。总之,孟德斯鸠的思想和学说,具有与其他启蒙思想家不同的特点和内容,他既作出了区别于其他思想家的重大贡献,也有不如同时代人的地方。我们应当深入地了解、发掘和研究他的生平与思想,历史地、实事求是地评价他的思想遗产。

二、关于孟德斯鸠研究中的几个问题

孟德斯鸠在中国并不是一个陌生的人物,他的政治和法律思想,早在19世纪末就被一些先进的中国人和进步刊物介绍到中国,得到广泛的传播

---

① 《马克思恩格斯全集》第1卷,第411页。

并对中国近代的革新运动产生过很大影响。特别是他的君主立宪和分权学说，曾被我国早期的资产阶级改良派代表人物所接受，如马建忠、王韬、郑观应、康有为、谭嗣同、严复、梁启超等人，都曾赞赏并介绍过孟德斯鸠的这些思想。资产阶级革命民主派孙中山先生以及章太炎先生等人，也很推崇三权分立的政体并力图实行之。

在 20 世纪初，当时我国一些宣传先进思想的刊物如《译书汇编》《国民报》《清议报》《新民丛报》《湖北学生界》《浙江潮》等，都对孟德斯鸠及其学说作过介绍。新中国成立前，《论法的精神》一书已有两种译本，一种是 20 世纪初由中国人张相文、程炳熙和日本人何礼之合译的文言本，书名为《万法精理》，内容只有原著的一半；另一种是 1913 年由商务印书馆出版的严复的译本，书名为《法意》，其中缺原著的第 30 章及 31 章。《波斯人信札》一书曾有林琴南和口译者王庆骥合作的文言译本，书名为《鱼雁抉微》，1915 年 9 月起在《东方杂志》上连载。新中国成立后，我国对孟德斯鸠的介绍和研究前进了一大步。孟德斯鸠的三部代表作都有了完整的全译本。1958 年，罗大冈先生译的《波斯人信札》由人民文学出版社出版；1962 年，商务印书馆出版了由婉玲译的《罗马盛衰原因论》；1963 年，商务印书馆接着出版了由张雁深先生译的《论法的精神》全译本，这对我国研究孟德斯鸠的思想起了重要的推动作用。但是，我国对于孟德斯鸠研究成果较多的时期，还是最近的 10 年。据不完全统计，这段时期发表的论文约 30 篇，是 1949—1966 年的两倍多。①另外，还有一些专著，如《分权学说》《西方政治思想史》《西方著名哲学家评传》《十八世纪法国启蒙运动》等书，对孟德斯鸠都有专门论述。更可喜的是，研究的面有所拓宽，在深度方面也有显著进步。但是，总的说来，我国对孟德斯鸠的研究还有许多不足之处，有关孟德斯鸠的著作，除上述三部代表作之外，其他作品还未翻译出版；而且至今没有一部像样的有关孟德斯鸠的传记。在研究中，有些问题显得比较肤浅，或语焉不详，

---

① 关于我国研究孟德斯鸠的情况，可参见许明龙：《近年我国孟德斯鸠研究述评》（载《世界史研究动态》，1988 年第 11 期）。

甚至还有以讹传讹之处。因此,我们借此机会,就这本译稿所提供的丰富材料,对有关孟德斯鸠研究中有分歧意见或不足的问题作一些粗浅说明,以供研究者和广大读者参考。

(一)关于孟德斯鸠对中国的了解

在孟德斯鸠的著作中,有许多介绍和评述中国的文字,特别是在《论法的精神》一书中,有不少章节谈到了中国的地理环境、政制、法律、经济、宗教、人口、礼仪、风俗等。甚至连中国的奢侈情况也作了介绍。在远隔重洋、交通不便的时代,孟德斯鸠竟掌握如此多的中国材料,人们除不得不表示钦佩和叹服之外,不禁要问,孟德斯鸠究竟通过什么直接和间接的途径来了解中国的呢? 这个问题过去一直没有得到很好的解答,研究者也很少涉及,然而这又是一个重要而有意义的课题,值得深入探讨。许明龙同志《中法文化交流的先驱黄嘉略———一位被埋没二百多年的文化使者》一文的发表①,首先打破了在这个问题上的沉寂,提供了较为详尽的考证。在这本《孟德斯鸠评传》中,同样也提供了有关黄嘉略(拉丁文写为 Arcadio Hoange)与孟德斯鸠关系的材料。原来黄嘉略是福建莆田人,生于 1679 年,死于1716 年,先是被法国传教士李斐理(La Blanc)收为义子,后又跟随法国传教士梁宏任(Artus de lionne)。1701 年 2 月 17 日作为梁的私人秘书离开中国,10 月 31 日到达巴黎,曾被推荐作为路易十四的中文翻译,后又与著名学者傅尔蒙和弗雷莱合作编纂汉法词典。孟德斯鸠就是通过与黄嘉略的多次谈话,对中国有了较多的了解,在《论法的精神》和《波斯人信札》中,曾有多次直接引用或取材于他们之间的谈话。他们的谈话在孟德斯鸠的《随笔》中有记载,还有一份谈话摘要手稿收藏在波尔多市立图书馆。

孟德斯鸠在意大利游历时,曾遇到另一位法国传教士,此人中文名叫傅圣泽(Jean-François Foucquet,1665—1741)。他曾作为耶稣会的传教士在中国生活了 20 多年,回到罗马后,被任命为埃留提罗帕里斯主教。孟德斯鸠在罗马与他相识,常与他交往,从中了解到许多关于中国的情况,他把他

---

① 载《社会科学战线》,1986 年第 3 期。

们的多次谈话内容记入《随笔》和《意大利游记》,其中有关于中国人的习惯、宗教、人口和政府等。关于傅圣泽的文件,收藏在梵蒂冈的图书馆中,包括傅圣泽在中国生活时的日记和有价值的研究,其中有不少关于18世纪中国的有趣描述。关于傅圣泽本人,至少有两本论著可以参考,一本是A.H.罗博汤姆的《〈论法的精神〉中的中国:孟德斯鸠与傅圣泽》;还有一本是H.贝尔纳尔-梅特的《德·勃劳斯院长的一位朋友:让·尼古拉斯·傅圣泽》。

孟德斯鸠接触过的另一位传教士是马蒂亚·里帕(Mattia Ripa,1682—1746),他的中国名字叫马国贤。他也在中国住过多年,后来在那不勒斯设立了一所培养中国神甫的学校,得到教皇本笃十三世的支持,并招收了几名弟子,孟德斯鸠在1729年旅居意大利期间曾会见过他。

还有一位叫阿赛玛尼(Stephen Evodius Assemani),是叙利亚阿帕美亚的大主教,他也曾到过中国,对中国的宗教等情况很熟悉,孟德斯鸠在1737年曾会见过他。

孟德斯鸠获得有关中国知识的另一途径,就是与一些对中国颇有研究或与来华传教士有密切联系的学者的交往,其中包括弗雷莱、戴莫莱、德·梅朗和西鲁哀特等人。弗雷莱是18世纪法国著名的汉学家,对中国的历史、文化、语言等造诣很深,他与孟德斯鸠一起拜访过黄嘉略。戴莫莱是孟德斯鸠的老师,孟德斯鸠就是通过他的介绍才认识黄嘉略的。德·梅朗是一位科学家,也是波尔多科学院院士,他与孟德斯鸠经常讨论中国问题。西鲁哀特曾担任过法国财政总监,失宠后住在意大利,他写过一本《中国政府及道德概论》,孟德斯鸠认识他。

此外,孟德斯鸠还收集和阅读过大量他在当时能见到的有关中国的书籍。其中有《中国贤哲孔子》《中国图志》《北方游记》《耶稣会士书简》《中华帝国全志》等著作。总之,有关孟德斯鸠是怎样了解中国的问题,目前发表的作品还不多,值得进一步搜集资料和作深入的研究。

(二)孟德斯鸠在法院任职情况和出卖官职原因

关于孟德斯鸠在波尔多法院的任职情况,过去有关孟德斯鸠的著作译法不一,《论法的精神》一书译为"议长";张宏生的《孟德斯鸠》称孟德斯鸠承袭了波尔多郡议会议长之职。多数作者和译者称孟德斯鸠当过波尔多法院院长。许明龙同志在《孟德斯鸠生平辨误二则》一文中①，对此已经作了说明，他认为：第一，不应译为波尔多议会，而应译为波尔多高等法院较为合适；第二，当时法官的职务分为四等，孟德斯鸠担任的是 Président à mortier，应译为庭长较为适宜，只有 Premier Président 方可译为法院院长；另外，Conseiller 一词应译为推事，不宜译为顾问。我们认为，许明龙的译法是比较合适的，所以本书的译法没有沿袭过去多数作者的说法，而把孟德斯鸠的职务改译为庭长。此种译法是否恰当，当然还请有关专家批评指正。

多数中文著作中对孟德斯鸠出任推事、庭长及后来何以出卖职位一事语焉不详，因此这里有必要再作一些补充说明。法国的高等法院历史悠长，其中巴黎高等法院地位最高。吉耶讷高等法院，通常称为波尔多高等法院，从建院历史看，占第四位，它于 1462 年由路易十一批准创建，管辖从利摩日至巴约讷之间的区域，下辖 5 个庭。投石党起义期间，法院被迫迁到阿让市，直到 1654 年才重返波尔多。后来又多次被驱逐达 12 年之久。孟德斯鸠的伯父让-巴蒂斯特就是在高等法院被驱逐期间，承袭庭长之职的。1713 年，国王下令免除达龙的院长职务，在空缺期间，由孟德斯鸠的伯父主持法院事务。所以，可以这样说，孟德斯鸠的伯父曾经担任过波尔多法院的代理院长，这是符合事实的，但从未正式担任过院长。1714 年，达龙的继承者拉卡兹侯爵就职时，孟德斯鸠的伯父主持了就职仪式并发表演说。1713 年颁布的教皇克雷芒通谕，曾经引起轩然大波，孟德斯鸠的伯父曾以很大的勇气，删去了其中一项条款，说明了当时法院地位的加强。孟德斯鸠正是在这一法院比较活跃的时期花钱买下了推事职务，时间是 1714 年 2 月 24 日。两年之后，伯父去世，按照规定，庭长职务应年满 40 岁并任推事 10 年后才能担任。当时孟德斯鸠年仅 27 岁，本不能继承，但他设法获得了特许，把推事之职卖给一个名叫皮埃尔-弗朗索瓦·德·拉塞尔·德卡南的人，并于 1716 年 7 月宣誓就任庭长。但孟德斯鸠并不是一个出色和称职

---

① 参见《世界历史》，1988 年第 9 期。

的庭长,他对庭长一职并不热心。据记载,他参与波尔多高等法院的重大事务寥寥无几,但这一职务提高了他的社会地位,为他跻身巴黎上流社会的社交生活带来很大好处和便利。

关于孟德斯鸠出卖庭长职务的原因,许明龙同志在上述文章中作过说明,这里还想作些补充,有关中文著作中对此很少解释,只是说他因此而获得巨款,其实不甚确切。对这个问题,当时就有不同的说法和猜测。孟德斯鸠的儿子色贡达在《回忆录》中说:"为了致力于发挥他的才智和充分享受他无拘无束的生活。"而老米拉波伯爵在 1739 年 2 月 7 日写给沃夫纳格侯爵的信中又称:"为了满足他对科学的兴趣。"1776 年 4 月 23 日,孔多塞在致伏尔泰的信中写道:"孟德斯鸠……刚感到自己有才华时,就离开了他的法院。"这些说法,恐怕多少有些美化或为孟德斯鸠辩护。实际上,孟德斯鸠出售庭长职位,一是由于经济上有利可图;二是便于长期住在巴黎;三是因为他与当地行政长官不和。

本书提供的材料证明,在这个时期,孟德斯鸠的经济状况并不好,拉布莱德档案馆存有一份他在 1725 年编制的资产负债表:他欠波尔多一个名叫佩克索托的犹太银行家至少 3.1 万利弗尔;拖欠私人朋友巴尔博等人 1.3 万利弗尔,还有几笔债款共约 2 500 利弗尔。这种经济拮据是由于他经常去巴黎,开支过大。而巴黎的朋友们却不时怂恿他回到这座大城市来生活,这对他不无吸引力。因此,就在这个时候,孟德斯鸠才考虑出卖他的庭长职位,为此他的朋友巴尔博在 1726 年 4 月 9 日写信极力劝阻。由于考虑到经济上有利可图,孟德斯鸠还是不听劝阻,卖掉了庭长职位,于 1726 年 7 月 7 日去波尔多签约成交,买主是达尔贝萨。但这次并非一次卖死,而是这样规定的:(1)购买人在有生之年享有庭长之职,一旦亡故,该职位仍归孟德斯鸠或其子嗣;(2)如孟德斯鸠或其子嗣早亡,达尔贝萨有权以当时价格彻底购买此职,金额为 10 万利弗尔;(3)达尔贝萨在任职期间,每年须向孟德斯鸠或其继承人付 5 200 利弗尔。当时庭长的薪俸每年是 1 875 利弗尔,还要扣除税款 450 利弗尔,只剩 1 425 利弗尔,此外还有一些小额收入。孟德斯鸠考虑到达尔贝萨当时年龄已经很大,而且卖掉后每年收入可增加 3 700

多利弗尔,如此就决定卖掉庭长的职务。1747 年达尔贝萨去世,孟德斯鸠
按照契约又重新收回了庭长之职。不久,他又再次把庭长职位卖掉,这次
是一次性成交,买主是勒贝尔东。为什么孟德斯鸠又再次卖掉官职呢? 除
了他的儿子色贡达对继承庭长一职不感兴趣和他当时忙于《论法的精神》
一书等原因外,可能是由于他与吉耶讷地方长官不和。孟德斯鸠先后曾与
两任吉耶讷行政长官发生过冲突。先是克洛德·布歇,他对波尔多市政建
设提出过一项计划,为此要拆除一些建筑物,遭到孟德斯鸠等人的反对。
1743 年布歇离任,图尔尼侯爵继任,他提出建议,要修建一条林荫大道,因
此需拆除波尔多科学院的办公楼——让·雅克·贝尔遗赠的房产的一部
分,于是又发生了冲突,官司一直打到巴黎,最后还是图尔尼取胜。这些冲
突可能也是孟德斯鸠不想担任庭长而要重新出卖官职的原因。总之,那些
出于高尚动机的说法是值得怀疑的。

(三)关于孟德斯鸠当选法兰西学士院院士的问题

孟德斯鸠当选法兰西学士院院士一事遇到过挫折,爱尔维修曾经说
过,自《波斯人信札》出版后,厄运便接踵而至。国内有的中文著作说:"这部
著作针砭时弊、切中要害,产生了广泛的社会影响,当然也为封建黑暗势力
所不容。教会攻击它亵渎神明,路易十五为此拒绝批准孟德斯鸠当选法国
科学院院士。"[①]有的说:"这本书却引起了统治阶级的不满,国王路易十五
依据佛洛里红衣主教的报告,曾一度无理拒绝批准孟德斯鸠为法国科学院
院士,就是明证。"[②]还有的说:"1728 年在巴黎的孟德斯鸠要求继任塞克的
法国科学院院士的位置,而遭到法国主教弗利立的反对和阻挠,经抗议后,
孟德斯鸠才进入科学院。"[③]这些说法不够确切,至少在细节上是有出入的。

关于孟德斯鸠入选法兰西学士院一事,历来有不同说法,本书对此作
了详尽论证。有人认为,孟氏实际在 1725 年或 1726 年就已当选,法兰西学
士院常任秘书丰特纳尔甚至已准备好欢迎词,但由于孟德斯鸠的敌人提出

---

① 李凤鸣、姚介厚:《十八世纪法国启蒙运动》,北京出版社 1982 年版,第 119 页。
② 孟德斯鸠:《论法的精神》,张雁深译,商务印书馆 1961 年版,第 16 页。
③ 张宏生:《孟德斯鸠》,商务印书馆 1963 年版,第 5 页。

他不在巴黎定居的问题,因而选举无效。于是,孟德斯鸠回到波尔多,卖掉官职,并于 1727 年重返巴黎,终于当选。此种说法并不可靠。事情经过大体这样:1727 年 10 月 26 日,朗贝尔夫人的朋友萨西去世,从而使法兰西学士院定额的 40 名院士中有了空缺。朗贝尔夫人的沙龙中多数是一些名人学者,在选举法兰西学士院院士方面有很大的影响。这位侯爵夫人极力保荐孟德斯鸠为候选人,12 月 11 日,学士院开会选举新院士,出席者仅 18 人,不足法定人数,只好延期到 12 月 20 日进行。在这期间出现了一些波折,根据达朗贝尔的记载和孟德斯鸠本人在《随想录》第 473 条中所证实,事情是一个叫图尔纳米纳的教士从中作梗,他提醒路易十五的首席大臣、红衣主教弗勒里(亦译佛洛里),注意《波斯人信札》中的异端思想,挑唆他阻挠孟德斯鸠的当选。于是弗勒里告诉法兰西学士院,说他尚未读过此书,但据可靠人士告诫,该书有许多异端思想,若该书作者当选,国王将不予恩准。但在 12 月 11 日会议之后,孟德斯鸠及时拜会了弗勒里,他既不承认也不否认是《波斯人信札》的作者,解释说,他希望能根据著作本身作出判断而不要听信他人的不实之词。弗勒里读了此书而改变了态度,在 12 月 16 日致函法兰西学士院常任秘书戴斯特里,声明经过孟德斯鸠的解释,不再反对他当选。12 月 20 日,法兰西学士院复会,孟德斯鸠顺利当选(但不是一致通过)。1728 年 1 月 24 日,正式出任院士。这些事实说明,孟德斯鸠当选法兰西学士院院士一事,国王并未直接插手,说"国王拒绝批准"云云,是不符合事实的。同时,弗勒里的阻挠是由于图尔纳米纳的告密,并非直接由《波斯人信札》所引起,而且时间很短。

(四)关于孟德斯鸠的家庭产业与收入

在国内对孟德斯鸠的研究中,对孟德斯鸠的政治倾向和他所代表的阶级利益,看法颇有差距。有的说他代表中小贵族的利益;有的说他代表大资产阶级的利益,但带有贵族的思想色彩;有的则认为他是资产阶级化的贵族;多数则认为他完全是资产阶级的代言人。对于孟德斯鸠究竟代表哪一个阶级的利益,是谁的代言人,我们当然首先要通过分析他的思想与作品来剖析他的政治倾向。但是,如果我们能从另外一个角度,看看孟德斯鸠的生活和经营方式,看看他的资产和收入的主要来源,也许有助于判断和理解这个问题。而有关这个问题,本书提供了相当多的材料。

如前所述,孟德斯鸠的家庭只是一个地位不高的中小贵族,领地和爵位都是从他的祖先那里继承下来的。他小时候的生活并不富裕。第一次给孟德斯鸠带来大笔财富的是1715年4月30日,他与让娜·拉尔蒂克的婚姻,得到10万利弗尔的嫁妆;第二次是他伯父去世,根据遗嘱,由他继承了产业、爵位和庭长之职,不仅扩大了他的财富,也提高了他的社会地位。在此之前,孟德斯鸠的经济状况是不大好的,甚至借了一些债。例如,1714年借债2 000利弗尔;1715年借债9 000利弗尔;1716年借债9 000利弗尔。这笔总数达2万利弗尔的债款到1720年才全部还清。

如果说,孟德斯鸠在此之前财产的扩大是靠嫁资和遗赠,那么,此后的财富增加主要靠经营地产、种植葡萄、酿酒和出售官职。文件表明,孟德斯鸠的全称是:"高贵而有权势的夏尔-路易·德·色贡达·孟德斯鸠阁下大人,孟德斯鸠男爵,拉布莱德、马尔蒂亚克、圣莫里永、德·拉布莱德和德·雷蒙等领地的领主,波尔多法院前庭长,法兰西学士院40名院士之一。"从这一全称我们可以看到,孟德斯鸠拥有不少领地,在这些地产中,包括了一些是法国盛产葡萄酒的最著名的产地,如属于马尔蒂亚克的罗凯莫林,就是格拉沃红葡萄酒的产地之一,每桶售价高达1 500利弗尔。

孟德斯鸠努力扩充地产,经常购置和交换地产。据记载,他购买地产达41宗,交换地产达20宗,出售地产达6宗。他极力维护自己的权益,索债很凶,有时甚至为收回一笔小额的债款而不惜用扣押财产等方式追逼。还有一次,为了马尔蒂亚克的地产与莱奥尼昂从西部划界一事,不惜与波尔多市政当局打官司,获得了1 100英苗的荒地。应该说,孟德斯鸠在经营地产方面是相当严格和费尽心机的,因而得以逐步扩大。如在昂特尔德梅尔一块叫雷蒙的地产,就可年产458大桶酒,在当时只有规模相当大的葡萄园才能达到这样高的产量。因此,从地产规模看,孟德斯鸠已称得上是拥有相当数量财产的富翁。与此同时,我们也可以看到,孟德斯鸠的资产和收入,并非像大贵族那样,靠国王的赏赐、俸禄等,而是主要靠自己经营葡萄种植、酿酒、买卖地产所得,他的葡萄酒很大一部分向英国出口。但从史料看,孟德斯鸠的生活却从不奢侈和挥霍浪费,甚至表现得过于节俭而得了吝啬小气的名声。

那么,孟德斯鸠的财产究竟有多少呢？如果对孟德斯鸠前后两个不同时期的财产和收入作一计算,就可以得出较正确的估计。1726年12月1日,在孟德斯鸠给朗贝尔夫人的信中,称当时的年收入是2.9万利弗尔,此信写于第一次出售庭长职务之后,所以应扣除因出售官职所得年收入5200利弗尔,实际年收入为23800利弗尔,按当时农田收益的比例计算,孟德斯鸠当时的总资产估计为59.5万利弗尔。

对于晚年的财产,孟德斯鸠的儿子色贡达与他妹妹丹妮丝在1756年3月18日达成一份协议,内容是有关继承遗产的分配比例;当时的总资产为654563利弗尔,其中不动产为53万利弗尔,动产是124563利弗尔。这笔财产足以维持他十分体面的生活,但不足以铺张浪费。与狄德罗相较,要强十几倍;但与伏尔泰相比,则差得很远。据估计,伏尔泰当时的年收入不会低于20万利弗尔。所以,我们认为,孟德斯鸠虽然还不是一个大富翁,但是一个相当富裕的地产主和葡萄酒经营者。从生产和经营方面看,如果说他是一个正在向资产阶级转化中的贵族的话,或许是可以成立的。这样也就可以解释,为什么在他的著作中所阐发的思想的主流,既可以成为资产阶级革命的武器,但在个别地方,又有为贵族利益辩护的一面(例如他主张立法权由资产阶级与贵族分享)。对于这一点,我们还可以举出一个例子说明:大约从1733年孟德斯鸠重返巴黎时起,在一些社交场合,孟德斯鸠的社会等级观发生了变化,他的贵族观念逐渐淡化,他愿意与比他社会地位低的人交友,而不计较出身高贵还是卑微,甚至后来越来越不愿意与那些贵族,特别是没有学问的人交往,这也许可以作为这种转化的佐证。

(五)孟德斯鸠何以成为一位启蒙思想家

孟德斯鸠是18世纪法国启蒙运动,尤其是前期的杰出代表之一,这是国内学术界所公认的。然而,孟德斯鸠是怎样成为一位启蒙思想家的呢？是在什么样的主观和客观条件下,使这位贵族出身的人物,成为一位崇尚理性、反对封建制度的思想巨人的呢？对这个问题国内探索甚少。

我们认为,孟德斯鸠的成长和思想发展至少是与下列几点相联系的。

第一,与青少年时期所受的教育和影响有关。

如前所述,孟德斯鸠少年时代曾在离巴黎不远的朱伊公学读书,这是一所属于奥莱托利会主办的学校,有不少名人和权贵子弟在那里就读。而对孟德斯鸠影响较深的是著名哲学家、笛卡尔主义者马勒伯朗士,他一度成为孟德斯鸠最崇拜的对象。孟德斯鸠早年在巴黎逗留期间经常参加和旁听法兰西学士院和铭文与语史学院的公开会议,这两个学院的终身秘书丰特纳尔和格鲁·德·博兹,后来都成为孟德斯鸠的好友。特别是丰特纳尔,他是一位著名学者和启蒙运动的先驱人物,努力传播先进的自然科学思想,向宗教与神学发起冲击,被伏尔泰称为路易十四时代最多才多艺的人,他在孟德斯鸠一生的成长道路上起过重要的先师和指导者作用。

在孟德斯鸠早期生涯中,还有一位认识较早的学者,就是前面提到过的弗雷莱,他从 1709 年起就活跃于文坛,1714 年被接收为铭文与语史学院院士,是当时公认最有学问的人之一,在东方宗教、古代编年史领域造诣极深,后来又成为法国著名的汉学家之一,曾在青年时代由于具有进步思想而被关进巴士底狱。另外一位影响较大的人物是皮埃尔·戴莫莱,他一度担任过朱伊公学的教师,学问功底很深,曾编辑过两种杂志。戴莫莱给予孟德斯鸠最初的帮助,就是借给他一本剪贴本,内容十分丰富,这本题名为《随笔》的笔记本,后来由孟德斯鸠不断充实和补充新内容,直到生命最后。戴莫莱对孟德斯鸠在青年时代起过引路人的作用,孟德斯鸠最初踏入巴黎社交界,也是由他引荐的。

孟德斯鸠在青年时代还结识了两位思想异端、见解独特的人物,一位是那不勒斯神甫,叫贝尔纳多·拉马,此人对教会具有叛逆精神,说了许多对教皇、教会不恭的话,对孟德斯鸠的宗教观有很大影响,后来写进了《波斯人信札》。另一位叫布兰维利埃,法国著名历史学家和政论家,他本人与弗雷莱和拉马神甫交往甚多,孟德斯鸠曾引用过他著作中的观点。总之,孟德斯鸠在青少年时代就认识一批才华出众、知识渊博而思想异端的人,这一事实本身就值得重视。

第二,旅行开阔了眼界、丰富了知识。

从 1728 年到 1731 年,孟德斯鸠曾游历了德、奥、匈、意、荷、英等国。特别是在意大利和英国较长时间的逗留,接触了不少名人学者,无论在学识还是思想上,都对孟德斯鸠有重要影响。例如,在威尼斯,和学问渊博的安东尼奥·康蒂相交甚厚。在都灵,结识了物理学家罗曼。在佛罗伦萨,结识了马尔赛罗·维努蒂,就是他帮助孟德斯鸠成为科尔托纳的伊特鲁里亚科学院的院士。在维罗纳,孟德斯鸠会见过大学者、戏剧家与考古学家希皮奥内·马费伊,孟德斯鸠曾引用过他的《外交史》中的部分章节,看了他有关高利贷的著作,引起后来在《论法的精神》中对商业问题的讨论。在摩德纳,孟德斯鸠会见了博学多才的穆拉托里,在《论法的精神》中,曾引用过不少穆拉托里的作品。在那不勒斯,孟德斯鸠对当时三位知识界声誉卓著的代表人物十分推崇。一位叫格拉维纳,孟德斯鸠认真研究了他的《诗歌的理性》《论罗马法的精神》。另一位是皮埃特罗·詹农,当时还健在,这位历史学家的名著《那不勒斯王国内政史》极受欢迎和重视,孟德斯鸠在《随想录》中说明了对此书的赞赏和受到的启发。第三位知识界巨擘是维柯,他的《新科学》是一部极重要的作品,孟德斯鸠在旅意日志中记有"购买:维柯的《新科学》,那不勒斯",说明他对维柯的注意和重视。

在英国的旅行和考察期间所留下的资料,虽然被他的孙子在 1824 年 7 月去世时烧毁了,但可以查证与他交往过的人物仍有 20 余人。在英国期间,他不仅周旋于豪门贵族之间,如马尔巴罗公爵(丘吉尔首相的祖先)、里奇蒙公爵、蒙塔古公爵等家族,而且在政界中十分活跃。他既认识一些辉格党的头面人物如沃波尔、赫维、沃尔德格雷夫和切斯特菲尔德,又与托利党的头面人物博林布鲁克保持良好关系,并经常阅读他主办的杂志,从中了解英国的政治情况。此外,英国议会的辩论也吸引了他,他曾多次参加旁听并把下院辩论的情况记在笔记本中。

在英国,孟德斯鸠还结交了许多学术界的朋友。当时蒲柏是伦敦文学界最出类拔萃的人物,他的几位朋友,包括小说家威廉·克莱兰和纳撒尼尔·胡克,都与孟德斯鸠相熟。名噪一时的女作家玛丽·沃特利·蒙塔古和科学家约翰·阿巴思诺特也都与他相识。1730年2月26日,经皇家内科医生乔治-路易·泰西尔的推荐,孟德斯鸠得到圣西辛特和皇家学会会长汉斯·斯隆的支持,被接收为皇家学会会员。孟德斯鸠在英国的这些交往和经历,无疑促进了他对英国情况的熟悉和了解,特别是把英国的政制视为理想的模式而写进他的著作中去。

第三,热爱和钻研自然科学。

众所周知,近代科学的发展是法国启蒙思想产生的重要条件和温床,尤其是牛顿学说的广泛传播,使一些先进的思想家受到极大的影响和鼓舞,他们用科学知识来促进对自然和人类社会的认识,作为批判宗教神学的锐利武器,推动社会变革。孟德斯鸠不仅有许多朋友如莫佩尔蒂、雷奥米尔、布封、德·梅朗等都是著名科学家,而且他本人也非常热爱和钻研自然科学。在他成为波尔多科学院院士之后,就创设了解剖学研究奖,奖金为300利弗尔。他遵循实验的方法与独立判断的原则,致力于科学研究,写过不少科学论文,内容包括回声的形成、肾脏的功能、物体的透明性、重力的形成等。1719年,他还向世界各地发函,搜集资料,计划写一部《古今地球史》,这实在是一个很大胆的计划。在他的《对自然史观察的随笔》一文中,记述了一系列动植物实验记录。在当选法兰西学士院院士之后,他对科学的热忱并未减退,在奥、匈、意等国游历回来之后,曾宣读了关于匈牙利温泉、德国的采矿等问题的论文。1739年,他又宣读过矿泉水的温度及有关呼吸问题的论文。他还与儿子和朋友一起,做过鸟的飞行实验,并在《随想录》中作了笔记。还有记载说,当内拉克的地方行政长官罗玛斯与杜蒂尔三兄弟以及维旺一起做电学实验,即把一只风筝连接在一根金属棒上,用来输导闪电,以研究雷雨中的放电现象时,孟德斯鸠或他的儿子可能在场。即使有可能把他的儿子色贡达与孟德斯鸠搞混了,但得到孟德斯鸠支持是无可怀疑的。1726年,他就写过一篇《论雷电的产生原因及效用》的文章,足见他对电学的兴趣,这比富兰克林对电学的研究可能还要早好几年。只有科学才能驱除蒙昧,产生先进的思想。从以上事实完全可以说明,孟德斯鸠之所以成为一位启蒙思想家,以及他对自然方面的唯物主义观点,是与他热爱和钻研自然科学密不可分的。

第四,在巴黎社交界汲取知识营养。

孟德斯鸠经常出入巴黎社交界,与文化思想界一些著名人士频繁交往、吟诵作品、交流看法、汲取知识营养,这对他的思想形成有直接影响。孟德斯鸠出入巴黎社交界可以分为前后两段时期。前期大约是 1721—1728年,即《波斯人信札》成名之后,主要活动有两方面,一是经常出入波旁公爵的尚蒂伊宫和德·普里夫人的住宅贝勒巴的社交圈。伏尔泰曾在一首题为《贝勒巴的节日》的诗体韵文中描述过那里欢娱的场面。这类社交多数属于礼仪、显示社会地位或追求享乐的性质。另一类是知识界的社交圈,孟德斯鸠曾先后参加过著名的朗贝尔夫人的沙龙,由意大利教士奥利瓦主持的在德·罗昂主教家里的聚会和由阿拉里教士主持的中楼俱乐部。后期(1733—1748 年)经常参加的是勃朗卡家族和唐森夫人的著名沙龙,这些沙龙或民间学术团体对孟德斯鸠产生过更深刻的影响,甚至激发过他的创作灵感。朗贝尔夫人的沙龙在当时的法国十分著名,她每逢星期二和星期三在家里接待宾客,她的沙龙比宫廷更有学术气氛、更负盛名,孟德斯鸠是受欢迎的参加者之一。朗贝尔夫人曾在一封信中对朋友说:"他(孟德斯鸠)经常拿他的作品给我们看,丰特纳尔先生和拉·莫特先生对他赞不绝口。"在《随想录》中,所记载的《论幸福》片断,就是参加朗贝尔夫人的沙龙时写的;《论敬重与名望》一文,他曾交给朗贝尔夫人修改过,因而这篇文章后来出现在朗贝尔夫人的文集中就不奇怪了。奥利瓦十分博学多才,交游甚广,孟德斯鸠经常出席他主持的聚会,如鱼得水;由阿拉里教士主持的中楼俱乐部名声很大,是一个标新立异的学术团体,在这里贵族与第三等级人士可以平等相待,自由讨论问题。其中一些在当时法国最重要的政治理论著作,大多出自这个俱乐部的成员。这个俱乐部共存在 7 年,到 1731 年才解散。孟德斯鸠在此曾宣读过《苏拉与欧克拉底的对话》一文,并结识了不少名人。孟德斯鸠在上述这些沙龙和团体中的活动,为后来《论法的精神》的撰写打下了基础。例如《随想录》中所保存的《论义务》一文中,有一段对斯多噶学派推崇备至的话:"我将情不自禁地把芝诺的这一学派的毁灭列为人类所遭遇的不幸之一……"后来被一字不差地移到《论法的精神》之中。①还有一篇《论西班牙的财富》,后来孟德斯鸠也收入《论法的精神》,成为该书第21章的第22节,标题是《西班牙从美洲汲取的财富》。②从以上两例可以说明,孟德斯鸠的不少思想,是寓居巴黎期间在沙龙或民间学术团体中形成或发表过的。

第五,受到英法一些哲学家先进思想的影响。

任何先进思想并不能凭空产生,法国的启蒙运动是直接继承了英法历史上的进步思想,并且发展到了一个新的境界。17世纪法国唯物主义的主要代表是笛卡尔,他是一位唯理主义哲学家,崇尚理性。他的哲学体系虽然是二元论,但他的物理学是唯物主义的。孟德斯鸠受笛卡尔的影响是明显的,他曾自豪地宣称,笛卡尔是他的先师,说:"那些同意我们观点的人,能够以身为严格的笛卡尔主义者而自豪。"例如在《波斯人信札》第97封信中,孟德斯鸠强调,自然界有两条规律,第一条是:任何物体,除非遇到障碍,都倾向于直线行进;第二条是:任何物体,当围绕一个中心运动时,皆有离心倾向。因为物体离心愈远,它划出的线条愈接近直线。③他认为这两条法则是认识自然界的钥匙,而这两条法则是笛卡尔在《哲学原理》一书中确立的,孟德斯鸠在诸多规律中选定这两条,企图用物理学原理来解释一切现象,很能说明他是一个笛卡尔主义者。

另一个对他影响较深的哲学家是皮埃尔·培尔,他继承笛卡尔的怀疑论,并前进了一步。他著有《历史与批判辞典》,不仅批判了宗教神学,而且批判了形而上学。马克思曾指出,培尔"用怀疑论摧毁了形而上学,从而为在法国掌握唯物主义和健全理智的哲学打下了基础"④。皮埃尔·培尔的哲学思想对孟德斯鸠也有很大影响,例如,1716年6月18日,孟德斯鸠在波尔多科学院宣读过一篇关于宗教问题的论文,指出宗教乃是一种社会现

---

① 《论法的精神》下册,第145页。
② 同上,第71—75页。
③ 《波斯人信札》,人民文学出版社1978年版,第167页。
④ 《马克思恩格斯全集》第2卷,第162页。

象,"不是惧怕,也不是虔诚,而是出自一种需要,才建立了罗马人的宗教,而这是任何社会所必要的"。为进一步说明这一点,他还从奥古斯丁著的《论上帝之城》中摘引了培尔曾经引用过的话:"世上有三种神祇:诗人创造的上帝、哲学家创造的上帝和法官创造的上帝。"显然这些思想均来自培尔。有一位史学家 J.雷伊在一篇文章《培尔的〈辞典〉与〈波斯人信札〉》一文中提出,孟德斯鸠曾读过培尔的著作,而且在《随想录》第 104 条中,曾经提到过培尔的著作。本书作者夏克尔顿先生曾专门写过《培尔与孟德斯鸠》的文章,论述了培尔对孟德斯鸠的影响。

至于霍布斯,细心的读者都可以从孟德斯鸠的著作中看到他的影响,例如在《波斯人信札》第 11 封至第 14 封信中,我们不难看到孟德斯鸠用寓言的形式描写穴居人的故事,以验证霍布斯的理论,即描写人性恶。但得出的结论是相反的:一个社会若是建立在霍布斯理论的基础之上,那是无法维系多久的;但若以美德为基础,就不会灭亡,而必然发生变革,产生治理的机构。在《论法的精神》中讲到人类社会产生以前存在"自然状态",遵守"自然法"的说法,也无疑来自霍布斯在《利维坦》一书中关于社会契约论思想的启发,当然结论也反其道而行之。霍布斯认为在自然状态中人类互相残杀,而孟德斯鸠却认为有"自然法"的约束,自然法的原则有四条。另外,洛克在《政府论》中关于分权的学说和马基雅维利的《君主论》和《论李维》中所表达的政治观点,更是孟德斯鸠熟悉并在其作品中经常引用的,这里不加详述。

从上面的分析可以看到,孟德斯鸠成长为一个启蒙思想家并非偶然,而是由多种因素决定的。当然从历史背景而论,当时的法国封建制度已是千疮百孔、处于崩溃前夜,客观的历史条件也在呼唤能够以先进思想对封建主义严加抨击的先驱者,这是时代的需要,而孟德斯鸠正是在这样的历史条件下脱颖而出,成为启蒙运动中的主将之一。

这里还想顺便说一句,从对封建专制制度的猛烈冲击和为资产阶级革命起到鸣锣开道作用的总体而言,我们可将以伏尔泰、孟德斯鸠、狄德罗、卢梭等为代表的这场思想解放运动称为启蒙运动。但是对它的理解切不可简单化,甚至在青年中造成一种错觉,似乎这是一场有组织的、统一的、团结的运动。其实不然,事实上,一些启蒙思想家,不仅所处的时期有所差别,而且也不是经常在一个沙龙或团体中活动。他们各自分散,虽在许多方面有一致性,但观点各异,有的并无交往或互不相识,有的在个人关系方面不融洽,甚至敌对。例如孟德斯鸠与爱尔维修、达朗贝尔是好友,但与伏尔泰、狄德罗关系并不好,与卢梭几乎没有交往。至于伏尔泰与卢梭的激烈争吵及卢梭与以狄德罗为首的百科全书派的决裂,更是众所周知的事实,这除了一些个人因素外,也说明启蒙运动本身具有不同观点、不同派别和不同思想的交锋,反映出这场思想运动的多样性和复杂性。

三、关于本书的几点说明

孟德斯鸠的传记,国外出版的有多种,我们之所以选择这本由英国历史学家撰写的作品而没有选法国人写的传记,其原因在前面已经说过,因为本书的学术水平较高,资料比较可靠和丰富,作者又是研究孟德斯鸠的专家。但在翻译过程中,许明龙同志参考了本书的法文译本,文中有些注释,根据法文本作了简化。

由于众所周知的原因,近几年来学术著作的出版比较困难,我们在翻译过程中也颇多犹豫,担心译稿的出版问题。但幸运的是,本书一开始就受到中国社会科学出版社的大力支持,将该书列为历史编辑室的世界名人传记丛书中的一种。在本书的翻译、出版过程中,又承蒙该社历史编辑室诸位同志的帮助、批评和指正,在此深表谢意!

本书的篇幅虽然不大,但翻译过程颇费一番周折,一是该书有一定难度,文种也多,除英文外,还有较多的法文、德文、意大利文、西班牙文和拉丁文夹杂其中;二是书中涉及的许多资料是国内没有的,有些引用的书名和作者名均需要一一查阅资料核对,这就增加了许多工作量。在此过程中,曾得到周以光、陈祥超、廖学盛、王明毅等同志的帮助,使许多翻译中的难点得以解决,在此谨向他们诸位致谢!

本书涉及的人物众多,为便于读者了解,我对书中出现的一些国外历史名人加了简单的注释,还做了译名对照表附在书后,并负责全书的统稿工作。书后另一个附录《孟德斯鸠论著目录》是原书有的,这对中国读者了解孟德斯鸠很有帮助,我们基本上全文照译。另外还有一个附录是孟德斯鸠曾经摘引过的著作目录,因篇幅过多,用处也不大,故略而不译。

由于我们的历史知识和外文水平有限,本书肯定还存在不少缺点和错误,恳望读者批评指正。如果本书对我国读者了解和研究孟德斯鸠有所裨益的话,我们几位译校者也将感到欣慰与满足。

沈永兴

1989 年 8 月

于北京

目 录

前　言

在 20 世纪的今天，为一个生活在专业化时代之前并具有多方面兴趣的人撰写传记，记述他一生的经历和思想，实为鲁莽之举。这需要渊博的知识和多方面的才能，通晓自然科学、哲学、法律、历史和文学等多门学科。在当今时代，要找到这样一个人极为困难，我本人断然不敢以此自诩。各个领域的专家们将在本书中发现诸多不足之处，欲加指责，我想引用孟德斯鸠在《论法的精神》一书前言中的话来请求各位："要对整本书，而不是对个别词句加以肯定或否定。"撰写本书的目的，不是分析和评价孟德斯鸠的思想，而是写他的传记；在孟德斯鸠的一生中，重要的是他的思想，而不是他所经历的事件。因此，我所要做的工作，是探索他的思想的来源，说明他是怎样在读书、游历和社交过程中，逐步形成了他在著作中所阐述的思想观点。

为了搜集资料，我到过 5 个国家、60 多个公共或私人图书馆。几乎在所有这些地方，我都毫无例外地受到殷勤的接待，得到有益的帮助。首先，我要向女王陛下深表谢意，承蒙她的恩准，我才得以引用温莎城堡内的文献；我也要向图书馆管理员欧文·莫斯黑德爵士和他的继任者 R.C. 麦克沃斯-扬先生表示谢意，经他们的指引，我注意到了温莎城堡内的文献；也要感谢巴克利公爵和大卫·斯科特爵士，他们给予我方便，允许我使用鲍顿大楼所存的文献;感谢里奇蒙和戈登公爵向我提供了目前藏于奇切斯特市档案馆中的文献;感谢丘顿的沃尔德格雷夫伯爵和伯爵夫人,以及哈罗比伯爵的协助。我以感激的心情,庆幸能得到许可,在伦敦皇家学会图书馆、英格兰皇家外科医学院图书馆,以及伦敦已故的曼弗雷德·奥尔特曼博士和夫人的私人藏书中查阅和摘引文献,庆幸能向查尔斯·皮特里爵士借到一份历时已久的手稿。还应特别感谢公共档案局的 L.C.赫克托先生在使用英国公共档案方面给予我的指导。

在法国方面,我对 R.舒曼先生的好意深感负歉,当时尽管他急务在身,但仍向我提供了他所珍藏的手稿;感谢 P.科尔尼诺先生允许我研究他所经手的手稿;感谢朱伊公学修道院院长,他允许我查阅该学校的文献资料;感谢诺让-博斯蒂亚(纪龙德省①)的拉塔皮夫人,她亲切地接待我,并向我提供她的家族史料;感谢 X.韦代尔先生诚挚热情地接待我使用波尔多市立档案馆的资料;感谢波尔多市立图书馆馆长 L.戴格拉夫先生不拘泥于手续,并经常地、不辞辛劳地给予协助。

最近几年来,我有幸结识了几乎所有研究孟德斯鸠的学者,以及许多研究 18 世纪的专家,他们给予我的帮助和礼遇,恕我不一一赘述,谨在此向诸位表示诚挚和深切的谢意。其中四位对我的帮助和友情尤为突出,他们是:让·布莱斯·德·拉格莱塞、塞吉奥·科塔、弗朗索瓦·热伯林和安德烈·马松。

我由衷感谢雷蒙德的拉乌尔·德·孟德斯鸠男爵和阿让及维勒贡日的菲利普·德·孟德斯鸠男爵给予我的款待和帮助。对于拉布莱德的"女庄园主"沙巴恩伯爵夫人,我也感激之至,她总是和蔼可亲地欢迎我到拉布莱德古堡,任我使用她杰出的祖先的藏书和手稿,她不愧是这样一位杰出人物的后代。

我感谢卡塞尔教育基金会、牛津现代语言系系务委员会和法国政府文化联络部给我的资助。最后,我要感谢布拉森诺斯学院准许我休假,并

---

① 纪龙德(Gironde)省,现也多译为吉伦特省。——译者

提供了秘书方面的资助；我也要感谢各位同事，他们对于我的打扰从不感
到厌烦，而是耐心地解答我所提出的不属于我研究领域之内的各种问题。

罗伯特·夏克尔顿

1961 年 1 月 1 日

于牛津

缩略语说明

1) Arch.dép.Gironde　　　　　纪龙德省档案馆

2) Arch.hist.Gironde　　　　　纪龙德省历史档案馆

3) Archmun.Bx　　　　　　　波尔多市立档案馆

4) B.M.　　　　　　　　　　大英博物馆

5) B.N.　　　　　　　　　　国家图书馆

6) Bodl.　　　　　　　　　　博德利图书馆

7) Bx.　　　　　　　　　　　波尔多市立图书馆

8) Congrès 1955 年　　　　　《孟德斯鸠研讨会文件》,系 1955 年 5
　　　　　　　　　　　　　　月 23—26 日于波尔多举行的孟德斯
　　　　　　　　　　　　　　鸠研讨会文件集。该文集于 1956 年
　　　　　　　　　　　　　　在波尔多出版

9) Cortona　　　　　　　　　科尔托纳伊特鲁里亚科学院图书馆

10) FS　　　　　　　　　　　《法兰西研究》,牛津,1947 年迄今

11) HMC　　　　　　　　　　历史抄本委员会

12) Lettres familières　　　　《拉布莱德孟德斯鸠男爵庭长致意
　　　　　　　　　　　　　　大利友人书信集》,无出版信息,
　　　　　　　　　　　　　　1767 年

13）Lettres familières(1768)　　　《孟德斯鸠庭长致友人书信集》新版，佛罗伦萨，藏于巴黎，1768 年

14）RHBx　　　《波尔多市及纪龙德省历史杂志》，波尔多，1908 年

15）RHLF　　　《法国文学史评论》，巴黎，1894 年迄今

16）RLC　　　《比较文学》，巴黎，1921 年迄今

17）Secondat，Mémoire　　　让-巴蒂斯特·德·色贡达:《回忆录——孟德斯鸠先生历史颂词》，收入维安的著作

18）Vian　　　维安:《孟德斯鸠的历史——根据新的未刊文献》第 2 版,巴黎,1879 年

第一章　早年生活(1689—1721 年)

第一节　家世和出生

　　孟德斯鸠这个姓氏,来源于拉丁语和法兰克语,意为荒山秃岭,常见于法国西南部。在图卢兹市附近,以此命名的地方就有几处,但给这个名字荣加桂冠、使其闻名遐迩的,却是离该市北面不远的一个地方。这个地方位于阿让市西面约 10 英里、加龙河以南 2 英里处,有一座并不引人注目的小山,山虽小,却雄踞于周围平坦的原野之上。那里的土地贫瘠,人们主要靠饲养家禽和羊群为生,不过山坡上也稀稀落落地种植着一些葡萄。山顶是一座古堡的废墟,古堡建造在岩石上,墙由大块的坚石砌成,现在上面长满了青苔和荨麻,两棵已经凋零的棕榈树茕茕孑立于废墟之上。依墙盖起了一些农舍,见到陌生的来访者,成群的狗便狂吠起来,儿童们则脱帽向客人致意。今天的孟德斯鸠村,就是这样一片荒芜凄凉的景象;然而即使在城堡完好无损、里面住着贵族的日子里,这儿也并不繁华多少。它展现着法国西南部最不令人愉快的面貌。

　　在这僻壤的不毛之处,写出《论法的精神》这样论证精辟、文辞隽永的著作,所经历的道路是漫长的。

　　色贡达·德·孟德斯鸠家族的曾祖父是雅各布·色贡达。他于 1576 年出生在阿让市,并受洗礼为新教徒。他的家庭是二等佩剑贵族,4 个哥哥年轻时战死沙场。因此,他虽然是第 6 个儿子,但在幸存的兄弟中排行老二。他的父亲名叫让·德·色贡达,祖籍贝里,在上一个世纪迁居到阿让。让·德·色贡达曾任纳瓦拉①王后让妮·达尔布兰的内侍。王后对他的服侍十分满意,于 1561 年赏赐给他 1 万利弗尔,他用这笔钱从王后那里买下了孟德斯鸠这块领地。1606 年,亨利四世降恩,将该地晋升为男爵领地,并赐予雅各布·德·色贡达侯爵的称号,不过这个称号从未使用过②。尽管这个家族并无显赫的地位,却有不寻常的亲友。雅各布的祖父有一个表姐嫁给了著名的文献学家朱利叶斯-恺撒·斯卡利哲,那时斯卡利哲已经移居到阿让市。斯卡利哲的儿子约瑟夫-贾斯图斯也是一位知名学者,这样他就成了色贡达家族的亲戚。雅各布的母亲叫埃莱奥诺·德·布雷尼厄,她有英国血统,是索尔兹伯里伯爵夫人的后代,因此也是爱德华三世的直系后裔。这样,色贡达家族与安茹王朝有着血缘关系。

雅各布的长子让-巴蒂斯特-加斯东娶了法国西南部一位著名法官的女儿安娜-让妮·杜·伯尔内,并用她的嫁妆为自己买了一家律师事务所。他生了 10 个儿女③,其中 3 个儿子当了神职人员,3 个女儿当了修女。他的第 3 个儿子雅克,就是孟德斯鸠的父亲。根据画像来判断,雅克是一个黝黑、风流、英姿勃勃的武士;根据他儿子的描述,他相貌非凡,才华横溢,通情达理,但一贫如洗④。1686 年,他与玛丽-弗朗索瓦·德·贝斯奈勒结婚,贝

① 纳瓦拉(Navarre),中世纪和近代初期西班牙北部和法国南部的一个独立王国,占有今西班牙纳瓦拉省和法国比利牛斯省西部。1607 年纳瓦拉王国的非西班牙部分并入法兰西王国。——译者

② 奥格尔维:《色贡达·德·孟德斯鸠家族》,1858 年波尔多出版;德·珀西瓦尔:《孟德斯鸠男爵夫人》,见于《波尔多科学学院文献,1932—1933 年》,第 30 页;以及让-巴蒂斯特·德·色贡达:《回忆录——孟德斯鸠先生历史颂词》。后者是关于孟德斯鸠最主要的资料来源。此文献被收入 L.维安所著的《孟德斯鸠的历史》一书 1879 年巴黎第 2 版第 396—407 页。本书在引用时,写作色贡达《回忆录》,其页数系指维安著作中的页数;但在必要时,我将根据藏于拉布莱德的未刊原稿作修改。

③ 除奥格尔维所列举的 9 个儿女之外,还有尼科尔·德·孟德斯鸠。有拉布莱德的文件为证。她是阿让市圣母院院长,此圣母院与孟德斯鸠家族关系密切。

④ 《孟德斯鸠全集》,纳热尔版第 3 卷(Nagel Ⅲ),第 1564 页(以下均简写为《全集》,纳热尔版——译者)。

斯奈勒从达尔布兰和波旁两门显贵那里继承了英国血统,还是圣路易的后裔。她继承了大量地产,然而据孟德斯鸠说,她负债累累,并且多次被法庭传讯①。她逝世以后,雅克在回忆录中②称赞她很有经商的本领,他写道:"她像那些有才干的人那样,关心大事,对日常琐事不感兴趣。"她非常喜爱自己的孩子,对他们有高度的责任心,她还热衷于济贫事业。她是个虔诚的教徒,《新约》是她最爱读的书。她去世以后,她的丈夫发现,她生前经常使用一根皮鞭和一根铁条。

是她使色贡达家族住进了拉布莱德古堡。

到拉布莱德去,必须从波尔多市沿大路向西南方向走,这条由罗马人修筑的大路,沿着加龙河左岸向前伸延,经过阿让,最终通向图卢兹。所经之地是一片片微微起伏的葡萄园,园间散落着一些房屋。在离城 10 英里,接近一个叫博蒂朗的河边小码头的地方,大路穿过拉普雷德村。在这里有一条向西的岔路,沿岔路走 2 英里,有一座罗马式的教堂,教堂周围簇拥着一些房屋,这就是拉布莱德村。沿路继续向前 1 英里的地方,有一座古堡,名叫拉布莱德古堡,村子就是以古堡命名的。

称其为古堡,并非夸大其词,它不是一所简朴的农舍,而是一座名副其实的古堡。它是 15 世纪初在一幢建筑的原址上建造的,同时还修筑了防御工事。根据记载,这里最早的主人是贵族拉朗德,16 世纪末归属于贝斯奈勒家族,后来又归属于色贡达家族。古堡外,护城河环绕四周,由 3 座吊桥与外界相连通。古堡内的主体建筑既坚实又雅致。其顶部为 4 座圆锥形的塔楼,其中最大的塔楼周围建造城堞。附属建筑也都采用了圆锥形结构,与阿普利亚的特鲁里古堡内的房间相类似。有的面朝狭小的庭院;有的透过厚实的墙,面朝平静的水面。这些房间夏季十分凉爽,但冬天并不暖和。前厅里,深色的圆木庭柱弯曲向上;昏暗的餐厅里镶嵌着雕刻精致的镶木;厨房能供大批侍从用餐;客厅里悬挂着祖先的画像,这一切都令人

---

① 《全集》,纳热尔版第 3 卷,第 1565 页。
② 此稿原文藏于拉布莱德。维安著《孟德斯鸠的历史》1879 年巴黎第 2 版第 18 页(本书后文注为维安多少页)中所引之文,既不完整,亦有错讹。

叹为观止。然而与那宽敞的书房相比,却显得微不足道。这个书房有宽大的隧道式拱顶;壁炉周围绘制着古老的壁画;书房的门通向礼拜堂,从窗户可俯瞰内侧的吊桥。室内四壁排列着成架的书籍,《论法的精神》一书就是在这里问世的。从最高处的房间眺望,周围四野的景色尽收眼底。这里地处肥沃的波尔多葡萄种植区的最边缘地带,拉布莱德的干白葡萄酒和罗凯莫林红葡萄酒,在当年比梅多克或圣埃米利翁的酒更享盛名,销路更广,在这里是财富中的财富。离这里不远的地方就是索泰尔讷的白葡萄酒产地。越过葡萄园是一片开阔的荒野,那里人烟稀少,景色单调。在有的地方,森林一直延伸到古堡的护城河边。

1689 年 1 月 18 日,古堡的女主人玛丽-弗朗索瓦·德·贝斯奈勒生下了一个男孩。同一天,这个孩子在拉布莱德教区的教堂受了洗礼,取名为夏尔-路易①。他的教父是村里的一个乞丐,名叫夏尔,选他作教父是为了让这个孩子永远牢记他对穷苦人负有的义务。无独有偶,蒙田②也是由乞丐抱着进行洗礼的,这两位伟大的加斯科尼作家的生涯,从生命之初就何其相似。而且,正如蒙田在一个村舍里度过了童年一样,年幼的夏尔-路易被送到拉布莱德的磨坊里哺养,他在那里生活了 3 年,吃的是粗茶淡饭,说的话土腔土调,他的乡音终生未改。

他有两个姐妹,玛丽比他年长 16 个月,特莱丝生于 1691 年 8 月 31 日,两人都当了修女。弟弟约瑟夫生于 1694 年 11 月 9 日,夏尔-路易作了他的教父,他后来成为一位颇有名气的律师,下面还要提到他。另外一个弟弟、一个妹妹在年幼时就夭亡了。1696 年,母亲在生最小的孩子时去世了,那时夏尔-路易只有 7 岁。母亲对家庭的忠贞、对信仰的虔诚,在省里是闻名的,母亲的逝世使夏尔-路易失去了效法的榜样,但与此同时,他继承了母亲

---

① 1689 年教区注册簿已不复存在,诞生日期系根据色贡达的《回忆录》,洗礼日期系根据 F.P.拉塔皮《拉布莱德教区说明》,该文见于博兰:《波尔多面面观》(4 卷本, 1876 年波尔多出版),第 3 卷,第 8 页,但此文不甚可靠。

② 蒙田(Montaigne, Michel de, 1533—1592),法国著名思想家和作家,怀疑论者。他的父亲曾当过波尔多市长,他本人也在波尔多法院任职 13 年。主要作品是《随笔集》。——译者

的遗产和拉布莱德男爵爵位。

　　11岁之前，夏尔-路易一直在家里和村里接受教育，由一个叫苏韦尔维的教师教他念书。[1]1700年，父亲决定送他进入朱伊的一所学校，该校在370英里以外的莫城主教辖区，波舒哀[2]当时仍在那里任主教。

第二节　求学

　　朱伊公学是一所闻名遐迩的学校。它坐落在一个景色宜人的公园里，校园开阔、建筑豪华，而且就在巴黎附近，离巴黎圣母院仅20英里，在当时乃至今天，都不失为一个令人流连忘返的地方。1638年，经路易十三特许而建立，由奥莱托利[3]教士会议主管。在当时，它虽然在外观上是现代风格，但却已经形成了固定的传统。在法国的东北部，对来自边远省份的学生具有吸引力的学校屈指可数[4]，但朱伊公学与众不同，尽管从波尔多乘公共马车到巴黎的旅费高达60利弗尔[5]，但是从学生注册簿[6]上可以看到，有许多法国西南部来的学生在朱伊公学就读。之所以如此，部分原因是蒙田曾求学的吉耶讷中学已经衰败。1700年，在朱伊公学就读的波尔多学生中，有拉布瓦里两兄弟、卢瓦亚两兄弟(孟德斯鸠的表兄弟)和孟德斯鸠的宗亲马朗。后来马朗在孟德斯鸠临终时一直守候在他的身边。有一个学生姓苏卡茨，这正是毗邻拉布莱德庄园的一份地产的名字。让-雅克·贝尔在早夭之前，一直是孟德斯鸠的密友，他是1703年进入朱伊公学的。此外，还有为数众多的学生来自波尔多，只是他们的名字鲜为人知。即使是那些

---

　　①　依据波尔多市立图书馆保存的手稿第1913号，由孟德斯鸠签署的一张字条。
　　②　波舒哀(Bossuet, Jacques-Béncigne, 1627—1704)，17世纪法国天主教教士，演说家。支持法王路易十四，鼓吹绝对君权论。1669年起，负责为逝世的要人致诔词，后当选为法兰西学士院院士。——译者
　　③　奥莱托利(Oratory)系指1564年由圣·菲立普·内里创立的一种崇尚通俗说教的神甫团体。——译者
　　④　参见弗·德·丹维尔：《17世纪和18世纪法国东北部的中学教育》(1955年法国人口社出版)。
　　⑤　G.达弗内尔：《地产经济史》，1894年至1912年巴黎出版，第6章，第632页。
　　⑥　《寄宿生案卷》，原稿存于朱伊公学。

社会名流,也乐于把他们的子弟送到朱伊公学去读书。注册簿中多次列有特吕戴纳这个名字,他是勃朗卡家族的一个后裔,比孟德斯鸠高3个年级。德·巴松皮埃尔侯爵于1702年注册入学。英王詹姆士二世的亲生儿子贝里克公爵也是该校毕业生。

1700年8月11日,年少的拉布莱德男爵来到了朱伊公学,他的两个名叫卢瓦亚的表兄弟与他同行。他骑马从波尔多来到朱伊公学,一路上由一名男仆照料①。他每年的费用多达342利弗尔,这对于他父亲的收入来说是一项不轻的支出。1702年,他的胞弟约瑟夫(当时被称为德·马尔蒂亚克先生)也来到了这里,从1704年2月起,作为兄弟俩的酒钱开支,每年的费用又加了50利弗尔。兄长刻苦攻读,因而受到称赞;弟弟性情温和,学业却不佳,常常需要特别的帮助②。夏尔-路易于1705年8月11日完成了朱伊公学的学业,而约瑟夫则又待了三年半才毕业。

朱伊公学的教育是极有价值的,然而对于莘莘学子的压力也非同一般③。学生们每天清晨5点起床,5点10分进行祷告,然后自习到7点半,半小时吃早餐和娱乐,8点做弥撒。从8点半至11点是上课时间。课程多种多样,每半小时换一门。午餐较早,进餐时或听有关圣人的故事,或听巴罗尼乌斯④的《编年史》,然后是1小时的自习。下午1点半上课,4点吃茶点,然后是娱乐。晚上剩余的时间,除了7点进晚餐外,都用于学习和写家书,8点半晚祷,然后上床就寝。

教学内容是充实的。学习的语言主要是拉丁文和法文,希腊文自始至终是副科。虽然熟练讲拉丁语的能力被认为是必要的,教学中实际使用的语言却是法语。课程表中有地理、历史和数学,另外还教授诸如绘画、音乐、

---

① 《孟德斯鸠》(展览书目),波尔多1955年版,第86号。

② 《孟德斯鸠》(展览书目),第91号;《艺术家协会公报》,1843年12月出版,第190页;维安:《孟德斯鸠的历史》,第19页,只见于第1版。

③ C.哈梅尔:《朱伊修道院及公学史》,巴黎1888年版。此书是关于朱伊公学的最佳著作。

④ 巴罗尼乌斯(Baronius, Caesar, 1538—1607),那不勒斯天主教会史学家。1596年任红衣主教,次年任梵蒂冈图书馆馆长,著有《教会通史》12卷。——译者

马术、击剑、舞蹈等课程。关于教育问题,几位奥莱托利教派的神甫作过认真的研究,贝纳尔·拉米的《关于科学的对话》[1],虽然其主要宗旨在于宣传对宗教的信仰,但其中表达的奥莱托利教派的主要观点在那个时代是先进的,具有进步性。如果说耶稣会和王港修道院造就了精通经典的学者的话,朱伊公学则培养了更为全面发展的人才。他们的思想深沉持重。尽管孟德斯鸠后来声称他对自己所受的教育并不满意[2],但是他所受的教育在当时已是法国最具有自由主义色彩的教育。

孟德斯鸠在朱伊公学所受的教育,对于他的创作活动的影响或许是巨大的[3]。但是在所有现存的孟德斯鸠的著作中,只有两篇可以确定为学生时代留下的作品。拉布莱德的图书室现藏有一本儿童手写的笔记本,被认为是孟德斯鸠的笔迹,其标题是《罗马史》。笔记约 78 页,内容是初级水平的问答,例如:

问:罗马城是由谁建立的?

答:特洛伊人。[4]

其内容只是简单的事实,微不足道,然而从中却可以窥见一个将对罗马史作出卓越研究的人对罗马所表现出的最初兴趣。他在朱伊公学留下的另一本遗作是一部诗体悲剧,剧名为《布里托马尔》,其中有大约 100 行诗句幸存下来,其余的已不可复得,实为憾事。然而最令人惋惜的并不在于诗作本身的不完整,而在于其中抒发的情感,因而难以追溯。这一点,读一读下面的诗句便可一目了然:

---

[1]　该书于 1683 年在格勒诺布尔首次出版。孟德斯鸠的图书目录表明他终于拥有此书以及拉米的其他 9 部著作。

[2]　根据孟德斯鸠之子与一位外国著名旅行家的谈话(《米兰达将军档案》,加拉加斯 1930 年版,第 4 章,第 244 页);L.-B.卡斯泰尔:《精神的人与物质的人》亦有此论(见《卢梭全集》33 卷本,日内瓦 1782 年版,第 32 卷,第 183 页)。

[3]　H.罗迪埃在《〈论法的精神〉的创作:孟德斯鸠与朱伊公学的奥莱托利教徒》(见《法国文学史评论》,1952 年)中,对该问题作了有价值的研究。

[4]　《孟德斯鸠全集》,七星文库版第 2 卷(Pléiade II),第 1443—1445 页(以下简写为《全集》,七星文库版——译者);纳热尔版中缺略。

> 以我的处境,唉! 我怎能对你诉说,
>
> 我为何心烦意乱,为何叹息哀伤?

他又写道:

> 我仍将捍卫我那遭到扼杀的自由,

以及:

> 黑夜茫茫,理智的双眼已被蒙上。①

孟德斯鸠成熟的风格和情感,从中可见一斑。

　　然而,朱伊公学给予孟德斯鸠最深刻的影响,来自教士会议最杰出的成员、哲学家马勒伯朗士②,这位哲学家深受学生的尊敬,尽管他难得到朱伊公学来一次。③

　　夏尔-路易自回到法国西南部至 1708 年,似乎一直在波尔多大学专修法律④。他的导师都是波尔多市历史上的知名人士,但是他们的教诲对于学生来说收效甚微。1709 年有一份关于法律系的报告表明⑤,系主任塔内斯已是 98 岁高龄,而他的儿子也是一位教授,且时常擅离职守。达尔贝萨也已 80 岁,而且双目失明,他的讲话均由一名学生笔录下来。他出身法官世家,他家族中的成员,在以后孟德斯鸠的生活中将再次与其发生关联。布莱兹·弗雷凯是

---

　　①　《随想录》,第 359 条。

　　②　马勒伯朗士(Malebranche, Nicolas, 1638—1715),法国天主教教士、神学家,笛卡尔主义哲学家。——译者

　　③　E.-A.布朗皮尼翁:《有关马勒伯朗士的研究》,巴黎 1841 年版,第 9 页;圣博伏:《王家港》,1953—1955 年巴黎(七星文库)出版,第 3 章,第 359—360 页。

　　④　R.赛莱斯特:《孟德斯鸠在波尔多》(见《论孟德斯鸠的两本小册子》,1891 年波尔多和巴黎出版),第 67—68 页。

　　⑤　1709 年 10 月 5 日,拉普拉斯(省长)致财政大臣(《财政大臣书信集》,A.M.德·布瓦里斯勒和 P.德·布勒托纳合编,巴黎 1897 年版,第 3 章,第 227—228 页)。

第一位法兰西法教授,在波尔多大学,法兰西法为一门新设的课程,是奉路易十四之命,于不久之前开设的。①他指定了一个对法语一无所知的爱尔兰人作为副手。1708 年,夏尔-路易获得波尔多大学业士和学士学位,并获得律师资格。但是,他显然对在那里所接受的教育仍嫌不足,因此不难理解,他为何离开波尔多,前往巴黎,以取得关于法律事务的实践经验。

第三节　踏进巴黎社会

大约从 1709 年至 1713 年,这位青年人是在巴黎度过的。他在这个时期的情况,我们所知极少。这些年间的来往信件失落殆尽,只留下笔记中的片言只语,才使我们有可能尝试着把他当时置身其中的社会加以再现,而这仍是极其有限的。在 18 世纪 20 年代末之前,他曾重返过巴黎,可能是 1717 年初来巴黎住过几个月,其他时候也可能来过,但时间都很短暂。

引荐他进入巴黎社交界的人,似乎是皮埃尔-尼科拉·戴莫莱,孟德斯鸠认识他的父亲。戴莫莱是一位平易近人、学识渊博的教会人士,生于 1678 年。1701 年,当未来的《波斯人信札》的作者仍在朱伊公学读书的时候,他已成为奥莱托利教派的神甫。他可能一度曾在朱伊公学任教,毫无疑问是在那里同孟德斯鸠结识的。他的学问功底深厚,继文献学家勒龙之后,任巴黎奥莱托利教会的图书管理员。在此期间,他曾分别在不同时期编辑过两种杂志,其中比较值得重视的一种名为《文学论文之发展》,该杂志向读者推荐新的、罕见的重要文献。帕斯卡②的两部作品《论几何学的精髓》和《与德·萨西先生的对话》,就是由戴莫莱在这一杂志上首次刊登的。他对文学史的贡献也是卓越的。他心胸豁达、克己容人,而且正如孟德斯鸠后来发现的,对于那些上流社会的朋友的短处,他能睁一只眼闭一只眼。

---

①　参见《昔日波尔多大学的规章制度(1441 年至 1793 年)》,H.伯克豪森编,1886 年利布纳和波尔多出版,第 89—92 页;另见 A.德·库尔松:《17 世纪至 18 世纪法国大学中的法律教学》,巴黎 1920 年版。

②　帕斯卡(Pascal, Blaise, 1623—1662),法国数学家、物理学家、笃信宗教的哲学家。他曾提出关于液体压力的定律,称为帕斯卡定律。——译者

戴莫莱给予年轻的孟德斯鸠的最初的帮助之一,是借给他一本剪贴本。其内容包罗万象、丰富多彩;其格调多种多样,严肃的、轻松的错杂相间。孟德斯鸠把这本剪贴本中收集的文章,摘录在一个 4 开大本的前半部分。摘录的内容包括温度计、气压计、降雨、采矿、植物等科学问题;还有宗教派别、穆罕默德、罗马的服饰和货币、奴隶制和基督教的建立等历史问题;古代著作节录;一篇讽刺德·曼特农夫人①的小品文;一篇关于寂静教②的长篇文章及其几段关于宗教教义的论述。摘录这本文集的时间,最迟不晚于 1715 年,很可能还要早一些。抄录完毕后,送到孟德斯鸠手中,他又在自己阅读过程中不断增添新的内容,并题名为《随笔》,此后,几乎直到他生命的最后一刻,他都在补充新的条目。③

正是这本《随笔》透露出孟德斯鸠早年在巴黎逗留期间,经常参加两个王家学院的会议——法兰西科学院和铭文与语史学院每年举行的两次公开会议,一次在复活节以后,另一次在圣马丁节④之后。按照惯例,在会上,终身任职的秘书要对最近逝世的院士赞颂一番。孟德斯鸠特别提到,他曾经参加过这样的一次会议。他还提到另外两篇颂词,因此,他大概还参加了另外两次这样的会议。他聆听了铭文与语史学院致古物收藏家塔勒芒和科学院对著名天文学家卡西尼的颂词⑤。1713 年 11 月 15 日(星期三),科学院的会议宣读致植物学家布隆丹颂词时,他肯定在场⑥。既然孟德斯鸠不是这两个学院的会员,而且后来也从未加入,他不大可能参加科学院的内部会议,但是,在《随笔》中却记载了一篇于 1717 年 1 月 26 日宣读的,在当时尚未发表的论文的详细内容⑦。这一事实表明,他与科学院中的人

---

① 曼特农夫人(Maintenon, Françoise d' Aubigné, marquise de, 1635—1719),法王路易十四的第二个妻子。1674 年购下曼特农城堡,1679 年成为宫廷女官,1683 年同路易十四结婚。——译者

② 寂静教(quietism),指 17 世纪一种基督教神秘主义教派。——译者

③ 《随笔》直到 1944 年才被发现,它是最近发现的关于孟德斯鸠生活和著述最有用的资料汇集。

④ 圣马丁节(St.Martin)是指 11 月 11 日。——译者

⑤ 《随笔》,第 25、260 条。

⑥ 同上,第 263 条。

⑦ 同上,第 259 条。

士有着密切的联系,并足以使他了解科学院的主要活动。事实上,当时这两家学院正值活跃兴旺的时期。在科学院,虽然惠更斯和卡西尼的伟大时代业已终结,但天文学研究方兴未艾,拉伊尔和卡西尼之子在继续发展天文学理论,瓦里尼翁在埋头攻研数学,而后来成为孟德斯鸠至交的雷奥米尔[①],此时崭露头角,他的论文涉猎广泛,包括从几何定理到海洋何以呈蓝色这一古老的问题。铭文与语史学院致力于研究修女由来的历史和古代世界奇事等诸如此类的问题。两个学院的终身秘书分别为丰特纳尔[②]和格鲁·德·博兹,他们后来都与孟德斯鸠结为莫逆之交。当时,孟德斯鸠是否已经与他们相识,现有的材料证据不足,尽管他与丰特纳尔有所交往的可能性是显然存在的。但是他很早就认识尼科拉·弗雷莱[③]。弗雷莱生于巴黎,有学者气质,曾从师于罗兰,当时正在潜心研究古代史、考古学和年代学的一些课题。据说,他在 16 岁时就读了斯卡利哲、多德威尔、佩塔维余和于歇的著作,并做了笔记。他到了 1709 年(生于 1688 年)就已活跃于文坛,发表了若干关于希腊神话的论文,并于 1714 年作为一名学生(据认为,就他的年龄而言,这样做是恰当的,但就他的声望而言,未免屈尊)被接受为铭文与语史学院成员。后来,他被公认为当时最有学问的人之一。在东方宗教研究和古代编年史等领域,他博闻强记,造诣极深。然而,弗雷莱在青年时代是一个引起争议的人物,因为他具有先进的思想,甚至巴士底狱对他来说也并不陌生。历史学家维尔多指责他攻击克雷芒通谕[④],指责他发表众所周知的批评耶稣会成员达尼埃尔的《法国史》的文章(孟德斯鸠后来摘录了此文的要点,抄入《随笔》[⑤])。因此,

---

①　雷奥米尔(Réaumur, René-Antoine Ferchault de, 1683—1757),18 世纪初期法国科学家和最著名的昆虫学家。——译者

②　丰特纳尔(Fontenelle, Bernard Le Bovier Sieur de, 1657—1757),法国科学家和文人。伏尔泰称他为路易十四时代最多才多艺的人,著有《死者的新对话》《神谕的历史》等。1691 年被选入法兰西学士院。——译者

③　《颂词》见于《弗雷莱全集》20 卷本,巴黎 1796 年版,第 1 卷,第 1—54 页。

④　克雷芒通谕(Unigenitus),是教皇克雷芒十一世于 1713 年应法国国王路易十四的请求为谴责詹森主义教派而发布的通谕,1730 年国王宣布,上述通谕为国法。——译者

⑤　《随笔》,第 585 条。

1715 年的前半年,他是在监狱里度过的①。孟德斯鸠至迟在 1716 年,可能是由戴莫莱从中引荐,即与弗雷莱相识②。这表明,孟德斯鸠在他学术生涯的最初阶段,就与启蒙运动的先驱们有联系。

启蒙运动的先驱者并不只是以敢于冲破思想的羁绊为满足,还往往致力于最为深奥的学科,脚踏实地从事研究。弗雷莱选定的领域是中国问题研究,他不仅攻读汉语,还制订了计划,要在 1714 年去中国实地考察,这项计划虽未能如愿以偿,但他与一个中国人来往频繁。当一个名叫黄嘉略的中国青年基督教徒访问法国时,弗雷莱与他一见如故,黄嘉略在王家图书馆谋得一个职位,掌管中文图书,弗雷莱引荐他参加巴黎知识界的社交活动。正因为这样,孟德斯鸠才得以与黄嘉略邂逅。《随笔》记载了他与黄嘉略的一次谈话,交谈过程中,黄嘉略天真地说,他发现欧洲竟存在着犯罪现象和惩罚制度,他对此表示愕然③。不仅如此,孟德斯鸠在他的笔记《地理Ⅱ》中,还详尽入微地记录了他和黄嘉略进行的多次讨论④。有关儒教的细节使他心驰神往,尽管汉语语法令人困惑难解,但是他以令人叹服的勇气,锲而不舍地刻苦钻研。他注意到中国皇权至高无上,注意到那些世俗权力和宗教权力错综交杂的局面。总而言之,从这些谈话记录中可以看出,孟德斯鸠对于东方世界有着浓厚的兴趣,而且这种兴趣历久不衰、从未停止。

大约在同一时期,仍然在这个社交圈子里,孟德斯鸠还结识了另一位思想活跃、见解不凡的人,这个人就是贝尔纳多·拉马神甫⑤。他是那不勒

---

① 丰克-布朗塔诺:《巴黎的密札》,巴黎 1903 年版,第 2282 号;A.布鲁烈:《图尔纳米纳神甫与弗雷莱的被捕》(《法国文学史评论》,1932 年)。

② 1716 年 4 月 4 日,孟德斯鸠致戴莫莱。

③ 《随笔》,第 368 条。

④ 《全集》,纳热尔版第 2 卷,第 927—943 页;七星文库版缺略。关于黄嘉略,参见《全集》,纳热尔版第 2 卷,第 25—31 页。

⑤ 《随笔》曾两次提到拉马其人(《随笔》第 365 条和第 392 条),这两段皆写于 1728 年之前,与提及弗雷莱的段落同期。这里指的大概是拉马于 1720 年底以前在法国逗留期间。关于拉马的生平,参见 F.尼科里尼:《伟大的意大利教育家切莱斯蒂诺·加里亚尼》,那不勒斯 1951 年版。以及 F.文图里:《关于欧洲启蒙运动论文集》,第 1 卷,1954 年都灵出版。

斯人,少壮之年迫不及待地来到巴黎,意欲结识马勒伯朗士。他曾在都灵任职,后逃亡维也纳,最后又在那不勒斯任职。孟德斯鸠在笔记中记录了他们之间关于古代希腊历史学家和《旧约全书》教规的谈话,拉马在谈论后一个问题时,态度十分不恭。孟德斯鸠还从拉马那里得知,教皇与其他主教之间,教皇实际上只不过是同事中资历最老者,教皇克雷芒通谕是可叹可悲的、站不住脚的;耶稣会会员是《福音书》的敌人,是魔鬼的仆从①。

孟德斯鸠结识了这些无所畏惧、思想异端的人,这一事实本身就是值得重视的。但是,对于为他作传的人来说,其重要性还不止于此,因为由此又引出了他与另一个人,即德·布兰维利埃②伯爵的关系。

布兰维利埃是一个具有神秘色彩的人物③,弗雷莱与他交往甚密,最近在都灵档案馆发现了一份文件,表明拉马在巴黎的地址是"布兰维利埃伯爵先生家"④。所以,孟德斯鸠认识布兰维利埃这种可能性是极大的,尤其是在布兰维利埃的一部著作发表之前,孟德斯鸠就引用了其中的观点⑤,这样,他们相识的可能性就更大了。布兰维利埃出身于一个历史悠久但并不富有的家族。他才华横溢,有人认为那本《论三个伪君子》⑥出自他的手笔。无论如何,他曾写过一部关于穆罕默德生平的著作,这是确定无疑的。还可以肯定,他写了一部驳斥斯宾诺莎的著作,不过,与其说是批驳,不如说是阐明了斯宾诺莎的观点⑦。他是一位博学的历史学家,也是一位爱冒险的占星术家(因此弗勒里曾挖苦说,他既不知过去,也不知现在,更不知将来。

---

① F.文图里,见前引书,第 113—114 页。

② 布兰维利埃(Boulainvilliers, Henri, Comte De, 1658—1722),法国历史学家和政论家。著有《法兰西国家》《法国贵族论》《宗教与古代哲学史》等作品。——译者

③ R.西门:《亨利·德·布兰维利埃》,巴黎 1941 年版,第 87—88 页。

④ F.文图里,见前引书,第 111 页。

⑤ 《随笔》,第 364 条。

⑥ I.O.韦德:《1700 年至 1750 年法国的地下组织与思想之传播》,1938 年普林斯顿出版,第 124—140 页。

⑦ 1732 年 5 月 4 日,马莱致布依埃,M.德·莱斯柯尔辑:《马提奥·马莱日记及论文集》,1863 年至 1868 年巴黎出版,第 3 章,第 360—361 页。

孟德斯鸠也曾重复此言①）。他几乎是一个传奇式的人物,他的名字甚至流传在当时的流行歌曲之中。②他卒于 1722 年,据说他曾精确地预见到他去世的年、月、日,乃至时辰;甚至连对诸事无不冷嘲热讽的圣西门也这样认为③。他的名望之所以能历久不衰,要归功于他以渊博的学问为基础而提出关于封建制度起源的理论。在他所生活的时代,他的才智令人生畏,他的品格为人称颂。若干年后,孟德斯鸠热情地颂扬他说:"他是旧贵族的后裔,具有贵族的那种质朴、直爽和天真。"④孟德斯鸠对他的称赞,很可能以个人的接触为依据,因此也更加令人信服。

第四节　在西南部的生活

1713 年,由于父亲的去世,孟德斯鸠被召回拉布莱德。孟德斯鸠的父亲卒于 11 月 15 日,终年 58 岁。那一天,孟德斯鸠还在巴黎。翌日,雅克・德・色贡达就被安葬在本村教堂的墓地里,离讲经台不远。他的旁边是他的妻子和早夭的女儿玛丽安娜的坟墓。参加葬礼的姻亲有卢瓦亚、奎埃纳、萨里古尔德⑤。他的长子此时继承了他的产业。

尽管孟德斯鸠此时的称号仍然是德・拉布莱德男爵,但他已经自称为孟德斯鸠,是一个拥有相当土地的封建领主,享受着封建领主的特权,也承担着封建领主的义务。他还是一个有资历的律师。他父母双亡,尚未婚配,因此拉布莱德庄园缺少一个女主人。他已年近 25 岁,应该建立家业,尤其应该择偶成婚。起初,他看上了一个波尔多酒商的女儿,名叫德尼⑥,但后来改变了主意,选择了更加高贵、又同样实惠的一家联姻。新娘是让

---

①　《随想录》,第 2156 条。

②　E.罗尼埃辑:《18 世纪歌曲作者的历史》,1879 年至 1884 年巴黎出版,第 2 章,第 25 及 290 页。

③　圣西门:《回忆录》,A.M.德・布瓦里斯勒辑,1879 年至 1930 年巴黎出版,第 26 章,第 248 页。

④　《论法的精神》下册,商务印书馆 1963 年版,第 30 章,第 10 节。

⑤　《民事要录》藏于拉布莱德;纪龙省档案馆,目录、正目、补遗,第 1 卷,第 211 页。

⑥　A.格勒莱-杜马佐:《路易十五时代的波尔多社会》,1897 年波尔多和巴黎出版,第 70 页,其中引用了拉乌尔参事的《蠢话录》手稿。

娜·拉尔蒂克,或者说是德·拉尔蒂克。虽然她是否享有特殊的"德"的名号,人们见仁见智,但是她出身于一个有爵封的富有家族,是众所公认的。这个家族住在克莱拉克,距孟德斯鸠村约 10 英里,也拥有一所房舍,就在拉布莱德附近。1715 年 3 月 11 日,订婚仪式在克莱拉克举行,婚约写明女方给丈夫 10 万利弗尔的嫁妆。接着在 4 月 30 日于波尔多的圣米歇尔教堂举行了婚礼。①结婚仪式冷冷清清,毫不引人注意,证婚人之一是一个文盲;无论是女方还是男方,连最近的亲戚都没有来参加婚礼。让娜·德·拉尔蒂克实际上是一个胡格诺派教徒,对于她的信仰,她始终如一,直到她与世长辞。这桩婚姻看来只有很薄弱的感情基础。其结果只是:孟德斯鸠的财富扩大了,他将有孩子,孩子们将有母亲,此外,他有了一个精明干练的管家。

次年 2 月 10 日,他们喜得子嗣,起名叫让-巴蒂斯特。随后,1717 年 5 月 22 日,又一女,起名玛丽-卡特琳娜;1721 年,再生一女,叫玛丽-约瑟夫-丹妮丝,大家都称呼她为丹妮丝。

孟德斯鸠在他的儿子出世后不久就财富剧增。他的鸿运是由于他的伯父让-巴蒂斯特逝世而带来的。他的伯父是家族之主,从父亲那里继承了孟德斯鸠男爵的爵位和波尔多高等法院庭长之职。他身后无子嗣,在向胞妹和三个兄弟(四个人都任神职)遗赠部分财产之后,于 1716 年 1 月 11 日立下遗嘱②,将全部财产留给了侄儿夏尔-路易。1716 年 4 月 24 日③,孟德斯鸠的伯父谢世,他便继承了产业、爵位和官职。④

于是,孟德斯鸠的领地向东延伸到了加龙河流域中部和洛特省。孟德

① 　J.斯塔罗宾斯基:《孟德斯鸠其人》,巴黎 1953 年版,第 7 页,引用了在教堂的登记。

② 　一份遗嘱现存于拉布莱德档案之中。

③ 　《波尔多高等法院秘密注册本》(《韦尔塔蒙文集》,波尔多市立档案馆),第 41 卷,第 502 页。

④ 　从拉布莱德的档案中可以看出,由于继承了伯父的财产,孟德斯鸠的经济状况大为好转。他曾向朋友多次借款,1714 年借款 2 000 利弗尔,1715 年借款 9 000 利弗尔,1716 年再次借款 9 000 利弗尔(其中 6 000 利弗尔系向拉卡兹所借,这位拉卡兹可能就是院长,也可能是院长的亲戚)。这笔总数达 2 万利弗尔的借款,至 1720 年全部还清。

斯鸠村归他本人所有。住在克莱拉克的岳父，以及他的三堂弟戈德弗洛瓦，即德·蒙塔尼亚克男爵成了他的邻居。戈德弗洛瓦后来与孟德斯鸠的女儿丹妮丝成亲。但更重要的是，孟德斯鸠从此跻身于波尔多高等法院，出任高等法院庭长。

法国的高等法院历史悠久。每一所高等法院有一名院长、几名庭长和为数众多的推事。院长由国王任命，而头戴臼形圆帽式法帽的庭长之职则是世袭的，可以鬻卖。此职只能得到微薄的薪俸，却极受尊敬。地位卑微的推事之职也可以买卖。高等法院中级别最高的是巴黎高等法院，它与外省的法院全力合作。初建之时，高等法院只是最高的司法法庭，后来，高等法院开始获得政治权力。早在马基雅维利①时代即已如此，因此，他把高等法院描写成是法国的基本法和君主政体的护卫者。17 世纪和 18 世纪期间，由于废除了三级会议，高等法院的政治地位不可避免地日益重要起来。

吉耶讷高等法院，通常又被称为波尔多高等法院，从其建院历史的久远来说，在所有高等法院中占第四位。这所高等法院于 1462 年由路易十一创建，管辖从利摩日至巴约讷之间的区域，下属共有五个庭。大革命前夕，至少有 9 位庭长和 91 位推事。②由于它除了实施法兰西法和罗马法之外，还实施几种习惯法，因此，日常法律事务包罗万象，十分繁杂，庭长之职远非挂名闲职。波尔多法院对上也绝不是唯命是从。在投石党发动骚乱期间，它被驱逐到阿让，直到 1654 年才重返波尔多。在此后 20 年中比较平静，但是，当政府的财政政策在波尔多引起不安和暴乱的时候，它再次被驱逐。从 1675 年起，它先是在孔东，后来在马尔芒德，最后（长达 12 年之久）在一个小山镇拉雷奥运作。孟德斯鸠的伯父让-巴蒂斯特就是在高等法院遭驱

① 马基雅维利(Machiavelli, Niccolò, 1469—1527)，意大利政治家。1498 年出任佛罗伦萨执政委员会秘书，负责外交和国防。美第奇家族重新成为佛罗伦萨统治者后失势。著有《论李维》《君主论》等。——译者

② A.科米内：《波尔多高等法院》，波尔多 1886 年版，第 4 页。最完整的专著是 C.-B.-F.布什龙：《波尔多高等法院史》，波尔多 1878 年版，2 卷本。

逐期间承袭此职,出任庭长,开始了他威严而享有声誉的经历。1690 年,高等法院与路易十四取得妥协,路易十四同意高等法院增加 1 名庭长和 6 名推事,这 7 个职位售价共 40 万利弗尔,全部所得交给政府。在此之后,让-巴蒂斯特忙于处理大量的内部纠纷。1703 年,新任命的院长达龙宣誓就职,10 年以后,国王下令免除其职①。在院长空缺期间,由让-巴蒂斯特主持法院事务。1714 年达龙的继任者拉卡兹侯爵就职之时,让-巴蒂斯特主持了就职仪式,并发表了演说,这篇演说才思无双,既表达了他对君主忠诚不贰,又表达了他对高等法院的赤胆忠心。演说还表明他对司法事业的真诚热爱。②这篇演说的手抄本(孟德斯鸠笔迹)保存了下来。这篇演说的作者让-巴蒂斯特被描写为"那个时代最杰出的天才之一,也许是当时条件下最热爱自由和最公正的人"③。这样的赞美之词,无疑是在孟德斯鸠的影响之下写出的。

1713 年出台的教皇克雷芒通谕引起了轩然大波(在孟德斯鸠伯父的指导下,波尔多高等法院以惊人的魄力,删除了其中的一项条款)④。路易十四的逝世,以及摄政王对高等法院所采取的安抚为主的态度(他为了废除路易十四的遗嘱,需要高等法院的支持),所有这些,都加强了高等法院的地位,并使高等法院阶层的人们倍受鼓舞。他们狂热地要实施自己的特权,并往往把他们的特权与人民的权利混为一谈;他们坚持要求有向国王劝谏的权利;他们争辩说,国王与平民一样,都要受古老的基本法的约束。他们宣扬限制教皇权力的法国天主教派的观点,甚至詹森教派的观点。高等法院正处在一个热情高涨、积极活跃的时期,正是在这样的时刻,孟德斯鸠成

---

①　关于达龙如何触怒国王,身遭贬黜,过去众说纷纭、莫衷一是,现已经澄清。孟德斯鸠之子所著《回忆录》中有一部分未刊稿,现存于拉布莱德档案中,其中有这样一段话:"法院院长徇私枉法,结果失宠……为了免于一死,只得挂冠卸职。"

②　《全集》,七星文库版第 2 卷,第 1441—1442 页;纳热尔版缺略。手稿现存巴黎大学图书馆(V.科赞:《财富》第 5 卷,第 34 条)。

③　色贡达:《回忆录》,第 397 页。

④　第 91 条,内容涉及不公正地将教徒逐出教会的条款(《波尔多高等法院史》,第 1 卷,第 258—259 页)。

为他们中的一员。

1714 年 2 月 24 日,孟德斯鸠被破例任命为推事。作为庭长的亲属,他本来不能在高等法院任职①。两年以后,伯父过世,按照规定,任庭长之职有年龄限制②。他年龄不足,本不能继任庭长,但是他设法获得了特许。于是他鬻卖了推事之职③,于 1716 年 7 月宣誓上任。

孟德斯鸠在法院任职,并非毫无职业准备,后来他宣称,他一直致力于法律研究:

> 从公学毕业以后,我悉心钻研了有关法学方面的主要著作,我刻苦攻读,探索其精髓,任何毫无价值的事,我一概不做。④

19 世纪,有一位访问者在拉布莱德发现了许多法学方面的摘录,其中一篇手稿涉及法学研究方法问题⑤,可惜这篇手稿已不可复得。不过,还有 6 卷 4 开大本题为《法学汇编》的关于罗马法的笔记幸存了下来⑥,而且几乎全部出自孟德斯鸠的手笔。笔记的每一页,都写得密密麻麻,其中对《学说汇纂》⑦《罗马法典》以及首版《稗史》作了详细摘录。孟德斯鸠在笔记中未加评论,没有一处发表过个人见解。总的来说,他满足于原文照录,只偶尔引用了 17 世纪法理学家莫尔纳克的一些见解。他收藏着 1660 年出版的莫尔纳克的著作。然而在最后一卷的中间部分,他一反常态,将《民法大全》置

---

① 纪龙德省档案馆,目录,B 序,第 154 页。
② 纪龙德省档案馆,第 156 页。规定要求,庭长应满 40 岁,或任 10 年推事。
③ 同上,第 157 页。购买此职的人是皮埃尔-弗朗索瓦·德·拉塞尔·德卡南。
④ 1749 年 3 月 7 日,孟德斯鸠致索拉尔。
⑤ M.拉巴:《拉布莱德庄园》(见《阿让的农学,科学和工艺学会文集》,1834 年第 3 卷,第 183 页)。拉巴从这篇论文中摘录了下面这段话:"当人们先后向两位法官提出过上诉,若再向第三位法官上诉,这就是一种极大的滥权,因为人的思想往往不喜欢人云亦云,自然地倾向于改变他认为比自己学问低下的人所办的事。增加法院的审判层次,您将看到他们不是着眼于为民主持公道,而是互相修正。"这段话从未见于孟德斯鸠的著作。
⑥ 现存于国家图书馆,目录号为 n、a、f, 12837—12842。
⑦ 《学说汇纂》,系指公元 6 世纪东罗马皇帝查士丁尼命令汇编的法学家学说摘录,共 50 卷。——译者

之不顾,记述了几起使他感兴趣的案例。于是,笔记中出现了下面一类标题:"在拉科尔·德·布瓦和德·伏弗雷之间",以及"在兰斯大主教与兰斯圣勒米修道院修士之间"。孟德斯鸠还照录了布列塔尼习惯法的要点,不厌其详地列出了各种法律准则,并记载了在他就任法官之前,波尔多高等法院审理的几个案例。大量事实可以证明他对自己就任法院职务的责任心,其态度极为严肃认真。

尽管如此,孟德斯鸠并不是一位出色的庭长。据记载,他参与高等法院的事务仅有三次:其中一次是发表练习性演说,后来构成他在 1725 年法院开庭时发表的正式讲话①;另一次与其说是法官的行为,不如说更符合酒商的身份,当时他恰好在巴黎,向政府呈书,表明高等法院反对关于实行酒税的提案②;第三次是 1721 年,他代表自己和同事提出要求,在任何情况下都不得强迫庭长在下午出庭③。事实上,他在法院并不自在,若干年之后,他写道:

> 至于我,作为法院庭长,我为人正直,我对问题本身相当了解,而对诉讼程序却一窍不通,然而我曾专心去熟悉它。但最令我厌烦的是,我在牲口身上看到了这种可以说是我所缺乏的才能。④

孟德斯鸠跻身法院任职对他来说是重要的,这不是指职位本身,而是这一职位提高了他的地位,使他获得尊严。

更为重要的是,由于孟德斯鸠在法院任职,他得以结识了贝里克公爵,并成为莫逆之交。

这位勇武而威严的贵族,是英王詹姆士二世的私生子。他是一个全球

①　《全集》,纳热尔版第 3 卷,第 209—219 页;七星文库版第 1 卷,第 44—52 页。

②　《波尔多高等法院史》,第 2 卷,第 248—249 页。1723 年 2 月孟德斯鸠致吉埃·德·拉卡兹。

③　同上,第 247—248 页。

④　《随想录》,第 213 条。

性人物,担任过英国和西班牙军队的将军和法国的元帅,在英国和法国都封为公爵而被列入贵族名册,同时还是西班牙的大公。总而言之,整个西欧都是他的家。他是从英国被驱逐出来的,圣西门说,他就像犹太人期待救世主一样,盼望斯图亚特王朝的东山再起①。旅居法国期间,他是宫廷里众所瞩目的人物,也深受人们的敬重。1716 年,他受任吉耶讷军事总督来到波尔多。他就任此职直至 1724 年,但是在 1719 年以后,只是间或在那里居住②。

在内容通常比较乏味的《法学汇编》里,孟德斯鸠记述了 1717 年 11 月 12 日贝里克造访波尔多高等法院的情景。③这位元帅,虽然以前曾三次出席高等法院的会议,却对那里的规矩毫无把握,在步入会议室时,他走到了庭长们的前头,法院就此违反礼仪的举动进行了讨论,并要求院长提醒元帅,注意此种越轨行为。贝里克回答说,他对此深表遗憾,既然此事发生于大庭广众之下,他愿意寻找机会公开纠正自己的失礼行为。10 天之后,他再次来到高等法院,这一次他退避于后,给庭长们让路先行。在以后的日子里,他和高等法院之间还发生过多次冲突,性质比抢行还严重,弥补起来并非轻而易举。尽管他接受过严格的军事训练,并具有斯图亚特王族的血缘,但面对一个具有强烈自我意识的法律机构只得甘拜下风。不过在个人关系上,他和庭长们相处还比较融洽。孟德斯鸠写过一篇赞颂贝里克的文章,描写了贝里克在波尔多留给人们的印象,说他的特点是待人谦和而严厉,极有见识,处事审慎,性格安详而开朗,任何见到他的人,都会被他的美德所感染。④

孟德斯鸠还赞扬贝里克对待朋友忠诚不渝。的确,他的这种品德使孟德斯鸠受益匪浅。孟德斯鸠在周游欧洲数国途中,由于有这样一位王族好友,所到之处无不大开方便之门。贝里克对于他跻身巴黎上流社会也颇有

---

① 圣西门:《回忆录》,第 19 章,第 377 页。
② 查尔斯·皮特里:《贝里克公爵元帅》,伦敦 1953 年版。
③ 法院卷宗第 6 卷,f.141v。
④ 《全集》,纳热尔版第 3 卷,第 392—394 页;七星文库版第 2 卷,第 1230—1231 页。

帮助。他初到巴黎时,默默无闻,到了 18 世纪 20 年代,则往来于王公贵族之中,主要是贝里克赞助和支持的结果。

第五节 波尔多科学院

法律事务的繁忙和社交活动的频繁,并没有妨碍孟德斯鸠对文学和知识的追求与抱负。1711 年,他曾写过一篇文章,论述异教徒对偶像的崇拜。他显然深受培尔①的影响,主张异教徒不应被永久罚入地狱②。这篇论文现在已经失落,至多只有一些残章断篇保留下来③。大约在同一时期,他还写了一篇评论西塞罗的文章,这篇文章只不过是一篇颂词,但仍值得重视,因为文章对西塞罗抨击迷信、倡导自由、反对恺撒专制赞不绝口④。1715年末或以后不久,他还撰写了《论国家债务》一文,这是写给摄政王的谏书⑤。文中探讨了国家债务问题,试图寻求一种方法减少国家债务,同时又不增加赋税。他的建议颇有独到之处,他主张征收资本税,以此补偿部分国债,向个人征收的税额,与该人所拥有的政府股票成反比。因此,一个人如果有 3/4 的财产在公共基金中,他将损失所持股票的 1/4;如果他只有 1/4 的资本置于公共基金中,则将损失其中的 3/4。除此之外,他还提出,在政府股票下跌 50% 的前提下,实行强制性的兑换方案。这篇研究报告耐人寻味,尤其是文中阐述的反对增税、主张拒付国债等观点。这是孟德斯鸠在这一时期发表的唯一一篇政论性文章⑥。

18 世纪初,波尔多知识界的结社正在形成。在此之前,一些法官和文人墨客已经常互相走访,聚集一堂欣赏音乐或研讨文学发展的新动向。不

---

① 培尔(Bayle, Pierre, 1647—1706),法国哲学家,著有《历史与批判辞典》。——译者
② 《随想录》,第 1946 条。
③ 色贡达:《回忆录》,第 397 页。
④ 《全集》,纳热尔版第 3 卷,第 15—21 页;七星文库版第 1 卷,第 93—98 页。
⑤ 同上,纳热尔版第 3 卷,第 24—31 页;七星文库版第 1 卷,第 66—71 页。
⑥ 孟德斯鸠有可能在 1717 年撰写或草拟了《关于教皇克雷芒通谕的论文》,不过在我看来,M.韦戴尔提出的此乃孟德斯鸠后期的作品,更合情理(《全集》,纳热尔版第 3 卷,第 269—271 页)。

久以后，这种集会不再以文学为主题，开始转向科学研究。后来受巴黎科学院以及新近成立的蒙彼利埃和图卢兹科学院的启发，他们随后也向国王请求，希望获得特许。1712 年，他们的请求获准，于是成立了波尔多科学院。①学院最初的成员有：高等法院的庭长德·加斯克，推事勒贝尔东(1715年任庭长，1735 年任院长)，推事科波、赛尚和纳瓦尔，农业督察官默隆，以及热心赞助文学和音乐事业的萨罗·德布瓦内和萨罗·德韦齐两兄弟。科学院成立之初，人们便猜测孟德斯鸠可能也是成员之一，这并不奇怪，事实上，1716 年 4 月 3 日，经当时的秘书、孟德斯鸠在朱伊就读时代的旧相识纳瓦尔的提议②，这位"拉布莱德先生"便获选为该院成员。

孟德斯鸠这位新成员对科学院并不感到陌生。他在学院中结识了两位名人，对他尤为重要。第一位是默隆，他并非无名之辈，担任过财政大臣、苏格兰人约翰·劳③的秘书。1734 年，撰著《论商业政策》一文，使他成为颇具声望的经济学家，孟德斯鸠的著述明显地受到了他的影响。另一位是多尔图·德·梅朗，他出生于贝济耶。此人年轻有为，在科学事业中作出过卓越贡献，即使马勒伯朗士也乐于与他通信往来。他连续三年获得科学院奖金，1717 年被吸收为科学院联系成员(据说，这是为了使他不再竞争奖金)。他很快就成为一位众所瞩目的人物。1718 年，他移居巴黎，不久获选加入法兰西科学院，并最终继丰特纳尔成为终身秘书。因此，孟德斯鸠加入波尔多科学院，使他有机会能与这样一位大都市社会中的显要人物结下了友谊。

1716 年 4 月 18 日，孟德斯鸠正式成为科学院院士。同一天，他发表了受职演说，不过这篇演说毫无引人注目之处。1716 年 6 月 18 日，他宣读了第一篇论文《论罗马的宗教政策》，显然部分是从与弗雷莱的谈话中得到的

---

① P.巴利埃尔：《波尔多科学院》，1951 年波尔多和巴黎出版。此事依据现存于波尔多市立图书馆的关于学院的大量档案资料，并作了研究。

② P.科尔多：《孟德斯鸠的一位波尔多朋友》，波尔多 1938 年版。

③ 约翰·劳(Law, John, 1671—1729)，苏格兰货币改革家，开发美洲法属领地"密西西比计划"的制订者。1716 年获准在法国试行他的计划。1720 年被迫逃离法国，后死于威尼斯。——译者

启发,部分是受马基雅利的《谈话》的启发。这是孟德斯鸠的次要著作中最令人感兴趣的一篇。文章开宗明义,提出宗教乃是一种社会现象,这是他始终坚持的观点。文章指出:

> 不是惧怕,也不是虔诚,而是出自一种需要,才建立了罗马人的宗教,而这是任何社会所必要的。[①]

为进一步阐明观点,他从圣奥古斯丁[②]著的《论上帝之城》中引用了培尔在他之前也曾引用过的一段话,在这段话中,圣奥古斯丁记录了斯卡埃伏拉的一句名言:世上有三种神祇,诗人创造的上帝、哲学家创造的上帝和法官创造的上帝[③]。

科学院对这篇论文的反应并不十分热烈。[④]因为科学院对在科学领域研究的兴趣,更甚于历史或哲学领域。事实上,(1715 年)纳瓦尔曾提议,科学院的研究工作应有系统、有规划地进行,每个成员都应承担某一具体领域内的研究工作。他设想,科学院应把研究吉耶讷地区的自然科学史和文学史作为重点领域和目标。尽管他提出的目标并未实现,但是在整个 18 世纪,这些目标一直是一种理想,一种促进因素。无论如何,由于这项建议,科学院规定了每个成员应负责的研究领域,促使每个人都全力以赴地致力于自己的研究工作。研究方向绝大多数是在科学领域,孟德斯鸠自己也暂时将政治和历史方面的著述束之高阁,转向科学方面。1716 年 9 月 28 日,他创设了解剖学研究奖,每年 300 利弗尔。[⑤]此后,在某种意义上可能是对他

---

①　《全集》,纳热尔版第 3 卷,第 38 页;七星文库版第 1 卷,第 87 页。

②　圣奥古斯丁(Saint Augustine, 354—430),古代基督教会的思想家,著有《论上帝之城》。——译者

③　参阅 P.培尔:《各种思想的发展》,鹿特丹 1705 年版(孟德斯鸠藏有此版本),第 1 章,第 225 页;参见本人论文《培尔与孟德斯鸠》(《鹿特丹哲学家皮埃尔·培尔》,P.迪邦编辑,阿姆斯特丹 1959 年版)。

④　P.巴利埃尔:《波尔多科学院》,第 59—60 页。

⑤　1719 年,此项奖金转为物理学奖金。

所作捐赠的报酬,他被选为1718年度科学院院长。

尽管科学院的两位创建人纳瓦尔和默隆还在科学院,并且十分活跃,但他们未曾任过院长之职。

孟德斯鸠首次履行院长职务,是在1717年11月科学院休假结束后重新开始运作时发表的演说。他的演说文辞优美,但并无特别值得赞美之处。文中最值得注意的是关于偏见的评论。他憎恶偏见,认为是"地地道道的精神怪物"①。他在成年以后,始终不渝地信守这样的观点。在科学中提倡实验主义,鄙视先验的、未经验证的理论,这也是科学院恪守的信条。萨罗·德布瓦内曾明确提出:"在科学方面,企图以他人意见强加于个人,在当前来说是违背道德的。"②学院倡导实验方法和独立判断,对孟德斯鸠的思想影响至深,他一直遵循着这样的原则,从未偏离。

科学院经常举办评奖活动。孟德斯鸠作为院长,须代表同僚宣布参加评奖者的名单。此外,他经常还要对同事们向科学院提交的意见交换书加以概括归纳。有几篇这样的简短演说保留了下来,题目包括回声形成的原因、肾脏的功能、物体的透明性、重力形成的原因等等。这些论文,虽然没有显示出作者什么真知灼见,但至少表明他愿意认真地了解那些他所不熟悉的问题。

孟德斯鸠还有更雄心勃勃的计划。1719年,《信使》杂志和《学者》杂志分别刊登了一项声明,宣布在波尔多一部《古今地球史》正在撰写之中,据报道,在一些手稿片断(现已失落)③中,有一条注释,说这部书将由孟德斯鸠个人执笔,而不是科学院的集体创作。不过为了获取资料,他向世界各地发了信函,注明复函寄给孟德斯鸠。在布封④发表其研究成果之前30年,孟德斯鸠就已构思撰写如此规模的地质学著作(至少有此设想),足见他不愧为一名敢于探索的先驱者。不过这部著作从未问世,多半不曾有很大的

---

① 《全集》,纳热尔版第3卷,第52页;七星文库版第1卷,第7页。
② P.巴利埃尔:《波尔多科学院》,第145页。
③ 《全集》,纳热尔版第3卷,第89页。
④ 布封(Buffon, 1707—1788),法国博物学家。——译者

进展。

相较而言,更为重要的是孟德斯鸠于 1721 年 11 月 20 日在波尔多科学院宣读的一篇科学论文,这是唯一一篇由这个时期保留下来的著作,现在的题目是《对自然史观察的随笔》。文章记述了孟德斯鸠过去 3 年中在秘书杜瓦尔教士①协助下所做的一系列实验,包括动物和植物实验。这些实验十分严格,甚至近乎残忍。在一些实验中,例如青蛙活体解剖,他们使用了显微镜;在另一些实验中,鸭子和鹅被活活淹死,所有实验都十分认真,一丝不苟。孟德斯鸠从中得出了一些一般性的结论,可以看出他在作出结论时是参考了他人见解的。②最令人感兴趣的是他关于植物的一些见解,他断言,植物不过是物质普遍运动的偶然结果。他此后还曾再次论及这个问题,反驳对他的观点持异议的人。他坚持认为,植物世界的结构是机械的,并自豪地宣称,笛卡尔是他的先师:

> 那些同意我们观点的人,能够以身为严格的笛卡尔主义者自豪;而那些在植物产生方面接受一种不同于物质普遍运动的特殊神意的人,是一些抛弃其导师准则的、打了折扣的笛卡尔主义者。③

实际上,这与其说是笛卡尔的理论,不如说是他的后继者的理论。笛卡尔并不热衷于研究植物。

小拉伊尔及其孙子多达尔(他是孟德斯鸠的好友)在 18 世纪头十年在

---

① 在此之前,杜瓦尔曾为孟德斯鸠的伯父让-巴蒂斯特工作,并曾目睹其遗嘱。他并非孟德斯鸠的第一位秘书;在《随笔》较早的稿页上,有另一人的笔迹。还有第三人的笔迹,这人不是从科学院借用的,就是曾借给科学院,因为在科学院的案卷中,也出现了他的笔迹,他在1715 年至 1726 年间为孟德斯鸠工作。自 1715 年起,看来孟德斯鸠至少有一名秘书,只在旅行期间例外。参见本人文章:《孟德斯鸠的秘书》,《全集》,纳热尔版第 3 卷,第 34—35 页。

② 在一次实验报告中,他自相矛盾,与通常观点唱反调。在讨论自然界的统一性和多样性时,提出"目的多样性和手段的单一性"(《全集》,纳热尔版第 3 卷,第 109 页;七星文库版第1 卷,第 37 页)。而通常的观点是丰特纳尔提出的,"对于自然界,无论怎样强调其一般规律的同一性及其具体方法的多样性,都不会过分"(《科学院史》,1702 年,第 52 页)。人们不能不怀疑,这是否为孟德斯鸠一时的笔误,由誊写人和编辑固定了下来。

③ 《全集》,纳热尔版第 3 卷,第 112 页;七星文库版第 1 卷,第 39 页。

科学院发表了许多论文,用大量篇幅详尽而系统地描述了植物的机械作用。丰特纳尔在概述小乔弗鲁瓦撰写的植物学论文时,提出了具有典型性的观点:

> 最出人意料的多样性一旦深化,丝毫也不会损害自然界总体系的一致性。①

　　但是,孟德斯鸠所沿用的是杰出的马勒伯朗士的理论。这位著名的奥莱托利会士在《关于形而上学的对话》一书中,提出"一般天意"和"特殊天意"这两个概念,认为自然界是受"一般天意"支配的。他明确地把植物包括在自然界之内,并举出大量植物为例。"运动交替的一般法则"是上帝一般意志的一部分,它控制着自然界的日常运动。②因此,1721 年,在孟德斯鸠看来,追随马勒伯朗士,就是赞同笛卡尔;而追随马勒伯朗士,着眼于运动的法则,排斥灵魂的精神性,不把一切归于上帝,也就意味着接受笛卡尔理论中在哲学和历史学方面最接近唯物主义的部分。孟德斯鸠在生物学中的机械论(尽管他执着地坚持实证方法,但仍属先验论范畴),表明他强烈反对自然史观中的目的论学派及其 20 年代最著名的倡导者普吕什教士。同时还表明,尽管他崇敬天意,但又与当时的新唯物主义有着某种共同之处。

---

　　① 《科学院史》,1711 年,第 41 页。
　　② 《第十次谈话》,见于 J.西蒙编:《马勒伯朗士文集》,巴黎 1859 年出版。参见施里克:《马勒伯朗士与生物学先成说》(《国际哲学杂志》,1938 年)。

第二章　《波斯人信札》(1721 年)

第一节　文学传统

　　在波尔多期间,在公职和其他公开活动中所见到的孟德斯鸠丝毫没有
显露出任何非同寻常的才华与文采。论名望,他不如其他法官;论治学,又
逊于别的科学院成员。32 个春秋已过,充其量不过是一个有体面而实惠的
职位的外省人而已,丝毫没有显示他有辉煌的前程。然而在私下里,他可
能听取了波尔多两位朋友巴尔博和让-雅克·贝尔的意见①,埋头苦干、潜
心著书。《波斯人信札》1721 年问世,不仅成为他个人一生事业的里程碑,
而且在法国文学史乃至整个启蒙运动中也具有划时代的意义。

　　大致在 1717 年以后不久,孟德斯鸠开始撰写《波斯人信札》②。1720
年夏秋或 1721 年春,他带着完成的手稿来到巴黎,请朋友戴莫莱斧正。这
位神甫思想豁达,读了手稿以后就对孟德斯鸠说:"庭长,这部书将会像面包
一样,成为人人争购之物。"③孟德斯鸠的秘书杜瓦尔教士,奉命前往阿姆

---

　　①　C.德尼纳:《普鲁士文学》,1790 年至 1791 年柏林出版,第 1 章,第 377 页;以及《论文
学之演变》,1761 年都灵出版,第 142 页。达朗贝尔甚至宣称,有些信札系付印者所添加,并非
出自孟德斯鸠之手笔(《颂词》,见于《全集》,纳热尔版第 1 卷,A,第 7 页),但孟德斯鸠的著述并
不支持这种说法。

　　②　参见本人文章:《〈波斯人信札〉中的穆斯林纪年法》(FS,1954 年)。

　　③　加斯科:《致友人书信集》(1768 年),信 13。

斯特丹①,在那里找到一位出版商,名叫雅克·德博尔德,他是法国新教徒,原籍波尔多,《南特敕令》颁布后,全家迁居阿姆斯特丹。1721 年春或夏初,德博尔德出版了孟德斯鸠的处女作《波斯人信札》,但是扉页上没有注明作者,出版地用了假地址,出版商也是虚构的。此书一经问世,立即引起轰动。孟德斯鸠写道,该书如此畅销,以至于荷兰的书商在街上无论碰上谁,都扯着那人的衣袖说:"先生,我请求您,给我写一部《波斯人信札》吧。"②

郁斯贝克和黎伽(《波斯人信札》中的两位主角——译者注)是两个家财万贯的波斯人。他们从伊斯法罕(波斯古都——译者)出发,到西方去寻找智慧,云游四方长达 10 年之久。先由陆路到士麦那(即伊兹密尔的古称——译者),然后航海至莱戈恩(即里窝那——译者),途经马赛,最后抵达巴黎。旅途之中,他们与留在波斯的亲友一直通信。他们的朋友磊迭也正在欧洲游历,但路线不同。他们与磊迭之间也经常通信。信中注明的日期,使用的是伊斯兰历法;信中谈到的都是他们对欧洲社会的感受。他们不时将其与东方的习俗和制度比较,从而勾画出一幅别具新意的关于 18 世纪的法国讽刺画。此外,尤其是尚未离开亚洲时写的信件,以及郁斯贝克与妻妾监护人之间的通信,也向西方读者详尽地描述了东方社会的风貌。

任何文学作品都不是从虚无中臆造的。没有一部作品像《波斯人信札》那样一鸣惊人,获得成功,仅在第一年,就再版过 10 次。这不能不与已有的文学传统产生千丝万缕的联系。孟德斯鸠在诸多方面都以前人作借鉴。如果把《波斯人信札》看作是一部社会讽刺著作的话,那么最重要的借鉴就是拉布吕耶尔③的《品格论》,在社会讽刺作品的无数范例中,这部著作堪称最光辉的典范。此书首版问世是孟德斯鸠诞生前一年,在以后几年中,一直是风靡之作。这部佳作,心理分析细腻入微,有些言辞虽然过于尖

---

① 加斯科:《致友人书信集》(1768 年),信 2。

② 《随想录》,第 2033 条。

③ 拉布吕耶尔(La Bruyère, Jean de, 1645—1696),法国擅长写讽刺作品的作家,以《品格论》一书著称于世。——译者

刻,但不啻为逆耳忠言;书中的观点独树一帜;就其文笔风采而论,不愧为上乘之作;就其内容而言,路易十四的统治可见于笔端,不愧是一部有价值的文献。正因为如此,它至今仍为人们所珍爱。

孟德斯鸠在《波斯人信札》中采用的书信体,也并非首例。在17世纪,甚至更早,书信体已在许多法国传奇小说中广为采用,有时还印成单册出版。著名的《高卢的阿马迪》①即为一例。早在1560年出版的《12镑财宝》一书,就已汇集原著中的书信、演说和训词单印成册。1616年首次发表的佩特·阿贝拉尔的著作,不仅是一部举世闻名的神学和哲学著作,而且还因其中写给爱洛绮丝的情书而家喻户晓,这些情书奠定了书信体小说的传统,并由卢梭的《新爱洛绮丝》推向了高峰。在孟德斯鸠之前,这种传统的代表作是《一位葡萄牙修女的信札》。该书发表于1669年,据说法文本是由拉韦尔尼·德·吉耶拉克译的,他曾任法国驻君士坦丁堡大使和波尔多审理间接税案的法院院长。

路易十四统治时期的法国,威名赫赫,目空一切。尽管如此,人们对东方文明和历史的兴趣却在日益增长②。1647年,杜里埃把《古兰经》译为法文;在1734年乔治·塞尔的英译本问世之前,这部法文译本(以及1698年出版的拉丁文本)是欧洲人赖以了解《古兰经》的主要途径。孟德斯鸠藏有此译本和16世纪出版的意大利文本。另外,在17世纪,一些欧洲商人到各国经商,记述了旅途之中的见闻,这些著作脍炙人口,迄今仍为人们所津津乐道。其中夏尔丹和塔韦尼埃写的游记最为著名,他们详尽而确切地记述了旅行过程,以及所经国家的历史和风土人情。孟德斯鸠也藏有这两部著作,《波斯人信札》里许多有关东方的描写,均来源于此。郁斯贝克和黎伽的旅程安排参照了塔韦尼埃的著作,书中以伊斯兰历法注明日期,依据的是夏尔丹提供的资料。

1704年加朗翻译的《天方夜谭》开始陆续出版,刺激了法国人对异国情

---

① 这是一本西班牙骑士小说。——译者
② 参见马尔蒂诺:《17世纪和18世纪的法国文学中的东方》,巴黎1906年版,以及内容较窄的M.L.杜弗努瓦:《浪漫的东方在法国(1704—1789)》,蒙特利尔1946—1947年版,2卷本。

调的兴趣。接着,随后几年内又发生了一系列事件,可能对孟德斯鸠有所影响,引起了他对遥远异邦的浓厚兴趣;或至少为他即将动笔撰写的著作作了舆论上的准备。第一件事是印第安易洛魁族首领梯耶宁荷加普罗在三个附属的部族首领陪同下,于 1710 年访问了欧洲。①他们的来访,对当时的文学产生了巨大的影响,最引人注目的是刊登在 1711 年 4 月 27 日《旁观者》第 50 期上署名艾迪生②的一篇文章,文中有一封据认为是其中一位首领写的信,对英国的政治生活大加嘲讽。这封信于 1714 年被译为法文。另一个事件是 1715 年波斯国王派遣使者来到巴黎。他举止古怪,对法国社会另有一番评论,使法国公众有耳目一新之感。③两年之后,彼得大帝光临巴黎,法国人有幸亲眼一睹这位俄国西徐亚的专制君主,这是不可多得的眼福。从《随笔》可以看出,孟德斯鸠对彼得大帝的来访极感兴趣,《波斯人信札》表达了他对这一事件的感触。④另外,前面已经提到,孟德斯鸠结识了来自中国的访问者黄嘉略使他能够了解外国人对法国的看法。

在文学作品中,选择一个异国,并以此为基础进行比较,这种笔法也屡见不鲜。1702 年皮埃尔·培尔在他编纂的《历史批判辞典》第 2 版中写道⑤,读一读曾旅居欧洲的日本人或中国人对西方文明的感想,是十分有趣的。他说,我们的基督教传教士讥笑原始民族的习俗,但是劝君莫忘贺拉斯⑥的名言:

你笑什么呢? 如果换一个名字,这件事说的就是你!

---

① R.P.邦德:《安妮女王统治时期的美洲土皇》,牛津 1952 年版。

② 艾迪生(Addison, Joseph, 1672—1719),英国散文家、诗人、剧作家和政治家。著有《卡托》等剧本,办过《旁观者》杂志,1714 年出任过爱尔兰事务大臣。——译者

③ M.赫贝特:《路易十四时代的一位波斯使节》,巴黎 1907 年版。

④ 《随笔》,第 239 条;《波斯人信札》,信 51、信 81。

⑤ 参见 J.雷伊:《培尔的〈辞典〉与〈波斯人信札〉》(《哲学杂志》1945 年),文中称孟德斯鸠读过此文,并在《随想录》第 104 条中曾提到过此文,但证据仍嫌不足。

⑥ 贺拉斯(Horace,前 65—前 8),古罗马杰出诗人。他的《歌集》和《书札》对西方文学产生重大影响。——译者

这句话完全可以用作《波斯人信札》的卷首警句。

1708 年,深受孟德斯鸠敬慕的马勒伯朗士发表了《基督教哲学家与中国哲学家的对话》。此外,在《波斯人信札》之前,还有以假名圣埃弗勒蒙发表的著作《一个西西里人写给友人的意大利文信》①,书中对巴黎盲人医院的描写与《波斯人信札》信 32 中的用词,如出一辙,表明孟德斯鸠读过此书。杜弗雷尼所著的妙趣横生的《严肃和诙谐的娱乐》②也已出版(不久以后,英国人汤姆·布朗抄袭了这部著作)。其中有一封以一个在巴黎访问的暹罗人的名义写的信,内容淫逸。甚至还有两部其中包含波斯书信的著作:一部是 J.F.贝尔纳尔所作,该作品的书名③模仿了拉布吕耶尔的著作;另一部是时运不济的约瑟夫·博内的《致米萨拉的信》④,这封信致使他身陷囹圄,进了巴士底狱。

《波斯人信札》很有可能部分地受到了这些著作、至少是其中某些著作的启发,大概还使用了其中某些著作的素材。但是,还有一部著作,论重要性胜过以上这些作品,而论艺术造诣,除了《严肃与诙谐的娱乐》尚可与之媲美以外,其余的都不能同日而语。这就是意大利人焦瓦尼·保罗·马拉纳撰著的书信集。这部书才华横溢、广为流传。其意文版书名为《一个土耳其间谍的书信》,法文译本名为《宫中谍影》。英译本有多种版本,书名为《一个土耳其间谍的书信》。法国国家图书馆收藏着一部意大利文手稿,装帧精美,封面装饰以新月和百合花图案。从题献来看,这部手稿是赠给路易十四的礼品,并声称这是 1683 年译自阿拉伯文原稿的真本。一年以后,这部意大利文首版问世,并立即被译为法文。书中有许多书信,写信人是一

---

① 1700 年巴黎出版,据认为作者是科托兰蒂。

② 1699 年巴黎出版。从这部著作的一些段落来看,孟德斯鸠了解此书,但是,这些段落不在暹罗人书信之中。认为这部著作在撰写《波斯人信札》过程中起决定作用,显然言过其实。

③ 《论当代风俗的道德、诙谐与讽刺》,科隆 1715 年版。罗斯布鲁克在《孟德斯鸠以前的波斯信》(纽约 1932 年版)中提出此书,并部分引用了原文。重要的是这些信也是波斯来信,原出处不明。

④ 巴尔比埃得知有两封信,题目相同,并且都出版于 1716 年;牛津大学图书馆还有另一封信,但日期不明。这封信与孟德斯鸠古文体风格上有相似之处(例如,称教皇为罗马的回教头)。出处亦不明。

位穆斯林。他在巴黎整整四十年,是土耳其政府的秘密代表。尽管他头上蒙着穆斯林头巾,但他的身份却未被发现。从封面的插图来看,他的房间里装满了书籍,细心的读者会在其中发现塔西陀①的著作、《古兰经》和圣奥古斯丁的著作,墙上悬挂着那不勒斯渔夫兼革命者马萨尼埃洛的画像。

伏尔泰在《路易十四时代》一书中明确指出,孟德斯鸠的《波斯人信札》是受保罗·马拉纳之作的启发创作出来的。其实,早在 1721 年孟德斯鸠便已默认了这一点。在一次重印第 1 版时,书名页上印了这样的声明,说这部书"具有《宫中谍影》的风格"②。从下面两段可以清楚地看出,孟德斯鸠的《波斯人信札》与马拉纳的《一个土耳其间谍的书信》何其相似:

> 哲学家们谈论永生,诗人们谈论理想乐土,基督教士谈论天堂、地狱和炼狱,印度婆罗门谈论轮回。我感到惶惑、无所适从……我到处都遇到这样的人,他们所受的教育不同,因而信仰这样或那样的宗教,崇拜一种或几种神祇。我不由得这样想:宗教无非是由教育而生……
>
> 我看到,世界上的人类把宗教分为这样多种多样,各自大肆宣扬自己的信条,有的依靠欺骗,有的仰仗暴力,却极少甚至根本没有一个人以实际行动表明,他们相信自己狂热鼓吹的信仰是由政客们首先编造出来的,他们都在设法争取一些人,于是便竭力使自己提出的模特儿迎合那些人的倾向。③

19 世纪一位意大利学者皮埃特洛·托尔多对于孟德斯鸠之得益于马拉纳进行的论证令人信服。④现在已经查实,孟德斯鸠确有 1717 年版的《宫

---

① 塔西陀(Publius Cornelius Tacitus,约 56—120),罗马帝国时代著名的历史学家、文学家、演说家。主要著作有《历史》和《编年史》《日耳曼尼亚志》。——译者

② 维安:《孟德斯鸠书目》,巴黎 1872 年版,第 7 页。

③ 《一个土耳其间谍的书信》,伦敦 1730 年版,第 4 章,第 163—164 页。

④ 《马拉纳的〈一个土耳其间谍的书信〉与孟德斯鸠的〈波斯人信札〉》(意大利文学史杂志,1879 年),安东尼·阿丹姆支持这种观点(《波斯人信札》辑刊,1954 年日内瓦和里尔出版)。

中谍影》一书,为这一事实进一步提供了佐证。

《波斯人信札》之所以能在法国文学史中占有重要地位,首先是因为书中对东方的描写具有真实的地方色彩,这是其主要特点之一。前面已经提到,孟德斯鸠有夏尔丹和塔韦尼埃的著作,而且在《波斯人信札》中大量使用了他们的材料。他有两本夏尔丹的著作,其中一本是第 2 版,内容比较完整。根据在波尔多保存的书商收据判断,这一本购于 1720 年 5 月 10 日至1722 年 5 月 22 日之间。他从夏尔丹的这部著作和《古兰经》中摘录了许多内容。他还对布里松的《论大波斯国》一书作了摘要,现存于拉布莱德,是杜瓦尔的手迹。那些摘录要早些,大概是为《波斯人信札》作准备时抄录的。[①]孟德斯鸠对波斯的小亚细亚的地形及宗教,描写得十分确切;他对有关东方的细节如此一丝不苟,从而赢得了一位与玛丽·沃特利·蒙塔古夫人[②]齐名的旅行家权威性的赞扬:

> 孟德斯鸠的《波斯人信札》中有关土耳其妇女的举止和习俗的描写,细腻逼真,好像他是在她们之中长大的一样。[③]

此外,《波斯人信札》对于所谓"情感主义"在法国文学中的发展,起了明显的推动作用。文学中的情感主义,推崇情感至上,主张在文学创作和文学研究中,强调感情是放任不羁的、盲目的、一意孤行的。这种对感情的兴趣,往往还伴随着形形色色的伦理观念。譬如,主张感情属天然,而天然之物永远合理,认为感情的自我表露是最大的善,最伟大的人是感情最为炽烈的人。作此理解的情感主义,总的来说,在《波斯人信札》问世后,才成为一种时尚。在法国主要的倡导者是普雷沃[④]、卢梭和狄德罗。他们这些

---

① 《随想录》,第 41 条。

② 蒙塔古夫人(Montagu, Lady Mary Wartley, 1689—1762),英国名噪一时的女作家,以书信体著称,也是女权论者和旅行家。1742—1746 年曾卜居于法国的阿维尼翁。——译者

③ 约瑟夫·斯彭斯:《轶事》,S.W.辛格辑刊,伦敦 1820 年版,第 230 页。

④ 普雷沃(Prévost d'Exiles, Antoine-François, Abbé, 1697—1763),法国多产作家。主要作品《曼侬·莱斯科》是 18 世纪情感小说的典范。——译者

人以及爱尔维修①,也是与之相关的伦理观念的阐发者。他们是 18 世纪浪漫主义的前驱,是维克多·雨果和司汤达的先辈。不过,在他们之前,还有一些作家也可以被认为是"具有丰富情感的人"。拉辛②就是其中之一,他的著作里从未给予狂热的情感力量以道德价值,对于一个幽禁在王港女修道院里的失检的小学生,这是顺理成章的事。拉法耶特夫人③也属此列,不过对她来说,爱是严肃的、有节制的。费奈隆④也有所不同,在他看来,情感得到升华,成为宗教狂热。就情感主义而言,《波斯人信札》最主要的先驱之作有两部:一部是肖里埃的《爱洛绮丝》,原著为拉丁文,法译本题作《夫人学堂》;另一部是巴兰教士的《隐修院里的维纳斯,或穿衬衣的少女》,作者虽然毫无恶意,但书中通篇充斥着下流不雅之辞。这部书严肃地探讨了情感与肉体之间的关系,但是,一旦混淆了正派与猥亵之间的区别,便堕入色情描写的泥潭。孟德斯鸠后来买了这部书的英译本。《波斯人信札》在涉及后房妻妾的信函中,探讨了同一主题,这是全书的重要组成部分,整部著作以此为线索,使这些书信具有一定的情节。书中的几个故事片断,运用的是同一笔法,这种笔法在 17 世纪的小说中曾风靡一时,直到马里沃⑤和勒萨日⑥的时代,才渐渐销声匿迹。《波斯人信札》是这种笔法在形式上的再现。从其中的信 6 中可以看出,孟德斯鸠津津乐道于嫉妒心理;在信 67 中,他探讨了乱伦问题;而后房以及阉奴的心理,则是贯穿始终、反复出现的主题。在这里,孟德斯鸠所涉及的也是正派与猥亵的边缘地带,但他比《隐修院里

---

① 爱尔维修(Helvétius, Claude-Adrien, 1715—1771),法国启蒙思想家、哲学家。著有《论精神》。——译者

② 拉辛(Racine, Jean, 1639—1699),法国伟大的诗人、剧作家。作品有《贝蕾妮丝》《米特里达特》等。——译者

③ 拉法耶特夫人(La Fayette, Marie-Madeleine, 1634—1693),法国女作家。著有《克莱芙王妃》。——译者

④ 费奈隆(Fénelon, François de Salignac de la Mothe, 1651—1715),法国神学家、文学家、大主教。著《论女子教育》《死人对话》及《泰雷马克历险记》。1693 年选入法兰西学士院,1695 年当选为坎布雷大主教,与波舒哀持不同意见。——译者

⑤ 马里沃(Marivaux, Pierre, 1688—1763),法国戏剧家、小说家。——译者

⑥ 勒萨日(Lesage, Alain-René, 1668—1747),法国多产的讽刺剧作家,著有著名的流浪汉小说《吉尔布拉斯》等。——译者

的维纳斯》一书的作者,处理得更为节制、更为巧妙,从未逾越正派的边界。他对《波斯人信札》中的情感色彩,处理恰到好处,至少在以放荡为时尚的奥尔良摄政时期,他使情感主义看起来并非猥亵可鄙,并使其在文学中享有独立的合法地位。诚然,在法兰西学士院里,他并不是唯一写近似淫秽作品的人,但是,他是第一个完全靠这一部新作成名,并在 1728 年因此而当选为院士的人。

第二节 社会与政体

在信札第 132 中,黎伽向一位姓名不详的朋友描述了他在一家咖啡店里的所见所闻。他在那里遇到的人之中,有一个从外地来到巴黎的乡下穷人。这个人哀叹自己的处境,命运使他生活在外省,靠虚幻不实的 15 000 利弗尔地租为生。显然,孟德斯鸠对他满怀同情之心。一个巴黎人也哀叹自己的贫穷,因为他家里虽有大笔钞票和硬币,可是没有房地产,他渴望在乡间有一些财产。在场的还有一位家谱学家、一个老兵和一位哲学家。这位哲学家由于太阳黑子的出现而杞人忧天、愁眉不展。这些人当中,除家谱学家心满意足之外,个个心情沮丧。黎伽对他们的描写,简明扼要,又充满了辛辣的讽刺。《波斯人信札》还通过黎伽或郁斯贝克之笔,刻画了付税的农民、新闻记者、翻译家、耶稣会士,自然还有医生。对于这些人的描写,充满了冷嘲热讽,而且至少在一定程度上怀有敌意,其中没有一个诚实正直的人。在一些信中,对各种社会机构、剧院、纸牌游戏等,评头品足;有的信中,对于时尚发表了议论,有一封信谈到了古今两派之争,另一封信对法兰西学士院的描述不无敌意;谈到夫妻关系,总是冷言相讥。这些内容不免使人联想起拉布吕耶尔的《品格论》。不过,并非由于两者在观点上雷同——而是两者涉及的内容大同小异。譬如,孟德斯鸠在"古代派与现代派之争"①问题上与拉布吕耶

---

① 这是法国文学艺术领域里的一场争论,始于路易十四在位末期,古代派主张文学应保持古典美学的原则,仿效古代艺术;现代派则颂扬描写法国当代生活的新美学。1687 年,现代派代表人物夏尔佩罗去法兰西学士院宣读他的诗作《路易大帝的时代》引起了争论,接着他又编纂了《古今作家之比较》,古代派代表人物布瓦洛抨击"这是学院的耻辱"。双方阵线分明:圣阿芝、本斯拉德、丰特纳尔站在现代派一边;大作家拉辛、拉封登、拉布吕耶尔和费奈隆等站在古代派一边。1714—1716 年又对荷马的评价问题展开争论。现代派最终取胜。——译者

尔持对立的观点。然而,《波斯人信札》的社会批评,比《品格论》更为深入。拉布吕耶尔在谈到当代人物时,避而不提其名,孟德斯鸠则不然,他毫不回避。而且《波斯人信札》毫不隐讳地反映了1711年至1720年(信中标明的时间)法国的政治状况。波斯驻莫斯科公使在给郁斯贝克的信中,对于沙皇彼得其人作了一番描述;黎伽简要地叙述了瑞典查理十二世的情况;郁斯贝克称欧仁亲王是德国的廷臣。郁斯贝克在信37中说,在各种形式的政府中,路易十四最欣赏土耳其政府;随后,黎伽在信107中断言,君主一概对女人言听计从;此外,信92记述了路易十四百年之后发生的权力之争;有的信对摄政王倍加称赞,因为他最初曾支持巴黎高等法院,但是在信140中又含沙射影地提到巴黎高等法院被逐到蓬图瓦兹一事,其措辞显然不会使奥尔良公爵感到愉悦。

孟德斯鸠不仅限于他的时代的政治和习俗,还无所畏惧地涉及宗教、哲学、法律等理论问题。诚然,拉布吕耶尔也探讨了这些问题,在《品格论》中,可以发现一个近乎完整的社会政治思想体系[1],然而,两者的基本出发点是截然不同的。拉布吕耶尔所遵循的原则是一些不加质疑的绝对标准,在君主制、宗教、理性等一系列问题上,他蹈常袭故,墨守成规。虽然,他宣扬的君主制与路易十四实施的君主制不尽相同,但仍然是暴君执政;他崇尚的宗教只是罗马天主教式的宗教,非此莫属;他心目中的理性,永恒不变,放之四海而皆准。用他的话来说,"理性不分气候"。孟德斯鸠对于理性所持的态度,将在后面探讨。至于君主制和宗教问题,他不敢苟同。但是,他并没有简单地嗤之以鼻,而是设法引起争论,以波斯的君主制和伊斯兰信仰与之相比对照,使这些绝对标准相形见绌。总之,他遵循的原则不是拉布吕耶尔的绝对标准,而是相对比较法。

郁斯贝克多次论及世界上不同形式的政体。[2]他赞同这样的观点:共和

---

① M.朗日:《社会批评家拉布吕耶尔》,巴黎1909年版。

② 关于《波斯人信札》中的政治和宗教思想,参见S.科塔:《孟德斯鸠与社会科学》,都灵1953年版,第8章;以及A.S.克里萨弗里的两篇文章,《〈波斯人信札〉比较谈》和《孟德斯鸠的穴居人故事:背景、寓意及重要性》(《美国现代语言协会会刊》,1937年和1943年)。

制是品德、荣誉和声望的真正归宿,只有在共和政体下,品德才能充分地发扬光大。他承认,法国的自由多于波斯,对荣誉的热爱也胜过波斯(信89)。然而,君主制终究会衍变,或变成专制主义,或变为共和制,因为权力平衡难以长久维持(信102)。英国的君主政体有别于其他欧洲国家,因为它得到了公众的首肯,国王的权力也有限度(信104)。郁斯贝克慎重地考虑了各种政体的利弊,明确提出:最完善的政府是能以最少的代价达到其统治目的的政府(信80)。

尽管这只是经验的总结,还不成理论,但是孟德斯鸠却并不因此而却步不前,他继而讨论了社会发展问题。他借郁斯贝克之口,讲了一个寓言故事①,阿拉伯有一个小部族,叫做穴居人,他们推翻了来自外族的国王,决心从此废除政府,只凭他们的自然本性行事,各人一味追求自身的利益,无视他人的利益,结果导致整个社会的崩溃。强者抢走弱者的妻子。一个人有肥沃的土地,于是两个心怀妒意的人联合起来把他赶走;不久以后,这两个人之间又发生争执,结果强者杀死弱者。但是,为时不久,他又遭另外两个人的毒手。后来,这个国家两次遭遇瘟疫蔓延。第一次,一位从邻国来的医生治愈了患者,但是,他们拒付任何酬劳;当瘟疫再次席卷这个国家之时,那位医生见死不救,于是穴居人社会毁于一旦。不过,更确切地说,是近乎灭绝。有两家人坚持崇尚美德,因而幸免于难。他们勤俭持家,重建家园,制礼作乐,以敬神祇,同舟共济,互相关照。由于这种新的精神风貌,他们的社会日益发展兴旺起来,过着幸福美满的生活。甚至由于这种新的精神风貌,他们的社会强大无比,使好战的邻国望而生畏,不敢侵犯。但是,随着人口的增长,穴居人感到有必要推举一位国王,他们选中了一位德高望重的老者,加冕为王。他勉强接受了王位,但心中充满了痛楚,他想到现在这个社会要由权威来治理,想到一个社会不能靠美德来维系,还必须求助于纪律,不禁潸然泪下。

在这个情节简单的故事里,不难看出霍布斯②的印记——人性恶、人

---

① 这个故事见信11至信14中,最后弃而未用的结局部分,见于《随想录》,第1616条。

② 霍布斯(Hobbes, Thomas, 1588—1679),17世纪英国卓越的思想家,机械唯物论创始人之一,著有《利维坦》《论物体》《论人》等作品,宣扬人的本性是"恶"。——译者

性残;也不难看出沙夫茨伯里的印记,即人性善。①孟德斯鸠以寓言的形式验证了他们的理论,而且结论是显而易见的。一个社会若建立在霍布斯理论原则基础上,无法维系持久,因为它蕴含着毁灭的种子;然而若以美德为基础,就不会灭亡,能生存下去。但是变革必然发生,它不能按原来的朴素形式永存,最终必然产生治理机构。在政府建立之后,美德的重要性不但不因此而减弱,反而更为加强,因为这时出现了新的诱惑力。故事后来的发展被孟德斯鸠删掉了,但仍值得一提,因为从中可以看出孟德斯鸠的意图所在。第一位国王进行短暂统治之后,寿终正寝,有人问他的继承人,国家是否允许经商致富,新国王面露难色,但还是恩准了这一请求。他指出,现在美德比以往任何时候更不容忽视。一个臣民对他说:

　　大人,您知道,您的人民的美德赖以建立的基础就是教育。

　　这正是故事的寓意所在。霍布斯智者千虑,不免一失,因为一个社会如果完全以每个成员的个人私利为动力,注定要崩溃。然而,另一方面,穴居人之所以善良,也并不是其性本善,而是受到了少数人榜样的感化。一个社会是善是恶,取决于教育的力量,而不是取决于人的本性。随着人类文明的发展,随着人们之间的关系日益复杂化,美德的必要性越来越明显,同时美德受到的威胁也越来越严重。穴居人的故事并不能解释社会的起源,作者也无意于此。郁斯贝克直言不讳地指出:在这个问题上煞费苦心,实属荒唐可笑(信94)。

　　孟德斯鸠也没有忽略当代社会的复杂性问题。这位年轻的法官,自然而然地要就法律问题发表见解。信100讨论了法兰西法律的渊源及其包含的若干因素;信94和信95探讨了国际法的发展过程;信80研究了刑法,指

---

　　①　沙夫茨伯里(Shaftesbury, Anthony Ashley Cooper, 3rd earl of, 1671—1713),著名的沙夫茨伯里伯爵之孙,英国政治家和哲学家,自然神论者,反对基督教原罪说,也反对自然状态是无可避免的战争状态这样一个假定,他认为,人们所看到美的或真的,不过是绝对的美或真的影子。——译者

出东方的专制政体需要比欧洲国家更为严酷的刑罚。孟德斯鸠还不止一次涉及自然法中的妇女地位问题(信38 和信62)。信14 和信129 还提到了法律与风俗之间的关系,后来在《论法的精神》一书中这个问题再次出现,因此显得格外重要。孟德斯鸠还表现出对经济学的浓厚兴趣,在这个领域里,无论是在理论方面,还是在搜集有关资料的过程中,他无疑得到了默隆的指点。在穴居人的故事里,他提到了劳动分工问题,在信142 中,透过极其薄的寓言的伪装,可以看到,他谈的是约翰・劳进行的财政变革;在信24 中,他探讨了黄金和纸币的相对价值问题;在另一些书信中,尤其是谈到西班牙时,孟德斯鸠强调说,黄金不过是一种象征物,本身并无固有的价值。由此可见,孟德斯鸠不但对一般的经济理论问题感兴趣,对诸如货币这样的具体细节也十分重视。

第三节 宗教、哲学与历史

研究孟德斯鸠在《波斯人信札》中所表达的宗教思想,人们首先看到,当宗教与政治交织在一起时,他的观点正如所料,是一位生活在18 世纪初的法院庭长所必然持有的观点。1721 年,围绕詹森教派的问题,掀起了轩然大波,这自然是《波斯人信札》无法回避的问题。郁斯贝克感到惶惑不解:宗教法规本来是教会的基石,但是教会头目竟然禁止或者至少不鼓励人们阅读法规①。信101 中有一位反对詹森主义教派的主教,他在制定教令时,很大程度上依靠的竟是耶稣会教士的暗中协助,这个人被描写为"一个面色红润的胖汉",这可能是借鉴了莫里哀喜剧中对塔尔丢夫的描写②。信143 中原来有一段,也采用了这样冷嘲热讽的口吻,但是后来被删掉了。孟德斯鸠用法文和拉丁文开了几付药方,戏谑地用了几个人的姓名,包括几位耶稣会医生的名字,读起来妙趣横生。例如,有一付药方,开头是:"服用

---

① 指教皇克雷芒十一世发布的通谕所谴责的第80 条:"为所有的人宣讲《圣经》。"(见信24)

② 塔尔丢夫(Tartuffe),莫里哀喜剧《伪君子》的剧中人,后成为伪善者的同义语。
——译者

莫利纳的止痛药 2 剂；埃斯科法尔斯的泻肚药 6 剂；瓦斯奎乌斯的镇定剂
1 剂。"

孟德斯鸠流露出对克雷芒通谕某种程度的敌视感，但对于詹森主义教
派的信条也不以为然。

就庭长对宗教总的观点而言，可以明确肯定，最重要的一点是他相信
上帝的存在，郁斯贝克在信 69 中明确肯定了这一点，他说，诚然，本体论主
张上帝存在，其论据不能令人满意；而神学博士们指出，上帝无限的预见与
人类的自由意志互不相容，这是颇有道理的。但是这些无关紧要："亲爱的
磊迭，为什么谈这许多哲学呢？上帝高高在上，我们连他的云霞都看
不见。"①

如果说，上帝存在这一点业已确定，这也并不意味着崇信上帝的人便
不会犯错误，也并不意味着他们便值得尊敬。孟德斯鸠通过郁斯贝克和黎
伽之口，抨击了罗马天主教会。在百读不厌的信 24 中，黎伽写道，教皇是个
魔法大师，教导人们 3 等于 1，面包并非面包、酒非酒。②在信 29 中，黎伽说，
教皇不过是个古老的偶像，人们崇拜他，无非习惯使然。③天主教不会延续
五百年，除非教士们放弃独身生活（信 117）。天主教的教规和机构也受到
多种形式的攻击，有时是直接出自穆斯林之口；有时是将基督教的常规与
非基督教加以比较；有时又只对非基督教的常规发表议论，留给读者自己
去进行比较。于是，信仰印度教的寡妇自焚被看作是奉婆罗门天帝之命而
为之（信 125）；信 31 对穆斯林的沐浴仪式挖苦了一番；信 17 嘲笑了《旧约》
中关于洪水的故事，接着有一段关于为什么穆斯林禁食猪肉的解释，令人
拍案叫绝，不止一次，僧侣们被称作伊斯兰教托钵僧。信 93 讨论了禁欲主
义的滥觞，相对而言，比较严肃认真，信中写道，通达事理的基督徒认为，这
些大多不过是寓言而已。谈到各种主教机构，所用的语气，往往充满了怀

疑和不恭。

　　把基督教和其他宗教相提并论,本身就是一种大胆的开创。甚至在 30 年以后德·波拉德神甫还因此而受到巴黎大学神学院的非难。孟德斯鸠在信 60 中写道,以犹太教为主干,衍生出了两个分支,伊斯兰教与基督教,这时,孟德斯鸠离亵渎宗教为古代的占星术或是私人流传的三个骗子的说教已经相去不远。于是,当郁斯贝克问他的表兄(一位僧侣),既然基督教徒愚昧无比,那么他们纵使对宗教并不虔诚,是否也可原谅,死后是否仍能进入天堂时,就不必大惊小怪了。孟德斯鸠在《波斯人信札》之前就曾著文反对把异教徒打入地狱,永世不得翻身。既然宗教信仰的细节无关紧要,那么宗教宽容就是大势所趋。不仅如此,为了政治的需要,这种趋势还应加强(信 85)。归根结底,重要的是道德,而不是信仰,这正是孟德斯鸠在宗教问题上提出的最根本的劝告。信 46 指出,在宗教问题上的争论不休,既不会造就更为虔诚的基督教徒,也不能做一个奉公守法的好公民。一个信仰宗教的人,首先应该取悦上帝,而取悦上帝最稳妥的办法,莫过于奉公守法,履行做人的职责。与这些义务相比,任何教规、仪式和礼节都是微不足道的。

　　在《波斯人信札》中,孟德斯鸠在理性方面的主要目标是扫除成见。他反对拉布吕耶尔著作中的观点,否认所谓君主制和罗马天主教是绝对理想。然而,对于拉布吕耶尔的第三个绝对理想,孟德斯鸠又持何种态度呢? 他是否对拉布吕耶尔在理性问题上的偏见也嗤之以鼻呢? 他追随笛卡尔的结构理性主义,还是崇信当时看来属于新经验主义的洛克①的理论呢?

　　对于这个问题,不可能作出简单明确的回答。孟德斯鸠认为,正义是一种绝对的、永恒的概念("正义是永恒的,丝毫不取决于人间的习俗")。这是先验主义和唯理主义的观点。在信 97 中,他强调说,全部哲学皆可由两

————————————

　　①　洛克(Locke, John, 1632—1704),英国著名哲学家。著有《自然法论文集》《政府论两篇》《人类理解论》等重要著作。——译者

条原则来解释,一条是任何物体,除非遇到障碍,都倾向于直线行进;另一条是,任何物体,当围绕一个中心运动时,皆有离心倾向。这两条法则,是笛卡尔在《哲学原理》一书中确立的。[①]孟德斯鸠从诸多法则中,选定了这两条,而且还试图以物理法则解释宇宙的一切现象,这表明孟德斯鸠是笛卡尔主义者。然而,他在信59中又强调指出,任何审美判断都是主观的(对于黑人来说,魔鬼的颜色是炫目的白色,而他们的神祇却是漆黑如炭;如果三角形也要有上帝的话,那么它们的上帝也会有三条边)。同样,判断纯洁与否,也是因人而异,随经验不同而不同:"……物体纯洁与否,唯一的判断者,应当是官能感觉。"(信17)孟德斯鸠在《波斯人信札》中,徘徊于理性主义与经验主义之间。有人会说,孟德斯鸠在第一动因问题上持唯理主义立场,而在第二动因问题上持经验主义立场。不过,看来他并非有此意识,如果他当真有意如此,会发现难以自圆其说。《波斯人信札》发表之后的若干年里,孟德斯鸠仍在两者之间举棋不定,这是他在这个时期的思想特点,甚至在《论法的精神》一书中还可以看到残留的痕迹。之所以如此,也是事出有因,其原因之一是他在撰写《波斯人信札》时,开始对另一个性质完全不同的问题产生了兴趣。

这个问题就是历史因果论。在探讨理性和直觉时,孟德斯鸠只是在重蹈前人已经探索过的道路。历史因果论则是一个相对来说比较新的课题,也是一个特别适合他的研究课题。他有时从个人角度出发,例如在信75中,他讨论了宗教情绪的客观原因,但是在信112至信122中,他考察了地球上人口减少的原因。

磊迭从意大利给郁斯贝克写信,说他所经各国人口稀少,使他深为震惊。意大利、希腊、西班牙、北欧诸国、波兰、土耳其、埃及等等,所有这些国家,在他看来,现在的人口都大大少于古代。他问郁斯贝克,这种现象该作何解释,是否只能假定自然界一种固有的恶癖导致了人口的下降。郁斯贝

[①] 参见该书第2章,第39条;参阅马勒伯朗士:《真理的探索》,第6卷,第2部分第4节,巴黎1945年版,第2章,第210—211页。

克断然否定了这种观点。他说,世界不是万古长存的,事实上就连天体本身也不是一成不变的;万物无不受运动法则的支配。在地球史上,曾发生过巨大的浩劫,有的使人类濒于灭绝。接着,他讨论了磊迭提出的具体问题。

在欧洲,以及罗马帝国廓入版图的亚洲部分,罗马人的宗教被两种宗教所取代:一种是基督教,一种是伊斯兰教。罗马宗教禁戒一夫多妻制,而离婚是允许的;伊斯兰教义则允许一夫多妻制,而基督教教义禁止离婚。现在,据说在一夫多妻制社会中的出生率低于一夫一妻制社会,因为一个男子的生育能力同时分散给了几个女性。因此,在一夫一妻制的罗马社会,生殖率高于在东方占优势的穆斯林社会。然而,如果一个男人一生只系于一个女人,3 年后他可能会对她产生厌烦之感,他生的孩子将会少于如果能离婚而另择的新偶。由于这个原因,罗马社会的生殖力高于继其之后的西方天主基督社会。除此之外,还应指出,罗马帝国中存在的特定奴隶制有助于奴隶人口剧增,而存在于现代伊斯兰国家为数众多的阉人及基督教国家中多不胜数、宣誓节欲的僧侣,则大大减少了人口的繁衍。除了这些主要原因之外,还有一些次要原因。犹太人期待弥赛亚的降生,矢志不渝,促使他们不断繁殖,正由于此,尽管他们屡次遭受迫害,仍能繁衍下来;古波斯人相信,多生育是上帝的旨意,这种信仰使他们得以维系;中国人崇敬祖先,因而每个男人都以多子多孙为福气,因为子孙都是未来的祭祀者。穆斯林对来世的信仰使他们不愿建立大家庭,基督教国家中的长子继承权也导致了同样的效果;由于阿拉伯人的伊斯兰教信仰,加之大量黑人被卖到美洲为奴,非洲的人口一直稀少;野蛮人居住区的人口之所以稀少,是因为那里的土地未耕作,不能维持众多人口,另一方面还因为妇女广泛实行堕胎,她们害怕会失去丈夫的欢心。最后,殖民地的存在也是造成人口减少的原因,只有宽和的政府才鼓励生存。

毋须用现代人口统计学的理论来对孟德斯鸠的这些观点作出判断。显而易见,这些观点幼稚、含糊其辞、漏洞百出。重要的是,孟德斯鸠对这个问题进行了探索,并且颇有独到见解。只是到了 19 世纪末,威廉·伯蒂爵士才真正创建了"政治数学"这门学科。后来伏尔泰揶揄孟德斯鸠所作的探索①,但是休谟却赞扬了他,并且这位苏格兰哲学家在《古代国家人口》②中表明,《波斯人信札》在这一方面对他有多方面的影响。贝卡里亚在《政治经济学概要》③中也表明了这一点。

孟德斯鸠在《波斯人信札》中,关于人口问题的探讨,比其他任何问题更为详细,篇幅更长,因而,他不愧为创建现代经济思想理论的先驱者之一。

孟德斯鸠的论述具有普遍性,这一点意义也不寻常。对于人口这样一种客观现象,他从宗教教规或宗教信仰的角度,寻求其道德原因。在《论法的精神》中,孟德斯鸠反复强调了道德与客观存在之间的内在联系,在《波斯人信札》中亦然。由此可见,他对后房故事所表现出的兴趣,与那里更为严肃的思想,并非风马牛不相及,而是密切相关的。后房故事不仅引发了读者的恻隐之心,而且对于他的社会理论有烘云托月之功。但是,令人最感兴趣的,还是孟德斯鸠在讨论人口问题时所阐发的宗教观,他注重于探求宗教的历史效果和宗教信仰的社会后果,而不是教义本身的真理性。这样的思路在他的早期著作《论罗马的宗教政策》中,已经有所表达,现在又有进一步的发展。他比较了不同的宗教,而尤为重要的是,在隐约提到宗教的客观原因(信 75)之后,立即又探讨起宗教的客观效果和社会效果。

前面已经提到,《波斯人信札》在想象文学史上所占的地位举足轻重。但是,这并不排斥其中包含着丰富的理论思想。这些思想往往杂乱无章、未经推敲,甚至前后矛盾。然而,20 年以后的《论法的精神》正是在这些观点的基础上发展起来的。《波斯人信札》已经包含了这部更为伟大的鸿篇巨著的雏形。但是,《波斯人信札》之所以值得重视,并不单纯因为它是《论法的精神》的先驱,它在法国启蒙运动史上也有其突出重要的地位。虽然

---

① 《论风俗》(L.莫兰辑刊:《伏尔泰全集》,52 卷本,1877—1885 年巴黎出版,第 13 卷,第 183 页)。

② 首次发表于《政治论文》,1752 年爱丁堡出版。

③ F.文图里辑刊:《意大利的启蒙主义者》,1958 年米兰和那不勒斯出版,第 3 章,第 153—168 页。

在 1721 年以前,皮埃尔·培尔的《历史与批判辞典》及其他著作,已包含这些风靡于 18 世纪的先进的新思想,但是,除了谨小慎微、不敢直言的丰特纳尔著述这个绝无仅有的例子以外,这些思想尚未与文学形式结合起来。在此之前,这些思想只能秘密流传,《波斯人信札》的发表,使这些思想广为流传。用波斯人通信的方式,这是一种自卫手段,以便取得更大的表达上的自由,同时也是相对的比较行之有效的方式。把相对论的思想介绍到法国,是这部著作最完满的功绩;而对历史因果论的阐述,则是这部著作最独到、最有新意之处。

第三章　巴黎社交界(1721—1728 年)

第一节　宫廷

《波斯人信札》一举成名,孟德斯鸠更加踌躇满志。在波尔多,人们祝贺他取得的成功,但他不以此为满足,而是希望获得更为显赫人物的赞赏。他更加频繁地去巴黎。1721 年,起初他住在多菲纳街一个名叫德·佛兰得尔的旅馆里,后来又移居到马莱区的德·拉凡勒里大街。马莱区当时是巴黎上流社会聚居的地区。1722 年,他从未离开波尔多,但在其后两年中,每年都在巴黎住半年之久。他仍然住在左岸区,先是在现今称为伏尔泰滨河路的德特朗西伐尼旅馆住了一个短暂的时期。这幢大厦因普雷沃教士的《曼侬·莱斯科》①而家喻户晓。在这部小说中,这里是一个赌窟,戴格里欧曾在此居住。大概就是在这幢楼里,孟德斯鸠有一次赌博直至清晨 7 点,赢了 275 利弗尔。②此后他迁居到邻近的德博纳街,也就是后来杜·德芳夫人③迎宾待客的处所。庭长有时办理一些受波尔多的朋友委托的事务。例

---

① 普雷沃的代表作,描写一个年轻贵族对穷姑娘曼侬的爱情而毁了一生的故事,反映出资产阶级思想意识对封建道德的否定。——译者

② 1723 年 9 月 10 日,巴尔克莱致孟德斯鸠。

③ 杜·德芳侯爵夫人(Deffand, Marie de Vichy-Champrond, Marquise Du, 1697—1780),法国女文人,社交界名流,举办沙龙,招待名人,其中包括丰特纳尔、朗贝尔侯爵夫人、伏尔泰和巴黎最高法院院长埃诺等人。——译者

如,有一次,他代表高等法院办理公务;另有几次是为科学院办事。但是,他在巴黎的主要兴趣是要涉足这个大都市的社交界。

而且,不久之后,他便成功地跻身于巴黎的宫廷和知识界之中。

在宫廷,奥尔良公爵的摄政统治正值黄金鼎盛时期。无论是凡尔赛宫,还是巴黎的宫廷,路易十四统治后期的遗风依然如故,宫廷生活极为淫侈奢华。毋庸置疑,奥尔良虽有政治天才,但荒淫无度,乃至短命早亡。他的助手红衣主教杜布瓦同样生活糜烂。上行下效,宫廷中职位较低的官员也放荡不羁,只是程度有所不及而已。这就是孟德斯鸠远离孤守波尔多的妻室,所进入的巴黎社交界的情况。

孟德斯鸠在宫廷中的靠山是贝里克公爵。他颇有权势,对于宫廷中的荒淫无度,既不同流合污,也不表示异议。通过贝里克、他的儿子利里亚公爵,以及他的同宗巴尔克莱勋爵(此人始终是庭长的忠实密友),孟德斯鸠结识了几位法国老一辈的军界贵族。其中尤为重要的是戈瓦伊翁·德·马蒂翁家族。马蒂翁元帅此时年事已高。年轻时,他曾在爱尔兰为詹姆士二世作战,就是那时认识了贝里克。后来,他们两人的名字经常相提并论。1709 年,曾有一首流行一时的歌曲,哀叹路易十四对马蒂翁夫人言听计从,哀叹法国伟人之贫乏。歌中唱道:

> 法兰西的宝贝
> 贝里克和马蒂翁
> 他们忠心耿耿,但胆小如鼠。[1]

马蒂翁家族之中,与孟德斯鸠关系最密切的,是元帅的儿子德·加塞伯爵及元帅的女儿玛莉-安娜,她的丈夫是德·格拉伏侯爵。从保存至今的庭长与德·格拉伏夫人之间的往来书信推断,他们之间的关系十分亲密,甚至引起了她丈夫的妒忌。德·加塞伯爵被巴尔克莱称为"波旁王族中靠女

---

[1]　国家图书馆,手稿,法文档 12694,第 355 页。

人养活的男人"。他的婚后生活十分不幸,第一个妻子婚后不久就去世了。第二个妻子是被一群狂饮放荡之徒包围的核心人物,因而于 1717 年被送进修女院幽禁了起来。当时的回忆录中,经常记述和谈及此事。

　　马蒂翁家族是一个源远流长的佩剑贵族世家,与摩纳哥亲王、弗罗克托公爵家族,以及勒泰利埃(卢瓦家族)和科尔贝尔这两个权势显赫的仕宦家族,都是姻亲;与达尔让松家族也有间接的亲缘关系。此外,也有一些类型完全不同的亲友。元帅的妻室,原姓贝尔特洛。这个家族是一个厚颜无耻、丑闻百出的暴发户。用圣西门的话来说,是"靠贪得无厌发家的人"①。弗朗索瓦·贝尔特洛卒于 1712 年;他在加拿大拥有巨额财富,并获得了圣洛朗伯爵的爵位。他设法把女儿嫁给了马蒂翁。他的儿子贝尔特洛·德·若维和孙子贝尔特洛·德·蒙谢纳都与贝贡家族的成员联姻成亲。贝贡家族是名门权贵,并是科尔贝尔的姻亲。②贝尔特洛·德·若维的弟弟贝尔特洛·德·普雷内夫曾任法国军需大臣之职。他不仅利用职权,肆无忌惮地中饱私囊,竟至饿死了军队医院里那些惨遭不幸的伤病员③,结果受到查究,落得身遭流放、倾家荡产的下场。他是 18 世纪时法国最富有,也最卑劣的人物之一。

　　他的夫人同样臭名昭著,只是劣迹不同,朗波称她为当代的梅萨丽娜④。她的情夫多得不可胜数(其中包括德·加塞伯爵),而且都是颇有影响的人物。她和丈夫生了一个女儿,取名阿尼埃丝,年仅 13 岁时就嫁给了一个外交官,他出身于一个已败破的古老家族。因此,阿尼埃丝幼龄之年便作了德·普里侯爵夫人。普雷内夫身败名裂后,阿尼埃丝的丈夫德·普里侯爵也受牵连。他是法国驻都灵使节,岳父逃到他那里藏身,因此,他感到很难维持自己在撒丁宫廷中的地位,最后只得把夫人送到巴黎,以求一

---

　　①　圣西门:《回忆录》,第 41 章,第 62 页。
　　②　孟德斯鸠认识米歇尔·贝贡(《随笔》,第 393 页)。
　　③　埃诺:《回忆录》,巴黎 1911 年版,第 78 页。
　　④　梅萨丽娜(Messalina,约 22—48),罗马皇帝克劳狄的第三个妻子。以淫乱和阴险而出名。——译者

逞。这样做的结果是可想而知的;从此,这位名噪一时的德·普里夫人便开始了她的事业。①圣西门以他特有的雄健笔锋,概括了她的品格:

> 她具有仙女般的美貌、风度和身材,才智过人,就其年龄与地位而论,她的学识也算颇为渊博,但野心、吝啬、报复心理、支配欲以及粗暴与放肆,这些最有害的情感极其强烈地在她身上表现出来。②

她比母亲更加野心勃勃。正值权势顶峰的约翰·劳,甚至摄政王本人,都是她的床上客。其他一些王族亲王也都拜倒在她的脚下求宠,其中包括克莱尔蒙伯爵和夏罗莱伯爵。使她最为春风得意的是孔代宫里的头面人物波旁公爵,人称"公爵先生"。他是个迟钝庸碌、淫逸放荡,但虔诚信奉上帝的人,论职位仅次于奥尔良公爵。她作了他公认的情妇,从而在半流亡地位的尚蒂伊宫廷中,成为最有权势的人物。在尚蒂伊宫中,尚有屈指可数的禁戒(譬如星期五戒肉食)③;但在枫丹白露附近的贝勒巴的德·普里夫人家里,这些已不复存在。

贝勒巴的社交生活闻名遐迩。伏尔泰在一首题为《贝勒巴的节日》的诗体韵文的对话中④,绘声绘色地描述那里的娱乐场面。参加对话的人是贝尔特洛家族的几位成员,包括德·普里夫人、埃诺和库尔第孟什神甫。这位神甫是一个放荡贪杯的教区神职人员。这些贝勒巴的居民,齐唱一首歌曲,歌词共 8 段,每段都以"你们忏悔吧"结尾,宣扬这位僧侣的种种恶习。孟德斯鸠也曾赋诗"称赞"这位神甫,称他为乡村神甫中的阿那克里翁。⑤诗中对他那无限的情欲赞美不绝,记述了他与人丁兴旺的贝尔特洛家族的亲

---

① H.蒂里翁:《德·普里夫人》,巴黎 1905 年版。
② 圣西门:《回忆录》,第 34 章,第 306 页。
③ 孟德斯鸠写道:"在尚蒂伊时,我曾说,我因礼貌而守斋,因为公爵先生非常虔诚。"(参见《随想录》,第 1001 条)
④ 《伏尔泰全集》(第 2 卷,自第 277 页始)。
⑤ 阿那克里翁(Anacreon,约前 582—前 485),古希腊抒情诗人。——译者

密关系,并把他描绘成他的村民的共同父亲和一个举世无双的酒鬼。①

贝尔特洛家族中至少有 14 个成员认识孟德斯鸠,其中包括德·普里夫人。关于她,孟德斯鸠写过两首四行自由体诗。孟德斯鸠曾住在贝勒巴,对经常出入的客人十分熟悉。这些人并不都像贝尔特洛家族的人,有些人比较正派可敬。②埃诺是一个博学多才的人。巴尔克莱见识不凡,而且博览群书,能侃侃而谈。多达尔出身名医世家,是一个招人喜爱的人,他性格开朗,颇为风趣。有一次,他告知孟德斯鸠关于内阁首相杜布瓦逝世的消息,说"伊斯兰首相一命呜呼了"。他才智过人,涉猎广泛,与庭长一起谈论卢克莱修③或当代科学理论,十分投机。他还着意收集当时私下流传的著作手抄本。例如,他曾告诉孟德斯鸠,他有布兰维利埃的著作手抄本。④孟德斯鸠的远房表姐德尔比尼夫人也是贝勒巴的常客。她出生于埃斯特拉德家族,这个家族世袭着波尔多市长之职。她对法国的政治动态有独到的见解;此外,她似乎还认识圣西门。⑤孟德斯鸠的亲戚马朗,也属于贝勒巴社交圈。他是一位品德高尚、忠诚可靠的朋友。庭长临终之时,他一直守候身边照料他。庭长用"你"来称呼他⑥,在庭长的至交之中,这是绝无仅有的一例。像这样一些正派人,竟会成为贝尔特洛家族的密友,实在令人诧异。不过,在波尔多有一首未刊诗稿,如果诗可信的话,那么,甚至连贝里克公爵夫人也熟悉库尔第孟什神甫,并对他另眼相待。⑦贝尔特洛家族所取得的显赫地位,即使在通常不注重门庭的摄政时期社会里,也是令人叹羡的。然

---

① 《全集》,纳热尔版第 3 卷,第 563 页;七星文库版第 2 卷,第 1472 页。

② 1726 年时,杜·德芳夫人即已与德·普里夫人相识(M.德·勒库尔辑刊:《杜·德芳侯爵夫人书信全集》,巴黎 1865 年版,第 1 集,第 28—29 页)。但没有证据证明孟德斯鸠在 1742 年前与杜·德芳夫人有密切往来。

③ 卢克莱修(Lucretius,约前 98—约前 55),古罗马诗人,唯物主义哲学家。——译者

④ 1723 年 11 月 23 日,多达尔致孟德斯鸠。

⑤ 1725 年 6 月 13 日,德尔比尼夫人致孟德斯鸠。

⑥ 法国人通常以"您"互称,以"你"互称的仅限于家人和至亲好友。——译者

⑦ 《贝里克元帅夫人复库尔第孟什神甫先生》,见巴尔博:《蠢话录》(波尔多市立图书馆,手稿,693,第 612 页)。这是巴尔博收集的零散短篇,多为下流之作。前面提及的孟德斯鸠两首诗作即来源于此。贝里克夫人的回复为平庸之作。

而,孟德斯鸠与这个家族交往,却并不足为奇。因为,一方面,应承认这个家族是名门显贵,名噪一时;另一方面,孟德斯鸠只是初入官场,而且尚不成熟,性格未定。生活在一个放荡的时代,他也不可能出淤泥而不染。他本来就不是那种对妻子忠贞不渝的人。在初入宫廷社交生活的那些年间,更有过之而无不及。在通信中,各式各样的暧昧称呼,他无所不用,如"我的小情人""我亲爱的心肝"以及"漂亮的伯爵夫人",不一而足。可见,他与周围的环境是一拍即合的。巴尔克莱有言道①:"谄媚者,以宫廷为效尤。"②这是不无道理的。

在法国的社交生活中,有一位众所瞩目的人物,名叫德·克莱尔蒙小姐,她就是波旁的玛丽-安娜公主,公爵先生的胞妹,路易十四的孙女。路易十五结婚后,任命她作王后府邸总监。但是她经常出入位于尚蒂伊的波旁宅邸。她姿色出众,据图森记载③,人们猜测,她不可能春心未动,一直严守贞操。事实上,据孟德斯鸠披露④,她中意的情人是穆伦公爵,不过他在1724年7月一次狩猎时发生意外,受伤致死。同月,政府为她提婚,嫁给一个西班牙王子。⑤得悉此事,孟德斯鸠给她写了一封半散文、半韵文体的书信⑥,语气毕恭毕敬,内容却极为不拘。他赞美她的花容月貌,对于她行将出嫁深表遗憾;他毫无顾忌地说,他是无此胆量,否则也会向她求爱。

这几篇诗文,只是平庸之作。除此之外,孟德斯鸠还有其他著作,赞美尚蒂伊的宫廷。《波斯人信札》在荷兰出版后,孟德斯鸠发表的第一部著作《尼德的神殿》,是一部经过精心雕琢、令人难忘的作品。据加斯科记述⑦,

---

① 1723年12月10日,巴尔克莱致孟德斯鸠。

② 在这个社交圈中,有一位神秘人物,名叫艾茜,她与这个社交圈内的大多数人完全不同。她原是法国大使费里奥尔在君士坦丁堡买的高加索女奴,后由他的表姐唐森夫人之妹带到巴黎。费里奥尔买她的目的是要作情妇,但是她与骑士艾迪相爱。他们之间的爱情纯洁而真诚,不过终未成婚。据说孟德斯鸠认识她,但证据不足。可以肯定的是,他们有几个共同的相识,而且在1748年时,孟德斯鸠与艾迪关系密切,但是早在1733年艾茜就死了。有可能《波斯人信札》中的信79是受到她的启发。

③ 图森:《路易十五时代法国宫廷趣闻》,富尔辑刊,巴黎1908年版,第40页。

④ 《随笔》,第746条。

⑤ 马莱:《日记》,第3卷,第120页。

⑥ 孟德斯鸠致德·克莱尔蒙小姐,1724年(《全集》,纳热尔版第3卷,第770—772页)。

⑦ 《致友人书信集》,信7(《全集》,纳热尔版第3卷,第1017页)。

正是德·克莱尔蒙小姐的社交圈启发了孟德斯鸠的创作灵感,这部著作才落笔成功。①

《尼德的神殿》于 1725 年出版,当时正值圣诞节期间。②这部著作有别于孟德斯鸠的其他著述,出版地在巴黎,而且得到了王家恩准和特许。全书共82 页,序言部分对书中曲折的虚构情节作了一番解释。书中描写一位法国驻土耳其帝国的使节(可能暗指费里奥尔),携带一些用希腊文写的未刊手稿返回故土,其中有一首未署名的抒情散文诗,这首诗现已译为法文。诗作者是维努斯一位神甫之子,出生在希巴利斯。由于厌倦那里的俗世生活,他离开了故乡,游历四方去寻找幸福。他先后经过克里特岛、莱斯博斯岛、利姆诺斯岛和德洛斯岛,最后到达尼德,在尼德,他在泰米尔的怀抱中,终于找到了幸福。该书的最后一部分有一篇内容相近的短篇,现在通常称为《塞费兹河和爱情》。③

《尼德的神殿》并非淫乱荒唐之作。其修辞技巧高超,行文绚丽多彩,感情丰富,细腻入微,不愧为路易十五在位初期宫廷生活的艺术再现。诚然,比起伏尔泰的《贝勒巴的节日》来说,书中所表现的生活不那么逼真,但伏尔泰的作品却未免粗糙,缺乏雕琢。书中大量引用典故(这是当时的时尚),一直到谢尼埃④和大卫⑤的时代,其魅力仍不减当年。⑥然而,真正使

---

① 参见 F.戈布兰:《〈尼德的神殿〉之谜》(《1955 年 5 月 23 日至 26 日波尔多孟德斯鸠研讨会文件》)。此文论证雄辩,戈布兰的论点是尼德寓指尚蒂伊,论据充分。但是,我认为把泰米尔看作是指格拉伏夫人,不能令人信服。维安(第 75 页)和热勃兰在 1914 年(《孟德斯鸠通信录》,第 1 章,第 62 页)提出,《尼德的神殿》是为德·克莱尔蒙小姐所作,而且她是小说中的核心人物,对于此说至今没有提出可作结论的否定意见。

② 马莱:《日记》,第 3 卷,第 312—313 页。

③ 1727 年《法兰西信使报》刊登了一篇同类的文章,题为《帕福斯之行》。有人认为此乃孟德斯鸠所作,也的确有此可能。其中有些词语与孟德斯鸠的作品极为相似(例如:"每个神甫都有祭台,每个祭台都有虚假的祭司,权术、无知、腐化构成了他们每天生活的内容")(《全集》,纳热尔版第 3 卷,第 252 页;七星文库版第 2 卷,第 1459 页)。但现有证据不足以下结论,况且,对这篇平庸的作品,否认其著作权比承认对孟德斯鸠的声名更为有利。

④ 谢尼埃(Chénier, Andrea de, 1762—1794),18 世纪法国伟大的诗人。——译者

⑤ 大卫(David, Jacques-Louis, 1748—1825),法国新古典主义重要画家。——译者

⑥ 列奥纳达和科拉蒂奥分别把这部著作改写为诗文;迈克尔·克兰西将其译为拉丁文;另外,至少有 5 种意大利译本(其中之一为卡尔洛·威斯帕西亚诺所译)。阿尔加罗蒂的《齐泰拉会议》是以此模仿的。

其一经问世便引起轰动的,是书中蕴含的炽烈情感。后来,有一位意大利人,认为此书大量模仿了哥特人和中国人的著作。①但是这并无损于这部著作所取得的成就。马蒂厄·马莱对于这部书试图以寓言形式掩盖其色情的内容,并且(更为糟糕的是)取得了成就,深表遗憾,认为它与尼侬·德·朗克洛②的作品毫无二致。尽管如此,他不得不承认,巴黎的女士现在都急切想学希腊文,因为懂得这种语言,就能读懂这样引人入胜的作品。③

马莱写这番话时,对于《尼德的神殿》出自何人之笔,尚不得而知。几天以后,他写道,有人说此书为孟德斯鸠所作,这未必不可能。另一些人认为著者是埃诺。对此马莱大不以为然,说埃诺这个人法国味太浓,不可能写出这样的作品。④孟德斯鸠没有公开其中的奥秘,甚至矢口否认。就在此书出版问世的那个月里,他在给贝尔特洛家族一个成员的信中写道:"对于谁是《尼德的神殿》的著者,我一无所知。"在致贝尔特洛家族的另一成员的信中,他表示万分感激《尼德的神殿》一书的作者,因为这位作者,使他有幸收到对方的来信。与此同时,巴尔博从波尔多寄函孟德斯鸠,说除非庭长把他所了解的一切原原本本地告诉他,否则就休想让他付还 192 利弗尔欠款。巴尔博十分谨慎,在弄清孟德斯鸠是否为著者之前,拒绝对此书发表任何意见。

后来,戴莫莱(最后证明他是孟德斯鸠出版此书的代理人)透露,此书并未立即获得成功,总印量为 2 000 册,截至此时只售出了 600 册。即使在宫廷里,这部著作也并没有立即受到青睐。但是,后来波旁公爵对此书赞

---

① "不少取材来自哥特人和中国人"(1768 年 6 月 5 日,威斯帕西亚诺致马塔斯塔西诺,莫迪纳,埃斯坦加塞图书馆手稿)。

② 尼侬·德·朗克洛(Lenclos, Ninon de, 1620—1705),法国名妓。她在巴黎建立了一个沙龙,吸引了当时法国文学界和政治界最著名的人物,其中包括剧作家莫里哀和诗人斯卡龙,伏尔泰的父亲曾管理过她所经营的业务,她在遗嘱中为伏尔泰留下一笔书费。著有《雪了耻辱的妖娆女子》一书。——译者

③ 1725 年 4 月 5 日,马莱致布依埃(马莱:《日记》,第 312—313 页)。

④ 1725 年 4 月 10 日,马莱致布依埃(前引书,第 315 页)。

不绝口，于是，许多佩戴着圣灵教蓝带的人蜂拥而至，向出版商抢购此书。波旁公爵还亲自派人去询问作者究竟是何人。关于此书的著者，人们纷纷猜测。有的说是米拉波，45 年后，在这位米拉波离开人世以后，又硬被说成是《自然体系》的著者霍尔巴赫。[①]最后，据戴莫莱说，是庭长自己的泰米尔公开了事实真相，说在该书出版之前，孟德斯鸠曾把书中内容读给她听。直至此时，对于大多数人来说，事情才真相大白。

孟德斯鸠在这些年间所进行的与宫廷有关的活动，不只是写了几篇微不足道的文学著作，更不仅是一味寻欢作乐。这些年也是他一生中与法国政府关系最为密切的时期。当时，勒勃朗在红衣主教杜布瓦手下任国防大臣之职。他的情妇是普雷内夫夫人。普雷内夫夫人的女儿德·普里夫人，与勒勃朗发生了争执，请波旁公爵干预。波旁公爵为此多方奔走，终于在 1723 年 7 月使勒勃朗遭贬黜。同年晚些时候，奥尔良公爵死后，波旁公爵出任首席大臣。对此，人们反应冷淡。传记作家巴尔比埃写道，这位新任首席大臣，不讨任何人喜欢，他既不通达事理，又无治国经验。[②]为时不久，他便下台了。弗勒里取代他之后，德·普里夫人被流放到诺曼底，于是尚蒂伊宫在政治上举足轻重的地位就此告终。然而，在尚蒂伊宫颇具政治影响的时候，它是孟德斯鸠与当时主政的国王政治进行接触的唯一途径。他有几篇比较次要的政治著述，就是在这一时期，在这样的环境之中撰写的。其中最主要的一篇，题为《色诺克拉底致菲拉斯信札》，同《尼德的神殿》一样，书中包含着许多典故寓言。全书共有 5 封信，实际上是在称赞奥尔良公爵，只不过用了阿尔卡梅纳之名稍加掩饰而已。阿尔卡梅纳做了一个梦，梦见他拥有整个宇宙的一切财富，这里影射的是约翰·劳的财政政策。阿尔卡梅纳把一个"出身一文不名的人"收留在自己家里，指的就是杜布瓦红衣主教。阿尔卡梅纳死后，继位的是一位年轻君主，他的统治呈现出光明

---

① 霍尔巴赫(Holbach, Paul Henri Thiry, 1723—1789)，法国杰出的唯物主义哲学家，"百科全书派"的重要成员。——译者

② E.J.F.巴尔比埃：《路易十五时代历史与轶闻录》，4 卷本，1847 年至 1866 年巴黎出版，第 1 卷，第 196 页。

的前景,这是指路易十五。这些书信对于奥尔良其人所作的分析,鞭辟入里,极有见地;孟德斯鸠尤其称道他的才能。然而,从政治角度来看,这部著作失之幼稚浅薄——远不及《波斯人信札》所达到的思想深度。写信人是一个廷臣,他蔑视一切政治家,这一点也不足为训。在这部著作里,丝毫看不到《论法的精神》的先兆。

然而,大约在这个时期,孟德斯鸠结识了一位具有国际名望的人物博林布鲁克子爵①,对他以后的政治著述,有极为重大的影响。安妮女王逝世之后,博林布鲁克被流放出英国,有一个时期,他寄希望于詹姆士党②赞助他们的事业。他是马蒂翁和贝里克的朋友,孟德斯鸠在知识界的几位相识,都是他的好友。直到 1725 年 4 月他才重返英国安居。孟德斯鸠声称,他认识博林布鲁克,但并不十分敬慕此人。③这位流亡政治家与马蒂翁和贝里克来往甚密,巴尔克莱在 1723 年给孟德斯鸠的信中曾提及他。④《随笔》中记载了孟德斯鸠与博林布鲁克的第二个妻子进行的两次谈话。文中称她为德·维耶特夫人⑤,说明孟德斯鸠应是在她 1722 年嫁给博林布鲁克之前,就已认识她。那时,她作为情妇与博林布鲁克已经同居。或者,至少是在她结婚之后不久,在用她的闺名还比较自然的时候。此外,在一封 1752 年写的信中,孟德斯鸠宣称,他在 30 年前就已认识这位夫人。这封信直到 1955 年才公之于世。⑥

第二节 朗贝尔夫人

孟德斯鸠出入尚蒂伊和贝勒巴的宫廷社交界,但并不以此为满足。

---

① 博林布鲁克子爵(Bolingbroke, Henry St. John Viscount, 1678—1751),英国安妮女王时代杰出的政治家。曾任陆军大臣,后被迫流亡法国。——译者

② 詹姆士党(Jacobite),指 1688 年光荣革命后,拥护流亡的詹姆士二世的人。博林布鲁克也拥戴詹姆士二世复位。——译者

③ 《随想录》,第 2127 条。

④ 1723 年 9 月 10 日,巴尔克莱致孟德斯鸠。

⑤ 《随笔》,第 754 条及 757 条。

⑥ 1752 年 7 月 4 日,孟德斯鸠致沃伯顿(M.-J.杜里辑刊:《德·马里蒙手稿》,第 2 卷,巴黎 1955 年版,第 499—502 页)。

过去,由于学术上的抱负,他被选入波尔多科学院;如今在巴黎,他在学术上依旧踌躇满志,刻意追求。《波斯人信札》一举成功之后,他开始更多地注重文学,而不似以往那样热衷于纯科学。不过,这种改变在当时还不太明显,因为那时在科学家与文学家之间,并无各不相通的明显界限。天才博学的戴莫莱和精力充沛、酷爱争辩的梅朗,这两个人当孟德斯鸠还在乡间时就经常给他提供书籍。现在,他们又引荐他加入知识界的社交圈。可以肯定,正是通过这两位中的一位,孟德斯鸠才得以结识丰特纳尔。丰特纳尔是他们共同的朋友,一位文坛上的名流。《波斯人信札》出版那一年,他已是 64 岁高龄,而且命中注定还要再活 35 年。他的所有最著名的作品,都是在孟德斯鸠出世之前发表的,35 岁之前,他就参加了关于古代派与现代派的论战,著有脍炙人口的《神谕的历史》以及更为著名的《谈宇宙的多元性》。他是法兰西学士院的终身秘书,法兰西学士院和铭文与语史学院院士。他深谋远虑、处事谨慎、心地善良,与大多数文坛名士相处和谐。孟德斯鸠与他始终亲切友好,以礼相待。有人在谈话中攻击丰特纳尔,说他心如铁石、冷酷无情,孟德斯鸠挺身为他辩护,反驳说:"你可知道,他可是这里社交界中最和蔼可亲的人。"他的这句话成了人人皆知的名言。①

　　丰特纳尔大展才华的地方,是德·朗贝尔侯爵夫人的沙龙,德·朗贝尔夫人是 18 世纪初最著名的人物之一。②她生于 1647 年,由继父——一个意志坚强的人——巴肖蒙抚养成人。1686 年丧偶之后,她的家境并不富有,直到晚年才开创了她的沙龙。那时,她家住在王家图书馆最北端黎塞留③大街,每个星期二和星期三在家里接待宾客。她举办的聚会,既比宫廷

---

① 雷伊那尔:《文学趣闻》第 3 集,海牙 1766 年版,第 269 页。

② 关于朗贝尔夫人的著述有:E.德·布洛伊:《朗贝尔侯爵夫人的星期二和星期三》(《通讯》,1895 年 4 月 10 日和 25 日);J.P.齐默尔曼:《18 世纪的世俗道德》(《法国文学史评论》,1917 年);H.拉·佩里埃尔:《朗贝尔侯爵夫人》,特鲁瓦 1935 年版以及 R.多维尔尼:《德·朗贝尔侯爵夫人在纳瓦尔宫》,巴黎 1947 年版。

③ 黎塞留(Richelieu, 1585—1642),法国政治家,原名阿尔芒-普莱西,曾任黎塞留地方的红衣主教,他信奉绝对君主制,是 17 世纪法国强盛的缔造者。——译者

内更具有学术气氛,又不似曼特农夫人的客人们那样对宗教虔诚,也不像尼侬·德·朗克洛的聚会那样声名狼藉。她的沙龙之所以颇享盛名,还在于杜·迈纳公爵夫人是赞助人,而且偶尔也来光临。杜·迈纳公爵夫人的府邸在索镇,出入其间的宾客比起尚蒂伊及至凡尔赛宫来,在地位上毫不逊色,而在才华上非后者所能比拟。马蒂厄·马莱称赞她为"一个保护后起之秀的杰出人物"①。她把许多贵族和文人荟萃于一堂,丰特纳尔和拉·莫特是她家的常客。其次是那位专事讽刺挖苦的梅朗,拉·莫特把他形容为"一个严格守时、一丝不苟、几近暴虐的人"②。此外还有摄政王之子的家庭教师蒙戈尔教士和萨西先生,他们两位都是学院院士;埃诺,他在各种社交场合都能泰然处之;还有马里沃、克雷比永③、杜博和达西埃夫人等。令人诧异的是,女演员阿德里安娜·洛库弗勒也在其中。前来光顾的贵族有她的好友兼房东纳瓦尔公爵、达尔让松侯爵和圣奥莱尔侯爵(据埃诺说,她最后与这位侯爵结了婚)。波尔多的默隆和第戎的布依埃,在巴黎逗留期间有时也到场。

这个沙龙蜚声一时。星期二的聚会主要是贵族们参加,但有时也有其他人参加;星期三的聚会则以文人雅士为主,参加的人个个都兴致勃勃,乐在其中。杜·迈纳公爵夫人以诗一般的热情,倾诉她的感想:

> 啊!可尊敬的星期二!庄严的星期二!对我来说,比一星期中任何一天都令人畏惧的星期二!星期二曾多少次为丰特纳尔、拉·莫特、梅朗、蒙戈尔各家族的胜利而效力!星期二是可爱的布拉热洛内教士引荐来的日子!还可以说,星期二是德·朗贝尔夫人主管的日子!④

---

① 马莱:《日记》第3卷,第144页。

② 拉·莫特致杜·迈纳公爵夫人,日期不明(拉·莫特:《全集》,巴黎1954年版,第10章,第14页)。

③ 克雷比永(Crébillon, Prosper Jolyot, 1674—1762),法国戏剧家。——译者

④ 杜·迈纳公爵夫人致拉·莫特,日期不明(拉·莫特:《全集》,巴黎1954年版,第10章,第10页)。

两次聚会,无论其中哪一次,能被接纳都是一种难得的荣誉。那里禁止赌博,法国社交界那些声名狼藉的人都被拒之门外。的确,这个沙龙开创时,曾得到费奈隆的赞助。沙龙唯一的缺点是玩弄权术,特别是对确定科学院院士的候选人时所进行的幕后活动有一种癖好,并且在选举学院院士时,曾多次暗中施加影响。

大约是在1724年,无疑是通过丰特纳尔的介绍,孟德斯鸠给朗贝尔夫人寄去了几封有关波斯人的信件,想以此赢得她的垂青。从1726年7月29日写的一封信来看,他那时已是星期二聚会上的常客。同年晚些时候,朗贝尔夫人对一位笔友赞扬孟德斯鸠,说:"他经常拿他的作品给我们看,丰特纳尔先生和拉·莫特先生对他赞不绝口。"①当朗贝尔夫人催促他离开波尔多回到巴黎的时候,孟德斯鸠欣然允诺,说他乐意前往。别无他故,只因与她重逢是一件乐事。1728年,他从国外写信给她,说:"请告诉我关于星期二聚会的情况,即说说那些我在世界上最亲密朋友的情况;请告诉我星期三聚会的情况,这一天与星期二一样,对人们来说,同样是充满欢乐的一天。"②

看起来切斯特菲尔德勋爵③也对朗贝尔夫人有所了解,他称她是"对世界有卓越的领悟和见解的女人"④。要探究朗贝尔夫人的沙龙最主要的学术兴趣并不困难。她的藏书不多,都是按照时尚精心挑选的。其中有古代柏拉图和西塞罗的著作,近代的马勒伯朗士和笛卡尔的著作。不过,她的

---

① 1726年8月5日,朗贝尔夫人致莫尔维尔(《全集》,纳热尔版第3卷,第1537—1538页)。孟德斯鸠热情称赞拉·莫特,他写道:"拉·莫特夫人是一位迷人的妇女,她的妩媚令我倾倒"(《随想录》,第116条)。另一次,他将自己与勒勃朗相比(《随想录》,第1215条)。1723年4月6日,他观看了德·卡斯提罗的首场演出,在那里可能遇到过伏尔泰(贝斯特曼辑刊:《伏尔泰书信集》,日内瓦1953年版,第1卷,第202页)。

② 1728年4月20日,孟德斯鸠致朗贝尔夫人。

③ 切斯特菲尔德(Chesterfield, Philip Dormer Stanhope, 4th earl of, 1694—1773),英国政治家与外交家,当时的驻荷兰大使和爱尔兰总督,强烈反对P.沃波尔。——译者。

④ 1751年6月6日,切斯特菲尔德写给儿子的信(《切斯特菲尔德伯爵菲利普·多默·斯坦厄普书信集》,6卷本,伦敦1932年版,第4卷,第1447页)。

书架上也摆放着沙朗①和拉莫特·勒凡耶②的著作,她有《家庭管理实用词典》,还有比其更重要的加尔西拉索·德·拉·维加的《印加史》。然而,更能说明问题的还是她本人的著作,她写的《一位母亲对儿子的忠告》首次发表于1726年,由戴莫莱刊登在他主办的《文学论文续编》期刊上。尽管她不愿意,这部作品还是几次再版。她的大部分著作是在她身后由丰特纳尔审阅出版,这些作品描绘了沙龙活动的情况。从中还可以看出,孟德斯鸠这些年间许多著作的创作灵感由来。③

　　义务、情趣、爱情、友谊、幸福,这些都是在纳瓦尔公爵寓所的朗贝尔夫人家里讨论的题目。这些是简单的道德问题,参加者无须具备什么特殊的能力和经验,但却要求思路清晰,并怀有与人为善的态度。据孟德斯鸠说,侯爵夫人探讨了如何使男女之间的爱情纯洁无瑕,如何使其有益于社会④,而幸福⑤是首要的问题,在这个问题上,沙龙的出席者一致赞同沙夫茨伯里的哲学。丰特纳尔写了一篇文章,题为《论幸福》,首次发表在1724年出版的他的文集内。这是一篇心理学论文,文章写得精巧微妙,其中不乏自相矛盾之处,文辞虽很优美,但并无定论,也缺乏真正的深度。

　　在《随想录》中,孟德斯鸠也曾论及幸福,从最初一些片断的写作日期来看,是为了参加朗贝尔夫人的沙龙而写。⑥用他自己的话来说,他的论点概而言之,就是"人的机体乃是幸福之所依"⑦,这是一种唯物主义的观点。

---

　　①　沙朗(Charron, Pierre, 1541—1603),法国天主教神学家和哲学家。17世纪新思想的主要贡献者,把伦理学从宗教中分出,主要著作有《论智慧》《三个真理》。——译者

　　②　拉莫特·勒凡耶(La Mothe Le Vayer, 1588—1672),法国思想家与作家。——译者

　　③　《波斯人信札》出版后不久,孟德斯鸠开始把自己的感想、读书笔记、著述的设想等记录在4开的笔记本内,共3本,名曰《随想录》。其中大部分可以大致确定日期,但有时并不准确(由《随笔》补充)。见本人文章:《〈论法的精神〉创作始末》(《法国文学史评论》,1952年)。

　　④　《随想录》,第1207条。

　　⑤　见C.罗索有见解的论文:《幸福派的伦理学家》,都灵1954年版。

　　⑥　《随想录》,第30条是其中最重要的一篇,写于1722年至1725年间,第3卷中其他几篇(《随想录》,第1675条)表明,孟德斯鸠在晚年时又曾讨论过这个问题,他在暮年时期多次重新考虑青年时代的一些想法。

　　⑦　《随想录》,第58条。

他解释说，幸福或不幸福，皆由人体内某种器官的气质所构成，是由于人体机体而引起的心理效应。不幸福的人可以分为两类：一类是精神倦怠的人；一类是情绪烦躁的人。而精神倦怠和烦躁，都取决于人体的器官。同样，幸福的人也可以分为两类：一类有跃跃欲试的欲望，并且由于易获得外界物而欢欣鼓舞；另一类，由于他们固有的气质，兴奋平和，易于满足。幸福与不幸福只是相对而言，并无绝对界限。当我们说一个人不幸福时，我们的意思是，如果我们(在我们自己的身体器官条件下)处在他的地位，会感到不幸福。

一个隐居修道的人，在斋戒之后进食他习惯食用的蔬菜，就会产生一种新的愉快感。诚然，灵魂通过想象的作用，可以增强幸福和不幸福，但起主要作用的还是身体本身。我们感到幸福或不幸福，起决定作用的是那些能刺激感官的东西(这些东西有如宇宙之广)，而不是那些刺激纯思维的事物。

孟德斯鸠思想中唯物主义的萌芽，在这里是显而易见的。其实，他的唯物主义倾向在《波斯人信札》中已有所表现。1723 年 11 月，他在波尔多科学院宣读了关于相对运动的论文，再次表达了他的唯物主义思想。虽然这篇论文已不可复得，但是从其他人的著作中①可以得知，庭长在文中断言，运动是物质的基本要素。人们认为，这种反笛卡尔主义的理论(这表明自从 1721 年宣读《对自然史观察的随笔》以来，他的思想有了新的飞跃，即使不是在实质内容上，至少在信念上是如此)否定亚里士多德关于上帝是第一推动力的观点。如果物质在本质上就处于运动状态，那么就无须外界创世主去给予最初的推动；因此，认定运动与物质不可分割，实际上就是否认上帝存在。托兰德②在《致塞林娜书》③(1704)中，对唯物主义理论作了精

---

① 《全集》，纳热尔版第 3 卷，第 125—127 页；参见 1723 年 12 月 24 日，多达尔致孟德斯鸠。

② 托兰德(Toland, John, 1670—1722)，英国自由主义思想家。著有《基督教并不神秘》《弥尔顿传》《致塞林娜书》等作品。——译者

③ 1704 年伦敦出版，后由霍尔巴赫译为法文。

彩的阐述。孟德斯鸠持同样的观点,而且用词更为大胆,经常使用"机体"一词指肉体。在这里,如同在《波斯人信札》中一样,他明确地表示站在新兴的法国唯物主义运动一边。

　　情趣是朗贝尔夫人的客人们探讨的另一个问题,女主人本人就撰写了几篇论情趣的文章。1726 年夏末,让-雅克·贝尔给孟德斯鸠寄去了他即将发表的论文手稿,论文批评了杜博 1719 年《诗画评论》中阐述的关于情趣的理论。孟德斯鸠在复信中提出了他自己的一些观点,但是最后为避免失之武断,又说这个问题仍须认真考虑。①自此,孟德斯鸠开始着手撰写《论情趣》一文。1728 年以前,已有部分完成②,但是全文在他逝世之后,经过修订才收入《百科全书》之中,可以断言,在纳瓦尔寓所里举行的讨论,对这篇论文是有影响的,甚至可能在那里宣读过。文中写道:"我们的机体内,由于某个器官或强或弱,致使我们有不同的口才和诗情。"③他那无所畏惧的唯物主义倾向,由此可见一斑。

　　孟德斯鸠还计划写一部《漫话妒忌的历史》,大概也是从朗贝尔夫人的沙龙那里获得的灵感,《随想录》中有这部未完成著作的一些零星片断。另外,沙龙的人们对西塞罗怀有热情,对他也颇有影响,关于这一点,我们将在后面讨论。还有一篇论文值得重视,这就是 1725 年孟德斯鸠在波尔多科学院宣读的《论敬重与名望》。次年,此文的摘要,刊登在《法兰西书讯》期刊上。无独有偶,朗贝尔夫人的文集中也有一篇 1748 年首次发表的论文,题为《论敬重与名望的区别》。两篇论文如此相似,绝非偶然,开始时,人们对此议论纷纷,但是《随想录》一出笼,人们的猜测就平息下来。书中写道:"这是为我那篇有关敬重与名望的作品而写的说明:约在 25 年前,我把这篇作品交给波尔多科学院。已故朗贝尔侯爵夫人把她作的努力都归功于作品本身,她的伟大而超凡的品格使我永远难以忘怀。她对作品作了新的调

---

①　1726 年 9 月 29 日,孟德斯鸠致贝尔。
②　见本人文章:《孟德斯鸠与美术》(1954 年佛罗伦萨国际现代语言文学协会第五次会议文献)。
③　《全集》,纳热尔版第 1 卷,第 614 页;七星文库版第 2 卷,第 1241 页。

整,对思想和形式都赋予新的表达方式,从而把我的精神境界提高到她的精神境界。朗贝尔夫人过世后,人们在她的文件中发现了这份手稿。不了解情况的书商们把它收到她的文集中,我很乐意他们这样做,因为假如这些作品中某一篇有可能传给后代,这正象征友谊的永恒丰碑,这样的友谊远比荣耀更使我感动万分。"①

孟德斯鸠如此不惜笔墨,赞颂朗贝尔夫人,不仅给侯爵夫人增添了光彩,也为自己赢得了荣誉。研究孟德斯鸠的历史学家,从中看到了这位贝勒巴的常客,何以能写出《论法的精神》这样辉煌的巨著。

第三节　民间学术团体

在巴黎一些地方,志趣相投之士定期聚会、共同研讨,虽比朗贝尔夫人的沙龙更为正规,但仍属非官方的民间活动,戴莫莱曾主持过这样一个学术团体,研讨文学理论,后来由于耶稣会士的反对而被迫解散。②另一个属于此类性质的聚会是在红衣主教德·罗昂家里举行。这是一座规模宏大的宫殿,1716 年落成,如今是国家档案馆所在地。孟德斯鸠有一段时间经常参加这里的聚会,推荐人很可能是弗雷莱。其组织者是一个意大利教士,叫奥利瓦,他曾是教皇克雷芒十一世的门下,后来于 1721 年任教皇选举会议的秘书,在这次会议上,英诺森十三世③获选。就在那时,他结识了罗昂,罗昂把他带到巴黎,作他的私人图书管理员。奥利瓦才华横溢,充满了魅力,与当代的文人墨客交游甚广。在孟德斯鸠的事业中,他作为一个意大利人,起了重要的作用。孟德斯鸠有不少意大利朋友,大多是教士和学者,其中最主要的有塞拉蒂、尼科里尼、维努蒂和加斯科;而首先结交的是贝尔纳多·拉马。与孟德斯鸠关系密切且有据可查的④,应首推奥利瓦,而且

---

① 《随想录》,第 1655 条,写于 1748 年以后。
② 加斯科:《致友人书信集》,信 40(《全集》,纳热尔版第 3 卷,第 1344 页)。
③ 英诺森十三世(Innocent XⅢ, 1655—1724),意大利籍教皇。1721—1724 年在位,原名戴孔蒂。——译者
④ 1750 年 12 月 5 日,孟德斯鸠致加斯科。

大概是通过他的介绍,孟德斯鸠结识了颇有名气的安东尼奥·康蒂教士。这位博学多才的威尼斯人①是奥利瓦的至交,曾把他的一些著作题献给奥利瓦,在巴黎期间,他们经常彻夜长谈,谈古论今。他认识马勒伯朗士,与莱布尼茨②有通信来往,而且与牛顿过往甚密。梅朗、雷奥米尔、弗雷莱、戴莫莱和丰特纳尔,都是他的好友。多半是在《波斯人信札》发表之后不久,他和孟德斯鸠已经相互认识,1728 年孟德斯鸠在威尼斯游历的时候,他亲自作向导。

奥利瓦著有《会话》一书,当时一些人对这部书百般嘲笑。巴尔博告诉孟德斯鸠,说有一首歌曲,其矛头所向就是他们,歌词的开头几句是:

> 天哪,这是什么学院?
> 弗雷莱竟在那里被视为学者,
> 而更可耻的是
> 图尔纳米纳是院长。③

那位耶稣会士图尔纳米纳是《特雷沃杂志》的主编。他虽然学识渊博,但不通情理,缺乏计谋。伏尔泰(他在大路易中学就读时曾是图尔纳米纳的学生)写过一首讽刺短诗,在耶稣会士中广泛流传:

> 这是我们的图尔纳米纳神甫,
> 他相信他想象的一切。④

---

① G.托尔多:《评论》(见康蒂:《散文与诗歌》,第 1 集,威尼斯 1739 年出版,第 2 集,1756 年出版)。

② 莱布尼茨(Leibniz, Gottfried Wilhelm, 1646—1716),德国自然科学家、数学家、哲学家。——译者

③ 1725 年 4 月 11 日,巴尔博致孟德斯鸠。

④ 1726 年 6 月 7 日,伏尔泰致杜克洛(《伏尔泰全集》第 42 卷,第 130 页;《伏尔泰书信集》,第 9694 页)。

孟德斯鸠对于图尔纳米纳的刚愎自用十分反感,因此他退出了在罗昂红衣主教寓所的聚会,并且从此一直对图尔纳米纳怀有厌恶之感。一般来说,孟德斯鸠待人随和,但是在与图尔纳米纳的关系上却一反常态。据加斯科讲,他经常对朋友说:"这位图尔纳米纳神甫是何许人也? 我从未听人谈起过他。"①但是,按照卢梭的记载,他也说过较为通情达理的话:"对于我和图尔纳米纳互相谈论对方的话,一概不要轻信,因为我们已不再是朋友。"②

孟德斯鸠经常参加的另一个民间学术团体是由博学的阿拉里教士主持的中楼③俱乐部。这是一个名声更响、更加具有标新立异思想的学术团体,是整个 18 世纪时期法国最惹人注目的团体之一。

阿拉里曾当过路易十五年轻时代的家庭教师,此时是法兰西学士院院士,也是德·朗贝尔夫人沙龙的成员之一。他住在旺多姆广场的埃诺院长的寓所,在那里有自己的一套房间,每逢星期六,他略备茶点,招待朋友,他们都是法国最杰出的人物。他们聚集在一起读报纸,议论时政。鉴于阿拉里的房间在中楼,他们便给这一集会取名为中楼俱乐部。在这里,贵族(无论是文职还是武职)与中产阶级人士,一律平等相待;大家本着自由精神,商讨政治问题,这是一个首创。从波舒哀的《根据〈圣经〉论政治》到孟德斯鸠的《论法的精神》,其间法国最重要的政治理论著作,都是中楼俱乐部成员撰写的。他们所关心的问题,不是朗贝尔夫人的沙龙里讨论的那些抽象的道德问题,而是那些存在着激烈争议的政治、社会和历史问题;其中有些问题,看起来无关紧要,但实际上蕴含着极大的风险。例如,达尔让松侯爵④——他是其中最杰出的人物,至少现在回过头来看是如此——开始时研究公共法,但后来缩小了研究范围,致力于研究法国宗教法。当时加尔文教和詹

---

① 加斯科:《致友人书信集》,信 40(《全集》,纳热尔版第 3 卷,第 1344 页)。
② 卢梭:《忏悔录》(见《卢梭全集》,巴黎 1959 年版,第 497 页)。
③ 所谓中楼,是指介于一楼与二楼之间的楼层。——译者
④ 达尔让松在他的回忆录中记述了中楼俱乐部成员及活动情况,是现存最完整的记录(《达尔让松侯爵日记及回忆录》,1859 年至 1867 年巴黎出版,共 9 卷,见第 1 卷,第 91—111 页)。

森教派联合起来反对首席大臣弗勒里的政策。在这种情况下,宗教法是一个十分危险的领域。达尔让松在一次聚会上宣读了一篇研究宗教法的论文。参加聚会的人中有一个叫德·蓬波内的教士,他是安东尼·阿尔诺的侄孙。德·贝尔尼教士(他后来当了红衣主教)认为这篇文章很有价值,于是亲笔写了文章内容摘要。阿拉里本人致力于研究德国史,这也是一个存在争议的题目,涉及封建制度起源以及贵族与王室权力的关系问题。当时布兰维利埃的观点正在流传,最初以秘密形式,后来转为公开。此外,俱乐部还讨论外交史、家谱学、经济史,以及混合政府、意大利政体和一般意义上的政体形式等诸如此类的问题。

最初,中楼俱乐部的声望很高,它的成员在外交界和政府机构中备受欢迎,弗勒里对它也相当看重。然而后来中楼俱乐部成员做了一些不够慎重的事。阿拉里在与外人谈话中过多地涉及中楼俱乐部的事,中楼俱乐部被说成是法国真正的政府,结果大臣们自然对它产生了戒心和怀疑。1731 年,一向以谨慎著称的弗勒里解散了中楼俱乐部,这个团体前后存在达 7 年之久。

孟德斯鸠是否参加了中楼俱乐部呢?

据达尔让松的记述,中楼俱乐部成员的发言底稿,通常都交给阿拉里存档。一位 19 世纪整理孟德斯鸠著作的编者宣称,在阿拉里保管的文件材料中,找到了孟德斯鸠写的《苏拉与欧克拉底的对话》一文,这篇作品于 1745 年首次发表在《法兰西信使报》上。①如果他的话属实(没有切实的理由怀疑其真实性),这就有力地证明了孟德斯鸠确系中楼俱乐部的成员。

中楼俱乐部里,至少还有 4 个人是朗贝尔夫人沙龙里的成员:达尔让松、阿拉里、布拉热洛内教士和德·拉赛侯爵。1731 年,阿拉里不知为何事与朗贝尔夫人吵翻了,于是他退出了沙龙。达尔让松的叔父于 1719 年至1728 年之间曾任波尔多大主教。因此,可以肯定孟德斯鸠认识达尔让松,不过他们何时相识,交往多深,却难以断言。至于阿拉里,他是肯定认识的,

---

① 　孟德斯鸠:《著作集》,巴黎(柏林)1817 年版,第 1 卷,第 21 页。

而且据《随笔》披露,他也认识德·拉赛,还曾经登门拜访过。①从中楼俱乐部某些人员的亲缘关系来看,他们与孟德斯鸠有交往完全是可能的。马蒂翁元帅的一个儿子、一个女婿和一个外甥都是俱乐部的成员,他们是马蒂翁侯爵、巴勒洛瓦侯爵(他也是达尔让松的表兄弟)和库瓦尼公爵。俱乐部成员德·普雷洛伯爵是一个很有骑士风度、才华横溢的人,可惜他不久就阵亡了。他和许多贵族家庭都有亲缘联系,后来他的女儿嫁给了孟德斯鸠在西南部的一位邻居达埃吉翁公爵夫人之子。他还是康蒂教士和梅朗的亲密朋友。②勒韦斯克·德·尚博和帕吕在1748年的时候,都曾帮助过孟德斯鸠,不过他们何时相识,已无据可查。曾受朗贝尔夫人保护的圣皮埃尔教士③,同达尔让松一起,被认为是俱乐部中最先进的政治理论家,他预言将来会实现国际的联合。他是丰特纳尔的朋友(法兰西学士院否决圣皮埃尔入选时,只有丰特纳尔一人投反对票)。孟德斯鸠经常以敬仰的口吻提及他,称他为"著名的圣皮埃尔神甫""杰出的圣皮埃尔神甫""一个从未有过的最诚实的人"④。安德鲁·迈克尔·拉姆齐是一位世界性人物,他是一个自然神论者、罗马天主教徒、共济会会员,费奈隆的朋友、门徒兼传记作者,一位小说家兼政治理论家,以及深受詹姆士党欢迎的人。孟德斯鸠也认识他,曾说:"我认识拉姆齐,他是一个索然无味的人,总是吹捧。"⑤最后,还有博林布鲁克,他与阿拉里过往甚密,在中楼俱乐部开创时期,参加过那里的活动⑥,并在那里结识了孟德斯鸠。

孟德斯鸠与中楼俱乐部成员之间如此广泛的联系(尽管其中有些确

---

① 《随笔》,第434、642条。

② 参见 E.R.布里格斯:《18世纪初在法国的怀疑论及英国的思想影响》(《法国文学史评论》,1934年)。

③ 圣皮埃尔(Saint-Pierre,1658—1743),法国评论家。1695年被选入法兰西学士院,乌特勒支会议时担任法国代表的秘书,他最早倡议建立一个维护和平的国际组织,著有《永久和平的规划》。——译者

④ 《随想录》,第1295、1718、1876、1940条。

⑤ 同上,第2122条。

⑥ 1723年10月6日及1724年7月2日和13日,博林布鲁克致阿拉里(格利蒙德辑:《博林布鲁克历史信札》,巴黎1803年版,第3卷,第193、206—207页)。

凿无疑,有些则只属可能)进一步从侧面证明,他也曾参加过俱乐部的聚会。那么,那位一心一意想要给俱乐部增添光彩的达尔让松,为什么对孟德斯鸠这样一位最终使其他所有成员望尘莫及的人物,却只字未提呢?

翻阅一下孟德斯鸠据说是在中楼俱乐部的聚会上宣读的论文,这个问题就比较清楚了。1724年,孟德斯鸠受高乃依①剧作中某些场景的启发②,着手撰写《苏拉与欧克拉底的对话》③,两年后,请让-雅克·贝尔斧正。④这篇作品称不上是上乘之作,虽然文体优美,但失之于陈规俗套。在这部著作里,孟德斯鸠又恢复了研究罗马历史的热忱,并结合罗马史,对在《波斯人信札》中已经抨击过的专制政体作了进一步探讨。但是中楼俱乐部里的那些人通常讨论的都是证券和契据这一类的事,对于这篇著作,不可能恭维,在他们看来,这不过是一篇卖弄文笔的文章,而且不甚成功,是一篇不屑一顾的小品之作,他们这样看,也并非谬之千里。孟德斯鸠对于听众作了错误判断,他宣读的作品不合时宜;在波尔多科学院,凭着他的威望,或许尚能通过⑤,但在巴黎,知识界会认为这是当众出丑。

因此,可以得出这样的结论(但并不完全能肯定):孟德斯鸠参加中楼俱乐部的活动为时并不太久,很可能是在1727年,他在中楼俱乐部宣读了《苏拉与欧克拉底的对话》一文,以失败告终,这件事要么太微不足道,使达尔让松忘得一干二净,要么有损于中楼俱乐部的名声(中楼俱乐部的成员可能是在故意嘲弄一个后来使他们任何人都相形见绌的人),所以他有意只字不提。

《苏拉与欧克拉底的对话》这篇作品之所以令人感兴趣,主要在于它所

---

① 高乃依(Corneille, Pierre, 1606—1684),法国剧作家,古典主义戏剧开拓者。——译者

② 《随想录》,第1948条。

③ 1724年7月,巴尔博致孟德斯鸠。

④ 1726年9月26日,孟德斯鸠致贝尔。当时孟德斯鸠在波尔多。1727年初到巴黎。在中楼俱乐部宣读这篇对话(如果他确实这样做的话)的时间,不是在1727年,就是在1728年的头3个月间。看起来有可能不迟于1727年秋季,因为那时孟德斯鸠有苦衷,不愿惹恼弗勒里。

⑤ 确有可能在波尔多科学院宣读过(《全集》,纳热尔版第3卷,第765页)。

引起的各种评论。拿破仑对于这篇著作大不以为然。这位皇帝说:"这种夸张的分析丝毫也不真实,让青年人欣赏,就会使他们头脑糊涂。"①此外,吉本②则称赞这部作品"生气勃勃,甚至气势磅礴"③。

---

① 引自维尔曼:《当代人回忆录》,第1章,第150页(C.于利安辑刊:《罗马盛衰原因论》,巴黎版,第13页)。

② 吉本:《罗马帝国衰亡史》,J.B.伯里辑刊,伦敦1986年版,第1章,第183页。

③ 吉本(Gibbon, Edward, 1737—1794),英国著名历史学家。著有《罗马帝国衰亡史》等名作。——译者

第四章　论文与抱负(1721—1728 年)

第一节　《论义务》

旅居巴黎期间,孟德斯鸠对波尔多科学院仍忠心耿耿,尽管不能说他的热忱不减当年,但依然十分积极和活跃。他既要与监护人拉福斯公爵联系,还要跟政府打交道。尽管科学院已获得王家特许,但是往往一些鸡毛蒜皮的小事也得经过政府的同意。有好几次,在孟德斯鸠即将动身前往巴黎的时候,科学院授予他全权处理在巴黎的事务。[①]委托他办理的第一件公务,是关于拉福斯公爵的捐款问题。1720 年,拉福斯捐赠 6 万利弗尔,供科学院购置院址,这笔捐款的证券已经移交,其中一部分在孟德斯鸠手里。不料约翰·劳的财政政策惨遭失败,导致证券贬值。但是科学院承担的义务并未减少,这使孟德斯鸠以及科波和萨罗·德·布瓦内处于进退维谷之际。必须与拉福斯公爵进行磋商,可是他又难得一见。最后,孟德斯鸠设法给科学院搞到印度公司的股票,问题才算解决。但直到 1738 年,科学院继承了让-雅克·贝尔的一幢房舍,才有了固定的院址。

---

① 1720 年 5 月 15 日,1722 年 8 月 7 日,1725 年 1 月 21 日,1727 年 3 月 30 日(波尔多市立图书馆,抄本,1699,I,第 77、78、87、108 页)。

1726 年初,孟德斯鸠随拉福斯去拜见国务大臣莫尔维尔,期望政府给予科学院更多的特权,比如纳税豁免权。拉福斯公爵本人表示愿意继续捐赠,为了促使他慷慨解囊,科学院决定把拉福斯和孟德斯鸠捐赠作为奖品的两枚金质奖章,变卖为现金,所得款项用于投资,以此表明科学院现有资金的使用是非常节俭的。不幸的是,在讨论过程中,拉福斯去世了。于是,孟德斯鸠不得不与新公爵进行一场旷日持久和棘手的谈判。一度,科学院甚至考虑诉诸法律,以保障应得的权益。与此同时,科学院诸院士格外小心谨慎。他们选莫尔维尔作监护人,并请朗贝尔夫人从中斡旋,劝他接受这个昂贵的荣誉。1727 年,孟德斯鸠与莫尔维尔重开谈判,这次的使命是寻求王家捐赠。他不辞辛苦、体贴入微地款待莫尔维尔的秘书阿尔迪翁,这位阿尔迪翁是一个学者。为了讨好莫尔维尔,孟德斯鸠提议选他作科学院院士,还提议出版一部会议录,题献给他。但是这一切努力收效甚微,莫尔维尔只答应抽签,仅此而已。

孟德斯鸠留在波尔多的时候,同样积极参加科学院的活动。1723 年,他宣读了一篇关于运动的论文,这是一篇意义重大的作品。[①]1725 年,他被任命为本年度的执行主席,任期自圣马丁节开始。11 月 15 日就职时,宣读了一篇论文,题为《论我们必须鼓励科学研究的动机》,文章本身并不重要,但仍值得注意,因为它表明孟德斯鸠更注重科学的应用,而不是科学本身,同时文章还主张科学著述也应讲究文采。在他任职的一年之中,落在他身上的一件比较棘手的任务是为拉福斯公爵写讣告,讣告措辞必须圆通周到、恰到好处,因为他死得并不光彩,但是科学院又有求于他的儿子。孟德斯鸠写的讣告,令人拍案称绝:

> 德·拉福斯公爵先生到达了他生命的关键时刻,因为他如同一切杰出人物那样死去了,他是不幸的,为了他的祖国,他甚至放弃了为自己辩护。

---

① 见波尔多市立图书馆藏手稿,第 59 页。

　　孟德斯鸠的文采曾使《波斯人信札》蜚声文坛,在此仍可见一斑。

　　1725 年 5 月 1 日,孟德斯鸠对波尔多科学院作出了他一生中最有价值的贡献。在这一天,他宣读了《论义务》一文的已完成部分。这篇论文已不复存在,虽然能修复其中的一部分。缺少这篇著作,给孟德斯鸠文集留下了一个令人遗憾的空白。①

　　若干年后,孟德斯鸠寄函贝里克公爵之子苏瓦松主教,叙述了撰写这篇论文的始末。他写道,受西塞罗《论公职》的启发,他决定要写一篇论文,阐述义务问题。为此,他研究了斯多噶学派②的著作,尤其是马可·奥勒利乌斯关于道德的见解,在波尔多科学院,他宣读了已写就的一些片断。后来,其摘要在杂志上发表,博得广泛的称赞。但是,当他发现西塞罗关于义务的分类并不令人满意时(他在信中坦率地写道),他丧失了信心,他担心别人会著文反驳,因此中断了这项工作。③

　　前面已经提到,孟德斯鸠的早期著作之一就是《论西塞罗》。在相当长的时期内,他曾对这位罗马人佩服得五体投地。他之所以对西塞罗有很大的热情,与朗贝尔夫人的鼓励有关。朗贝尔夫人的藏书之中,有一本《论友谊》和一本《论老年》;她的被保护人萨西也写了一篇《论友谊》题献给她。④她的兴趣,从《论友谊》和《论老年》到《论公职》,是顺理成章的事情,并不令人惊奇。侯爵夫人的著作中,有不少地方讨论义务这个问题,在《一个母亲对女儿的忠告》中,她宣称义务所涉及的是了解应如何与上级、同级和下级

────────────

　　①　可能并非从一开始就失落。1818 年,曾有一大批手稿运往英国,那时孟德斯鸠的儿子住在坎特伯雷。送去的手稿目录中有"一本题为《论义务》,已誊清"(《全集》,纳热尔版第 3 卷,第 1575 页)。这些手稿大部分被孟德斯鸠的孙子付之一炬,但有少量转运回法国,其中有"一纸夹或皮夹……题为《义务》《法》《声望》,内有多本"(《全集》,纳热尔版第 3 卷,第 1581 页),这部手稿不在拉布莱德,两次拍卖时的目录也均未提及,因此大概失落在法国其他地方。

　　②　斯多噶学派(Stoicism),在古希腊和罗马时期兴盛起来的一派思想。它的创始人是芝诺,因为他通常在雅典集市的画廊柱下讲学,所以被称为画廊学派或斯多噶学派。芝诺以后的斯多噶派(中期斯多噶派)的主要人物是克莱安西斯、克里西波斯、帕奈提奥斯、波塞多尼奥斯。后期代表人物是塞内加、爱比克泰德、安东尼努斯。——译者

　　③　1750 年 10 月 8 日,孟德斯鸠致苏瓦松主教费兹-雅姆。

　　④　沙龙成员、孟德斯鸠相识的蒙戈尔教士将西塞罗的《致阿提库斯的信》译为法文。

相处,应如何看待自己。位于一切之首的义务是信奉上帝,在日常生活中的义务,首先是要为他人着想。①可以肯定,孟德斯鸠撰写《论义务》,受到了她的影响和鼓励,并采用了西塞罗的理论模式。

由于《论义务》一书的内容目录幸存下来②,如果试图利用现存的资料,重新整理出该书的要点③,并不是很困难的。这样就可以看出此书的精神实质。孟德斯鸠首先开宗明义驳斥了斯宾诺莎④的信徒们所宣扬的宿命论,接着强调上帝是存在的、上帝是仁慈的。然后,他论述了一个人对于他人应承担的义务,并涉及正义问题。在此之后,他批驳了霍布斯和斯宾诺莎的理论,而对斯多噶学派的原则推崇备至。接着,他再次讨论了正义问题,并对义务等级的含义作了分析。⑤在文章的结尾,他以西班牙征服美洲为例,讨论了政治义务问题,其中还穿插着讨论了基督教对伦理发展的贡献。

从这些遗留下来的残章断篇可以说明,这是继《波斯人信札》之后,孟德斯鸠撰写的第一部规模较大的著作,也是第一部题材严肃的作品。从这些残篇中人们也可以看到,尽管在最初的构思阶段,在很大程度上受到西塞罗理论的影响,但是在落笔成文的过程中,西塞罗的影响并不十分显著。文中看不到任何临摹《论公职》之处,没有提到"实用"和"忠诚"这些概念,没有对四种主要的美德加以剖析。孟德斯鸠从政治和社会这样一个新的角

---

① 《朗贝尔夫人著作集》,巴黎 1808 年版,第 13、90 页。

② 《全集》,纳热尔版第 3 卷,第 1581 页。

③ 见本人文章:《〈论法的精神〉创作始末》(《法国文学史评论》,1952 年),文中对此作了尝试。

④ 斯宾诺莎(Spinoza, 1632—1677),17 世纪荷兰著名唯物主义哲学家。出生于一个犹太商人家庭,主要著作是《伦理学》。——译者

⑤ 《随想录》,第 741 条中对此有一段著名的论述:"假如我知道某件事于我有利,而于我家庭有害,我将从思想上抛弃它;假如我知道某件事于我家庭有利,但于我的祖国有害,我将力图忘掉它;假如我知道某件事于我祖国有利而对欧洲有害,或者对欧洲有利而对人类有害,我将把它视为罪行。"这段话与孟德斯鸠的朋友安德鲁·迈克尔·拉姆齐谈过的关于费奈隆的一段轶事极为相似:"(费奈隆)对国家或宗教之间的细微区别采取超然态度,他常说:'他爱家庭胜过爱自己,爱国家胜于爱家庭,爱人类胜于爱国家;而我只不是费奈隆,更多的是一个法国人;不只是法国人,更多的是一个人。'"(见约瑟夫·斯彭斯:《轶事》,第 26—27 页。)

度探讨义务问题,这是《论公职》中所没有的。文中可以看出塞缪尔·克拉克①的影响,但更多的依然是马勒伯朗士的影响,尤其是他的《论道德》一文的影响。不过,如此仍不足以说明他主要依赖于或者一直追随着这位奥莱托利会长老的指导。

为了寻找一个可供参考的楷模,看来孟德斯鸠曾求助于德国普芬道夫②所写的一个短篇《论人的天职》,他有这篇作品的法译本,系巴贝拉克所译,法文译本名为《论人的天职和公民的义务》。普芬道夫的这部著作中,有如下一些章节:《关于人对上帝的义务》《关于人对自身的义务》《关于人与人之间的义务》《论自然状态》《论人类形成文明社会的动因》等等。无论从总的轮廓看,还是从细枝末节来看,《论义务》与普芬道夫的著作都极为相似。这一事实,意义非同一般,通观孟德斯鸠未来的创作活动,尤其如此。因为普芬道夫《论人的天职》只是他的皇皇巨著《自然法和族类法》的雏形,主要只涉及道德哲学的问题。《自然法和族类法》这部著作,在自然法学派的政治理论中,其地位仅次于格劳秀斯③的著作。孟德斯鸠后来仔细研究了这部篇幅更大的著作,在拉布莱德藏书室里有这部著作的法译本,也是巴贝拉克所译,书中有几条孟德斯鸠亲笔写的注释,表明早在 1725 年,他已经在阅读普芬道夫的著述,研究并使用他的理论。这一发现极其重要,因为由此可以看出他开始系统研究政治哲学的确切日期。

在《论义务》中,孟德斯鸠对斯多噶学派表示赞赏和敬佩,而且后来一贯如此。在《罗马盛衰原因论》中,他以赞赏的口吻谈到了斯多噶学派,但还不止于此,在现在被认为属于《论义务》的片断之中,孟德斯鸠发表了下面的意见:

---

　　① 塞缪尔·克拉克(Clarke, Samuel, 1675—1729),英格兰神学家、哲学家和牛顿物理学的阐述者。1706 年任安妮女王的随身牧师,著有《上帝的存在和属性之论证》《论自然宗教不可改变的义务》。——译者

　　② 普芬道夫(Pufendorf, Samuel, 1632—1694),德国法学家。著有《法学知识要义》《自然法和族类法》等。——译者

　　③ 格劳秀斯(Grotius, Hugo, 1583—1645),荷兰著名的政治家、法学家、人文主义者。著有《战争与和平法》。——译者

倘使我有片刻时间可以不想我是一个基督徒的话，我将情不自禁地把芝诺的这一学派的毁灭列为人类所遭遇的不幸之一。这个学派做得过火的只是那些含有伟大因素的事情。这种伟大因素就是对快乐和痛苦的轻蔑……他们为社会而生；他们全都相信，他们命里注定要为社会劳动；他们的酬报就在他们的心里，所以更不至于感到这种劳动是一种负担。他们单凭自己的哲学而感到快乐，好像只有别人的幸福能够增加自己的幸福。①

23 年以后，这些话又一字不差地写进了《论法的精神》。②这并非《论法的精神》取自《论义务》的唯一一段文字；在这部巨著的开头，有一段雄辩有力地反驳斯宾诺莎的宿命论的话，也是从《论义务》中移植来的。几乎可以肯定，如果我们面前摆着《论义务》的全文，一定会发现还有一些甚至有许多段落，又用到了《论法的精神》之中。

《论义务》的根本宗旨，在于抨击和驳斥斯宾诺莎和霍布斯的哲学理论。其中的第 5 章《几种哲学原理》(内容大多来自《随想录》)③剖析了这两位大思想家的理论。首先谈到的是斯宾诺莎，孟德斯鸠并不否认斯宾诺莎是个天才，但是指责他把人看作是物质的后天变异形式，人与昆虫，毫无二致，都必然死亡；指责他只承认人的机体，抹杀人的个性，把查理曼④和希尔佩里克⑤混为一谈；指责他否认意志的自由性，从而取消了一切伦理学。霍布斯不像斯宾诺莎那样露骨，因而被认为更加危险。孟德斯鸠指责他否认正义的存在，或者把正义贬低为人为的法律，并指责他错误地认为自然状

---

① 《全集》，纳热尔版第 3 卷，第 106 页；七星文库版第 1 卷，第 109—110 页。

② 《论法的精神》，第 24 章，第 10 节(见《论法的精神》下册，张雁深译，商务印书馆 1963 年版，第 145 页——译者)。

③ 《随想录》，第 1266—1267 条。

④ 查理曼(Charlemagne，约 742—814)，法兰克国王。公元 800 年称帝，他使法兰克国家得到极大发展。——译者

⑤ 希尔佩里克(Chilperic Ⅱ，约 675—721)，纽斯特里亚国王，一度曾为所有法兰克人领地的国王，他完全屈从于宫相拉根弗里德。——译者

态即战争状态。孟德斯鸠指出,即使在动物界,同类之间也不自相残杀。①

这样一些观点竟出自一个自己以唯物主义自娱的人之笔,的确令人费解。6年前,在《波斯人信札》和《对自然史观察的随笔》之中;两年前在《论相对运动》之中;以及在几乎与此同时撰写的《论幸福》的片断和《论情趣》的初稿之中,孟德斯鸠自己都表达了唯物主义观点。即使在一段大概是为《论义务》而写的文字中,他表示放弃运动对于物质至关重要这一信念。②大约与此同时,他又经过作者同意,引用朗贝尔夫人的朋友圣奥莱尔侯爵的妙语:对唯物主义的非议,皆因愚昧所致。③

唯物论和反唯物论;宿命论和自由主义;权术和绝对道德观念——这些观点如果在孟德斯鸠思想成熟时期并存,说明问题有待以后解决,或须承认观点混乱、自相矛盾。然而,这是在1725年,它表明孟德斯鸠的理论原则尚未确立,思想尚不明朗。由此可以看出,他处世行事还不稳重和不成熟,这些也反映在学识方面。关于这一点,孟德斯鸠自己也并不否认,他说:

> 我追求着我的目标而没有一定的计划;我不懂得什么是原则,什么是例外;我找到了真理,只是把它再丢掉而已。④

迟疑踌躇、摇摆不定、不断摸索、屡有错误——这些在《波斯人信札》以后的10年里,孟德斯鸠所从事的多方面的创作活动中,同样不乏其例。《随想录》记录了许多随感,考虑撰写的著作的设想、序言和前言,为著述(有的

---

① 卡米尔·于利安(他也强调孟德斯鸠的这一论断来自塞缪尔·克拉克的《上帝的存在和属性之论证》)指出,西塞罗在《论预言》中只限于斯多噶派的宿命论,正如孟德斯鸠在这里只局限于斯宾诺莎的宿命论一样。的确,除孟德斯鸠以外,还有许多作者,对斯多噶派的伦理学叹慕不已,而对其形而上学观毫无所知。如果他们对这一点有所了解的话,是不会表示赞同的。

② 《随想录》,第1096条。他可能在塞缪尔·克拉克的《上帝的存在和属性之论证》中看到文章对这一学说进行了长篇大论的批驳。

③ 同上,第712条。

④ 见《论法的精神》上册,张雁深译,序言(商务印书馆1961年版,第39页)。——译者

终于完成、有的中途而废)搜集但弃之不用的资料。还记录了许多寓言、奇迹、希腊人和迦太基人以及大事记;这些笔记两侧写着古代派与现代派的争论,商业、奴隶制和人口等问题的评论。其中有一个地方记录了他要写一部耶稣会史的意向①;在另一个地方,他列举了他所主张的政治基本原则。②《随想录》中还有一部完成的手稿,题目是《关于赞西佩与色诺克拉底的对话》,这部手稿③可能得到朗贝尔夫人的赞赏;以及一部名为《关于火神伏尔甘与维纳斯的对话》的简短提纲④,这个提纲可能很受贝勒巴的朋友们欢迎。《随想录》中的文学作品主要是《一个海岛的故事》⑤的一些片断,这些片断是在《鲁宾逊漂流记》译为法文之后不久写的。如果能写成,可能会与《鲁宾逊漂流记》十分相近。在《随想录》中可以看出,孟德斯鸠曾一度设想写一系列的对话,其中大多数是色情作品⑥;还一度曾设想写一部书信集,取名为《康蒂信札》。⑦除此之外,还有一部名为《论政治》的著作⑧,最后成了《论义务》中的一部分,尽管也许在开始撰写《论义务》时并没有收纳此篇。《君王》一书的若干片断⑨,本来也是为《论义务》而作,后来才慢慢忍痛割爱,但几年后他又再次重提。最后,《随想录》中还有一篇比上述这些作品篇幅长、内容也更重要的论文,题为《论西班牙财富》⑩,这篇论文已撰写完毕,但被束之高阁,未曾发表。后来孟德斯鸠曾两次使用这篇论文,第二次是将其收入《论法的精神》一书之内,作为第 21 章的第 22 节。这篇论文对经济理论作了严肃认真的研究,颇有独到之处,如果在中楼俱乐部

---

① 《随想录》,第 237 条。

② 同上,第 278 条。

③ 《全集》,纳热尔版第 3 卷,第 119—124 页;七星文库版第 1 卷,第 508—512 页。

④ 《随想录》,第 564 条。

⑤ 同上,第 209 条。

⑥ 同上,第 330—339 条。

⑦ 同上,第 640 条。

⑧ 《全集》,纳热尔版第 3 卷,第 165—173 页;七星文库版第 1 卷,第 112—118 页。

⑨ 同上,纳热尔版第 3 卷,第 173—174、536—551 页;七星文库版第 1 卷,第 118—119、519—531 页。

⑩ 此作并非《论西班牙财政》一文;有时《论西班牙财政》被认为出自孟德斯鸠的手笔,其实不然。

的讨论中发表,应比《苏拉与欧克拉底的对话》更有价值。这是收入《论法的精神》这部巨著中篇幅最长、最有价值的部分,它显然是 1730 年之前的作品。

　　从以上所有这些计划要写而又放弃的著述中,以及那些屈指可数、终于写就了的著作中,可以看到孟德斯鸠对政治理论问题愈来愈感兴趣;在《论义务》完成之后尤为如此。诚然,此时的孟德斯鸠并未提出完整的理论,但是其中有一系列反复出现的观点,或者更确切地说是习惯的思维方式。正如与较早的《波斯人信札》一样,在《论义务》中,孟德斯鸠也强调了正义先于社会机构,他说:"正义是永恒的,正义不以人类的惯例为转移。"①未完成的《论政治》一文,已经包含了"普遍精神"这个被认为是《论法的精神》一书的核心理论的雏形:

　　　　在一切仅仅作为精神联合体的社会中,存在一个共同的特点。这种普遍的精神采取的思想方法是一系列原因造成的结果,这些原因无穷无尽,是一世纪一世纪积累和结合而成的,一旦调子定下来并被接受,就成为唯一的主宰。②

　　在这篇论文中,认为美德与爱国主义是同一的:"在一切美德之中,热爱我们的祖国最能给予我们经久不变的荣誉。"③并以念古之情,赞美古代世界是理想世界:

　　　　是对祖国的爱使希腊和罗马历史具有这种我们历史所没有的崇高精神。这种精神在那里是一切行为自始至终的动力。倘若到处都可找到这种对于一切有感情的人来说非常高贵的品德,那么人们将会

---

①　《波斯人信札》,信 83。

②　《全集》,纳热尔版第 3 卷,第 168—169 页;七星文库版第 1 卷,第 114 页。

③　同上,纳热尔版第 3 卷,第 205 页;七星文库版第 1 卷,第 123 页。

感到高兴……自从这两个伟大国家不复存在以来,人类似乎变得渺小了。①

最后,孟德斯鸠并不认为,自由是多么伟大的德政,他对自由进行了长篇累牍的谴责,然后宣称:"此外,为国家大事进行激烈辩论,言必谈自由,言必谈对自己国家一半公民敌视的特权,我认为这种幸福微不足道。"②

由此可以看到,《论法的精神》中的一些观点,此时已经在孟德斯鸠的思想里形成,而另外一些同样重要的观点,还有待于孟德斯鸠去学习。

第二节　个人事务

关于孟德斯鸠的一般健康状况,资料甚少③,这表明他没有患过重病。然而,众所周知,他的视力有缺陷。弗朗索瓦·德·保罗·拉塔皮和他的父亲都曾作过孟德斯鸠的私人医生,据他说,孟德斯鸠自幼年时期即患眼疾,不仅近视,而且患结膜炎。④大约从 1724 年开始,他每天点眼药水,在《随笔》中有好几种眼药水配方。甚至在此之前,他就多方求医,他结识的眼科医生之一,是约翰·托马斯·伍尔豪斯。⑤伍尔豪斯原为詹姆士二世的眼医,1688 年詹姆士二世逃亡,他随主人来到法国,住在巴黎盲人院,《波斯人信札》中第 32 封信提到了这所盲人收容院。孟德斯鸠一生惶惶不安,唯恐失明;对于一个想博览群书的人来说,这将是最可怕的打击。

关于孟德斯鸠的后半生,传闻轶事不胜枚举,描述他如何待人诚恳、平易近人,如何慷慨和朴实,以及如何心不在焉。但是,关于 18 世纪 20 年代

---

① 《随想录》,第 221 条。

② 同上,第 32 条。

③ 最早的,而且几乎是唯一一次提到他有病患,是 1714 年 7 月,他因发烧不能回拉布莱德,他随信寄去了由雷奥德签署的诊断书(纪龙德省档案馆,目录,C 序,第 2 卷,第 408 页)。

④ 1817 年 5 月 5 日,拉塔皮致康帕农(L.科斯姆:《关于孟德斯鸠的手稿》,见《波尔多科普杂志》,1903 年,第 9—12 页)。关于孟德斯鸠的眼疾,参见 J.-M.埃罗:《孟德斯鸠和他的眼睛》(《波尔多医学杂志》,1956 年)。

⑤ 《随笔》,第 362 条(在此他的姓氏被误拼为 Volouse)。

时期的孟德斯鸠,材料却凤毛麟角。人们只知道,作为丰特纳尔的朋友,必定才智出众;作为朗贝尔夫人的朋友,必定很有魅力;作为贝里克的被保护人,必定不乏荣誉感。但是缺乏直接的证据。

关于孟德斯鸠的人品,最早而又可靠的记载,是一位在波尔多访问的爱尔兰青年提供的,他名叫迈克尔·克兰西[1],是都柏林三一学院的医科学生。他早年在巴黎接受教育,此时正在法国试试运气。在参加一次正在波尔多访问的英国贵族特纳姆勋爵举办的招待会上,他结识了一位叫萨利的英国青年,萨利曾在约翰·劳手下工作,后来作了奥尔良公爵的钟表修理工。[2]萨利虽然穿着讲究,但实际上身无分文,费尽口舌才从克兰西那里借到 3 个金路易。他在进行一项研究工作,希望能跻身波尔多的科学界,因此想方设法获得了邀请,在科学院发表演说,他请克兰西陪他一同前往。在讨论过程中,巴尔博提出了一些关于英国皇家学会的问题,萨利叫克兰西回答,克兰西欣然从命,之后记述道:

> 孟德斯鸠庭长坐在我对面,两眼盯着我。我所知有限,讲完之后,他蓦地从座位上站起来,绕过坐在一张大桌子旁的先生们,朝我走来,然后又直接返回到他的座位上。[3]

会议结束的时候,孟德斯鸠通过萨利传信给克兰西,邀请这位爱尔兰人到他波尔多的住处去作客。次日,克兰西按时去赴约,却看到孟德斯鸠正躺在床上看书。看到来客,孟德斯鸠面带愠色,很快把客人打发走了。几天以后,孟德斯鸠再次提出邀请,这一次,克兰西受到了热情接待,主宾共同讨

———————

① 参见克兰西:《回忆录》,2 卷本,都柏林 1750 年版,P.考特尔德:《一部〈尼德的神殿〉的拉丁译本》(《吉耶讷善本收藏家协会简报》,1936 年),以及 T.P.C.库克帕特里克:《迈克尔·克兰西医学博士》(《爱尔兰医学杂志》,1938 年)。

② 关于萨利和他访问波尔多,参见波尔多市立图书馆,手稿,1699(3),第 406—420 页;萨利本人的著作《简述钟表》,巴黎 1726 年版;以及国家图书馆的各种文献(手稿,法文档 22233,第 210—234 页)。

③ 克兰西:《回忆录》,第 2 章,第 46 页。

论了泰伦提乌斯①和康格里夫②的剧作。接着,孟德斯鸠又谈到英国民族,说英国把帝国和商业统为一体是绝无仅有的。克兰西写道:"每谈一点,他都像是在不耻下问,而不是表达自己的见解。"谈了两个小时,然后邀请客人留下共进晚餐。一起进餐的还有孟德斯鸠的胞弟、两位有身份的青年人和两三位波尔多科学院的院士。晚餐后大家又交谈了 4 个小时。从此以后,克兰西天天都去登门造访,这样大约持续了 3 个星期。后来,一天早晨,这位年轻人在走近孟德斯鸠的住宅时,看见孟德斯鸠登上马车,正准备离去。孟德斯鸠看到克兰西,竟全然把他忘了。他勒马停车,当即把他带到拉布莱德。克兰西在拉布莱德住了半年之久,孟德斯鸠雇用他,干一些大致相当于秘书的工作。孟德斯鸠那种总是若有所思的神情,他的健忘、平易近人的屈尊姿态以及他那火一般的热情,在这一段轶事里,表现得淋漓尽致。这段故事还说明孟德斯鸠赢得了克兰西的敬慕和感激,因为这位爱尔兰人把他与孟德斯鸠的邂逅,看作是一生中最重要的事件。后来,克兰西不幸失明,他自述道:

> 尽管眼前漆黑一团,
>
> 他的心灵却明察秋毫;
>
> 玻意耳③、塞拉蒂和孟德斯鸠的光辉
>
> 把他的心灵照亮。④

在此之后,他还把《尼德的神殿》改编成拉丁文诗作。

关于那位穷困潦倒的萨利,据说孟德斯鸠之子的遗孀讲过一段轶事

---

① 泰伦提乌斯(Terentius,约前 186 或 185—前 161),古罗马著名喜剧作家。写有《婆母》《阉奴》《两兄弟》等诗剧。——译者

② 康格里夫(Congreve, William, 1670—1729),英国王政复辟时期著名讽刺喜剧作家。毕业于都柏林三一学院,著有《老光棍》《两面派》《以爱还爱》等剧。——译者

③ 玻意耳(Boyle, Robert, 1627—1691),英国化学家和自然哲学家,伦敦皇家学会创始人之一,发明"玻意耳定律"。——译者

④ 《科里亚王子赫尔蒙》序诗,都柏林 1746 年版。

(但愿不是编造出来的):萨利寄函给孟德斯鸠,说他打算悬梁自尽,不过如果他能得到 100 克朗,或许还能苟延残喘。孟德斯鸠回复说:"我给你寄去 100 克朗,亲爱的萨利,千万不要轻生,但你要来见我。"①事实上,萨利收到的钱并没有那么多,但是却因他的一番苦心得到了更有尊严的报偿:他被选为波尔多科学院通讯会员。②

然而,孟德斯鸠对待妻子却不那么温存,也许并不全是他的过错。1725 年 3 月,他从拉布莱德给格拉伏夫人写信,描述了他在乡下的生活:

> 这里有一个我所钟爱的女人,我和她搭话,她从不理睬;她已经打过我五六记耳光,据她说,因为她情绪很坏。

在《随想录》中,孟德斯鸠很早就提出了这个问题:如果允许男女非法同居,那么谁还会结婚呢?③然而,对妻子的理家才能,他是深信不疑的,每次外出,都把全权交给妻子,让她管理庄园。

1726 年夏初,孟德斯鸠的另外两位叔父,在两个月之内相继去世。两位叔父都是教士,他从较为年长的叔父约瑟夫名下继承了一半遗产,但是结果却因此而损失了将近 300 利弗尔。④不过,孟德斯鸠还另有所得作为补偿。这位叔父原在位于利布尔纳东北 8 英里的费兹修道院任院长,两年前,他愿将此职让给孟德斯鸠的弟弟约瑟夫。孟德斯鸠请求波旁公爵恩准,获得成功,此职的薪俸相当可观,但在向公爵陈请时,孟德斯鸠隐而不报,只说是 2 000 利弗尔。波旁公爵在寄信表示祝贺时,提出的数目要大得多。他说,对于一个詹森派教徒来说五六千利弗尔的固定收入已属相当不错。⑤一年之后,约瑟夫又得到波尔多圣索兰教堂的堂长之职。这座教堂历史悠

---

①　《孟德斯鸠著作集》,巴黎 1796 年版,第 4 卷,第 484 页。

②　巴里埃尔:《波尔多科学院》,第 68 页。

③　《随想录》,第 60 条。

④　遗嘱和资产负债表都存于拉布莱德档案馆。

⑤　巴尔博致孟德斯鸠,1724 年 7 月。关于这座修道院,见 A.加尔德:《吕萨克和费兹西都会修道院史》,利布尔纳 1953 年版。

久,前往康波斯康拉朝圣的教徒们中途都要拜访此地。孟德斯鸠十分高兴,说此职的薪俸在全省首屈一指。其实年薪不过 3 000 利弗尔。①

这样,弟弟约瑟夫在经济上再也不要由庭长来负担。不仅如此,他还可以接济兄长。现在孟德斯鸠可以卖掉波尔多的房产。自此之后(直到1754 年约瑟夫去世),每当他到波尔多访问,都住在约瑟夫教长的府邸里。②他的两个姐妹需要他来负担,但极其有限。玛丽和特莱丝都是修女,每人从孟德斯鸠那里只要 150 利弗尔的微薄费用。③

唯一可观的家庭支出是孟德斯鸠之子让-巴蒂斯特所需的教育费用。孟德斯鸠没有把儿子托付给朱伊公学奥莱托利会的长老们,而是送他到耶稣会办的大路易中学去就读,并特别请了卡斯泰尔神甫管教他。卡斯泰尔神甫是一位神学家,也是学识渊博的科学家。孟德斯鸠与他相识,是通过他们共同认识的一个朋友,用卡斯泰尔的话来说,是一位“最为高贵、品德最为高尚的夫人”④。卡斯泰尔曾积极为《特雷沃杂志》撰稿;他的《视觉羽管大键琴》表明他是象征主义理论派先驱之一。后来他在孟德斯鸠的一生中多次发挥重要作用。大约在 1724 年春天,孟德斯鸠伴同他年仅 8 岁的儿子来到巴黎,把他留给一个叫杜瓦纳尔的仆人照管。这个仆人后来窃获圣职,当了神甫。他是一个厚颜无耻、贪得无厌的家伙。⑤时经一年有余,孟德斯鸠怀疑让儿子在大路易中学就读是否明智,于是写信给卡斯泰尔商量此事。其中的缘由可能是他对儿子在学业上的进展不满意。让-巴蒂斯特在那里的最初几个月,无论在身体上还是在学业上,取得的进步都不大,后来由于离家在外习惯以后,情况才有很大改善。⑥另一方面,孟德斯鸠从来不

---

① 1725 年 7 月 17 日,孟德斯鸠致格拉伏夫人。

② 孟德斯鸠在波尔多的地址是德罗里埃街(至 1715 年)、马尔戈街(1715 年至 1719 年)以及杜米拉伊街。这些都离繁华的圣卡特里纳街不远(塞莱斯特:《孟德斯鸠在波尔多》,见于《孟德斯鸠的两篇小品》,波尔多 1891 年版,第 67—70 页)。

③ 1718 年至 1740 年付给玛丽的津贴收据以及 1719 年至 1725 年付给特莱丝的津贴收据,保存在拉布莱德的档案里。关于玛丽嫁给马赛行政长官德里库尔一事,纯属讹传。

④ B.卡斯泰尔:《道德之人》,第 183 页。

⑤ 加斯科:《致友人书信集》,信 51(《全集》,纳热尔版第 3 卷,第 1522 页)。

⑥ 1725 年 8 月 7 日,卡斯泰尔致孟德斯鸠。

信任耶稣会,因此把儿子托付给耶稣会,他可能放心不下,根据格里姆的朋友雅克-亨利·迈斯特的记述(是否可靠不得而知),孟德斯鸠叫让-巴蒂斯特从大路易中学退学,转到倾向于詹森派教会的达尔库尔中学就读,并把他托付给凯斯内尔神甫,这位教士对耶稣会抱有敌意[1],这对托付者是有利的。如果让-巴蒂斯特的确从大路易中学转到了达尔库尔中学,那么他所接受的教育就与狄德罗[2]有不可思议的相似之处,狄德罗比他年长3岁,似乎在他生涯的后期,也从耶稣会转向了詹森教派。[3]

迈斯特的记载透露了孟德斯鸠对儿子的期望。有一次,他重访巴黎,向凯斯内尔神甫详细询问了让-巴蒂斯特的情况,神甫对孩子的品德和性格评价甚佳,对此孟德斯鸠十分满意。接着神甫称赞孩子十分用功,对自然史尤其感兴趣。听到这里,孟德斯鸠脸色一下变得苍白,倒在扶手椅里,露出深深绝望的神色,他喊叫道,他的全部希望彻底破灭了;他的儿子将永远不会如他所期望的那样,承袭他在法院的职务,将永远不会有什么出息,至多作一个舞文弄墨的人,一个像他父亲一样的古怪人。

孟德斯鸠的话不幸而言中。他的儿子对于法律丝毫不感兴趣,而把毕生精力献给了自然科学。他在这个领域里作出了贡献,但十分有限。[4]

这个时期,孟德斯鸠的经济状况并不景气。拉布莱德档案馆有一份他在1725年底编制的资产负债表,他的经济情况一目了然。[5]他欠波尔多一个名叫佩克索托的犹太银行家至少3.1万利弗尔,欠私人朋友(包括巴尔博)多达1.3万利弗尔;另外还有几笔数额较小的私人借款,合计约2 500利弗尔。记入贷方的金额只有他的岳母拉尔蒂克夫人欠他的1.2万利弗尔。结算得出赤字,他除了葡萄酒以外,几乎没有别的东西相抵。庄园里的玉米值2 000利弗尔,还有一些农场设备可以变卖,在瑞士还有3 500利弗尔;

① 迈斯特,见格里姆:《文学通讯》,巴黎1879年版,第11卷,第281页。
② 狄德罗(Diderot, Denis, 1713—1784),法国杰出的启蒙思想家,著名的《百科全书》的组织者和主编。——译者
③ J.波米埃:《在万森监禁前的狄德罗》,巴黎1939年版,第9页。
④ J.德尔皮:《孟德斯鸠之子》,波尔多1888年版。
⑤ 《全集》,纳热尔版第3卷,第1565—1566页。

除了以上这些,他的财产就是 125 桶酒了(其中除 40 桶外都还尚待付税)。

的确,他拥有相当可观的不动产:在拉布莱德,在附近的马尔蒂亚克,在昂特尔德梅尔的巴龙,以及在孟德斯鸠村都有房地产。但是,这些房地产不能变卖,否则,不但他的收入会相应减少,而且会使他名声扫地。他迫切希望,祖传的家业要一分不少地传给子嗣;不仅如此,他实际上还梦寐以求要扩大领地,奋力维护他的利益。①他之所以会经济拮据,是因为开销过大,超过了他的收入。如果他甘于在拉布莱德过平静生活,一切都会万事大吉。但是,巴黎的吸引力难以抗拒,朋友们不断地怂恿他回到那里去,而在巴黎的生活开支又是如此巨大。

"我亲爱的郁斯贝克",多达尔在信中这样称呼他;"可怜的村野之子",巴尔克莱又用另一种方式称呼他。"到我们这里来吧。"贝尔特洛·德·杜谢、格拉斯、德·格拉伏夫人、德尔比尼夫人、戴莫莱、朗贝尔夫人以及贝里克本人都怂恿他回到这座美妙的城市来。

然而,孟德斯鸠在这里有他的职责,经济拮据②,加之每次去巴黎都要向高等法院请假,法院在准假时总要加上一句"祝你一路顺风,尽快返回"③,因此他只得留在波尔多或拉布莱德。有一次,法院院长拉卡兹竟发函致政府,要求命令孟德斯鸠即刻返回,结果他被迫回到波尔多供职。④

由此可见,对于孟德斯鸠来说,高等法院的职务并不是什么快乐的事,甚至连薪俸都靠不住。在 1724 年、1725 年和 1726 年连续三年,他不得不写信给高等法院的主计出纳员拉洛纳,催要薪水。至少 1725 年的薪俸拖欠了整整两年。

---

① 1725 年,政府下令禁止在吉耶讷扩大葡萄种植园。孟德斯鸠为扩大葡萄园,刚刚在珀萨克镇购置了一些土地,因此不顾激怒行政长官布歇,呈递了一份抗议书。抗议书篇幅很长,而且妙语连篇(《全集》,纳热尔版第 3 卷,第 263—271 页;七星文库版第 1 卷,第 72—78 页)。

② "我的葡萄酒销售情况很糟,所以我不知道能否按原计划启程。"(1724 年 1 月 1 日,孟德斯鸠致巴尔克莱,在《全集》,纳热尔版中误印为 1726 年)。

③ 《波尔多法院秘密登记簿》,第 42 卷,第 579 和 799 页;第 43 卷,第 326 页(波尔多市立档案馆)。

④ 1726 年 6 月 22 日,孟德斯鸠致格拉伏夫人。

不过,他的庭长之职是可以鬻卖的。因此,他于 1726 年初告诉他的朋友巴尔博,他打算出售此职,这称不上什么稀奇怪事。

巴尔博这个人,尽管有些游手好闲,但聪明能干。[1]他自己也是一位庭长,不过不是在高等法院,而是在审理间接税的法院。他竭力反对孟德斯鸠的想法。1726 年 4 月 9 日,他写了一封很长的信,规劝孟德斯鸠。信中写道:

> 不! 我亲爱的庭长,我希望您千万不要鬻卖庭长之职。它属于您的祖先,属于您的后代,属于您自己,也属于长久以来以您的家族为荣的本省。

他在这封精彩雄辩的规劝信中接着写道:您将怎样度过您的时光? 您正当年富力强之时,怎么能放弃公职,您的兄弟姐妹、妻室子女,又将作何感想?债主们不足为虑,延长借期正是他们求之不得的事。回到拉布莱德深居简出,不出两年,一切债务都会还清的。请您再想一想鬻职的后果,您在公众眼里将不过是一个懒散悠闲和无所作为的普通公民。

巴尔博在写了这封规劝的信之后,又找到了萨罗·德·韦齐一起劝阻孟德斯鸠。孟德斯鸠也无意立即实施此事,因为他希望儿子终将能承袭此职。正因为如此,虽然有人提出的条件很有吸引力,但一些本来想买此职的人,渐渐对此失去了兴趣。

尽管如此,他最后终于找到了一位买主,名叫让-巴蒂斯特·达尔贝萨。达尔贝萨家族是一个知名律师世家,他本人也是一个可以信赖的人,而且有能力支付所需款项[2],不像孟德斯鸠的亲戚马朗那样,虽有兴趣但没有钱。此事 1726 年 7 月 7 日在波尔多签约成交,购买人将在有生之年享有庭长之职,如购买人先死,此职仍将归还给孟德斯鸠或其子嗣;如果孟德斯

---

① "巴尔博希望工作……而确实他应该工作。"(1727 年 6 月,孟德斯鸠致萨罗·德·布瓦内,《全集》,纳热尔版第 3 卷,第 883 页)。

② 1726 年 7 月 30 日,贝尔特洛·德·杜谢致孟德斯鸠。

鸠及子皆早亡,达尔贝萨将有权以那时的通常价格买断此职,据估计,金额将为 10 万利弗尔左右。另外,达尔贝萨在任职期间,每年须向孟德斯鸠或其继承人付 5 200 利弗尔。①

庭长之职的薪俸为 1 875 利弗尔,从中扣除税款 450 利弗尔。②除此之外,还有一些被称作为"酬金"的外快,即诉讼人付给法院的费用。不过这种收入和其他特别收入的数额难以确定,这部分要取决于法官个人所承担的法律事务的多少;此外,高等法院中不同的法庭报酬也不相同,刑庭法官的此类收入要小于大庭法官。③孟德斯鸠通常在刑庭出庭,而且并不活跃,因此 1 425 利弗尔的薪俸之外,他的外快和零星收入不会很多,充其量不过几百利弗尔。鬻卖官职之后,他的收入大为增加,大概不止 3 000 利弗尔。毫无疑问,他之所以鬻职,主要原因是在经济上有利可图,尽管若干年以后,他的儿子(还有莫佩尔蒂和达朗贝尔)及米拉波和孔多塞都尽力为他涂脂抹粉,说他出于高尚的动机。④

此后,孟德斯鸠所担负的责任减轻了,也不再受波尔多的约束。但是,与此同时,他的地位也降低了。不过,幸而时间不长。开始时,他的朋友称他为"先生"或"亲爱的男爵",有一次,他一反常态,称自己是波尔多高等法院的一名律师⑤,但是,他并没有失去庭长这个称号。保留原来的称号,这是法国的惯例,因此,孟德斯鸠在后来的有生之年,乃至逝世之后,仍然是"庭长先生"。

出售官职之后,孟德斯鸠继续留在法国西南部,处理其他一些紧要的

---

① 《纪龙德省历史档案》第 58 卷。

② 纪龙德省档集馆,C4066—4067。

③ F.L.福特:《法袍与剑》,牛津 1953 年版,第 154—155 页。这是一部对研究司法机构的财政问题有用的参考书。

④ 色贡达《回忆录》的第 398 页写道:"为了致力于发挥他的才智和充分享受他无拘无束的生活";1739 年 2 月 7 日,米拉波在写给沃夫纳格侯爵的信中写道:"为了满足他对科学的兴趣"(沃夫纳格:《遗作及未刊作》,巴黎 1857 年版,第 114 页);1776 年 4 月 23 日,孔多塞致伏尔泰的信中写道:"孟德斯鸠……刚感到自己有才华时,就离开了他的法院"(《伏尔泰著作集》,第 49 卷,第 593 页)。

⑤ 1726 年 8 月 6 日,孟德斯鸠致拉穆瓦尼翁·德·古尔松。

事务。第二年新年伊始，他就立即动身去巴黎，这一去就是 4 年，其间从未回到波尔多和拉布莱德，也未回家探望过妻子。

第三节　法兰西学士院

据爱尔维修记载，孟德斯鸠有一次曾说，在《波斯人信札》问世之前，法国社交界一直认为他是一个才子；《波斯人信札》大概也表明了他名副其实。但是，在此以后，厄运便接踵而至。[1]在巴黎，他尚未获得官方的承认，为此，他试图跻身于法兰西学士院，但遇到严重困难。一个重大的障碍是，他不是在巴黎定居的人。不过，这个障碍并非不可克服，1727 年第戎高等法院庭长让·布依埃获选进入法兰西学士院，就是明证。然而，尽管孟德斯鸠有朗贝尔夫人作后盾，关于他的争议却比德高望重的勃艮第学者要大。因此，说他鬻卖官职，部分原因是为了定居巴黎，这种可能性并非不存在。

围绕孟德斯鸠入选法兰西学士院一事，众说纷纭。[2]但是，如果我们只相信已经证明了的事实的话，事情经过并不曲折，在布依埃与朋友的来往信件中，在法兰西学士院的正式档案里，已有足够的证据。

10 月 26 日，朗贝尔夫人的朋友萨西逝世，从而使学院有了空缺。布依

---

① 爱尔维修：《论精神》，巴黎 1758 年版，第 202—203 页。

② 据称，孟德斯鸠实际上在 1725 年或 1726 年选入法兰西学士院，学院常任秘书丰特纳尔已准备好了欢迎词，但是，孟德斯鸠的敌人提出他不是定居巴黎的问题，因而选举无效。于是，孟德斯鸠回到波尔多，卖掉官职，并于 1727 年重返巴黎，终于获选（见维安，第 80 及 100 页；E.德·布洛伊：《朗贝尔侯爵夫人的星期二和星期三》）。此说提出的唯一佐证，是引自特鲁勃莱写的回忆丰特纳尔的文章中的一段，而且完全不能令人信服（见丰特纳尔：《著作集》，阿姆斯特丹 1764 年版，第 12 章，第 21—22 页）。丰特纳尔在这些年间，只是 1726 年 7 月至 10 月曾担任常任秘书之职，而他出面主持会议，只是在 1726 年 7 月 20 日德·拉福斯公爵逝世后出现空缺的一段时期。学院 8 月 19 日开会选举继任者，但借口不足法定人数（实际可能另有他因）而推迟到 8 月 22 日。8 月 22 日，米拉波获选，整个选举比那些年间任何一次选举都要迅速。显然，此时选举孟德斯鸠可能会有问题，但落选原因并不在于居住地。否则，10 个月以后，布依埃的选举也难以成功。况且，孟德斯鸠出卖官职不会是选举失败所致，因为协商鬻职的事早在 4 月已经开始。再则，自 1726 年 6 月中旬至年底，孟德斯鸠根本不在巴黎，因而不可能去进行那些传统的拜访活动。同样，在 1725 年和 1726 年举行的仅有的两次选举（一次是拉格莱主教，另一次是圣埃尼昂）期间，孟德斯鸠也不在巴黎。因此，关于他在这两次选举中受挫的传说，纯属无稽之谈。至多，丰特纳尔或许曾希望他能继任拉福斯之职，在时机尚未成熟时，写了一篇欢迎词。

埃当时正索居第戎,但他与各式各样的人物仍有广泛的通信联系。侯爵夫人函告他,孟德斯鸠可望获选,并希望他能到巴黎来,投孟德斯鸠一票。但是,他直截了当地提出,至少萨西应受到充分的赞扬,以慰此心。①

然而,《波斯人信札》的作者此时处境十分尴尬,因为他在书中对学院揶揄了一番。他如果不认账,否认他是作者,那么他没有任何著作可以拿出手。布依埃的朋友马蒂厄·马莱向布依埃挑明了这一点,因为他自己对这个位置也早已垂涎。②

尽管如此,布依埃还是希望孟德斯鸠获选,因为他估计,如果孟德斯鸠当选,在当选演说中对萨西的评价将是有利的。③12月1日,布依埃再次寄函给马莱,明言他认为孟德斯鸠入选已成定局,除非首席大臣从中作梗。他还说,的确,一个人像昔日的人们为了福音书那样,为了学士院背井离乡,置妻子儿女于不顾,放弃了自己的职业,是应该得到某些特别优待的。④

12月11日,学院举行会议,选举新院士。出席者只有18人,不足法定人数。有一位院士不同意暂时废除有关法定人数的议事规则,于是选举延期至12月20日。⑤12月11日的会议之后,出席会议的院士之一,那位博学多闻、两面三刀的多利弗,给缺席的布依埃写信,讲述了会议进行的情况,他的记述比正式记录更为详尽。他说,朗贝尔派把一切都组织得尽善尽美,除了孟德斯鸠之外,再没有提出其他候选人。但是最后时刻,发生了新的情况(不出布依埃所料),院士们了解到红衣主教弗勒里对于《波斯人信札》十分不满,如果孟德斯鸠中选,国王可能拒不同意,这位红衣主教本人也是法兰西学士院院士,但没有亲自去学士院参加会议,他以其他方式传达了他的观点:如果孟德斯鸠获选,此事将为一切具有正常思维的人所不容。

---

① 1727年11月17日,朗贝尔夫人致布依埃(V.康辛图书馆,手稿,2,第83号)。

② 1727年11月24日,马莱致布依埃(国家图书馆,手稿,法文档24415,第297页;发表于马莱:《日记》第3卷,第501页)。

③ 1727年11月24日,布依埃致马莱(国家图书馆,手稿,法文档25541,第172页)。

④ 1727年11月24日,布依埃致马莱(国家图书馆,手稿,法文档25541,第174页;发表于勃罗格利:《布依埃庭长的文件》,巴黎1896年版,第174页)。

⑤ 《法兰西学士院注册簿》,第2卷,1895年,巴黎,第239页。

据多利弗讲,麻烦是由《波斯人信札》中信 22 所引起。①这封信把国王和教皇说成魔术师。多利弗最后庆幸自己一直隐藏真实感情,从而得到了以蒙戈尔神甫为首的支持孟德斯鸠入选者的邀请,参加了他们的宴会。②

马莱不是院士,因而不能出席其会议,但是,他所提供的情况与多利弗的记述相差无几。他告诉布依埃,孟德斯鸠已明确宣布《波斯人信札》是他之所为:

> 可怜的人不能不认自己的孩子,尽管这些孩子无名无姓;他们向他伸出了波斯人的小手臂,他为他们牺牲了法兰西学士院。

马莱认为,事已至此,只能另择他人补缺了。③

按照孟德斯鸠的说法,此事是由于耶稣会士图尔纳米纳从中作梗,他提醒弗勒里注意《波斯人信札》中的异端思想,挑唆红衣主教,试图阻挠孟德斯鸠当选。④于是(根据达朗贝尔的记述,而且看来可以信赖)⑤,弗勒里告诉法兰西学士院,说他尚未阅读《波斯人信札》,但据可靠人士告诫,该书含有许多毒素,因此若该书作者获选,国王将不予恩准。

12 月 11 日会议以后,孟德斯鸠不失时机,立即拜见弗勒里。在此之前,他与红衣主教唯一有案可查的接触,是在弗勒里的红帽加冕时,他曾写信祝贺。⑥他们之间的谈话,现在所知已不完整,但据达朗贝尔声称,孟德斯鸠对于他是否为《波斯人信札》的作者,既不承认,也不否认,只是说,判断他

---

① 《波斯人信札》,信 24,最新评注版。

② 1727 年 12 月 11 日,多利弗致布依埃(国家图书馆,手稿,法文档 24417,第 82 页)。

③ 1727 年 12 月 17 日,马莱致布依埃(国家图书馆,手稿,法文档 24415,第 237 页;发表于马莱:《日记》第 3 卷,第 505 页)。

④ 《随想录》第 472 条。参见加斯科:《致友人书信集》,信 40(《全集》,纳热尔版第 3 卷,第 1343 页)。

⑤ 《孟德斯鸠著作集》,1758 年版(编辑者弗朗索瓦·黎塞援引达朗贝尔的说法,《全集》,纳热尔版第 1 卷,第 5—8 页),并就此评论道:"色贡达先生证实了这一说法的真实性。"(《文学年鉴》1776 年,第 6 章,第 50 页)

⑥ 孟德斯鸠致弗勒里,日期不明(《全集》,纳热尔版第 3 卷,第 863 页)。

是何等人,唯有依据著作本身,不能根据他人的谗言。弗勒里的确阅读了这部著作,并且改变了对作者的态度。总之,12 月 16 日(星期二),弗勒里致函学士院常任秘书戴斯特里,声明经过孟德斯鸠的解释之后,他不再反对他的当选。①

　　星期六,学院复会,孟德斯鸠获选成为院士。②这次选举并非一致通过,但是许多原来反对他的人,出于同情,联合起来支持他。按照多利弗的说法(他的真实思想只有他的守护天使才知道),这些人之所以如此,是因为他们认为,宁愿损害学院的声誉,也不能让"这个疯子一蹶不振"③。朗贝尔夫人对此则看法全然不同,她认为所有反对孟德斯鸠的阴谋,都使人类蒙受耻辱。④而若干年后,达朗贝尔称赞法兰西学士院常任秘书戴斯特里,说他的行为光明磊落,无比高尚。⑤

　　1728 年 1 月 24 日,孟德斯鸠就任院士,他的就职致辞洋洋洒洒,文辞优美,是一篇杰作。赞扬萨西并不是一件难事,他做得十分出色;但按照惯例来吹捧一番他所憎恶的黎塞留,就不是那么轻而易举了,但他处理得恰到好处,在讲演中,闪烁其词,用模棱两可的话说:

　　　　当您颂扬这位伟大的大臣时,总使我们惊愕,他在混乱中建立了君主政体的法规,他教会法兰西强盛的秘诀,他使西班牙意识到自己的虚弱,他给德意志解脱了旧的枷锁,又套上了新的枷锁,他摧毁了一个又一个强国,可以说,他为伟大的路易指定了由他开创的伟大事业。⑥

----

① 1727 年 12 月 20 日,多利弗致布依埃(国家图书馆,手稿,法文档24417,第84页)。
② 《法兰西学士院注册簿》第 2 卷,第 239 页。
③ 多利弗致布依埃,见前注。
④ 1728 年 1 月 8 日,朗贝尔夫人致布依埃(国家图书馆,手稿,法文档22412,第 255 页;发表于 E.德·布洛伊:《朗贝尔侯爵夫人的星期二和星期三》)。
⑤ 《颂词》(《全集》,纳热尔版第 1 卷,A,第 9 页)。
⑥ 《全集》,纳热尔版第 1 卷,A,第 54 页;七星文库版第 1 卷,第 63 页。

　　此时的新任法兰西学士院院长马莱只是由于这段插曲，才至今留在人们的记忆之中，他迫不得已，接纳了这位新院士。事先他曾把发言稿请几位院士过目，尽管其中一位院士伐兰库尔认为这个发言可能会引起孟德斯鸠的反感，但他还是原封未动地宣读了。孟德斯鸠把一些显然是表示赞许的话，误认为有意侮辱他，因而十分不满，耿耿于怀。[①]他拒绝把他的发言与马莱的发言印在一起，结果院长的发言不得不在印刷时作了某些修改。[②]其实，即使是修订稿，仍对《波斯人信札》不点名地嘲弄了一番，还取笑《波斯人信札》中有诸多无稽之谈，并告诫这位新院士，不要认为他的唯一责任是批评别人。[③]

　　孟德斯鸠被接纳为新院士后，出席了两次会议。他发现多利弗在阅读他的学士院史，对此保持缄默，未加评论。[④]

　　3 月初，一个外省来到巴黎的人，给孟德斯鸠在波尔多的一位朋友写信，说到他认为孟德斯鸠可能留在巴黎，在当选为法兰西学士院院士后尤为如此。[⑤]他大错特错了。孟德斯鸠在这个大城市已经达到了自己的目的，并于 4 月离开了巴黎，3 年后才重返故地。

---

　　①　1728 年 1 月 28 日，伐兰库尔致布依埃（国家图书馆，手稿，法文档 24420，第 441—442 页）。

　　②④　1728 年 4 月 20 日，多利弗致布依埃（国家图书馆，手稿，法文档 24417，第 88 页；发表于利韦：《法兰西学士院史》，第 2 章，第 416 页）。

　　③　《关于孟德斯鸠著述与生平的文件》，日内瓦 1756 年版，第 102—106 页；《法兰西学士院注册簿》第 2 卷，第 241 页。

　　⑤　1728 年 3 月 24 日，拉芳（南特人）致萨罗·德·布瓦内（波尔多市立图书馆，手稿，828，第 14 号）。

第五章　意大利之行(1728—1729 年)

第一节　艺术与考古

1728 年 4 月 5 日[1]，孟德斯鸠在沃尔德格雷夫伯爵(一世)的陪同下离开了巴黎，自从前一年的 1 月以来，他既没有回过拉布莱德，也没有看望过妻子。直到 1731 年 5 月，他才返回故里。尽管他在云游四方时，年龄大于 18 世纪大多数的远游者，但他具有其他人所不具备的优越条件。在社会交往中，他不必单靠身世和继承的爵位。他已经享有名望，作为法兰西学士院的院士，他的地位使他能轻而易举地打进最著名的知识界圈子里。同时，有沃尔德格雷夫这样一位旅伴，也能受益匪浅。此公秉性快活，无忧无虑，是个理想的旅伴，而且还是名震欧洲各宫廷的贝里克公爵的侄子；但是他与叔父不同，他接受了汉诺威领地的职位，正作为乔治二世的大使前往维也纳。

他们途经雷根斯堡，由于所乘的马车出了意外，不得不骑马旅行了一段很长的路程。[2]结果只好延期到达维也纳。他们原打算在路上不超过两个星期[3]，但是直到 4 月 26 日才到达目的地。[4]

---

① 色贡达：《回忆录》，第 399 页；1728 年 3 月 30 日，沃尔德格雷夫和沃波尔致纽卡斯尔(大英博物馆，手稿，32755，自第 42 页始)。
② 1728 年 5 月 5 日，巴尔克莱致孟德斯鸠。
③ 沃尔德格雷夫和沃波尔致纽卡斯尔，见前注。
④ D.B.霍恩：《英国驻外使节，1689—1789》，伦敦 1932 年版，第 35 页。

在维也纳期间,孟德斯鸠开始撰写旅游纪事,其中的细节繁简不一,除了在英国期间的情况之外,其余的纪事保存至今,并已出版。虽然在晚年时他曾考虑对这部著作加以修改,但从未为出版而进行过全面修订,因此这部著作具有私人文件所常见的优点和缺点。它并非杰作,但很诚恳,有时很坦率,而且它的最大优点是从中可以明确地看出作者的兴趣所在。这是 18 世纪出现的为数众多的游记中最早者之一。孟德斯鸠的这部著作比勃艮第的德·勃劳斯的游记早 10 年,如果不把蒙福孔的专著《旅意日记》①计算在内,孟德斯鸠这部著作就是继蒙田的《旅行日记》之后,第一部由法国文坛上的知名人士撰写的旅行纪事。

在维也纳,孟德斯鸠觐见了皇帝,而且曾经几次与欧仁亲王(他们讨论了詹森派的教义)②和施塔伦堡元帅(他与贝里克元帅相识)会面。他还结识了派往帝国宫廷的所有使节,并在他的记述中不厌其烦地列举了所有人。那时开始,他雄心勃勃,想要成为一名大使。他写信给弗勒里、贝里克以及当时任法国驻维也纳大使、暂时请假离任的黎塞留公爵③,甚至给他那位口是心非的多利弗神甫讲述了他的愿望。虽然弗勒里答复表示原则上同意,但却没有采取任何行动。

孟德斯鸠从维也纳改道前往匈牙利,这是不同寻常、颇具胆识的举动。在 1719 年的时候,他出于对科学的兴趣,设想要写一部地球的地质史,至今他仍热衷于此,因此进行了几乎为期一个月的远征,去查看匈牙利的矿山,他首先访问了克姆尼茨地区的铜矿,使他大感兴趣的是一股喷泉,它显然具有铜铁共生的特征。他带走了一瓶泉水,打算带到威尼斯去化验。他继续深入距维也纳 200 英里、距克拉科夫 80 多英里的柯尼斯堡。在那里,一位叫波特斯的英国官员给他看了一台蒸汽泵,他作了详细的笔记;波特斯

① 蒙福孔(Montfaucon, Bernard de, 1665—1741),法国学者,研究古希腊文字和考古学的先驱者。著有《希腊古文字学》等。——译者

② 色贡达:《回忆录》,第 399—400 页。

③ 黎塞留公爵(Richeliu, Louis-François-Armand du Plessis, duc de, 1696—1788),法国元帅,他是红衣主教黎塞留的侄孙,1725—1729 年曾任驻维也纳大使。——译者

还以托凯葡萄酒款待了他。从意大利返回的途中,他在中途改道,查看了哈茨矿山,他又把见到的作了详细笔记,并最后准备写成论文在波尔多科学院发表。

6月26日,孟德斯鸠回到维也纳以后,西班牙驻俄国大使、贝里克的儿子利里亚公爵提议他到莫斯科访问,从那里前往君士坦丁堡,然后取海路去威尼斯。孟德斯鸠谢绝了这一邀请,他也没有去贝尔格莱德(他曾几次宣称要这样做)①,而是直接穿过格拉茨和莱恩巴赫,到了威尼斯。从这里开始,他踏上了最富有成果和最激动人心的旅程。

孟德斯鸠从威尼斯旅行到米兰,从那里途经都灵到达热那亚,在拉斯佩齐亚和韦内雷港作了短暂的逗留之后,他又从热那亚出发,经过比萨,来到佛罗伦萨,在那里访问了6个星期。然后取道锡耶纳和蒙特菲亚斯科内,到达罗马。从1729年1月19日到4月18日,他一直住在罗马。然后他继续向南到达那不勒斯,在那里度过了两个星期。返回途中,他在罗马逗留了几乎两个月,然后才向东北方向,经过马尔凯塞到达安科纳。他在博洛尼亚住了一个星期,在摩德纳和帕尔马作了更为短暂的停留。7月30日他在维罗纳与出来时的路线交叉,穿过勃伦纳山口,离开了意大利。他原来打算前往瑞士,甚至在摩德纳期间仍作此打算,但最后改变了主意。②

此行虽然不是威风排场,至少也够体面的。他随身带着颇有影响的推荐信,其中之一是阿拉里写给路易吉·戈尔蒂耶里的。这位意大利人后来成为红衣主教,并于1754年成为罗马教皇派往巴黎的使节,这封信保存了下来。③他在很大程度上依靠了法国驻外使节,然而在某些场合,他仍难免遇到窘境。法国驻米兰领事勒勃隆怀疑孟德斯鸠此行别有企图,并据此向

---

① 维安,第115页。

② 色贡达:《回忆录》,第401页,以及后来的传记作者,尤其是达朗贝尔和莫佩尔蒂断言孟德斯鸠还访问了瑞士,实属以讹传讹。

③ 信的措词颇有些溢美之词:"这位先生和蔼可亲,与他相处有益而愉快。他不仅博学多才,而且活泼诙谐。他在这里时,他的性格使所有有教养的伙伴感到欢愉。"(1729年5月9日,阿拉里致戈尔蒂耶里,大英博物馆,补遗,手稿,20670,第73—77页)

政府作了报告。①另外,在威尼斯,多年流传着一个离奇的故事,说发生了一次不幸的意外事件,孟德斯鸠是其中的受害者。据传朋友们曾警告他说,在他离开威尼斯的时候,警察受政府的指示,可能会搜查他的行李,没收他在该市期间写的大量直言不讳的笔记,甚至可以逮捕他。当他乘船离开威尼斯的时候,看到一些平底船追踪,他惊恐不安。他怕对他进行彻底搜查,于是他把带着的所有笔记都抛进了咸水湖。②

如果依次列举孟德斯鸠访问过的地方,把他对各地的评价与当时其他的旅行者的评价进行一番比较,看看各家评论的一致之处和不同之点,一定别有一番情趣。以德·勃劳斯和孟德斯鸠对热那亚的评价为例:德·勃劳斯在离开热那亚时说,这个城市给人的唯一享受是当你要离开时所感受到的快乐③;而孟德斯鸠则为热那亚人待客的冷漠感到哀伤。他可能是从葡萄酿酒者的立场出发讲这番话的,他认为热那亚是意大利的纳博纳。他写了一首拙劣的诗,开头是这样的:

　　　　永别了,可憎的热那亚,

---

①　F.维尔小姐:《1729 年与孟德斯鸠同游罗马》,文中援引了外交部的文件,外交部回复勃勃朗说,他的猜疑毫无根据。

②　关于这一段插曲的记载,首先出现在 1758 年 8 月 4 日格罗斯莱给一位未署名朋友的信中,但正式发表是在 1812 年至 1813 年巴黎出版的《未刊著作》(第 3 篇,第 418 页)中。格罗斯莱在他的另一部著作《意大利与意大利人》(伦敦 1774 年版,第 68—69 页)中,对此事作了更为详尽的叙述。不过,关于此事还有其他说法。其一:说孟德斯鸠在威尼斯期间,有一天一位陌生人来访,警告他说,由于他对政治问题直言不讳,已经引起怀疑,他们即将来住所搜查。孟德斯鸠为了保命,忙将手稿烧毁,不料后来发觉,这些原来都是切斯菲尔德在和孟德斯鸠谈话以后搞的恶作剧,最早持此说的是弗洛伦蒂纳·盖蒂,他向狄德罗讲了此事(1762 年 9 月 5 日,狄德罗致索菲埃·沃兰特,见《狄德罗书信集》,第 4 卷,巴黎 1958 年版,第 136—140 页)。皮埃尔-维克多·德·贝塞维尔在他的《回忆录》(巴黎 1805 年版,第 1 章,第 187—190 页)中,也持此说。他的父亲似乎曾在佛罗伦萨与孟德斯鸠邂逅相逢(《全集》,纳热尔版第 2 卷,第 1086 页;七星文库版第 1 卷,第 654 页),因此,他可能从父亲那里得知此事(但他未作此说明)。孟德斯鸠离开威尼斯一年零一个月之后,在海牙见到切斯菲尔德时,第一件事就是向他递交了沃尔德格雷夫的引荐信,切斯菲尔德在来往书信中明确表示,他在孟德斯鸠访问意大利期间,从未离开海牙,格罗斯莱的记述倒是可能有一些事实根据,而且他本人也是一个治学严谨的学者。

③　德·勃劳斯:《致友人书信集》,巴黎 1931 年版,第 1 卷,第 79 页。

> 永别了,普鲁图斯①的居住地。
>
> 如果天国令我喜欢,
>
> 我将永远离您而去。

不过,更为有用的是考虑一下孟德斯鸠在意大利所受到的影响,以及他接触的社会集团,尤其值得一提的是,意大利对他在美学上兴趣所给予的重大影响。

他越过阿尔卑斯山之前,已经完成了现在被称为《论情趣》一书的某些章节。这部未完成作品中所包含的理论,看来只是朴素唯物主义的主观论。没有涉及任何艺术作品,只是抽象推导出来的东西。此时,从维也纳开始,他下了很大功夫,努力加强自己的艺术修养。

指导他的是一个被称为骑士雅各布的人。这个人难以捉摸,只知道他热衷于绘画和女性,连他的国籍都无从查考。然而,正是他在绘画方面给了孟德斯鸠以启蒙教育,教他这门艺术的历史以及技巧。孟德斯鸠把雅各布讲授的内容作了笔记,这些笔记至今仍可见于《随笔》之中。②雅各布陪伴孟德斯鸠游历各地,直到威尼斯才分手。

尽管威尼斯是他见到的第一座意大利城市,那里的辉煌建筑并没有像对其他旅游者那样,给孟德斯鸠以强烈的印象。在他的通信中,更多谈到的是那里的名妓,不过他很快就对她们感到腻烦了。在他的日记中,更多描写的是挖泥机,关于艺术品的描写只有一篇,而且篇幅只是中等长度,内容写的是圣马可教堂里的珍宝。只是到了佛罗伦萨,他才真正表现出对于艺术的兴趣。在这里,他赞美了大教堂和新圣玛丽亚教堂,尽管它们都是哥特式建筑。他称赞乔托③的钟楼为欧洲最好的哥特式建筑。他不同于其

---

① 普鲁图斯(Plutus),系希腊神话中的财富之神,这里比喻热那亚的富裕。——译者。

② 《随笔》,第461条。沃尔德格雷夫的手稿《驻德使馆日记〔原文如此〕(1727—1728)》提到他分别于1727年和1728年两次与雅各布会面。

③ 乔托(Giotto di Bondone,约1267—1337),意大利文艺复兴绘画的先驱,杰出的雕刻家和建筑师。——译者

他参观者,对于当时正在进行的圣洛伦佐教堂附盖一座美第奇小礼拜堂,很不以为然。但是,他写了一整本笔记,记载佛罗伦萨的艺术珍品。在参观美术馆时,他不是走马观花、匆匆而过,而是看得非常仔细,并且有行家陪同。他留下的笔记,几乎相当于一部佛罗伦萨全部艺术品的分类目录。他使用了米森的一本导游指南和艾迪生的《意大利若干地区观感》以及《意大利情趣》。他对《意大利情趣》一书百般诋毁,称其为"我的那本糟糕透顶的书"。在参观乌菲齐美术馆时,由一个叫比阿契的人导游,在另外一些时候,由小比埃蒙蒂尼作向导。最使他着迷的是雕塑,他日复一日,倾注了全副身心,潜心研究那里的塑像。

极少有像罗马一样的城市使孟德斯鸠心旷神怡。事后,他曾对一位朋友说,比起其他许多地方来,他退休后更愿意到罗马来住。[①]他对这个城市进行了彻底的考察,有时由法国雕塑家陪伴,在他日记中提到过布夏尔东和南锡的阿丹姆;有时由一位叫普里多的人陪同,这位普里多可能是英国学者汉弗莱·普里多之子。[②]在罗马,他的审美观点仍属传统的范畴,他对拉斐尔[③]的作品赞不绝口,对《雅典学院》这幅画赞赏不已。他认为拉斐尔作品的优点在于自然真实,毫无矫揉造作之处,光线和阴影的处理也臻于完美。同样,他也很赞赏米开朗琪罗[④]的作品,他对圣彼得大教堂的比例匀称很赞扬,说它看起来要比实际规模小。在西斯廷礼拜堂,他虽然对壁画作者犯了透视方面的错误提出批评,但仍为作品的宏伟壮丽和雄浑有力的气势所倾倒。他与其他旅游者通常的见解不同,对山上圣三教堂的台阶表示异议,对天使城堡的风格则一字未提。

关于孟德斯鸠对罗马的兴趣,最令人惊讶的是他对古代遗迹竟不屑一顾。他对考古没有表示出任何热情,对于君士坦丁拱门、古罗马广场和议

---

① 杜克洛:《著作集》,巴黎1802年版,第91页。
② V.德格朗杰:《自传目录》,第54号,1952年。
③ 拉斐尔(Raphael, 1483—1520),意大利文艺复兴时期最杰出的画家和建筑家之一。——译者
④ 米开朗琪罗(Michlangelo, 1475—1564),意大利文艺复兴三杰之一,杰出画家、雕刻家、建筑家。——译者

会大厦,他只是一笔带过;相比之下,对古代宝石倒是有一段详细得多的议论;偶尔也提及雕像,但远远不及佛罗伦萨提到的那样多,况且他的兴趣完全在于艺术鉴赏;对于罗马的房屋没有窗户,他做了一点评论;对于梵蒂冈的诺泽·阿尔多布兰迪大厅,他美言了几句。关于罗马古迹的记述,仅此而已。他根本没有意识到古代遗迹是历史的见证,是极其有价值的。他嘲讽说,考古挖掘绝不赔本,因为即使你只找到了砖块,他们也会为你的辛劳而付酬。最后,他拜会了红衣主教亚历山德鲁·阿尔巴尼,并在观看了他收藏的珍品之后,评论道:"红衣主教阿尔巴尼确有许多金石古董,但却没有标出罗马的确切年代。"他的评论,仅此而已。对于 5 年之后出版了一部关于罗马历史著作的人①,竟对考古漠然置之,实在令人不可思议。这表明他的历史研究方法与众不同。

第二节　教会

皮埃托-弗朗西斯科·奥尔西尼,曾是一位多明我会的忠实教士,一位心诚认真的主教,但他并没有擢升到教皇宝座的念头。孟德斯鸠写道,在 1724 年选举教皇的秘密会议上,当他试图从窗口逃走的时候,他对一位红衣主教说:"我无才无德,除了当修道士以外,一无所长,我将管理得一团糟。"②尽管如此,他还是当上了教皇,称为本笃十三世。③事实证明,他为此感到为难不无道理,他是一个糟糕的管理者。另一位法国访问者写道,他甚至不批阅派出去的使节发回的公文报告,说这些使节是"喜欢在报告上吹牛的人"④。他的威望本来已经很低,偏偏又遇到大雨滂沱的天灾⑤,农民无法耕作,在教皇统治的国家里面临饥饿的威胁,于是 1729 年 1 月罗马

---

① 这里指 1734 年,孟德斯鸠发表了《罗马盛衰原因论》一书。——译者
② 《全集》,纳热尔版第 3 卷,第 1178 页;七星文库版第 1 卷,第 746 页。
③ 本笃十三世(Benedict XIII, 1649—1730),原名奥尔西尼,意大利籍教皇,1724—1730 年在位。——译者
④ 西鲁哀特:《法兰西、西班牙、葡萄牙、意大利四国游记》,巴黎 1770 年版,第 1 卷,第 262 页。
⑤ 《每日信使报》,1729 年 1 月 31 日。

发生了暴乱,这更使他威信扫地,教皇的心情自然郁郁寡欢,他的阴郁情绪感染了全城。孟德斯鸠悲叹:"在本笃十三世的治理下,罗马既神圣又悲惨。"看来他并没有在听众之中引起同感。①本笃十三世并没有给孟德斯鸠留下什么好的印象,他对献身于修道生活并不敬佩,而对政治上的无能更侧目而视。他说,本笃十三世是受鄙视和受憎恨的,因为他把所有的财富和注意力,全部用到他原来任职的贝尼文托主教辖区;而且,他在一切事务中都被他的下属,那位可憎的科西亚红衣主教所左右。一年之后,当这位教皇去世时,孟德斯鸠高兴地给他一位当神甫的朋友写信,说现在罗马从贝尼文托的卑劣苛政中解脱出来。他呼吁道,现在给我们一位像圣保罗那样佩剑的教皇吧,我们不要像圣多明各那样佩带念珠的教皇,也不要像圣弗朗西斯那样背着乞讨袋的教皇。教皇的绝对权威不应该用来驳倒凯斯内尔②,而应该用来挫败皇帝。③

　　罗马教廷红衣主教团里也笼罩着阴郁的气氛。10 年之后,德·勃劳斯说,绝大多数红衣主教都愁眉不展。尽管如此,他们之中仍有一些和蔼可亲的杰出人物。昂热利卡图书馆有一份未注明作者姓名的手稿,这份手稿十分坦率而常带恶意地描述了 1728 年驻在罗马的那些红衣主教的品行。④文章对科西亚进行了猛烈的抨击,作者以较长的篇幅记述了这位现在已为众人谴责的人物的卑微出身,并显然为此津津乐道;阿尔贝罗尼⑤当时已脱

----

　　①　传说教皇接见过孟德斯鸠,作为一种特殊的恩宠,终生豁免孟德斯鸠的斋戒。翌日,一位官员带着豁免书送交孟德斯鸠,并要求巨额酬劳,这就触怒了孟德斯鸠的经济神经,他把豁免书交回,说:"教皇是一个诚挚的人。他的话对我来说已是足够了,我希望对于上帝来说也是足够了。"这段轶事收进了普拉松编的《孟德斯鸠著作集》(1796 年巴黎出版,第 4 章,第 48 页),并称那位教皇就是兰贝蒂尼(本笃十四世)。维安意识到孟德斯鸠从来无缘会见这位教皇,因此,把此事按在本笃十三世的头上(见维安,第 119—120 页)。关于兰贝蒂尼,这类传说不胜枚举,但对本笃十三世来说却不多,即使有也是不足为训。这段轶闻只能是讹传。

　　②　凯斯内尔(Quesnel, Pasquier, 1634—1719),法国天主教神学家,领导詹森教派。——译者

　　③　1730 年 3 月 1 日,孟德斯鸠致塞拉蒂。

　　④　《本笃十三世在位时期,生活在罗马的著名红衣主教活动与品行简况》(昂热利卡图书馆,手稿2192)。

　　⑤　阿尔贝罗尼(Alberoni, Giulio, 1664—1752),政治家,事实上的西班牙首相,1717 年受命为红衣主教,参加 1721 年选举教皇英诺森十三世的秘密会议。——译者

离政界,住在罗马,他也同样受到指责;英帕里埃尔被描绘成一个极受克雷芒十一世宠信的人物,而且在前两次选举教皇的秘密会议上都是教皇宝座的候选人;洛伦佐·科尔西尼被说成是一个极受红衣主教们欢迎的人——1730 年他当选为教皇①证实了这一点——但是在本笃执政时期,他极少干预政治,作者称赞他每年在弗拉斯卡蒂不超过一个月;那位放荡的奥托波尼(孟德斯鸠曾用私生子一词骂他 60—70 次)据说是为了取悦于本笃十三世,悔过自新了,究竟是真心诚意,还是虚情假意,就不得而知了。另外在一句箴语里还提到过他,这句话据认为出自后来登上教皇宝座(即本笃十四世)②对丑闻有特殊嗜好的兰贝蒂尼之口。兰贝蒂尼这样说,有五件事他绝不相信:教皇的圣洁、英国国王③的信仰、科西亚的贫困、奥托波尼的改宗和弗奥莱里作弥撒时的虔诚(指刑事诉讼的梵蒂冈的起诉人);关于阿尼巴里·阿尔巴尼,文中只有寥寥数语,只说他对教会的统治并不十分关心;至于他的兄弟亚历山德鲁·阿尔巴尼,说他对于政治远不及对收集古董感兴趣,在倒卖古董中发了大财;本蒂沃廖是一位能干、很受人尊敬的人,不过,由于他的性格不讨人喜欢,又有偏心,常使人感到可敬而不可亲。但是,最后对波利尼亚克称赞了一番,说他慈祥可亲;波利尼亚克是法国驻罗马大使,对法国宫廷的利益忠诚不渝。孟德斯鸠也提及了所有这些红衣主教,只有兰贝蒂尼除外,因为孟德斯鸠在罗马访问时,他不在罗马。而且,除了科西亚和奥托波尼以外,孟德斯鸠和他们都有私人交往。他带着撒丁岛驻维也纳公使勃莱伊侯爵的信拜见了亚历山德鲁·阿尔巴尼,发现他和蔼可亲,又有才华,但是在罗马并不被人尊重。孟德斯鸠记述道,他曾向波兰国王出售了价值 2.5 万克朗的雕像。孟德斯鸠和阿尔贝罗尼就西班牙问题进行了长谈,发现他是一个粗暴的人,而且话不投机。他高度赞扬了英帕里埃尔,说他是一个有见识、有才华的人,虽然已经年近八旬,可是看上去不过

---

① 即克雷芒十二世,洛伦佐·科尔西尼,1730—1740 年在位。——译者
② 本笃十四世(Benedict XIV, 1675—1758),意大利籍教皇,原名兰贝蒂尼,1740—1758 年在位。——译者
③ 指僭君詹姆士·爱德华。

60岁。他很喜欢洛伦佐·科尔西尼,并且经常与他会面,因为他虽然年事已高,却在罗马的社会生活中异常活跃。他的沙龙是知识界聚会的主要中心之一,而且他在知识界享有很高的声望。维柯①的《新科学》一书就题献给他。孟德斯鸠认识他,也认识他家的其他成员,并在《游记》一书中,列举了科尔西尼不会成为教皇的原因。这里他估计错了,科尔西尼虽然几乎失明②,但在1730年还是登上了教皇宝座,世称克雷芒十二世。

然而在所有的红衣主教中,孟德斯鸠最热爱的是波利尼亚克。在访问罗马之前,孟德斯鸠并不认识他,到罗马后才靠波纳凡尔的推荐信初次会见。③孟德斯鸠成为他城堡里的常客,并与他十分亲密。贝尔尼红衣主教对波利尼亚克的描述,使人难以忘怀:他举止端庄、谈吐文雅,是个艺术鉴赏家兼艺术家保护人;他才智过人、见多识广、和蔼可亲、乐善好施;他学问渊博,连贝尔尼也登门求教,好像他是一部活的百科全书;他精通拉丁语。总之,他已接近成为一个伟人。但是他办事缺乏毅力和决心。④在他的餐桌上,几乎是帝王水平的佳肴⑤,城堡里的陈列室内收藏了不计其数的珍奇古玩,孟德斯鸠花了大量时间观赏他的陈列品,而且这位红衣主教多次陪伴他在城内外进行考察。但孟德斯鸠受益最大的还是与他进行的谈话,他们之间的讨论涉及面极为广泛,从神学到法国最近的历史,无所不包。波利尼亚克都讲得头头是道,颇有见地。他对外交中的奥妙了如指掌,红衣主教向孟德斯鸠讲述了克雷芒通谕的幕后活动,路易十四亲政时期的宫廷生活,以及罗马选举教皇的秘密会议中的钩心斗角。孟德斯鸠把这一切都记在笔

①　维柯(Vico, Giovanni Battista, 1668—1744),意大利哲学家。著有《新科学》一书,是欧洲文化史上的重要人物。——译者

②　科尔西尼是在1732年失明的,那时他已经任教皇两年。——译者

③　1728年10月2日,波纳凡尔致孟德斯鸠。

④　贝尔尼红衣主教:《回忆录与书信集》,马松辑刊,巴黎1878年版,第1卷,第61—67页。

⑤　孟德斯鸠写道(纳热尔版第2卷,第1100页;七星文库版第1卷,第668页),没有任何一个红衣主教,每年在餐桌上的花费超过2 000利弗尔。这里指的是罗马教廷,不包括任使节的红衣主教。驻罗马的法国大使馆沿袭了传统的好客精神。德·勃劳斯(见前引书,第2卷,第316—319页)描述当时任大使的圣埃尼昂在1739年举行的一次宴会就耗资1.2万利弗尔。打破的碟子还不计在内。

记中。对于深奥的哲学问题,他谈起来滔滔不绝,剖析自如。孟德斯鸠对他说:"先生,您没有提出什么体系,但你说了一些体系。"①1729年6月4日,波利尼亚克的诗作《驳卢克莱修》②(作者逝世后才出版)的第一章在罗马私下朗读的时候,孟德斯鸠在场,他对这篇诗作赞赏之至,称其为万古不朽之作,是笛卡尔对卢克莱修的又一次胜利③,10年以后,罗马每个人都向德·勃劳斯探询关于波利尼亚克的消息,表示希望他来罗马参加即将举行的选举教皇的秘密会议。④孟德斯鸠在和他第一次见面的一个星期之后就写道,他是所遇到的最讨人喜欢的人物之一,是罗马所崇拜的偶像。⑤

　　孟德斯鸠所结识的神职人员,并不只局限于红衣主教。不过,他会见的耶稣会教士为数不多。⑥然而,他愿意结识任何能使他增长见识的人,尤其迫切地想了解中国,希望他于1713年起从黄嘉略那里获得的知识能继续深化。当时在罗马有一位叫福凯(中文名傅圣泽)的耶稣会教士,他是法国勃艮第人,曾作为传教士在中国生活了30年,虽然退休后住在罗马,但在社交中却很活跃。他的称号是埃留提罗帕里斯主教。⑦孟德斯鸠很喜欢他,常与他交往。傅圣泽极爱交谈,孟德斯鸠充分利用他这种永不满足的爱好,从中获得了大量的知识。⑧孟德斯鸠把多次的谈话内容都记入了他的笔记

---

① 《随想录》,第2149条。

② 卢克莱修(Lucretius,约前99—前55),拉丁诗人和哲学家,著有长诗《物性论》,宗旨是要使人摆脱对宗教的恐惧,说明灵魂是物质的。——译者

③ 《随想录》,第1308条。

④ 德·勃劳斯:《致友人书信集》,第2卷,第38—39页。

⑤ 1729年1月28日,孟德斯鸠致贝尔特洛·德·杜谢。

⑥ 许多年以后,他告诉加斯科,他在罗马见过一位耶稣会教士维特里,他是波利尼亚克餐桌上的常客(1754年4月9日孟德斯鸠致加斯科),他忘记了傅圣泽也是耶稣会教士。

⑦ 在梵蒂冈的图书馆里收藏的傅圣泽的文件(手稿,第565—567页),有关于18世纪中国十分有趣的描述,值得详细研究;傅圣泽的中国生活日记,非常值得出版。关于傅圣泽,见A.H.罗博汤姆:《〈论法的精神〉中的中国:孟德斯鸠与傅圣泽》(《比较文学》,1950年)及H.贝尔纳尔-梅特:《德·勃劳斯院长的一位朋友:让-尼古拉斯·傅圣泽》(《第戎科学院回忆录》,1947—1953年)。此外,还有一点值得注意:傅圣泽的侄子在朱伊公学是孟德斯鸠的同窗(《膳宿费原账卷案》)。

⑧ 德·勃劳斯:《致友人书信集》第2卷,第262—263页,也证明傅圣泽说话啰嗦("我从他那里了解到了中国的一切,除了我想知道的以外")。

本,其中有许多关于中国的情况,例如中国的习惯、宗教、政府以及中国的人口和人口增长率等。①很有可能,正是傅圣泽使孟德斯鸠开始和另一位从中国回来的传教士马蒂亚·里帕(中文名叫马国贤)接触。马国贤正在为住在那不勒斯的中国人建立一所学院而努力。他得到本笃十三世的支持,尽管那不勒斯的总督竭力反对,但这项计划仍在进行,并且马国贤在那不勒斯已经有了一些中国弟子。②孟德斯鸠认为,这项计划是使在中国传教获得成功唯一可行的方式。

在 18 世纪后半叶,詹森主义运动在罗马兴起。③它在若干重要方面与 18 世纪法国的詹森教派不同。这些教徒不像法国人那样直言不讳,因为他们之中很少有人冒险公开抨击克雷芒通谕;他们不像法国人那样关心詹森主义在司法方面的观点。在罗马,"限制教皇权力"和"教皇极权主义"这些词汇都不具有任何意义。意大利的詹森教派获得了罗马教廷红衣主教团中有影响人物的支持,他们不像大多数法国人那样对进步思想和启蒙运动采取敌视态度。到该世纪中叶的时候,詹森教派的三位主要领导人是帕西奥内、鲍塔里和福吉尼红衣主教。帕西奥内在孟德斯鸠访问罗马时还不是红衣主教,也不在意大利,而是在瑞士出任罗马教皇的使节。至于鲍塔里(他和帕西奥内一样,也与孟德斯鸠相识较晚,在禁书目录审查会议核审《论法的精神》一书时,才与孟德斯鸠有关),孟德斯鸠在意大利旅行期间竟不曾与他相会。福吉尼那时还太年轻,孟德斯鸠根本不可能认识他。这三位领袖有三名重要的助手:尼科里尼、塞拉蒂和马提尼。马提尼是一位司铎,在佛罗伦萨时,孟德斯鸠就认识他,尽管他们之间的关系并不十分密切。然而,尼科里尼和塞拉蒂则不同。安东尼奥·尼科里尼来自佛罗伦萨的富有人家,是孟德斯鸠推心置腹的朋友。孟德斯鸠把他在罗马结识的人列了一

---

① 孟德斯鸠还从傅圣泽那里为他的秘书杜瓦尔取得了一份圣俸(1729 年 12 月 21 日与 1730 年 3 月 1 日,孟德斯鸠致塞拉蒂)。

② 孟德斯鸠说有 4 人,但据《那不勒斯王国名人传》记载,有 5 人,并列出了他们的名字,都是中国姓与意大利名混用,例如:吉阿巴蒂斯塔·顾。

③ 参阅 A.C.乔莫罗:《革命前的意大利詹森教派》,巴黎 1927 年版,以及从正统观点出发作详尽讨论的 E.达明各:《18 世纪后半叶罗马的詹森教派》,梵蒂冈 1945 年版。

张名单,按照他对每个人的感情深厚程度排列,名单中尼科里尼排在第一位。①许多年后,他们仍保持着通信联系,孟德斯鸠逝世前几个星期给尼科里尼写了最后一封信,结尾处亲笔写道:"我亲爱的神甫,我永远热爱您,直到生命的终结。"塞拉蒂是尼科里尼的莫逆之交,而且后来比尼科里尼对孟德斯鸠更为亲密。因为塞拉蒂访问了法国,在巴黎期间经常与孟德斯鸠会面,他们之间的关系变得十分亲密,乃至《论法的精神》一书尚未完成之时,他就被允许先睹为快,读了书中的部分内容。这两位杰出的神甫,尼科里尼和塞拉蒂,在孟德斯鸠逝世 10 年之后,找到了他的儿子让-巴蒂斯特·德·色贡达,请求允许他们捐款塑造一尊孟德斯鸠的半身像,献给波尔多科学院。②他们对孟德斯鸠的深情厚谊始终不渝,不仅在孟德斯鸠在世时如此,在挚友作古后依然如故。

　　孟德斯鸠在罗马不仅结交了这些朋友,而且前面已经提及,他和科尔西尼家族也有交往。尼科里尼的妹妹嫁入了科尔西尼家族,塞拉蒂和鲍塔里与科尔西尼家族也有莫逆交情。后来,科尔西尼家族被认为是詹森教派强有力的支持者。由此可见,当罗马詹森教派运动尚在酝酿期时,孟德斯鸠就与它有非常密切的关系,这个事实无论对于詹森教派的历史,还是在孟德斯鸠的生活历程中,都是很有意义的。

第三节　邂逅

　　在意大利的社交中,孟德斯鸠既有所得,亦有所予。一位法国教士于 1729 年自罗马写道:"波尔多的孟德斯鸠先生在这里成为一个光彩夺目的人物,他是一位才华横溢的名人。"③的确,孟德斯鸠在意大利遇到了许多法国人和外国人;他们之中既有神职人员,也有在俗的人;有的像他一样是旅行者,有的则已在那里长期定居。他在帕尔马遇到一个名叫西

---

① 　《全集》,纳热尔版第 2 卷,第 1191 页;七星文库版第 1 卷,第 759 页。
② 　1765 年 3 月 25 日,色贡达致加斯科(《全集》,纳热尔版第 3 卷,第 1553—1554 页)。
③ 　1729 年 4 月 20 日,马罗埃致蒙特丰肯(国家图书馆,手稿,法文档 17710,第 57 页)。

鲁哀特的法国人,他们很有可能在罗马又再次相逢,因为他们同一时期都在罗马,而且认识一些相同的人。①西鲁哀特对中国的事情极感兴趣②,朗贝尔夫人对他的评价很好③,他还与戴莫莱有交往。在以后的生活道路上,他还不止一次地与孟德斯鸠邂逅相逢。在罗马,孟德斯鸠在相当长一段时间(据说长达4个月)和雅各布·韦尔耐住在同一家旅馆里,这个细节只见于韦尔耐的记录,孟德斯鸠对此只字未提。④这家旅馆是在西班牙广场上的奥罗山旅馆,德·勃劳斯也曾在那里住过,并把它形容为罗马唯一一家外国人能住的旅馆。⑤韦尔耐是一位瑞士加尔文教派的牧师,中产阶级出身,比孟德斯鸠年轻9岁,但是与巴黎的知识界有广泛的联系。他认识奥莱托利会的勒隆、丰特纳尔、梅朗和图尔纳米纳。这样,他既可以成为孟德斯鸠的朋友,又可以成为他的对手。旅居意大利期间,他对这个半岛的学术和文学界作了广泛了解,这使他返回瑞士以后能够加入《意大利文丛》杂志编辑部,这家杂志编排严谨、内容新颖,孟德斯鸠后来收藏了完整的一套。在为约翰·内波米塞纳封圣的仪式上,他和孟德斯鸠都在场,而且据他的传记作者说,这并不是他们唯一一次一起讨论罗马人的堕落。后来,人们将会看到,韦尔耐在孟德斯鸠的生活中起了异乎寻常的作用,正是他在日内瓦监督出版了《论法的精神》,他敢于承担此任,表明他是一位思想活跃、才智过人、处事果断的人。

18世纪的意大利,有一个叫阿蒂亚的犹太人,是当时最古怪的人物之一。⑥他的父亲是萨拉曼卡的律师,他却在里窝那定居下来,与亲侄女结了婚,这使他陷入与他的兄弟、妻子的父亲之间长期不和的局面。他涉猎广泛多样,从化学到希伯来语都研究,而且在知识界结交了许多朋

---

① 西鲁哀特的《游记》于1770年出版,没有提到孟德斯鸠。
② 他于1729年发表了《中国政制概论与中国人的道德》。
③ 1732年6月4日,圣伊阿芒特致德梅佐(大英博物馆,补遗,手稿4285,第259页)。
④ 萨拉丁:《雅各布·韦尔耐先生的生平与著作的历史回顾》,巴黎1790年版,第11页。
⑤ 德·勃劳斯:《致友人书信集》,第2卷,第12页。
⑥ 关于这个人物,见F.尼科里尼:《乔瓦尼·巴蒂斯塔·维柯传略》,米兰1947年版,第184—190页。

友。他喜欢与路过里窝那的有才华的人交谈,并引以为乐事(他就是在这里见到了从中国回来的马国贤),但是他经常离开这里去佛罗伦萨访问。孟德斯鸠曾反复提到他在佛罗伦萨遇到一个里窝那犹太人,在《游记》中出现两次,在《随笔》中出现一次。①他说,那是一位博学的人,是里窝那犹太人中首屈一指的人物。他们一起讨论过里窝那人的特点,以及葡萄牙的贸易和宗教法庭等问题。他把这位犹太人称为达蒂亚,这是从阿蒂亚这个名字稍作变动而得来的,毫无疑义是指同一个人。人们将会看到,或许就是他从中搭桥,使孟德斯鸠结识了那不勒斯知识界的重要人物。

在威尼斯,孟德斯鸠遇到两个臭名昭著的流亡者,并和他们进行了长时间的交谈,他们的名字是博纳瓦尔和约翰·劳。博纳瓦尔伯爵之所以著名,是由于他那富有冒险色彩的战绩,特别是由于他最后改信伊斯兰教,并且获得帕夏的称号。孟德斯鸠在威尼斯期间,与他形影不离,极少分开。②孟德斯鸠在《游记》《随想录》《随笔》等著述中记录了他们之间的无数次谈话,闲谈18世纪的军事史和外交史,博纳瓦尔有取之不尽的故事,谈起来滔滔不绝,他对机械也有强烈的兴趣。孟德斯鸠喜欢听他谈,既喜欢听他谈历史,也喜欢听他谈机械。不过孟德斯鸠常常是将信将疑,因为他常常在记述了博纳瓦尔告诉他的事情之后,加上这样的评注:"未经查证。"约翰·劳也在威尼斯,当时已离他的末日不远了。这位苏格兰人出身卑微,却爬上法国财政大臣的高位。甚至在夜里,他的接待室内都挤满了那些贵族,他们已等候了一天,但未能和他谈话,期望能在上午拜会他。③孟德斯鸠则对他十分厌恶,然而,好奇心超过了厌恶感。在宫廷,在威尼斯的短暂逗留期间,以及从他的波尔多朋友默隆那里,他曾听到过许多关于约翰·劳的情况。默隆曾担任过约翰·劳的秘书,而且本身就是一位经济学家。孟德斯鸠和约翰·劳进行了一次长谈,这位流亡者赠给他一部关于

---

① 《随笔》,第472条。
② 《全集》,纳热尔版第2卷,第1116页;七星文库版第1卷,第583页。
③ 《随笔》,第331条。

法国商业的著作手稿。①孟德斯鸠对这位流亡者的最后评价是，在金钱和理论两者之间，他更爱惜理论。第二年约翰·劳便去世了。他留下了8万克朗，虽然不是在穷困中死去，但与他原来的财富相比，这只是一笔极小的钱财。②

然而，意大利是策划阴谋诡计的中心，在流亡者社会之中，一个重要得多的势力是詹姆士党人。詹姆士·爱德华王子，通常称作为圣乔治骑士，1729年2月9日，大约在孟德斯鸠抵达罗马之后3个星期，他也来到这里居住。在此之前，他住在博洛尼亚。一位叫凯斯勒的德国人在孟德斯鸠之后不久到罗马旅行，他写道："这个觊觎英国王位的人所制造的形象，从各个方面来看却是卑劣可鄙，与身份极不相称的。"罗马教廷曾命令，他可以按英国国王的礼仪行事。凯斯勒说，意大利的国民有时有礼貌且诙谐地把他称作"当地的国王"或"这里的国王"，远离本土的国王的意思；而合法拥有王位的人，被叫作"那里的国王"，也就是英国现时在位的国王。③孟德斯鸠在约翰·内波米塞纳的封圣仪式上，对这位觊觎王位者进行了观察，他评论道：

> 这位王子的面容善良而高贵，他看上去很虔诚。人们说他既软弱又固执，我本人不认识他，因而也不了解他。④

孟德斯鸠没有寻求机会拜会这位英国王位的觊觎者，这倒令人费解，因为凭着和王子的亲兄弟贝里克之间的交情，他要获得这样的机会本来是轻而易举的。也许是他怕与逃亡的王室人员会见，以后到英国去的时候会对他不利。他清楚地知道，那位神秘的冯·斯托克男爵在罗马的角色表面上是古玩藏家，而实际上是间谍，任务是向伦敦政府报告詹

---

① 　J.哈辛辑刊：《约翰·劳著作全集》，巴黎1934年版，第1卷，第3943页以及第3卷，第67—261页。这部手稿曾一度存于沙特尔图书馆，第二次世界大战期间被毁。

② 　德·勃劳斯：《致友人书信集》，第2卷，第12页。

③ 　J.G.凯斯勒：《德意志、波希米亚、匈牙利、瑞士、意大利和洛林游记》，1756年至1757年伦敦出版，第2章，第46页。

④ 　《全集》，纳热尔版第2卷，第1131页；七星文库版第1卷，第699页。

姆士二世的支持者的活动和这位王位觊觎者所接待的来访者。孟德斯鸠可能担心自己被怀疑是贝里克的使者。但是,他认为会见他的妻子索比斯卡公主倒也无妨。7 月 25 日,他第二次到罗马时,公主接见了他,公主刚从博洛尼亚到达罗马,她的丈夫已经到阿尔巴诺教皇借住的别墅去了。她的两个儿子查尔斯·爱德华和未来的约克郡的红衣主教也都在场。他们给孟德斯鸠留下了深刻的印象,他痛惜公主和她丈夫之间的生活不美满,说这又加重了上苍降在他们头上的灾难。孟德斯鸠可能还认识流亡宫廷中的其他人,他在封圣仪式上见过泽西伯爵三世。安德鲁·迈克尔·拉姆齐与詹姆士二世的拥护者有密切联系,而且是海伊的朋友,他极有可能向孟德斯鸠提到过海伊。据孟德斯鸠说,唐森①得以当上红衣主教,是靠了海伊。孟德斯鸠肯定认识邓巴尔伯爵,他是海伊的岳父,詹姆士的顾问。不过,孟德斯鸠与在罗马的詹姆士党人的关系,相较而言是微不足道的,例如,10 年后,德·勃劳斯就经常与王室的人共同进餐。

　　孟德斯鸠在意大利时的活动圈子,主要是当地的知识界,虽然其中包括一些神职人员,但与教会的联系并不十分密切。他一到意大利,立即就开始参加他们的活动,因为在威尼斯他的引荐人是那位学识渊博、见多识广的安东尼奥·康蒂。孟德斯鸠在巴黎时就可能认识他。康蒂兴趣广泛,他把让·拉辛的《阿达莉》译成了意大利文。他还自己写了一部关于尤利乌斯·恺撒的悲剧,该剧赢得了维柯的赞赏。他和孟德斯鸠讨论了戏剧的理论问题②,并且,由于他自己对音乐极感兴趣,他还让他的客人会见了他的朋友马尔赛罗,他当时正在想方设法让马尔赛罗翻译普鲁塔克③的音乐理论著作,但是孟德斯鸠把马尔赛罗描绘成一个"疯子"。

---

　　① 唐森(Tencin, Pierre Guérin de, 1679 或 1680—1758),法国国务活动家、红衣主教和反詹森派。他在 1721—1724 年和 1739—1742 年曾任驻罗马教廷大使,后来当上红衣主教和路易十五的大臣。——译者

　　② 《随笔》,第 464—465 条。

　　③ 普鲁塔克(Plutarch,约 46—120),罗马帝国早期的希腊传记作家和伦理学学家,对欧洲最有影响的古典作家之一。罗马许多重要历史人物都有赖于他的著作而流传于后世,最重要的作品有《传记》和《道德论集》。——译者

康蒂可能对孟德斯鸠谈起过玛丽·沃特利·蒙塔古夫人,他把她的一些诗作译成了法文;另外,孟德斯鸠看起来曾和他的英国友人谈论康蒂,因为他记录了关于康蒂的两行诗:

> 他的想象力和判断力竟然如此,
>
> 彼超越了此,此也超越了彼。①

康蒂是当时意大利知识运动的先锋,无论在意大利还是在法国,他都有广泛的联系。可能就是他,使孟德斯鸠能在帕多瓦一睹瓦利斯内里的珍藏;可以肯定,正是他将孟德斯鸠介绍给博学的克莱利亚·博罗梅奥夫人、那位米兰的夏特莱侯爵夫人;可能还是他把孟斯德鸠介绍给塞拉蒂。

孟德斯鸠在都灵结识了物理学家罗曼,还再次会见了贝尔纳多·拉马,他们在巴黎时已经相识。②在佛罗伦萨结识了马尔塞罗·维努蒂,他帮助孟德斯鸠被接纳为科尔托纳的伊特鲁里亚科学院的成员。③后来,孟德斯鸠在克莱拉克和波尔多与他的兄弟菲利波·维努蒂过从甚密。但是,孟德斯鸠没有能够会见天文学家比阿基尼,他在罗马逝世时,孟德斯鸠正在那里;孟德斯鸠也未见到几何学家曼弗雷迪,他路过博洛尼亚的时候,曼弗雷迪不巧离开了。不过,他成功地会见了马费伊④和穆拉托里⑤。

维罗纳的希皮奥内·马费伊,像当时的大多数学者一样,涉猎广泛,不过他过分同情基督教,孟德斯鸠不可能深切地敬慕他,对他的仰慕也不可能持久。实际上,孟德斯鸠形容他为一个派别的首领。但是,他是一个很

---

① 《随想录》,第 595 条。

② 《随笔》,第 365 条。

③ 1739 年 3 月 17 日,孟德斯鸠致菲利波·维努蒂。大约在同一时间,维努蒂也帮助韦尔耐加入该学院,他还是阿蒂亚的密友。

④ 希皮奥内·马费伊(Maffei, Francesco Scipione, 1675—1755),意大利戏剧家、考古学家、学者。曾创办《文学报》和《文学观察报》,他的韵文悲剧《梅罗珀》曾轰动一时,翻译过《伊利亚特》,还写有关于家乡古迹的《维罗纳图证》4 卷。——译者

⑤ 穆拉托里(Muratori, Ludovico Antonio, 1672—1750),意大利近代史学先驱。著有《意大利编年史》12 卷。——译者

有名望的人物,关于他,切斯特菲尔德曾对他的儿子说,为了去见他,就值得特地去维罗纳一趟。①孟德斯鸠了解马费伊的几部著作。他提到了马费伊的关于圆形剧场的著作,还引用过他的《外交史》中的章节。②他还可能熟悉马费伊的论文《论骑士用语》,这篇文章在对骑士制度进行探讨的过程中,就荣誉问题发表了一些与《论法的精神》相似的观点。马费伊后来写的关于高利贷的著作,以及由此而引起的辩论,可能使孟德斯鸠在他的这部杰作中对商业进行了一定的讨论。

穆拉托里是摩德纳的一个图书管理员,孟德斯鸠会见了他,并且很喜欢他。后来,穆拉托里成为一家杂志的编辑。他博学而严谨,孟德斯鸠在他生涯的后一段时期很喜爱这种治学态度。孟德斯鸠的《罗马盛衰原因论》有很多长处,但是在校勘原文和比较权威著作上欠精确。不仅如此,孟德斯鸠对于穆拉托里的人品评价很高,认为他朴实无华、宽厚仁慈,而且博学多识,"总之……是一个有许多突出优点的人"。在《论法的精神》一书中他引用了穆拉托里的许多著作。孟德斯鸠在最后关于封建制度的章节中,之所以能在学术论证和提供文献方面更为严密完整,很可能正是从穆拉托里那里学来的。

第四节　那不勒斯

孟德斯鸠已经对政体的原则和社会问题颇感兴趣。对教皇现存的权力和英国觊觎王位的流亡王室的习俗所进行的研究,不能使他满足;他要寻求关于政府和社会更为可靠的资料。在他南行以及折回向北的旅途中,他密切注意所遇到的社会政治制度。在威尼斯,他发现美德与共和制政府并非不可分割;他看到耶稣会的政治权力达到了令人惊奇的程度。③他以轻蔑的口吻,对威尼斯人空洞虚无的自由权,作了如下令人难以忘怀的评论:

---

① 1749 年 8 月 7 日,切斯特菲尔德给儿子的信(多布雷辑:《书信集》,第 4 卷,第 1377 页)。

② 《随笔》,第 448 条。

③ 《随想录》,第 394 条。

至于说到自由,在这里人们享受一种绝大多数诚实的人所不愿意享受的自由:大白天去会妓女,与她们结婚;复活节可以不领圣餐;行动完全独立,并且无人知晓;这就是人们所有的自由。①

在威尼斯和里窝那,他参观了单层甲板的大帆船,在那里他没有发现一张不愉快的面孔。②后来大多数来意大利访问的著名的 19 世纪英国旅行家,都效仿了他的这种做法。在都灵,他拜会了维克多-阿马戴乌斯二世③,这位大公还记得多年前孟德斯鸠当教士的叔父来访的事,这使孟德斯鸠深受感动。但是,这位开明专制君主的典范并不讨他喜欢。他宣称,无论如何他不愿意成为此类小诸侯的臣民,人们对你的一切,你的行为,你的收入,你的一举一动都了如指掌。在一个大国里隐姓埋名地生活要好得多。在摩德纳,尽管他对公爵通情达理、政绩贤明表示钦佩,但他仍然认为,这与人民的穷困和狡诈是并行不悖的。摩德纳人备受苛刻盘剥,他们会在你换钱时行抢,而博洛尼亚的居民比较富有,在做交易时,他们是诚实的。

在那不勒斯,孟德斯鸠的脑海里涌现这种看法是必然的。这个南部王国从 18 世纪初,即 1707 年至 1734 年,在西班牙直接统治与波旁王朝的统治之间,经历了一段空白期。现在,它是奥地利的附庸国,由一位总督行使皇帝的统治权。当孟德斯鸠在那不勒斯时,任总督的是冯·哈拉赫伯爵,孟德斯鸠在维也纳时已经会见过他,这是一位很有才干的人(1773 年他成为科尔托纳科学院的院长和监护人)。孟德斯鸠对他评价很高,尽管如此,据孟德斯鸠观察,政府的管理并不很好。他没有遇到任何一个他认识的或

①　《全集》,纳热尔版第 2 卷,第 981 页;七星文库版第 1 卷,第 548 页;孟德斯鸠在评论威尼斯的自由时,所参考的似乎是米森的旅行指南。他拥有并使用这部书:"我用两句话告诉你什么叫自由,你无论如何不要参与国事,千万不要去犯要受法律制裁的大罪,否则难免不漏风声,引起追究。此外,凡是你认为是好事,就毫无保留地去做,用不着考虑别人会怎么说。这就是威尼斯的自由。"(《意大利游记》,乌特勒支 1722 年版,第 1 章,第 224—225 页。)

②　《随想录》,第 31 条。

③　阿马戴乌斯二世(Victor-Amadeus Ⅱ, 1666—1732),意大利萨伏依的公爵,后成为撒丁-皮埃蒙特第一代国王。——译者

那不勒斯人熟悉的日耳曼人。他特别提到，国王为了维持军队，不得不征收总数高达 100 万那不勒斯克朗的赋税，因此人民愈加贫困。的确，最贫穷的那不勒斯人也就是地球上最穷的人。流浪者或懒汉几乎衣不遮体，他们完全靠吃野菜度日。孟德斯鸠以他们为例，证明处境悲惨的人也是最容易恐惧的人，他说维苏威火山冒出一小股青烟，他们就会胆颤心惊："他们傻得居然会害怕成为不幸者。"①

然而，对于孟德斯鸠来说，最清楚地表明那不勒斯人的可怜境遇的，莫过于他们对圣亚努阿里乌斯②显圣所抱的态度。这对他来说，也正表明了那不勒斯的宗教信仰和罗马的宗教信仰之间的大相径庭之处。在教堂的一个小瓶子里，保存着这位圣人的血块，这块已经凝结的血每年有 3 次要恢复液态。每年 5 月第一个礼拜日之前的星期六，是圣人升天日，1729 年圣人升天日落在 4 月 30 日，孟德斯鸠正好赶上了这一天。显圣不灵被认为是灾难、地震、瘟疫或战争的预兆。1729 年 1 月暴雨成灾；无独有偶，维苏威火山恰巧喷起了浓烟，与此同时埃纳火山口也喷出了火焰。这些使人们惊恐万状，担心发生自然灾害。③人们都焦急地等待着凝血液化的奇迹，而事实也没有使他们失望。孟德斯鸠记述道，奇迹确实在他眼前发生了，尽管教堂里有 9 个异教徒在场。在他的《游记》和《随想录》中④，他以相当长的篇幅讨论了这件事作何解释。奇迹发生，他很满意，实际上第二个星期，奇迹再次发生，他又一次亲眼见证。他深信神甫和人民的信仰是虔诚的，神甫们不是骗子，但是他认为很可能神甫们自己已被蒙骗了：因为很明显，引起液化的肯定是祭台上的蜡烛发出的热量，以及另外一支自始至终距圣物很近的蜡烛所发出的热量。他承认，这只不过是他的猜测，最后他

---

① 《罗马盛衰原因论》第 14 章（《全集》，纳热尔版第 1 卷，第 449—450 页；七星文库版第 2 卷，第 147 页）。

② 圣亚努阿里乌斯(Saint Januarius,? —305)，意大利人，贝尼文托的主教，那不勒斯的主保圣人，在 305 年罗马皇帝戴克里先迫害基督教徒时殉难。那不勒斯教堂一个瓶子里存有他的凝血块，据说一年中有几次化为液态，这就是所谓的"显圣"。——译者

③ 《圣詹姆士晚邮报》，1729 年 2 月 6—8 日。

④ 《随想录》，第 836 条。

没有排除这是一次真正奇迹的可能性。但是他紧接着对于人们的迷信表示叹息,他说:"许多那不勒斯人一无所有,但是,那不勒斯人比别的人民更是人民。"

18 世纪初,那不勒斯知识界的精神生活充满了朝气和活力,欧洲极少有城市能与之媲美。孟德斯鸠有幸接触到这里的精神生活的若干侧面。切莱斯蒂诺·加利亚尼是其中最为显要的人物之一。他是著名的讲故事能手菲迪南多·加利亚尼①的叔父,半岛上大多数学者都是他的朋友。他和意大利的詹森教派有联系,并且他自己就被指控为詹森分子。他在罗马教授宗教史,在那里孟德斯鸠结识了这位未来以改革那不勒斯大学而闻名于世的改革者、西西里两王国的总教士。然而,他对那不勒斯社会作出的主要的冲击是后来的事②,当孟德斯鸠在那里访问的时候,首都帕特诺珀存在着三种主要思潮,主要的代表人物分别为格拉维纳③、詹农④和维柯。

吉安·维琴佐·格拉维纳卒于 1718 年,他在 18 世纪享有盛名。加拉托在回忆录中把他和卢梭以及孟德斯鸠相提并论,并且对他推崇备至。加拉托甚至这样写道:

> 法律是普遍意志的表达。意大利的格拉维纳和法国的孟德斯鸠曾在他们精彩的著作中使法的光辉跃然纸上。⑤

这种提法对于这位法国人来说是实事求是的,对于那位那不勒斯人来说就是言过其实了。格拉维纳在文学方面和罗马法的研究方面都作出了重要贡献,可能孟德斯鸠对他的声望已有所闻。在 1727 年的《法兰西文丛》期刊

---

① 加利亚尼(Galiani, Ferdinando, 1728—1787),意大利经济学家,曾任那不勒斯驻法大使的秘书。——译者
② F.尼科里尼:《伟大的意大利教育家切莱斯蒂诺·加利亚尼》,那不勒斯 1951 年版。
③ 格拉维纳(Gravina, Gian Vincenzo, 1664—1718),生于罗马,意大利著名学者。——译者
④ 詹农(Giannone, Pietro, 1676—1748),意大利历史学家,著有《那不勒斯王国内政史》等。——译者
⑤ 加拉托:《苏阿尔先生生平及 18 世纪的历史回顾》,巴黎 1820 年版,第 1 章,第 195 页。

上(孟德斯鸠自己也偶尔在上面发表文章),刊登了一封未署名者写给波尔多的让-雅克·贝尔的信(众所周知贝尔是孟德斯鸠的朋友),信的标题是《某君致波尔多法院推事贝尔先生,谈格拉维纳先生寄贝尔先生的一篇拉丁文政论》,信的作者谈及贝尔早些时候在该杂志上发表的一篇评论杜博的文章,在这篇文章中,贝尔讨论了格拉维纳关于诗歌的理论,为他没有能够搞到一本格拉维纳的《诗歌的理性》而表示遗憾。这封信表明在波尔多格拉维纳引起了人们的兴趣。后来,在孟德斯鸠的藏书中出现了《诗歌的理性》,这表明他可能对这部著作十分重视。

格拉维纳还是非常著名的罗马法史专家。他认为罗马法不是在虚无之中死啃书本就可以理解的,无论读得多么透彻,也不能得其要领;反之,他把研究法律与研究政治和各种机构的历史联系起来,在他的同时代人中很少人如此,可能只有让·多玛一人也采取这种做法。他的《民法起源》是18世纪伟大的学术著作之一。这部巨著在孟德斯鸠去世之后才被译为法文,书的译名意味深长,叫做《论罗马法的精神》,孟德斯鸠对此进行了极为认真的研究,在《论法的精神》中不止一次详细地引用了这本书;在《随想录》中曾几次提到它。孟德斯鸠做过大段的摘录,可惜已经不复存在了。在他最早对罗马法所作的研究中,没有使用格拉维纳的著作,在《法学汇编》中没有提及格拉维纳,《法学汇编》反映了《波斯人信札》之前他在法学方面进行的研究。由于格拉维纳蜚声那不勒斯,在他去世100年之后,仍被那不勒斯人形容为"宏伟壮丽的大自然所造就的最卓越的天才人物之一"①。鉴于孟德斯鸠在那不勒斯会见了格拉维纳的弟子之一、博学的法理学家和詹森派神学家康斯坦丁诺·格里马尔迪②,而且可能还会见过其他的弟子,由此可以推断,孟德斯鸠是在访问了那不勒斯之后才得知格拉维纳所写的法学著作,并以此大开眼界,开始对罗马法进行更为透彻、更富有想象力的研究。

那不勒斯当时另一位伟大的人物虽然健在,但是却刚刚被流放,而且

---

① 《那不勒斯王国杰出人物传略》,第1章,那不勒斯出版,日期不详(大致为1814年)。

② G.奥尔洛夫:《论那不勒斯王国的历史、政治与文学》,巴黎1821年版,第4章,第389页。

他的流放生活是漫长的、结局是悲惨的。他的名字叫皮埃特罗·詹农。1723 年,他的 4 卷 4 开本著作《那不勒斯王国内政史》问世出版,这部那不勒斯历史获得当时任总督的阿尔坦红衣主教的恩准,并题献给神圣罗马帝国的皇帝。它使那不勒斯市的议员们十分欣喜,出版后仅几天,他们就荣授给他价值 135 块金币的奖杯。[①]不过,这部著作并非在任何地方都受到这样的欢迎,因为詹农直言不讳地攻击了教会对那不勒斯政治进行的干预。他用开诚布公而明确无误的语言谴责历代教皇玩弄阴谋诡计,在王公之间挑拨是非,使他们互相猜忌,从中坐收渔人之利。他宣称人民每遇一次灾难,教会的财富便随之增加,耶稣会尤为甚之。他们不满足于左右人们的良心,还企图统治人们的家庭生活。这种中世纪的吉伯林派[②]反教皇情绪的复活,或许会使皇帝高兴,但绝不会使教皇高兴。对于教皇来说,詹农对教廷政治活动进行的抨击在任何时候都是令人不快的,而在詹森派提出对他的司法权要加以新的限制的时候尤其如此。

教会对詹农进行了猛烈的攻击,他被指控为鼓吹左道邪说或非正统的理论,从主张纳妾合法化到否认圣亚努阿里乌斯显圣的真实性。当 1723 年 5 月 1 日奇迹没有出现的时候,他在城里的处境十分危险。孟德斯鸠对于奇迹没有发生的解释与詹农的大致相同,尽管他写在詹农的著述出版之前。[③]那不勒斯的教士告诉人们说,奇迹之所以不出现,是因为那部刚问世的亵渎神灵的著作。詹农为了免遭攻击,不得不流亡他乡,继而又逃往国外。与此同时,主教辖区的代理主教宣布将他驱逐出教会,他的著作被列入禁书目录内。尽管那不勒斯的民事当局由一位红衣主教掌握着,其态度却比较富有同情心。当然民事当局认为有必要将他的这部著作全部没收,但是在执行时,及时通知了他,而且总督给他签发了护照,帮助他逃离。

就这样,詹农躲到了皇帝那里,在维也纳度过了若干年,他领取救济金

---

①　《皮埃特罗·詹农生平》,第 2 章,1770 年至 1777 年那不勒斯出版,第 24 页。

②　吉伯林派,中世纪意大利的保皇党成员,拥护神圣罗马帝国皇帝,反对教皇的统治,反对拥护教皇的归尔甫派。——译者

③　《为〈那不勒斯王国内政史〉的辩解》,第 1 章,第 4 页起。

并受到欧仁亲王的特别保护。正是在这个时候,孟德斯鸠访问了维也纳,在若干场合遇到过亲王,并且在这里碰到了加莱利,他是王国宫廷里反对耶稣会的主要人物之一,是詹农的保护人。但是,没有证据表明孟德斯鸠在当时会见过詹农或对他有所耳闻。只是在那不勒斯他才听人谈起这个名字,有可能是格里马尔迪说起的,他和这位流亡者之间仍保持着经常的联系。也可能是新总督哈拉赫,他对这位亡命之人十分友善,据詹农自己说①,欧仁亲王还曾敦促哈拉赫给他安排一个适当的职位。如果康蒂和特里弗尔佐亲王(孟德斯鸠在米兰时结识了他)是在晚些时候才认识詹农的话,那么至少孟德斯鸠或许从雅各布·韦尔耐那里听到过他的名字。雅各布·韦尔耐不仅打算在《意大利书目》上刊载他的著作摘要,而且在他离开奥地利到瑞士的时候,一度成为詹农的资助人和保护人。

孟德斯鸠旅行归来不久,在笔记中记下了要写一部像詹农的《那不勒斯王国内政史》那样的法兰西内政史的愿望。②后在《随笔》中又写道,他一定要买一套《那不勒斯王国内政史》,他认为这套书十分精彩。③然而那时他还没有买,写下这一愿望的时间大约是 1738 年。

他真正阅读这本书是后来的事,而且看起来主要使他感兴趣的不是书中反罗马教廷的思想观点,而是作者研究历史的方法。詹农在前言中说道,他的宗旨不是要用战场上的喊杀声和军队的喧嚣使读者感到震耳欲聋,它们使那不勒斯成为一个战争舞台。他的意图更不是要描绘这个王国的壮丽山河和温和宜人的气候。这部内政史将讨论那不勒斯的政府、法律和风俗,他相信这是一部全新的著作。这部书也的确表达了作者的意图,它不是仅仅叙述各次战役,不是仅仅罗列君主和总督;它描述了这个国家的法律、人民健康、瘟疫及其起因、新建筑和新的道路、大学的状况以及法学研究的情况。总而言之,这部著作努力从那不勒斯历史的角度来考虑社会生活的各种因素,孟德斯鸠后来突出地强调了这些因素对法律研究的重要

---

① 《皮埃特罗·詹农生平》,第 111—112 页。
② 《随想录》,第 446 条。
③ 《随笔》,第 660 条。

性。主要是这一事实,而不是詹农对教皇的态度,使孟德斯鸠对这部书产生兴趣。后来人们将看到,他的兴趣结出了丰硕的果实。①

格拉维纳已经与世长辞;詹农在逃亡之中;第三位知识界的领袖倒是住在那不勒斯,但是他的天才总的说来还未得到承认。不过,他的朋友保罗·马蒂亚·多利亚是了解他的天赋的,可是他的这位朋友是个爱虚荣、讲话絮絮叨叨、嫉妒伟人名望的人(他甚至把牛顿叫做"时髦的小大师")。尽管如此,这第三位领袖的主要著作《市民生活》中表达了一些脱离平庸的观点。而在这部著作与孟德斯鸠的著作之间存在着若干意味深长的相似之处。看来,孟德斯鸠研究并且使用了这部著作,他甚至在周游各国之前就可能知道这部著作(在巴尔博的藏书中有这本书)。似乎还有可能孟德斯鸠在那不勒斯时就拜访过多利亚②。

如果他确实在那不勒斯见过多利亚③,这很可能进一步激发他对维柯的兴趣。当他到威尼斯的时候,这种兴趣终于开始萌动,他在那里写进日记中的一句话表明了这一点:"购买:维柯的《新科学》,那不勒斯。"④孟德斯鸠在威尼斯逗留的时间是从 1728 年 8 月 16 日到 9 月 14 日,《新科学》第 1版是 1725 年在那不勒斯问世的。第 2 版直到 1730 年才出版。1728 年初(1 月 3 日和 3 月 10 日)安东尼奥·康蒂写信给维柯(在此之前他们并不相识),说他对这部著作爱不释手,并竭力支持另一位威尼斯人洛多里⑤提出

---

①　《随想录》另一处直接提到詹农的地方也证明了这种观点。孟德斯鸠提到(《随想录》,第 1690 条)要写一部阿尔及尔内政史,并用一页纸列出提纲,这部历史书中包含的轶事谈到,有人试图把银行引入这个国家,这是虚构出来的,大概是以寓言形式讽刺约翰·劳。在孟德斯鸠看来,内政也包括商业史。

②　参见本人文章:《孟德斯鸠与多利亚》(《比较文学杂志》,1955 年)。

③　关于孟德斯鸠与维柯的关系,传说比历史记载更众说纷纭。对该问题作权威性评述的是福尔凯斯基:《孟德斯鸠与维柯》(《孟德斯鸠研讨会文件》,1955 年)。

④　《全集》,纳热尔版第 2 卷,第 1008 页;七星文库版第 1 卷,第 575 页。

⑤　孟德斯鸠在《游记》中写道:"在威尼斯,我会见了……索多里神甫,他是方济各会教士,文人,出版了好几部关于教皇的著作。"(《全集》,纳热尔版第 2 卷,第 1016 页;七星文库版第 1 卷,第 594 页)我冒昧地更正原稿(出自 20 多年后的一位秘书之手),其姓应为洛多里。卡罗·洛多里(1690—1711)是方济各会成员,数学家、文人,康蒂和马费伊的至交,他制造了一台气动机,肯定使博纳瓦尔十分感兴趣(1720 年 1 月,马费伊致瓦利斯内里,见加里博托编刊:《马费伊书信集》,米兰 1955 年版,第 1 卷,第 333 页)。本文没有发现任何姓索多里的威尼斯人。

的应去威尼斯出版一个新版本的建议。①维柯是一个与人通信从不及时的人。他最后同意了这个建议。1729 年 10 月经他亲笔修订、长达 300 页的稿件寄到了威尼斯。孟德斯鸠访问威尼斯之时,正值康蒂在与维柯磋商此事,可能康蒂正在等候维柯最初的回音。有理由推测,正是康蒂竭力向孟德斯鸠建议应把这本书搞到手。

然而,在那不勒斯得到这本书并非易事,原有的书早些时候已经被威尼斯驻那不勒斯的代表全部购买,送到威尼斯去了,因为在那里人们对这部书表示了极大的兴趣。现在这本书已经绝版,再也难得一见了。因此,很可能孟德斯鸠设法想买《新科学》未能如愿以偿,后来就再也没有考虑过这本书。②

现在的问题是:孟德斯鸠是否在那不勒斯见过维柯。在《游记》中没有关于他们会面的记载,但不能由此得出结论。在《游记》中他也没有提及与雅各布·韦尔耐或马尔赛罗·维努蒂的会面,但是从其他来源我们知道他和他们接触过。在孟德斯鸠列举的意大利伟大学者之中不见维柯的名字③,这也并不意味着他们未曾会面,只说明他没有把维柯放在伟大学者之列而已。况且,在孟德斯鸠和维柯之间还有其他可能的联系。人们看到孟德斯鸠经常出入红衣主教洛伦佐·科尔西尼在罗马的官邸,而这位红衣主教是维柯的保护人,《新科学》的首版以及后来的《新科学》第 2 部(此时科尔西尼已任教皇)都是题献给他的。他称赞这部著作语言古朴、说理严谨。④孟德斯鸠在波利尼亚克的餐桌上结识的一位耶稣会士维特里,与维柯有通信往来,他对这部著作的结构之严谨、学问之高深赞不绝口。⑤切莱斯蒂

---

① 维柯:《自传,通信集和诗集》,B.克罗齐和 F.尼科里尼辑刊,巴里 1929 年版,第 63—65 页。

② 许多人断言,将会在拉布莱德发现一部《新科学》。这要追溯到 E.博维为 G.克罗齐的《维柯书目》一书写的书评,其中有这样一句话:"事实上,必须相信一个深知内情的人的话,在拉布莱德图书室里收藏着一部《新科学》首版的样本。"(《意大利简报》,波尔多 1904 年版,第 363 页)我在拉布莱德进行了长时间的查找,未见此书,孟德斯鸠图书室目录也未提及此书。

③ 《全集》,纳热尔版第 2 卷,第 1213 页;七星文库版第 1 卷,第 781 页。

④ 1725 年 12 月 18 日,科尔西尼致维柯(《自传,书信集和诗集》,第 192—193 页)。

⑤ 1726 年 1 月 5 日,维特里致维柯(同上,第 204 页)。

诺·加利亚尼也和维柯有通信来往,他收到了维柯送给他的一本《新科学》。传教士马国贤认识维柯①,而犹太人阿蒂亚预先就知道这部著作将要出版,并把这个消息告诉了穆拉托里。②最后,甚至在维柯的狭小住所里,在这距孟德斯鸠所喜爱的新耶稣教堂一箭之遥的地方,斯图亚特王朝的影响和威望也渗透进来,因为维柯能任职,是原来去西班牙时曾任贝里克公爵下属的波波利公爵罗斯塔伊诺施加影响的结果。更为重要的是,罗斯塔伊诺的外甥女和弟媳伊波利塔尽管门庭显贵,却经常到那简陋的住所去拜访维柯,她是维柯一个女儿的教母,而且当了多年维柯的保护人;他的家族坎特尔莫-斯图亚特,曾请求承认是苏格兰古代国王的后裔,1683年英王查理二世批准了他们的请求,并且在1731年骑士圣乔治访问那不勒斯的时候,他们款待了他。③维柯有如此显赫的保护人,很可能促使孟德斯鸠去登门拜访,甚至他们可能会带他去。

由此看来,孟德斯鸠有可能会见过维柯,不过,正如克罗齐所言,如果几乎可以肯定他们见过面的话,未免又夸大其词了。④

---

① F.尼科里尼辑刊:《自传》,米兰 1947 年版,第 188 页。
② 同上,第 190 页。
③ 同上,第 170—174 页。
④ 《梵蒂冈书目》,那不勒斯 1947 年版,第 1 卷,第 292 页。

第六章　英国之行(1729—1731 年)

第一节　王室与公侯

　　1729 年 7 月的最后一天,孟德斯鸠离开了特兰托,日夜兼程,于 8 月 1 日在凛冽的严寒之中到达因斯布鲁克。然后他在慕尼黑逗留了两个星期,在奥格斯堡染病发烧,不仅身体上备受病痛的折磨,而且不得不忍受那些不是依其医术,而是按照宗教观点选择来的医生的摆布("哪怕给我请的医生是土耳其人也无妨",他抗议道,"只要他是个好医生")。此后,他又迅速穿过莱茵兰,转道向东,于 9 月 14 日[1]抵达英国文明的前哨阵地汉诺威。他在那里逗留了一段时间,10 月 8 日启程疾驶(4 天 4 夜不离驿车),奔向乌特勒支。10 月 15 日,他经运河水路到达阿姆斯特丹,从那里前往海牙,并于 10 月 31 日开启去英国的航程。由于冰雹和暴雨,这次航行是令人沮丧的。11 月 3 日,他到达伦敦[2],从而开始了他一生中最为重要的时期。

　　然而,这也是他一生中最鲜为人知的时期之一。与他的旅意日志相

---

　　[1]　根据孟德斯鸠的记述,到达日期为 9 月 24 日,但从实际情况来看,显然是错误的(《全集》,纳热尔版第 2 卷,第 1272 页;七星文库版第 1 卷,第 944 页),因此,我根据他的旅行日期,作了更正。
　　[2]　按当时仍在英国通用的罗马儒略历,启程日期和到达日期分别为 10 月 20 日和 10 月 23 日,本章节内有关英国的日期,皆依此历。

比,如果存有记述孟德斯鸠在英国期间情况的资料的话,将会对他的社会
生活以及思想的发展提供更加生动鲜明的线索。他在意大利结识的人中,
知其名者有 100 多人;他在英国时间更长,有理由认为他的结交更为广泛,
但是,已经查证与他有交往的人名几乎不超过 20 个。他的旅意日志包含着
重要的历史资料,譬如,帕斯特所著的《教皇史》就曾经从中引用过大量资
料。如果也存在一部旅英日志的话,肯定会更令人感兴趣的。

实际上,孟德斯鸠确实写了这样的日志,不过这件事并不能给人们欣
慰。1818 年,孟德斯鸠的外孙约瑟夫-西里尔(孟德斯鸠的女儿丹妮丝之
子)给当时住在坎特伯雷附近的布里奇山的表兄弟夏尔-路易·德·孟德
斯鸠——让-巴蒂斯特·德·色贡达之子——寄去了大批手稿。手稿的目
录保留了下来,所列项目之一有这样的说明:

> 此卷内装意大利及德意志几个地方的游记;英国游记,已誊清,可
> 准备付印,装订成 8 开本一卷。①

夏尔-路易于 1824 年 7 月在坎特伯雷去世,他在 1822 年 2 月 4 日写的
遗嘱里有这样一条:

> 我嘱望在我去世后,将所有发现的手稿仔细捆扎,送给波尔多的
> 普罗斯帕·德·孟德斯鸠……如果届时他仍在的话;但如果他业已去
> 世,那么(手稿)即焚毁。②

普罗斯帕(即夏尔-路易-普罗斯帕),是约瑟夫-西里尔的儿子。当夏
尔-路易在坎特伯雷去世时,他仍健在,事实上他一直活到 1871 年。在 1818
年的目录上,有普罗斯帕的亲笔附注:

---

① 《全集》,纳热尔版第 3 卷,第 1575 页。
② 萨默塞特议会,遗嘱检验册。

除极少部分外,所有手稿(这些手稿部分已经删改和修订)均被舅舅烧毁。我从伦敦只带回装订好的 4 册……两个纸盒或两个文件夹,包含各种各样的资料,其中之一的标题为"游记"……①

保留下来的文件夹无疑就是 1894 年至 1896 年间发表、1939 年出售、现为 M.罗伯特·舒曼收藏的《游记》的手稿。两条注释中的话并没有完全排除送回法国的案卷其中也包括记述在英国旅行的手稿,但是,这种可能性微乎其微。孟德斯鸠关于在英国的记述,毫无疑问已在英国被他的孙子焚毁了。

能够从其他方面弥补的材料同样如凤毛麟角,1818 年勒费夫尔首版的只有 15 页的《旅英笔记》很令人感兴趣,但分明支离破碎,而且上面有这样一句话:"没有必要说明我们是如何得到此件的。"幸存下来的只有 5 封孟德斯鸠在英国期间写的信件和一封写给他的信件。英国方面的资料同样不能说明问题。蒲柏②和切斯特菲尔德的书信集都是精心编辑的,其中竟无关于孟德斯鸠旅居英国的记载;未发表的斯隆和戴麦佐的选集之中,直接有关的材料也几乎没有;赫维勋爵的回忆录在那些年间中断了;丘吉尔、蒙塔古和里奇蒙这些家族的资料没有提供任何情况;当时的报界对此也几乎完全保持缄默。③

然而,孟德斯鸠访问了英国,这是毋庸置疑的。在《波斯人信札》中,他已经流露出对英国自由观颇感兴趣。郁斯贝克提到英国人认为无限的权力是非法的,而黎伽解释说,在英国,自由是在激烈的争吵和煽动中诞生的。④在去英国之前,孟德斯鸠已读过卡德沃思⑤和克拉伦登⑥的著作。他

① 《全集》,纳热尔版第 3 卷,已据拉布莱德的原稿更正。

② 蒲柏(Pope, Alexander, 1688—1744),英国 18 世纪最重要的讽刺诗人。著有《批评论》《群愚史诗》等作品。——译者

③ 对此进行的最有价值的研究是 J.斯顿·柯林斯的《伏尔泰、孟德斯鸠、卢梭在英国》(伦敦 1908 年版)。尽管此书存在若干不确切之处和缺陷,但仍不失为一部有价值之作。

④ 《波斯人信札》,信 104、136。

⑤ 卡德沃思(Cudworth, Ralph, 1617—1688),英格兰神学家和伦理哲学家。曾任剑桥克莱尔学院院长,撰写了《论最后的晚餐的真正意义》等多部著作。——译者

⑥ 克拉伦登(Clarendon, Edward Hyde, 1609—1674),英格兰政治家和历史学家。当过大法官,著有《英国叛乱和内战史》。——译者

结识了英国驻巴黎的外交代表——使馆秘书鲁宾逊[①]，可能还有霍雷肖·沃波尔，他参加了中楼俱乐部，肯定认识沃尔德格雷夫。从1716年起他就已认识贝里克，博林布鲁克在流放时，他曾见过，而且可能十分熟悉。在地位比较低微的人士中，他认识在波尔多的英国酒商，他还是爱尔兰诗人迈克尔·克兰西和在四方漫游的科学家萨利的赞助人。在法兰西学士院里，他和杜博教士同为院士。关于这位教士，一位讽刺作家在论及他《未被理解的英国利益》一书的影响时挖苦地写道：

> 英国人，高枕无忧吧！
>
> 上帝赐予您杜博神甫，
>
> 他比您更熟悉您的事务。[②]

至于英语，孟德斯鸠也并非一窍不通。据狄德罗的叙述，孟德斯鸠喜欢讲述他曾有一次访问布伦海姆时的见闻，在访问过程中，马尔巴罗[③]公爵在听孟德斯鸠讲了一个多小时英语之后，请求他不要讲法语，因为公爵听不懂。[④]不过令人遗憾的是，这个传说值得怀疑，孟德斯鸠访问英国的时候，马尔巴罗公爵已不在人间。这位显赫的公爵在1722年与世长辞，爵位依据特别继承权传给了他的长女。

在罗马的时候，孟德斯鸠曾跟一位爱尔兰人学习英语。[⑤]后来，他买了一本内容很有用的旅行指南《英国的艺术和自然奇观》以及一些关于英语的著作，如：菲利普斯的《古代与现代语言的教学法简论》，贝利的《英语概

---

① 1723年10月22日，巴尔克莱致孟德斯鸠(《全集》，纳热尔版第3卷，第44页；七星文库版第1卷，第87页)。

② 国家图书馆，手稿，法文档12694，第496页。

③ 马尔巴罗公爵(Duke Marborough, John, 1650—1722)，英国首相丘吉尔的祖先，布伦海姆是公爵的封地。丘吉尔曾为他的祖先写过一部《马尔巴罗公爵传》。——译者

④ 1762年9月23日，狄德罗致索菲埃·沃兰(罗思编辑：《狄德罗书信集》，第4卷，第161—162页)。

⑤ 《全集》，纳热尔版第2卷，第1110页；七星文库版第1卷，第679页。

论》，瓦茨的《英语阅读与写作技巧》，沃利斯的英语语法和博耶的词典。他经过这番苦功，能够阅读英文了，在《随笔》中转录了几个片断，并且加以评论就足以证明这一点。同时，他至少还能听懂别人讲英语。

在意大利，孟德斯鸠曾结识了一些英国人，其中有旅行者，也有逃亡的詹姆士二世的拥护者。但他与英国人进行较广泛的交往是在汉诺威开始的。在那里，他与故友沃尔德格雷夫重逢，沃尔德格雷夫把他引荐给当时正住在这个小王国里的乔治二世。他应邀与王族共同进餐，这位君主彬彬有礼，对他的旅行表示兴趣，给孟德斯鸠留下了良好的印象。当时伴随国王的国务大臣汤森也友好地接待了他。孟德斯鸠抵达海牙之后，向大使切斯特菲尔德勋爵递送了沃尔德格雷夫写的引荐信，切斯特菲尔德邀请他乘坐自己的游艇去伦敦一游。

正如前面已经提到的勋爵和他的客人于旧历10月23日到达伦敦，大约在同一时间，博林布鲁克从艾克斯拉沙佩勒（即亚琛），赫维①从意大利也回到了英国，三位英国社会中的名流几乎同时到达，首都的社交生活由此大为活跃起来。切斯特菲尔德的返回尤其受到辉格党人的欢迎，1729年11月11—13日的《白厅晚邮报》以赞美的诗篇欢迎他：

> 在文艺女神的庇护下，
> 阁下远游他乡，名扬四方，
> 寻求荣誉和芬芳；
> 唱起感谢的诗歌，
> 为普天欢庆增光，
> 欢呼，祝贺您安抵故邦。

另一方面，托利党人则期待着孟德斯鸠会对他们表示可能是微妙的恭

---

① 赫维（Hervey of Ickworth, 1696—1743），英国辉格党人。1725—1733年任国会议员，1740年任掌玺大臣。著有《乔治二世王朝回忆录》。——译者

维。因为博林布鲁克于 10 月 18 日写的《手艺人》杂志一文中有一封波斯来信,信中郁斯贝克向吕斯当表示为"罗宾统治"的罪恶而感到悲痛,文章以这种形式批评了沃波尔。①托利党人作此理解,或许不无道理。

孟德斯鸠受到赞扬,是理所当然的。如果斯彭斯的《轶事》是可以相信的话,孟德斯鸠在即将横渡海峡之时曾宣称:"真正有识之士,不是在别处,唯在英国。"②

在适当的时机,经过引荐,孟德斯鸠参拜了宫廷③,这次对乔治二世的印象不如他在汉诺威受到接见时那样好:

> 我看国王就像一个普通男人,他有漂亮的妻子、上百个仆人、成套的随从车马、丰盛的美味佳肴。别人都觉得他很幸福,但这一切都是外表。当宾客散尽,关上门时,他就跟妻子和仆役争吵,责骂他的总管,他就不那么幸福了。④

他对威尔士亲王的印象要好一些,而且好像曾经一度考虑把《论法的精神》题献给他。⑤亲王请求孟德斯鸠为他写一篇类型完全不同的作品,在一部手稿的序言中,孟德斯鸠叙述了事情的原委:

> 我在英国时,威尔士亲王让我找人编一个法国优秀民歌集,我照办了。但是当我发觉法国的一些诚实的人和值得尊敬的东西(在集子中)遇到嘲弄时,我觉得不该让人从这样一个很糟糕的角度去认识我

① 沃波尔(Walpole, Robert, 1676—1745),英国辉格党领袖。1714 年乔治一世登基后出任军需总监,以叛国罪弹劾托利党领袖哈利和博林布鲁克。1715 年任财政大臣,1734 年任首相,1742 年倒台,被封为奥福德伯爵。这里的"罗宾统治",就是指沃波尔当政。——译者

② 斯彭斯:《轶事》,第 330 页。

③ 孟德斯鸠声称(《全集》,纳热尔版第 3 卷,第 284 页;七星文库版第 1 卷,第 875 页)他于 1730 年 10 月 5 日(新历)在切斯特菲尔德陪同下觐见国王,但无法证实此说。1730 年 8 月 6 日,切斯特菲尔德返回荷兰,直到孟德斯鸠离开英国之后,才回到英国。

④ 《全集》,纳热尔版第 3 卷,第 287 页;七星文库版第 1 卷,第 878—879 页。

⑤ 《随想录》,第 1860 条。

们的民族。我没有勇气把它寄出去,留在身边准备放到藏书室去。想读这本集子的人都得格外小心。说实在的,这确实是法兰西的欢愉和喜悦的杰作,它表现了法兰西独有而其他民族无法企及的精神,但是不能把它当作严肃的东西。在别的地方有伤风化、甚至危及宗教的东西,我们只能把它看作我们民族欢愉的激情,唱歌时的欢乐可以去慰藉不幸和痛苦。法兰西为自己保存着餐桌上的自由,不知道有什么法律可以在这方面管束宴饮的欢乐。

这本歌集实际上是孟德斯鸠整理的。歌集为大张对开本,其中收集了大量歌曲,全部手抄而成,有的是孟德斯鸠的笔迹,但大部分是杜瓦尔神甫誊抄的,许多歌曲的情调却是值得怀疑的。孟德斯鸠错误地认为,亲王对这样一部不严肃的歌集会侧目而视,因此不敢进奉给亲王。但是,1818年他的孙子将歌集奉给摄政王,并且从那时起歌集一直收藏在温莎的皇家图书馆内。[①]

孟德斯鸠和王后谈论的话题就大不相同了,他对王后十分敬重,这位来自德意志的安斯帕赫的卡罗琳王后,确实有一些值得他尊敬的地方,她赞助科学和文学事业,赞赏像戴萨里埃和勒古拉耶那样的法国流亡者。孟德斯鸠对她说:"您高尚的精神为全欧洲所称道,以至于似乎不允许我再作什么颂扬。"[②]

他在与王后谈话时,并不只是像一个朝臣那样约束自己,一味讲恭维话。大概是由于孟德斯鸠一再提出要求出任外交使节,为此巴黎向法国驻伦敦大使布洛伊伯爵询问他的情况。大使在一封复信中[③]描述了孟德斯鸠在英国宫廷里的情况。大使报告说,王后要见《波斯人信札》的作者,他们之间最初几次谈话涉及的就是这部著作,但是,王后看出他愿意讨论任何问

---

① 本人幸获女王陛下恩准,公开发表孟德斯鸠歌曲集中的序文。本人万分感谢皇家图书馆管理员麦克沃恩-扬先生,以及他的前任欧文·莫斯黑德爵士,是他们向我提供了关于这部手稿的情况。

② 《随想录》,第762条。

③ 这份报告的日期为1730年10月31日,有关的部分已由F.鲍尔德斯贝格在《未曾发表的一位外交官对孟德斯鸠英国之行的看法》中发表(《比较文学杂志》,1929年)。

题,便引导他详谈有关法国宫廷和政府的情况。在这两个问题上,他有点忘乎所以,对英国备加赞扬,而对法国竭力贬低。在使馆里,他同样口若悬河,布洛伊大使不得不把他拉到一边,告诫他多听少讲。孟德斯鸠对这种警告全然不顾,他那加斯科尼人的倔强脾气大发作,说了许多大使认为不该讲的话。

无所顾忌的言谈没有妨碍孟德斯鸠在社交中取得成功;况且,孟德斯鸠与贝里克公爵过从甚密,因而能出入豪门。孟德斯鸠来到英国时,阿拉贝拉·丘吉尔,即贝里克公爵的母亲戈弗雷夫人仍健在。她的弟媳、马尔巴罗公爵的遗孀萨拉同样是知名人物。萨拉以及她的女儿——法律上的女公爵,看来都认识孟德斯鸠,至少曾闻名,很可能也见过其人。①孟德斯鸠认识有公爵爵位的人物还不止这些。他与两位贵族里奇蒙阁下和蒙塔古阁下情同手足,他们被朋友称为"卓越而久负盛名的人"。②第二代蒙塔古公爵娶了显赫的马尔巴罗的女儿。马尔巴罗赞助学术活动,酷爱动物,热衷于哥特式建筑,招纳怪僻的、非同寻常的人物,像他这样一位能收到用阿拉伯文和中文写的信件的人,曾赎买过一个非洲奴隶,使其获得自由,此人有一个不同寻常的名字——约伯。约伯是所罗门的子孙,亚伯拉罕的后代。③蒙塔古尽管当时身为皇家学会会员,却主要热衷于搞恶作剧。马尔巴罗公爵夫人在1740年曾说道:"他的才智都放在只有15岁的男孩子才喜欢做的事情上,而他差不多52岁了,把人弄进花园,用水枪把他们淋得湿透;邀请别人到他的乡间别墅,往床上放些东西,使他们浑身瘙痒;以及其他许多诸如此类的鬼花样。"④

孟德斯鸠把蒙塔古称作他在英国的朋友和保护人⑤,尽管如此,他并没

---

① 《随笔》,第625条;1733年9月18日,赫维夫人致孟德斯鸠以及1733年9月28日,孟德斯鸠致赫维夫人。

② 1735年5月1日,约翰·查尔丁致马尔巴罗公爵三世(历史资料委员会,45〈1〉,第385—386页)。

③ 这些信件现存于布顿宫巴克留公爵的档案之中。

④ 《马尔巴罗公爵遗孀萨拉的见解》,1799年版(出版地不明),第58页。

⑤ 《随想录》,第2206条。

有逃过成为这种鬼把戏的受害者。20多年后,他在款待一位英国来客时,讲述了公爵的事:

> 你太年轻,我想你不会认识蒙塔古公爵,他是我所遇到过的最不寻常的人物之一;他聪慧过人,有无穷的独创力。想想看,他邀请我到他的乡村别墅去,那是我们初次会面,没等我有机会跟他熟悉,他就对我搞起那种(毫无疑问你也曾经历过或耳闻过)大使曾介绍过的恶作剧来,他把我推进放满冷水的浴盆里,水没过了我的头顶。无疑我认为这是荒唐的做法,不过,你也很清楚,一个出门在外的人只能入乡随俗,况且他对我的盛情,他那无可比拟的同情心,远远超过了把我浸湿所给我带来的不便之处。然而,自由(这位此时已成为令人肃然起敬的政治理论家补充说)是光荣的事业! 确实如此,它公正地对待人的天性,允许各种独创精神表现自己,并且对于它导致的每一个不太令人愉快的荒唐做法,都给世界提供了许许多多伟大、有益的实例。①

第二代里奇蒙公爵已经与法国有密切的联系,他的祖母(第一代公爵的母亲,公爵是查理二世的私生子)是朴次茅斯公爵夫人路易丝-勒内·德·柏南科特·德·凯鲁瓦尔,她一直活到1734年,住在法国,在那里是一位社交场中引人注目的人物。里奇蒙公爵在学术上很有抱负,他认识雷奥米尔;1728年他被接纳为科学院的名誉院士②,他是亚伯拉罕·特朗布雷③的赞助人④,他对于自己作为皇家学会会员在科学事业方面的责任十分严

---

① F.哈迪:《夏尔蒙伯爵——詹姆士·考尔菲尔德的政治生涯与私生活回忆录》,伦敦1810年版,第34页。
② 1728年9月5日,雷奥米尔致比尼翁(国家图书馆,手稿,法文档22232,第270页)。
③ 特朗布雷(Trembley, Abraham, 1710—1784),瑞士博物学家。——译者
④ 特朗布雷的传记作者声称(J.特朗布雷:《亚伯拉罕·特朗布雷先生的生平与著述》1797年纳沙泰尔和日内瓦出版,第55页)特朗布雷曾在英国与孟德斯鸠会见;此说与已知的特朗布雷旅行日期互相矛盾。

肃认真。①然而,他却以愚蠢著称。不过,后来孟德斯鸠被告知,他由于沉溺在赌场中寻欢作乐②,已几乎丧失人性,成为畜生。孟德斯鸠把与他和蒙塔古在一起度过的美好时光,看作是一生中最愉快的时刻。③

第二节　政界

孟德斯鸠不仅周旋于王公贵族之间,而且活动于当时的政界之中。

他认识沃尔德格雷夫已有一段时间,但在英国却未能幸会,因为伯爵在离任驻维也纳大使之职后,曾一度受命去巴黎任职。切斯特菲尔德同孟德斯鸠一起达到英国以后,于 1730 年 8 月回到海牙供职,他的一位朋友是他的传记作者,提及他和孟德斯鸠的关系,曾作下面的描述:

> 《波斯人信札》的作者在这个国家住了两年,其中大部分时间用来研究那个令人赞叹的政制,他喜爱这个政制,并给予高度评价。他要了解情况,就没有比切斯特菲尔德勋爵更权威的人物。据说在宾客混杂的场合,孟德斯鸠看起来并不是人们所想象中的那样;不过在宾客严格选择的场合,人们一致认为他和蔼可亲、活泼风趣、襟怀宽阔,这样的人不可能不讨人喜欢。而一旦得到切斯特菲尔德勋爵的欢心,很快便能成为他的朋友。我们发现事实正是如此,他们保持着经常的通信联系,直到孟德斯鸠与世长辞。④

尽管他们之间的信件已不复存在,但有证据表明与这位英国人之间的

---

① 他锲而不舍地搜集有关苏塞克斯郡发生的地震情况,以便向皇家学会提出报告,(1734 年 10 月 27 日,里奇蒙致斯隆,大英博物馆,斯隆手稿,4053,第 301 页)。

② 部分由于这一原因,他于 1749 年拒绝(由他的妻子代表他)出任驻巴黎大使(1749 年 3 月 19 日,巴尔克莱致孟德斯鸠)。于是,由他的姻兄弟、第二代阿尔比马尔伯爵就任此职(伯爵的母亲曾于 1729 年 10 月在海牙见过孟德斯鸠),他经常款待孟德斯鸠。

③ 1742 年 11 月 10 日,孟德斯鸠致福克斯。

④ 马蒂:《关于切斯特菲尔德生平的回忆》,见切斯特菲尔德:《合集》,伦敦 1777 年版,第 42 页。

友谊一直延续着,甚至很有可能利特尔顿模仿《波斯人信札》撰写的名为《一位在英国的波斯人写给在伊斯法罕友人的信》一书时,切斯特菲尔德也参与其中。①该书于 1735 年第一次出版。

沃尔德格雷夫和切斯特菲尔德此刻出任大使,因而相对地超脱了党派政治,尽管如此,他们是辉格党人。汤森也是辉格党人,孟德斯鸠曾在汉诺威与他相逢,但是他于 1730 年 5 月辞职还乡,回到他的东安格利亚庄园去了。除了赫维以外(孟德斯鸠与他的关系还不如与赫维夫人的关系那样密切),孟德斯鸠的友好知交,凡是在政治上活跃的,不是托利党人,便是辉格党中的异见分子。他认识卡特里特,那是在卡特里特从爱尔兰返回并背叛了执政党之后。②他认识普尔特尼,显然是通过了康蒂神甫与普尔特尼之间的关系③;他从普尔特尼那里听到了许多关于显赫的马尔巴罗公爵的故事。④后来,在卡特里特和普尔特尼分别成为格拉维尔伯爵和巴思伯爵之后,他们随即把孟德斯鸠引荐到上院,视其为可尊敬的研究议会法的权威,并引用他的理论。⑤

著名的反对派大臣博林布鲁克是反对沃波尔势力的后台,孟德斯鸠和他早已相识,孟德斯鸠对于英国政治的看法,依据的多半是他的观点。孟德斯鸠在《随想录》中这样写道:"我认识博林布鲁克勋爵,但又不十分了解他。"⑥他向沃尔伯顿解释了他和博林布鲁克之间的友谊,为何在双方毫无察觉的情况下逐渐中止。"我们两人在不知不觉中永远分手了。"⑦要确定他们两人之间是何时疏远的,那是完全不可能的。但是,如果肯定说不会

---

① 1735 年 1 月 13 日,赫维勋爵致亨利·福克斯(发表于《赫维勋爵与他的朋友》,伦敦 1950 年版,第 217 页)。

② 1749 年 7 月 22 日,孟德斯鸠致多姆维尔。

③ 1721 年 5 月 2 日,安东尼奥·康蒂致戴麦佐(大英博物馆,斯隆手稿,4282,第 262—263 页)。

④ 《随想录》,第 593 条。

⑤ 1749 年 4 月 10 日,休谟致孟德斯鸠;1749 年 6 月 7 日,德·唐森夫人致孟德斯鸠。

⑥ 《随想录》,第 2126 条。

⑦ 1752 年 7 月 4 日,孟德斯鸠致沃尔伯顿(M.J.杜里蒙辑刊;《德·马里蒙自传》,巴黎 1955 年版,第 2 章,第 499—501 页)。

发生在孟德斯鸠旅居英国期间,那又未免过于武断。然而,他在英国期间,在整个这段时间里,似乎一直在读博林布鲁克主办的杂志《手艺人》,这家持托利党观点的期刊在法国也是相当著名的。马莱算不上是个醉心于英国事务的人,但是他在与布依埃的通信中也讨论了这家刊物。①这家杂志刊登的文章,有些摘要译成了法文;未发表的关于这家杂志的评论文章和译文手稿也为人所知。②在乌特勒支发表的一些摘录,曾使切斯特菲尔德大为恼火,他对此采取了措施,防止此类现象再度发生。③从《访英笔记》中可以明显看出,孟德斯鸠对于围绕《手艺人》的性质存在的争议是一清二楚的。他指出,杂志中的文章皆为博林布鲁克和普尔特尼所作,每一期出版前由 3 名支持者审阅,以防止其中有任何违法之处。④《随笔》中曾有 9 次提到《手艺人》⑤,而且这 9 次都是在孟德斯鸠旅居英国时期,十分清楚,他是经常翻阅这份杂志的。《手艺人》杂志对孟德斯鸠的政治观点的发展所起的作用是十分重大的。在这家杂志上,他可以读到关于古老的自由精神的论述,这种精神一直主宰着英国历史的进程;可以读到英国政治家经常进行的对罗马历史和英国历史所作的类比;可以读到一个据称是专制腐败的党派政府如何侵犯人民,以及受财产授予法保护的传统权力的;可以读到马基雅维利的《论李维》与 18 世纪问题的关联;读到关于爱国主义、开明政府和外国宫廷利益的论述,尤其是关于分权理论的论述。如果说,在《手艺人》杂志中也能发现伪装成严肃的爱国箴言的党派声明、不高明的前后矛盾、矫揉造作的口号和无根据的虚假历史教训的话,那么其中还有意义深刻、丰富的警句格言,有时它们所产生的效果完全与它们

_____

① 1732 年 9 月 4 日,马莱致布依埃(国家图书馆,手稿,法文档 24414,第 194 页)。

② 勒佩杰收藏的文稿中,有一篇关于《手艺人》的长篇评论文章手稿和部分《论政党》一书的翻译稿。

③ 1729 年 1 月 11 日(新历),切斯特菲尔德致汤森(《书信集》,第 2 卷,第 85 页)。

④ 《全集》,纳热尔版第 3 卷,第 285 页;七星文库版第 1 卷,第 876 页。

⑤ 1729/1730 年 1 月 31 日;1729/1730 年 2 月 7 日及 28 日;1730 年 5 月 9 日;1730 年 6 月 13 日(9 月 5 日);1730 年 10 月 31 日(12 月 5 日);1730 年 11 月 21 日(12 月 19 日);1730 年 11 月 28 日(8 月 1 日);1730/1731 年 1 月 9 日(1 月 23 日);以上日期为新历,括号中的日期为 1731 年重写的日期;其中有些日期业已改变。孟德斯鸠所提及的都是原版期刊。

的真实性不相称。况且,《手艺人》也不是这位访问者阅读的唯一的英国刊物,他还有其他一些摘录,有的是从其他报纸上抄下来的,有的是剪下来的。

孟德斯鸠与英国政治的接触,也不仅限于读报纸刊物、与政界人士进行社交活动。在威斯敏斯特举行的辩论吸引了他,在他的《旅英笔记》中,曾描述过两次下院辩论的情况,其中一次他肯定在场,另一次也有可能在场。关于早期议会辩论情况的资料并不多见,因为在当时,报道议会辩论被认为是对议会特权的侵犯。至今,科贝特的《议会史》仍是主要的权威性著作。不过,1920 年开始,发表了第一代埃格蒙特伯爵日记①,提供了关于乔治二世在位时期议会活动新的、内容丰富的资料,可以作为孟德斯鸠所描述的下院辩论情况的可靠依据。

孟德斯鸠记述的第一次下院辩论是 1729/1730 年 1 月 28 日②举行的,辩论的内容是关于维持一支 1.7 万人常备军的问题,反对党的主要发言人是食古不化的托利党人威廉·希彭,他以诚实闻名,曾使蒲柏感悟,写下了下面一首两行诗:

> 我愿倾诉衷肠,
> 如希彭之坦率,老蒙田之真挚。③

根据伏尔泰的记述④,也正是希彭在下院的一次演说中,开宗明义地宣称:"英国人民的尊严将遭到损害。"孟德斯鸠所记述的是在辩论那支常备军时所发表的演说,这次演说也相当出色。在第二次辩论中,这位汉诺威人竟斗胆使用了这样的词句:只有暴君或篡位者才需要依赖军队来维

---

① 历史资料委员会,第 63 号。
② 依照儒略历,4 月为新年开端,依照格里高利历,1 月为新年开端。按当时英国人的习惯,通常会在 1 月、2 月、3 月后标注儒略历(旧历)和格里高利历(新历)两个年份。——译者
③ 《霍拉斯的赝品》,II, i,第 51—52 页。
④ 穆兰编:《伏尔泰著作集》,第 22 卷,第 102 页(G.朗松编:《哲学通信》,巴黎 1937 年版,第 1 卷,第 88 页)。

持自己的权力。这使全体议员大为震惊,但希彭迫使议会再一次倾听这番话。议员们担心会场出现骚乱,要求分组表决,以便中止辩论。孟德斯鸠在《旅英笔记》中对这件事作了扼要记述①,与埃格蒙特的日记正相吻合。埃格蒙特的日记写道,希彭曾说,"他希望不要把主张由军队来统治的德国宪法引用到这里;在英国,哪个国王提议由军队来统治,他就是一位暴君"②。

孟德斯鸠报道的第二次辩论,是 1729/1730 年 2 月 27 日在下院举行的。当时,法国政府不愿遵守《乌特勒支条约》的规定,增防敦刻尔克港,辩论十分激烈。他写道:

> 我从未见过如此激烈的场面。会议从下午 1 点开始,凌晨 3 点才结束。我在会场上看到他们如何说法国人的坏话;我也注意到两国之间的忌恨达到了可怕的程度。沃波尔先生以极其凶狠的方式攻击博林布鲁克先生,说他是整个阴谋的策划者。

孟德斯鸠说,温德姆为博林布鲁克辩护;并接着评论了沃波尔演说中的报告部分,这位大臣讲了一个农夫的故事,说农夫看见一个人吊在树上,但还活着,于是农夫砍断了绳子把那个人放下来,把他带回家去护理,但第二天农夫发现自己的刀具被偷了。这个故事的寓意是永远不应该反对法律的制裁,沃波尔把这个故事的教训用于博林布鲁克,他是被流放后获释回国的,因此,应该把罪犯带回原处。③

孟德斯鸠的记载是确凿无误的。官方的记录证实了这次辩论一直延续

---

① 《全集》,纳热尔版第 3 卷,第 288 页;七星文库版第 1 卷,第 879 页。
② 历史资料委员会,第 63 号(11),查尔斯·霍华德致卡莱尔勋爵的信证实了这一点:"希彭先生在演说中使用的一些字眼如此不堪入耳,我把它记录下来;他说他希望永远不会看到这些王国德意志化,以改变成军事王国……武力和暴力是篡位者和暴君使用的手段,对于他们来说,只有建立一支常备军才有安全感。"(历史资料委员会,第 42 号,第 66—67 页)
③ 《全集》,纳热尔版第 3 卷,第 289 页;七星文库版第 1 卷,第 881 页。

到第二天凌晨 3 点才结束。①一位议员给他父亲写信说,虽然这次辩论延续到 3 点钟,但这是他进入下院以来最值得听的一次。②埃格蒙特的记录更为详尽(尽管他没有提到沃波尔绘声绘色的发言),也证明了孟德斯鸠记述的真实性:

> 我们从 12 点一直坐到凌晨 3 点。双方的辩论十分激烈……罗伯特·沃波尔爵士暗示博林布鲁克勋爵是敦刻尔克问题的幕后人物……他对勋爵的攻击如此尖刻,致使威廉·温德姆不得不起来为之辩护。③

这两次辩论都很著名,但事前不大可能知道它们将成为著名的辩论。孟德斯鸠的记载表明他对议会活动颇感兴趣,并且意味着至少在 1730 年 1 月至 5 月的会议期间,他很可能会经常参加议会会议。另外,也可以看出他对英语已掌握得非常熟练。

孟德斯鸠谈及的另一次议会辩论,讨论的是 1729 年制定关于选举中行贿问题的法案。④他写道:汤森急切地反对该项法案,虽然他认为上院不应该像前些年那样否决这项法案,结果会引起公众的不满,可以建议上院对法案进行修正,可是修正得如此严苛,致使下院自己否定了该法案。于是,由他提出的修正案在上院获得通过,修正案中有这样一条,把对行贿的罚款从 50 镑⑤增加到 500 镑。然而下院不愿落入上院的圈套,也通过了该修正法案,并且一位不情愿的君主和一班更不情愿的大臣也勉强认可了。由此,孟德斯鸠说,这项法案的通过,实在是奇迹,因为它既违背国王的意愿,也违背上院和下院的意愿。一个最腐败的议会在保障公众自由方面竟超过了任何别的国家。⑥

----

① 《下院日志》,第 21 卷,伦敦 1803 年版,第 469 页。

② 1729/1730 年 2 月(28 日),查尔斯·霍华德致卡莱尔勋爵(历史资料委员会,第 42 号,第 68 页)。

③ 历史资料委员会,第 63 号(1),第 71—74 页。

④ 丘顿·柯林斯误认为这一法案是 1730 年和 1731 年进行辩论的救济金法案。

⑤ 孟德斯鸠说,罚金原为 10 镑,这是错误的(见《下院日志》,第 21 卷,第 363 页)。

⑥ 《全集》,纳热尔版第 3 卷,第 289—290 页;七星文库版第 1 卷,第 831 页。

事实上,上院的修正案是在 1729 年 5 月 6 日通过的,第二天就被下院接受,到 5 月 14 日这项修正案就被国王批准。[1]讨论的全过程是在孟德斯鸠到达英国之前发生的,他所得到的是第二手资料。尽管如此,他的记录十分详尽,而且很有见地。此外,其中一部分情况还是鲜为人知的。[2]

第三节　伦敦的法国人

当时的伦敦,以有一批活跃、精力充沛、才华横溢的法国人而自豪。在这些法国人中,有些是重返故里的詹姆士二世拥戴者的朋友;有些怀着求知的好奇心;有些纯属为野心所驱使;有些则是逃亡的新教徒。他们混杂在一起,彼此之间社会阶层的不同似乎并不重要,宗教信仰的差异更显得无足轻重。其中地位最高的是德·拉福斯公爵夫人,她是波尔多科学院过去的保护人德·拉福斯公爵的遗孀。1726 年,公爵被贬黜并继而去世。孟德斯鸠为他致悼词,措词委婉周全、恰到好处。公爵夫人此时已到英国定居,孟德斯鸠从英国回法国后不久,她就在圣詹姆士广场街自己的家里去世了。[3]孟德斯鸠是否见到了她,是否对她过着相对说来比较贫困的流亡生活表示了慰问,人们不得而知。

还有两个地位卑微却更有影响的人(尽管他们两人后来都在穷困潦倒中结束了一生),一位是戴麦佐,另一位是戴萨里埃。他们都是新教牧师的儿子,都是学识渊博的人,也都获得了皇家学会会员的荣誉。

戴萨里埃原籍拉罗谢尔,曾受教育于耶稣教会,是牛津的民法博士。据说在他死时,"既无分文,又无葬身之地"[4]。但他是卡罗琳王后的被保护

---

①　《上院日志》,第 23 卷,第 419、423、437 页。

②　应补充说明一点:孟德斯鸠认识海军上将福布斯,即后来的格拉纳达伯爵。1729 年福布斯被任命为背风群岛(西印度群岛一部分——译者)总督。他是一位忠诚正直的人,十分健谈。与他相比,"极少有人对司法、政治、权术、贸易、人口、制造业、农业、军事、旅行等这些领域,像他那样思考得多,像他那样撰读那么多的著作"(J.福布斯:《格拉纳达伯爵回忆录》,伦敦 1868 年版,第 161 页;《随笔》,第 513 页)。

③　《记事月刊》,1731 年 5 月号,第 95 页。

④　詹姆士·考索恩:《虚幻的人类乐趣》(1794 年),见 A.钱默斯:《英国诗选》,伦敦 1810 年版,第 14 章,第 255 页。

人,是威尔士亲王弗里德里克的牧师(因为他加入了英国国教)。①他用实际演示的方法,通过态度明朗的诗篇,倡导牛顿的自然哲学理论,并于1741年被选为波尔多科学院的通讯院士。②在同年举行的学院集会上,他发表了《论物体的带电现象》一文,该文对30种试验作了严谨、客观的描述,这篇论文成为获奖之作。

皮埃尔·戴麦佐是布瓦洛和圣埃弗尔蒙的传记作者,还撰写了托兰德的回忆录,编纂了著名的1720年出版的《作品汇编》。在这部两卷本中兼收并蓄了莱布尼茨(包括他与克拉克的来往信件)和牛顿的论文,以及马勒伯朗士和沙夫茨伯里讨论的文章,还有戴麦佐的好友安东尼·柯林斯的一篇文章的法文译本。虽然戴麦佐编纂的这部书对思想理论的进步作出了意义重大的贡献,但更为重要的是他与皮埃尔·培尔的关系。他和培尔私交甚笃。1717年他编辑了培尔的《文集》;还撰写了培尔的生平,并准备于1730年在《历史与批判辞典》的一个版本中发表。此时,他正忙于准备这部辞典的英文译本,终于自1734年开始在伦敦出版,全书共有5卷,对开本。戴麦佐有广泛的通信联系③,他的来往书信至今仍保存在大英博物馆内,为了解18世纪的国际关系提供了活生生的资料。其中虽无孟德斯鸠与这位流亡者之间的来往信件,然而从戴麦佐结交之广和结交人的类型来看——其中包括戴莫莱④和安东尼奥·康蒂——没有理由怀疑他们相识。

孟德斯鸠也不可能不认识勒古拉耶神甫,与戴麦佐和戴萨里埃不同,他不是新教徒,而是一位忠贞不渝的天主教神甫,然而他反对克雷芒通谕,因为他信仰思想自由,但并不接受通谕中所谴责的詹森派的信条。1723年,他发表了《论英国国教圣职授任礼仪的有效性》,这篇论文在英国颇受赏

---

① 1735年7月2日,孟德斯鸠致里奇蒙(见本人文章:《孟德斯鸠通信集:补遗及修订》,《法国研究》,1958年)。

② P.巴利埃尔:《波尔多科学院》,第68页。

③ J.H.布鲁姆:《记者皮埃尔·戴麦佐》(《比较文学杂志》,1955年)。

④ 1729年6月21日,戴莫莱致戴麦佐(大英博物馆,补遗,手稿4285,第258页)。

识,但在法国则不然。在 1728 年的一条通谕中①,他的这部著作受到谴责,同时受到谴责的还有其他一些著作,其中包括孟德斯鸠的朋友、学院院士、巴札斯主教芒甘的著作。为谨慎起见,勒古拉耶离开了法国。在英国,他获得了牛津神学博士衔以及珀西瓦尔勋爵的友谊,并得到卡罗琳王后的庇护。②坦率豁达的戴莫莱毫无疑问如奥莱托利会惯常做的那样,对一位遭受通谕迫害的人深表同情。他对戴麦佐赞扬了勒古拉耶,说认识他的人都欢迎他。③孟德斯鸠也不可能对这位博学的神甫冷眼相看,因为孟德斯鸠此时已经对保罗·萨尔比的《特兰托大公会议史》产生了兴趣,并要求戴莫莱为他弄一本④,而这位神甫即将着手把该书译为法文。⑤

另一位避难的胡格诺教徒是皮埃尔·科斯特,他是法国于泽斯地方的人,聪明、勤勉并与望族有血统关系。和戴麦佐一样,他也认识培尔,还认识洛克,并在洛克本人的协助之下,把他的几部著作译成了法文⑥,他翻译的《人类理解论》尤为著名,其中有一些重要的注释,后来的编辑者在编辑英文本时都采用了;伏尔泰引证时用的就是他的译本;孟德斯鸠收藏的也是他的译本。当科斯特发现蒙田是洛克的先驱时,他接着于 1724 年在伦敦出版了蒙田的《随笔集》的法文本,这是自从 1676 年红衣主教会议将其列入禁书目录以来首次出版的法文本,也是第一次按照严格的评论原则出版的法文本。⑦这一版采用的纸张质地优良,预订者的名单令人瞩目,其中包括许多王族,玛丽·沃特利·蒙塔古夫人、穆拉托里和德·凯吕斯伯爵,单是伯爵一人就买了 12 本。这一版使 18 世纪的哲学家们得以拜读他们伟大先辈的著作。

孟德斯鸠认识科斯特,他饶有兴味地记述了科斯特对一篇神学论文

---

① 《波尔多教区大主教的教会、训谕、书信汇编》,波尔多 1848 年版,第 1 卷,第 222—225 页。

② 《第一代埃格蒙特伯爵日记》,历史资料委员会,第 63 号。

③ 戴莫莱致戴麦佐,见前注。

④ 孟德斯鸠致戴莫莱,日期不明(《全集》,纳热尔版第 3 卷,第 889 页)。

⑤ 勒古拉耶的译文于 1736 年在伦敦出版。

⑥ 见本人文章:《关于洛克、科斯特和布依埃的一些未曾发表的情况》(《比较文学杂志》,1953 年)。

⑦ 特里亚诺:《蒙田在 18 世纪法国的声望》,昂热 1952 年版,第 85—89 页。

《论神的单一性》所发的议论。论文第一部分的标题是《一个神还是三个神》。①在《随想录》中,他温和地嘲弄科斯特,说:

> 我的朋友中有一位老实人,他做了一些有关蒙田的笔记,我相信他大概以为《随笔集》是他自己的著作。我当面夸奖他时,他态度谦逊,并略表谢意,还红了脸。②

孟德斯鸠的嘲弄是善意的、表面上的。科斯特作为蒙田著作的编辑者、沙夫茨伯里的朋友,不可能不博得孟德斯鸠的好感,他把这位作家与柏拉图和马勒伯朗士一起看作是人类最伟大的四位诗人之一。③若干年后,孟德斯鸠承担了科斯特在巴黎书籍销售方面的任务。④

圣西辛特是一个比较难以捉摸的人物,他是一个命运的斗士,据传他是波舒哀之子。他离开故土法国(不过还时常返回),并且信奉新教。偶尔写一些文章、小册子、新闻报道,或受雇别人写作,是一个高水平的雇佣文人。他翻译了《鲁滨逊漂流记》的部分章节,批评伏尔泰的作品,因而也是伏尔泰的对立者。他还著有《关于西班牙的事业的谈话》。⑤这是一部怪诞的著作,其中充满了不成熟,但却发人深省的政治观点。作为这样一个人,他有许多方面是孟德斯鸠所喜爱的。不仅如此,他还与朗贝尔夫人⑥以及孟德斯鸠的朋友默隆的一位朋友有通信联系,并且是他们的密友,在巴黎时,他就住在默隆的朋友那里。⑦不言而喻,他还是戴麦佐的朋友。此外,他还认识赫维夫人⑧以及珀西瓦尔勋爵⑨,这是皇家学会会员、希皮奥内·马费伊⑩的朋友。

---

① 《随想录》,第 1108 条。
② 同上,第 1441 条;第 1231 条。
③ 同上,第 1092 条。
④ 1739 年 7 月 13 日,孟德斯鸠致福克斯。
⑤ 1719 年海牙出版,2 卷本。
⑥ 朗贝尔夫人:《著作集》,洛桑 1748 年版,第 422—424 页。
⑦ 1732 年 6 月 4 日,圣西辛特致戴麦佐(大英博物馆,补遗,手稿 4284,第 153 页)。
⑧ 1733 年 8 月 18 日,赫维夫人致孟德斯鸠。
⑨ 历史资料委员会,第 63 号(I),第 34、76、90 页。
⑩ 1732 年 4 月 1 日,圣西辛特致戴麦佐(大英博物馆,手稿 4284,第 153 页)。

这种情况不足为奇,因为那个时代就是一个充满令人诧异之事的时代。他敬重孟德斯鸠,并寻机恭维他。当他的《记述几次内容重要而有趣的谈话的信件》一书出版时①,他送给孟德斯鸠一本作为礼物,存在拉布莱德的这本书上还有题辞:"作者题赠。"1732年,圣西辛特新版了他的名作《一位无名者的杰作》,这本书情节离奇、文笔优美,充满引人入胜的揶揄讥讽。与此同时,他又出版了一本新作,书名为《无与伦比的阿里斯达库斯·摩梭医生的神化》,在这本著作中,他把帕那萨斯山描写成给人启示的圣地,全世界所有伟大的文坛名流都聚集在这里。一个名叫萨迪的波斯人来到这里和作者攀谈:

> "您能否确切地告诉我,谁是这些信件的作者?"他拿出一本题为《波斯人信札》的书问我。
>
> "好的,开明而雄辩的萨迪,"我回答道,"人们称他为孟德斯鸠庭长。"
>
> "这是我所读到的最好的书之一,"萨迪又说,"一个法国人能够如此完美地描绘我们的风俗习惯,能够像我们一样去思考、去写作,我们感到钦佩。但是根据你们国家的习惯和舆论,书中充满了过于自由的思想,我们为此惊叹不已……我恳求您回到法国以后向这位天才的作家转达我对他的无限赞赏,对他的名字我将永远不会忘记。"②

孟德斯鸠的名字"一字不差"地作为《波斯人信札》的著者印出来,这大概是第一次。③

---

① 1731年伦敦出版,2卷本。
② 1732年海牙出版,第2卷,第473—475页。
③ 在伦敦的银行界中有几位法国人或与法国血缘较近的人。1729年12月21日,孟德斯鸠在致塞拉蒂的信中提到他联系的银行家是朗贝尔,看来就是第二代男爵约翰·朗贝尔爵士,他父亲是出生在雷岛的一位胡格诺派教徒。当时住在伦敦的还有理查德·坎蒂伦,他的《论一般商业的本质》对孟德斯鸠在经济方面的思想有影响,他本人是爱尔兰人,曾在巴黎住过一段时期,并在那里发迹。他的妻子是夏洛特·德·巴尔克莱的继女巴尔克莱子爵夫人,她是贝里克公爵夫人以及孟德斯鸠的朋友兰斯瓦·德·巴尔克莱的妹妹。坎蒂伦卒于1734年,系被其法籍厨师所杀。遗孀后来嫁给了巴尔克莱,尽管他们之间有血缘关系。孟德斯鸠认识她(1736年7月18日,孟德斯鸠致巴尔克莱),可能也认识坎蒂伦。

第四节　皇家学会

1730 年初，圣西辛特以更为实在的方式向孟德斯鸠致意，此事与泰西尔医生有关。

乔治-路易·泰西尔，来自一个在法国新教徒中颇具名望的家庭，祖籍在塞文山地区。乔治-路易自己出生在汉诺威王国，1710 年在莱顿获博士学位。[1]1715/1716 年 3 月，他被任命为皇家内科医生，5 年后被选为皇家医学院的研究员，并于 1725 年成为皇家学会会员。他认识珀西瓦尔、博林布鲁克和蒲柏。[2]他卒于 1742 年，但是在他逝世以后很长的时期内，伦敦的法国医院里一直有与他同名的医生。[3]

虽然这位医生在世之时的声誉卓著，而今却只有少数零星的资料保存下来。正是他于 1729/1730 年 2 月 12 日提议接纳孟德斯鸠为皇家学会会员，这项提议得到圣西辛特和汉斯·斯隆[4]爵士的支持。两个星期以后，即 2 月 26 日，经投票表决，孟德斯鸠当选，他签上了自己的名字，加入了皇家学会。[5]

这样，在他的两部严肃著作尚未发表之前，孟德斯鸠已成为波尔多科学院院士、法兰西学士院院士、科尔托纳科学院院士和皇家学会会员。

身处皇家学会的学者之间，孟德斯鸠并不感到孤独[6]，里奇蒙和蒙塔古公爵都是会员。彭布罗克伯爵八世在牛顿之前任皇家学会会长，此时他已届暮年，因而洛克把《人类理解论》一书题献给他。他以古董鉴赏家闻名于国内外。[7]虽说他收藏的古董有些"只有美妙的名称（赫维写道），我相信只

---

[1]　在他的博士论文《脑髓与脑皮层物质》的题名页上，他自称为吕纳比尔戈-塞朗亚斯。

[2]　1742 年 5 月 21 日至 23 日，蒲柏致休·贝瑟尔（G.舍伯恩辑刊：《通信集》，牛津 1956 年版，第 395—396 页）。

[3]　哈格：《法国新教》，第 9 卷，巴黎 1859 年版，第 352 页。

[4]　斯隆（Sloane, Sir Hans, 1660—1753），英国医生、博物学家。1727 年继牛顿任皇家学会会长，并成为国王乔治二世的首席医生，直至 1751 年。——译者

[5]　1728/1730 年 2 月，皇家学会《日志》手稿；1729/1730 年 3 月 1 日，孟德斯鸠致塞拉蒂。

[6]　有确切证据说明，他在入选前后，认识 14 名会员。此外，他完全可能还认识其他会员。

[7]　安东尼奥·康蒂认识他（康蒂：《散文与诗》，第 2 章，第 37 页）。

有勋爵大人自己钟爱它们"①,但至少这些古董还是极其丰富多彩的。戴莫莱在此之前就已经告诉了孟德斯鸠关于这些古董的情况。②孟德斯鸠在他的论文《哥特风格》③中使用了由此获得的材料。他认识彭布罗克,并把伯爵关于文学问题的一些观点写了下来④,许多年后在法国还接待了伯爵的孙子来访。⑤

伍尔豪斯是一位眼科医生,多年前在巴黎时,孟德斯鸠就认识他,此时他正在伦敦,自从1721年起他就是皇家学会会员。圣西辛特是一位既不孤僻也不轻浮的会员,1729/1730年2月5日他在学会宣读了一篇关于一种新植物的论文。⑥孟德斯鸠与内森·希克曼讨论了那不勒斯遇到的血块的液化现象,正如人们意料的那样,这位英国人、皇家学会会员对这个奇迹作了严格的科学的解释。⑦女王的御医亚历山大·斯图亚特是一位严肃的生理学家,后来被接纳为波尔多科学院院士。⑧汉斯·斯隆爵士继牛顿任皇家学会会长,他是一位很有名望的人。孟德斯鸠与他的关系亲密程度如何,现已无据可查。他自1708年以来就是波尔多科学院的外籍院士。这个头衔以及英国皇家学会会长之职,使他以几种语言与欧洲的学者们有广泛的通信联系,与学会的名誉会员之间的通信也毫不逊色,其中有孟德斯鸠的朋友和顾问、耶稣会士卡斯泰尔。卡斯泰尔早在1728年已经与斯隆有接触⑨,一年以后又着手把《哲学学报》译为法文。⑩在孟德斯鸠入选为皇家学会会员后不久,似乎也曾探询卡斯泰尔是否有可能获得提名,因为那年春

---

① 1731年11月6日,赫维勋爵致威尔士亲王(伊尔切斯特伯爵:《赫维勋爵及友人》,第107页)。

② 《随笔》,第185条。

③ 《全集》,纳热尔版第3卷,第277页;七星文库版第1卷,第867页。

④ 《随想录》,第529条;《随笔》第526、628条。

⑤ 1755年11月3日,孟德斯鸠致加斯科。

⑥ 1729/1730年2月,皇家学会《日志》手稿。

⑦ 《随想录》,第836条。

⑧ P.巴利埃尔:《波尔多科学院》,第44、130页;《波尔多科学院授奖论文汇编》,第5编,1737年至1739年波尔多出版;1737年5月22日,孟德斯鸠致博内。

⑨ 1728年12月5日,卡斯泰尔致斯隆(大英博物馆,斯隆手稿4050)。

⑩ 1730年5月24日,卡斯泰尔致斯隆(大英博物馆,斯隆手稿4051)。

天,这位耶稣会士在给汉斯·斯隆的信中这样写道:

> 新近被吸收加入你们可敬的皇家学会的孟德斯鸠庭长先生告诉我,我荣幸地已被你所推荐。①

事实上,卡斯泰尔的愿望得到了满足,他成了皇家学会会员。

通过皇家学会,孟德斯鸠结识了马丁·福克斯,他在 1727 年曾是与斯隆竞争会长之职的对手,并在后来终于继任了该职。福克斯是个有争议的人物,另一位会员斯图克莱以这样的词句评论他:

> 他很博学,精通哲学和天文学,但是对自然史一无所知。在宗教问题上,他是一个误入迷途的不信教者,一个高声嘲笑别人的人。他自称是一些猴子的教父,不相信天国,不相信《圣经》,不相信神明启示。②

皇家学会内两派之间就是如此敌对。在这位绝不和解的牧师兼考古学家与这位有独立见解的强人斯图克莱之间,孟德斯鸠自己的立场,从他对福克斯的看法中可以一目了然:

> 如果有人问我,他的心灵和思想深处有何缺陷,我将难以回答。③

因此,孟德斯鸠和斯图克莱互不通信,不引述对方的观点,甚至互不提及,这并不奇怪。

孟德斯鸠认识的其他学会会员中还有约翰·康杜依特和托马斯·希尔。康杜依特娶了牛顿的一个侄女为妻,并继任了这位杰出的叔父之职,

---

① 1730 年 4 月 12 日,卡斯泰尔致斯隆(大英博物馆,斯隆手稿4051,第 15—16 页)。
② 斯图克莱的札记本(S.皮戈:《18 世纪收藏家威廉·斯图克莱》,牛津大学 1950 年版,第 145 页)引用了这段文字。
③ 《随想录》,第 2124 条。

当上了造币厂厂长。他最关心的事是牛顿的声誉。他继承了牛顿遗留下来的文件,丰特纳尔在科学院致颂词,他给丰特纳尔提供了资料,使其成为一篇著名的演说。但是他并不满意丰特纳尔对材料的处理,显然是因为这位法国人对笛卡尔抱有坚定不移的热情,实难谅解。希尔也是造币厂的官员,担任国王的文书和文件保管员之职。①他和里奇蒙公爵过从甚密,并被任命为公爵之子的家庭教师。他和公爵一起旅行,1728 年曾陪同公爵远征法国②。他是福克斯的朋友,对皇家学会的事有强烈的兴趣。1735 年由孟德斯鸠介绍,他被选为学会的外籍会员,孟德斯鸠把这个消息告诉了丰特纳尔。③

孟德斯鸠在英国逗留期间,一位苏格兰人也被选为外籍会员,从而进一步加强了皇家学会的国际联系。而这位苏格兰人,不过是一个最大限度法国化了的苏格兰人。他的名字是安德鲁·迈克尔·拉姆齐。在中楼俱乐部时,孟德斯鸠就已经认识了他。他刚刚写完《居鲁士游记》,并于 1727 年首次出版,此后在 1730 年,他又用英文发表了第 4 版。在预订这部书的人之中,至少有 4 名红衣主教(阿尔贝罗尼、弗勒里、波利尼亚克和德·罗昂主教)、27 位公爵和公爵夫人、一大批地位较低的贵族、几位外交官、达尔让松伯爵、朗贝尔夫人、卡特里特和罗伯特·沃波尔爵士。拉姆齐在孟德斯鸠之前不久被选为皇家学会会员——他于 1729 年 12 月 11 日当选,一周之后批准④,并于 1730 年 4 月 10 日获得了孟德斯鸠从未享有的荣誉:那一天他(并非没有争议)获得了牛津大学民法博士学位。⑤他几乎同时获得两方面授予的荣誉,一方面是有强烈政治意识和对立的皇家学会⑥,另一方面是

---

① 钱伯林:《大不列颠常识》,伦敦 1728 年版,第 2 部分,第 142 页。

② 马奇伯爵:《公爵与他的朋友》,1911 年版,2 卷本。

③ 1735 年 3 月 12 日,希尔致康杜依特(历史资料委员会,第 8 号报告,第 1 部分,第 83 页)。

④ 1729 年 12 月,皇家学会《日志》手稿。

⑤ 托马斯·赫恩:《评论和文选》,H.E.索尔特辑刊,牛津 1915 年版,第 10 章,第 264 页。

⑥ 参见赫恩的片面之词:"皇家学会的事务,由于政党偏见,现在搞得一团糟,学术被束之高阁,而政党和一己私利支配着一切,情况实在令人痛惜……现在学会像其他公共团体一样,带有浓厚的政党色彩,人们对辉格党和托利党这些词语,比对自然科学家、数学家和古物收藏家这些词语更为熟悉。"(同上,第 402—403 页)

持托利党观点、甚至是拥护詹姆士二世的大学,而这所大学被新任的副校长、议会反对党议员的兄弟罗伯特·希彭所控制,可谓收获匪浅。

第五节　共济会成员

拉姆齐是一个自相矛盾的人物,他有许多难得集于一身的特点,是共济会的成员。他并非孟德斯鸠认识的唯一的共济会员,在 1723 年威斯敏斯特的霍恩酒馆分会的花名册中,有沃尔德格雷夫和内森·希克曼的名字。[1]两年以后在科文特花园的贝德福德·黑德酒馆召开的分会会议上,出席者中有一位休尔·埃奇利·休尔[2],他与孟德斯鸠同是皇家学会会员,似乎还曾送给孟德斯鸠一本科利·西贝改编过的剧本《熙德》。[3]共济会在英国最主要的先驱之一是戴萨里埃,他于 1719 年至 1720 年任会长,后来又 3 次任副会长。到了 18 世纪 30 年代,贵族们对共济会产生了兴趣,蒙塔古公爵和里奇蒙公爵都担任过会长,里奇蒙还做过霍恩分会的会长。[4]

看到这些显赫的名字,读到 1730 年 5 月 16 日(星期六)的《不列颠日报》上的一段报道就是顺理成章的事:

> 我们获悉上星期二(1730 年 5 月 12 日)晚在威斯敏斯特的霍恩酒馆举行了共济会分会会议,出席会议的有会长诺福克公爵、副会长纳撒尼尔·布莱卡比先生和其他主要官员,以及分会会长里奇蒙公爵、博蒙特侯爵、莫登特勋爵、德·奎斯恩侯爵和其他几位知名人士。出席者还有外国贵族弗朗索瓦-路易·德·古菲埃、夏尔-路易·德·孟德斯鸠庭长、萨德伯爵弗朗西斯,另外约翰·科柏菲尔先生、戈登广场

---

① 《科罗纳托四份密件》,第 10 节,马加特 1913 年版,第 6 页。
② 同上,第 27 页。
③ 现存于拉布莱德的孟德斯鸠拥有的复本(伦敦 1719 年版),上面有休尔的藏书印记。
④ D.诺普与 G.P.琼斯:《共济会的起源》,曼彻斯特 1947 年版,第 173—176 页。这部著作以及 B.费伊的《共济会与 18 世纪的智力革命》(巴黎 1935 年版)是关于早期共济会最有用的指南。

的威廉·考珀先生,以及约翰·默塞尔舰长也都是这个古老、可敬的共济会的公认成员。①

　　这里提到的人,有些尚可知其人,有些则无从查证。诺福克公爵八世算不上是全国闻名的人物。布莱卡比似乎曾任慈善组织的司库,他也是共济会慈善机构的司库②,还是负责新建50座教堂的委员会的司库③。博蒙特勋爵(正确的名字是这样)是对苏格兰的罗克斯伯格公爵爵位继承人在礼节上的尊称。这里所指的是第一代公爵的儿子,他于1740/1741年继承了父亲的爵位。1729/1730年的1月,他被封授为联合王国贵族,尊号为科尔男爵,并作为反对沃波尔的辉格党议员出任贵族院议员之职。莫登特勋爵是个年轻人,不久前才从巴利尔来到这里,他于1735年成为第四代彼得巴罗伯爵。杜·奎斯恩(而不是德·奎斯恩)侯爵就是加布里埃尔,著名的海军上将杜·奎斯恩的孙子。他是被流放到英国的新教徒,曾在牙买加为英国政府服务,此时正在伦敦,是福音布道会的会员。④他与一个英国女子、威根的辉格党下议员的妹妹结了婚。他的儿子加入了英国圣公会。另外3位普通英国人已无法考证。威廉·考珀可能与一个同名的长者、曾于1723—1724年任总会秘书的人有亲缘关系,甚至可能是他的儿子,但证据不足。

　　与孟德斯鸠一起被接纳加入共济会的还有两个法国贵族。一个与他十分熟悉的家族有血缘关系,德·索瓦斯侯爵弗朗索瓦-路易·德·古菲埃是里奇蒙公爵的表兄弟,他的母亲(她的第一个丈夫是彭布罗克伯爵七世)是朴次茅斯公爵夫人的妹妹,萨德伯爵弗朗西斯则是一名外交官,他有时承担一些秘密使命。他的儿子道纳蒂安-阿尔丰斯-弗朗索瓦是10年以后出生的,就是那位声名狼藉的侯爵。

---

① 这是我发现的孟德斯鸠在英国期间,英国报纸唯一正式提到他的地方。另外有一则广告曾提到他,他被认为是默隆著作《穆罕默德》英译本的译者(《莫德利周刊》,1729年11月29日)。

② D.诺普与G.P.琼斯:《共济会的起源》,第201页。

③ 钱伯林:《大不列颠常识》,伦敦1728年版,第2部分,第162页。

④ 同上,第247页。

对于共济会在启蒙运动中的重要性，有些人肯定，也有人持否定态度，至今尚无定论。孟德斯鸠在他生涯初期与共济会的关系是耐人寻味的。在叙述他的一生的过程中，以后还会提到这一点。

第六节　文学界

约翰·阿巴思诺特①博士是共济会会员，他的名字出现在共济会 1725 年贝德福德·黑德酒馆分会的花名册上。他是皇家学会会员，与斯隆有通信来往；他是女王的内科医生；他和博林布鲁克、切斯特菲尔德、普尔特尼、马尔巴罗公爵夫人及赫维夫人经常来往。他有一个兄弟住在巴黎，他认识多里维②，《随笔》中提到过他③，《论法的精神》引用过他的论述④。当时的社会风气是人们互相宴请，交际活动频繁。孟德斯鸠不可能与他从未见过面。如果他们确实有缘相见，其意义非同一般，因为一方面阿巴思诺特的《论空气对人体的影响》一文对孟德斯鸠的思想成熟可能产生了重大影响；另一方面还因为博士是蒲柏的朋友。

蒲柏的确是伦敦文学界最出类拔萃的人物。孟德斯鸠来到英国的时候，艾迪生已经去世 10 年之久；斯梯尔⑤也已于几个星期之前逝世；牛顿已于 1727 年去世，同年斯威夫特⑥迁居爱尔兰，并且一去不复返。约翰逊、加里克⑦和霍拉斯·沃波尔⑧的时代尚未到来，而蒲柏正处在声名大噪的鼎盛时期。

---

①　阿巴思诺特(Arbuthnot, John, 1667—1735)，苏格兰数学家、医生和作家。与斯威夫特、蒲柏等是密友，当过安妮女王的御医。——译者

②　1735 年 12 月 2 日，多里维致布依埃(国家图书馆，手稿，法文档 24417，第 140 页)。

③　《随笔》，第 781 条。

④　《论法的精神》，第 16 章，第 4 节。

⑤　斯梯尔(Steel, Richard, 1672—1729)，英国散文家、剧作家、报纸撰稿人和政治家。艾迪生的朋友，是《闲谈者》和《旁观者》的主要撰稿人。——译者

⑥　斯威夫特(Swift, Jonathan, 1667—1745)，英国杰出的讽刺大师、政治家和诗人。最著名的作品是《格列佛游记》。——译者

⑦　大卫·加里克(Garrick, David, 1717—1779)，英国著名演员、戏剧家和诗人。——译者

⑧　霍拉斯·沃波尔(Walpole, Horace, 1717—1797)，英国作家、鉴赏家和收藏家。——译者

赫维夫人与孟德斯鸠十分熟悉,并且经常通信。尽管她转达赫维爵士的衷心问候,孟德斯鸠也以礼相回,但孟德斯鸠的个人兴趣所在以及在政治上能说得来的,主要是这位夫人,而不是她的丈夫,即那位在蒲柏笔下的斯波鲁士,被称为"纯白色的驴凝乳"。她与马尔巴罗公爵夫人,以及里奇蒙公爵和公爵夫人过从甚密;同时出于仁爱之心,对圣西辛特表示了兴趣。①

蒲柏的另外两位朋友克莱兰和胡克,孟德斯鸠也曾提及,这表明他们是认识孟德斯鸠的。

威廉·克莱兰是《范妮·布尔——一位追求享乐的女人的回忆录》的作者的父亲,他是詹姆士二世的忠实追随者。②《顿西亚德》一书的序言里有他的名字。他与媚居的马尔巴罗公爵夫人、切斯特菲尔德以及阿巴思诺特都很熟悉。孟德斯鸠是认识他的,并在《随笔》中两次引述了他的话:一次谈论的是一种简单、玩世不恭、曼德维尔式的道德观③;另一次是对马基雅维利的评论。他好像还曾告诫孟德斯鸠不要受骗,把马基雅维利看作只不过是一个为政治中的各种邪恶进行辩护的人:

> 马基雅维利谈论君主就跟萨缪尔谈论君主一样,他并不赞成君主,他是个共和主义者。④

他的这些话可能使孟德斯鸠对那位佛罗伦萨的大臣的看法更趋成熟。

与纳撒尼尔·胡克,孟德斯鸠有多种相遇的机会。他来自一个詹姆士二世拥护者的家庭,因为他的叔父受赐过圣乔治骑士勋章,被封为胡克男爵。胡克与博林布鲁克十分熟悉,由切斯特菲尔德推荐,作了媚居的马尔巴罗公爵夫人雇用的辩护人。⑤蒲柏临终之时,就是他劝使蒲柏接受了罗马

① 1733 年 8 月 18 日,赫维夫人致孟德斯鸠;1733 年 9 月 28 日,孟德斯鸠致赫维夫人。

② R.卡拉瑟斯:《蒲柏生平》,伦敦 1757 年版,第 257—263 页。

③ 《随笔》,第 601 条。

④ 同上,第 529 条。

⑤ 马蒂:《关于切斯特菲尔德生平的回忆》,第 1 卷,第 115—116 页。

天主教的临终仪式。①他敬崇费奈隆，并且是拉姆齐的朋友，他把拉姆齐著的《费奈隆的一生》及其非常成功的作品《居鲁士游记》译为法文。毫不奇怪，孟德斯鸠在英国结识了他。②他们之间的相识可能并非毫无成果，因为胡克像孟德斯鸠一样，而且大致是在同时，也写了一部罗马史。另外斯彭斯还记述了一段简短的轶事：

> 胡克先生常说，人们愿意选择住在英国的原因有三：自由、自由、自由。③

没有直接的证据说明孟德斯鸠认识蒲柏。在《随想录》中他曾 4 次提到蒲柏，他收藏了蒲柏的著作《批评论》1736 年版的法文本和英文本，以及迪雷奈尔翻译的《人论》译本。在巴黎的遗物清单中有一部 9 卷 8 开本著作④，据推测属于沃尔伯顿的作品，是作者赠予的。⑤孟德斯鸠肯定对蒲柏和他的著作是感兴趣的；另外从孟德斯鸠的英国朋友的社会关系来看，他几乎不可能没有见过蒲柏，然而没有任何关于他们会面的记载，这表明他们两人谁对谁的影响都不大，可能是相互之间谁也没有引起对方特别的注意。

现在已经知道蒲柏的宿敌玛丽·沃特利·蒙塔古夫人（孟德斯鸠访英之前，她曾和蒲柏闹翻）是认识孟德斯鸠的。⑥她对《波斯人信札》中真实的地方色彩赞不绝口，她也确有资格对此发表评论⑦；后来，她表示对孟德斯鸠十分敬慕。⑧她和孟德斯鸠有许多共同的朋友，其中最令人感兴趣，而且

---

① 斯彭斯：《轶事》，第 321—322 页。

② 1749 年 5 月 5 日，巴尔克莱致孟德斯鸠。信中透露，胡克之子对孟德斯鸠的著作爱不释手，他是巴黎神学院博士，不大愉快地任审阅委员会主席，这个委员会于 1752 年压制了狄德罗和达朗贝尔的《百科全书》。

③ 斯彭斯：《轶事》，第 342 页。

④ 《孟德斯鸠藏书书目》，L.戴格拉夫辑刊，1954 年日内瓦和里尔出版，第 242 页。

⑤ 1753 年 12 月 4 日，孟德斯鸠致查斯·约克。

⑥ 哈尔斯彭德：《玛丽·沃特利·蒙塔古夫人生平》，牛津 1956 年版，此书描写了玛丽·沃特利的生平，极有价值，尤其是提供了她与外国人的联系情况。

⑦ 同上，第 33 页。

⑧ 1746 年 5 月 26 日，考德威尔致孟德斯鸠（《法兰西研究》，1958 年）。

与双方关系都很密切的一位，是康蒂神甫。孟德斯鸠收藏过或至少曾经看到过她的一篇论文手稿的复本《拉罗什富科的箴言集中，只有合适的婚姻，而没有美妙的婚姻》，并且在他的笔记中作了摘要。这个论文题目，是玛丽完全有资格写的。①最近，发现了孟德斯鸠给她写的一封信②，这封信使我们有可能再现孟德斯鸠在英国期间生活的一个片断。类似的片断可能很多，但这是唯一一记载下来的。

有两个叫萨莱的法国孩子，是兄妹俩，他们都是职业舞蹈演员，曾于1717年来伦敦访问，并在皇家剧场公开演出一周，观众相当多。③妹妹于1730年至1731年之间的冬天再次到伦敦，并带来了朗贝尔夫人和丰特纳尔给孟德斯鸠的推荐信，其中丰特纳尔的信保存了下来④，丰特纳尔向孟德斯鸠解释说，萨莱小姐处境拮据，需要帮助，并警告他，姑娘是贞节的，他要求孟德斯鸠对此不要漠然置之，或许甚至应该去求王后怜助她。

对于这一请求，孟德斯鸠不敢怠慢，他在皇家剧场组织了一次义演，演出的剧目叫《斯卡潘的诡计》。最初计划在1731年3月23日(星期一)上演，但实际上推迟到那一周的星期四。⑤孟德斯鸠以丰特纳尔、朗贝尔夫人和斯塔福德夫人是赞助人为理由，请求玛丽夫人出席，演出获得了巨大成功。国王和王后，以及许多社会名流都观看了此剧，于是正厅座位的票价从3先令涨到5先令。孟德斯鸠的努力大获成功。他在法国的行为，表明他是一位和蔼仁慈的人，同样，在英国也显示了这种品德。

---

① 《随笔》，第576条。玛丽的论文现已发表，可参见她的《书信与著作》(伦敦1861年版)，第2卷，第421—428页。

② 哈尔斯彭德，前引书，第234页。经持有者哈罗贝伯爵允许，在前引的本人的一篇文章中发表了此信(其日期为1730年或1731年3月11日)。

③ J.尼科尔斯:《18世纪文人轶事》，伦敦1812年版，第2卷，第63页。

④ 1730年11月，丰特纳尔致孟德斯鸠。

⑤ 达西埃:《路易十五时代的歌剧、舞蹈演员萨莱小姐(1707—1756)》，巴黎1909年版，第65—69页。

第七章　撰写《罗马盛衰原因论》(1731—1734 年)

第一节　《论欧洲一统王国》

从英国回来以后,孟德斯鸠去巴黎作了短暂的访问,并(于 1731 年 5 月 21 日)出席了法兰西学士院的会议。6 月底他回到西南地区,在那里一直住到 1733 年春季。他原来留下的一些著述尚未完成,回来后继续撰写其中一些作品。从现存的手稿来看,在 1731 年至 1733 年之间,他把主要精力放在搜集新资料和誊写旧资料上面,内容涉及的范围很广。对于这些资料的使用,他有一个轮廓,但看来不十分明确和定形。在《随想录》中,有多处提及这个写作计划,还有许多旁注,有时被简单地叫做《日志》或《书目》;有时被称为《西班牙日志》或《西班牙书目》;有时被叫做《君王》;有时又叫做《君王们》;一度还曾被称做《珍稀书籍摘录》。根据其形式,看来这部著作的设想是通过一个虚构人物札麦加之口反映各种观点和意见。这部著作本身没有保留下来,但是在《随想录》中留下了一些蛛丝马迹,这部著作中的有些材料原来是准备用于《论义务》的,大概《论西班牙的财富》本是这部著作的一部分,还有一些材料,后来在《罗马盛衰原因论》《阿尔萨斯与伊斯梅尼》以及《论法的精神》等著作中使用。从有些地方看,这部著作似乎打算出版,但从另一些地方看,只不过是在积累一些互不关联的思想片断。这部未完成的著作不啻是孟德斯鸠创作活动中的一个难解之谜。

从几个曾经考虑过的书名看,孟德斯鸠一直对西班牙颇感兴趣。在《波斯人信札》中他已经探讨了西班牙问题,其中信78对西班牙人的性格和习惯所作的描述饶有兴趣,信中,这个半岛的居民被描写为一个高傲和庄重的民族,他们表示庄重的方式主要是戴眼镜和留胡子。他们彬彬有礼——宗教法庭在烧死一个犹太人之前总是要向他道歉一番——并且有时还很聪明。不过他们的文学作品既缺乏情趣,又索然乏味。黎伽写道,看了他们的图书馆,你就会说,他们的书都是由一个反对人类理性的暗藏敌人所收集和著述的。在他们的书中只有一部是好的:"那部书指出了别的书之荒唐可笑。"①

孟德斯鸠对西班牙的兴趣,不仅局限于对伊比利亚人的性格和文学带有嘲讽性的好奇心。他还密切地注视着西班牙的外交政策,以及西班牙和法国之间的外交关系的动向,这使他特别专心致志于一统王国的问题。

16世纪,查理五世和他的儿子西班牙国王腓力二世先后把大片领地统一在自己手中,这样在西班牙王室统治下实现欧洲一统王国成为一种现实的危险。1660年,路易十四和他的表妹、西班牙公主玛丽亚·特丽莎结婚,再度出现欧洲一统王国的危险。但这一次是在法王的一统之下,这位野心勃勃的法国国王,欣然利用王朝的机遇。如果孟德斯鸠对欧洲历史一无所知,他完全能够从J.F.贝尔纳尔撰写的《道德、讽刺和滑稽的思考》中了解这些历史进程,据说这部著作曾启发了他创作《波斯人信札》的灵感。下面是书中一位具有批判眼光的波斯哲学家的断言:

> 自伟大的德皇查理五世以来,(基督徒)时而这些人,时而那些人,都向往欧洲一统王国。②

在世界文学作品中,这是一个屡见不鲜的政治主题。康帕内拉为向那

---

① 该书指塞万提斯的小说《堂·吉诃德》。——译者
② J.F.贝尔纳尔:《道德、讽刺和滑稽的思考》,科隆1711年版,第224页。

不勒斯王室献忠心,在那部人们议论纷纷的《论西班牙君主制》(1640 年阿姆斯特丹出版)中,为西班牙人开脱,反驳对西班牙人的批评,并在书中提出使西班牙实现领土扩张野心的最佳手段。1667 年,辩护士比兰在他的《论笃信基督教的王后之权》中为路易十四的抱负进行争辩;同年,精力充沛的外交家和小册子作者利苏拉男爵,在他的《国家与法的保护者》中力图驳斥比兰的观点,并直言不讳地指责路易十四热衷于建立欧洲一统王国。这 3 本书孟德斯鸠都有,并且还有另外一本书,即《路易十四的欧洲一统王国》,1689 年在意大利出版,并且立即被著者译为法文,该书作者就是那位杰出的格列高利·莱蒂,孟德斯鸠引用了他的其他著作①,至少在他所拥有并阅读的两种刊物上能够读到对这部著作的详细评论。②

　　不仅如此,孟德斯鸠还能从他的住所目睹当时的政治事件,因而更刺激了他对这一问题的兴趣。1715 年,他看到了法国与西班牙之间的相互地位发生了变化,法国国王不再通过德·于尔森夫人③来控制这个邻国。此时法国国王是一个幼孩,而且可能活不长久;西班牙国王是他的叔父,只是由于一纸放弃继承权的声明书,他才不能作为法国王位的下一个继承者,但这一纸声明并非不可废除。西班牙的政策被阿尔贝罗尼所左右,他刚愎自用、毫不气馁,渴望恢复西班牙的霸业,怂恿腓力五世要求作摄政王,其理由是他比现在的摄政王奥尔良与年幼的国王的血缘关系更近。由西班牙大使策划的推翻奥尔良的阴谋④未获成功。法国起用贝里克公爵为指挥,向西班牙宣战。阿尔贝罗尼的下野,使法国与西班牙有了重新和解的可能。然而奥尔良的死,使和解拖延下来,因为他的继任者波旁在德·普里夫人的怂恿下废除了路易十五与西班牙公主的婚约。直到 1729 年弗勒里签订了《塞维利亚条约》,才恢复了睦邻关系。

---

① 《论法的精神》,第 7 章,第 11 节。

② 《学者著述史》,1689 年;《图书百科》,1688 年。

③ 德·于尔森夫人(Ursins, Marie-Anne de, 1642—1722),法国贵妇人。在 1701—1714年西班牙王位继承战争期间,曾对西班牙政府产生巨大影响。她曾是西班牙王后的宫廷夫人,完全控制了王后玛丽亚·路易莎。——译者

④ 《波斯人信札》,信 126 中提到这一阴谋。

孟德斯鸠一直注视着这些事态的发展。波旁、德·普里夫人、贝里克以及向西班牙宫廷宣布废除婚约的使节利弗里教士①,他都认识。在意大利,他碰到过流放侨居在罗马的阿尔贝罗尼。这位红衣主教与孟德斯鸠就他过去的争论进行过交锋。②毫无疑问,他在英国学会了从另一种角度去观察外交史。正如波尔多市的警句所启示的那样:"只有作为障碍物的拒马,才能制服月亮、海洋、军旅和狮子。"像欧洲一统王国这样特殊的问题并非不能出现。多利亚(孟德斯鸠可能在那不勒斯见过他)留下的手稿指责彼得大帝,甚至指责弗勒里怀有建立欧洲一统王国的野心。可是在英国,他或许第一次读到一篇关于西班牙政治的奇怪论文,是一位苏格兰人用意大利文写的,但在爱丁堡发表,题为《关于西班牙事务的演说》。作者安德鲁·弗莱彻③是一位具有先进思想观点的苏格兰作家,他曾是吉尔伯特·伯内特的学生,他最出名之处是他常常被误引的一句名言:"如果一个人被允许任意编造民间歌谣,那么他就不必关心谁是制定国家法律的人。"弗莱彻的用意是警告邻近的诸侯,要注意西班牙企图建立欧洲一统王国的野心,同时解释了西班牙腐败的原因。孟德斯鸠后来才得到了弗莱彻的著作,这部著作至今还保存在拉布莱德。④但是他第一次听说这本书,多半是在英国逗留期间。可能是由于他获得了这本《关于西班牙事务的演说》,加之在意大利或在英国他对康帕内拉再度产生了兴趣(在英国,许多乡村别墅都有《论西班牙君主制》的手抄本)⑤,于是他撰写了另一部著述。

这是一篇篇幅不大的论文,题为《论欧洲一统王国》,1734 年印刷之后,立即停止发行。现在仅有的一份存在拉布莱德,上面有作者的校正。全文共 44 页,是孟德斯鸠公开发表的第一篇关于政治问题的论述,文章的论点

---

① 1725 年 3 月 26 日,德·利里阿公爵致孟德斯鸠。

② 《全集》,纳热尔版第 2 卷,第 1125—1127 页;七星文库版第 1 卷,第 694—695 页;《随笔》,第 690 条。

③ 这篇著作收录在他的《政论著作》第 1 版中(爱丁堡 1698 年版),1732 年和 1737 年再次重印。

④ 目录记载有误,现存拉布莱德的一部是 1737 年爱丁堡出版的。

⑤ 参见费尔波:《康帕内拉研究》,佛罗伦萨 1947 年版,第 287—293 页。

很简单：建立一统王国，迄今为止都是徒劳的，而现在比过去更加困难，因为战争的方法改变了，军事与经济力量之间的关系改变了。人类曾几次濒临被迫接受一统王国，查理曼、诺曼底人、罗马教皇、鞑靼人、土耳其人、查理五世和他在西班牙的继任者①，最后(至少在他的敌人看来)还有路易十四，都曾先后鼓吹实行一统王国，但一一都以失败而告终，失败的原因各不相同，文章把这些原因一一列举出来。文章指出，现在欧洲可以被看作是一个包括若干相互独立的国家组成的整体，或曰"一个庞大的共和国"，文章结束时讨论了一个国家强大与否的真正含义是什么。

这本薄薄的小册子包含了后来重现于《论法的精神》中并至今仍被认为是孟德斯鸠独到见解的下列几个观点：国家被分为各有许多不同特点的南北两类；造成这种区别的原因是气候；政体可区分为建立于法律基础之上的政体和专断的政体；无限的专制权力的非自然属性；颂扬自由；坚持认为一个国家的财富应立足于生产力的发展，贵金属充其量只不过是一种标志而已；封建主义在政治上的重要性；最后还有一点——这些论点中唯一既不是一笔带过，又不是长篇发挥的一点——政体的独立性质依赖于它统治的领土的规模。

这篇论文停止发行，只是(根据《论西班牙的财富》手稿注释)②由于"某些原因"，铅印本的旁批写得较为具体，有一处写道，因为论文是根据一份糟糕的稿件排印的；另一处旁批承认，担心文中某些片断会引起误解。③显然这里指的就是提及路易十四的那些段落。

《论欧洲一统王国》一文，其重要性并不在于自身。它最清楚、最确切(因为确切地知道其写作日期，这比靠研究笔迹所得出的日期更为可靠)地表明，在 1734 年，孟德斯鸠的思想中已存在着许多后来在《论法的精神》一书中成熟起来的观点。

孟德斯鸠在另一处特别提及了一个至今尚未解开的谜。第 23 段这样

① 文中关于西班牙经济脆弱的论述取自《论西班牙的财富》。《论西班牙的财富》大部分并入了这篇著述。

② 《全集》，纳热尔版第 3 卷，第 140 页；七星文库版第 2 卷，第 1477 页。

③ 同上，纳热尔版第 3 卷，第 361 页；七星文库版第 2 卷，第 1479 页。

写道：

> 在路易十四进行的最后一场战争中，我们的军队和敌人的军队在西班牙，因而远离国土；发生了一些几乎在我们中间闻所未闻的事，两位取得一致意见的统帅险些欺骗了欧洲所有的君主，并由于他们的胆大妄为和奇特的行为而使君主们狼狈不堪。

究竟马尔巴罗和贝里克酝酿了什么庞大的计划？1708 年，马尔巴罗向贝里克私下秘密地提出结束敌对的建议，贝里克倾向于赞同，但是被路易十四否决了，和平协议没有签署，信件也被烧毁了，于是这个谜一直未能解开。①是深得贝里克信赖的孟德斯鸠听了偶然讲的话，作了捕风捉影的理解呢，还是这两位将军确实合作制订了一项宏伟的计划来确保长久的和平？

此外，在 1731 年至 1734 年间，孟德斯鸠撰写了另一部著作，其影响超过了他在此之前撰写的任何其他著作，这就是那部著名的讨论英国立宪制度的作品，该书阐述了分权理论，显然，孟德斯鸠是在英国期间开始动笔撰写这部著作的。他从与政治家的谈话、出席议会辩论和阅读当时的期刊中吸收了大量素材，并最后于 1734 年完成。②他原打算立即发表，但他没有这样做，经多次增删和修改③，最终于 1748 年作为《论法的精神》第 11 章第 6 节④公之于世。

第二节　准备与发表

伏尔泰说，英国人喜欢将罗马历史与他们自己国家的历史加以比较。⑤

---

① 关于这些谈判，参见《贝里克元帅回忆录》，巴黎 1780 年版，第 2 章，第 51—53 页；查尔斯·皮特里爵士：《贝里克公爵元帅》，伦敦 1953 年版，第 232—234 页；以及温斯顿·丘吉尔：《马尔巴罗的生平与时代》，伦敦 1947 年版，第 2 章，第 495—504 页。

② 色贡达：《回忆录》，第 401 页。

③ 手稿中至少可以分辨出 5 种不同的笔迹，表明大约在此 14 年中，一直在进行修改。

④ 参见《论法的精神》，中文版上册，第 155 页。

⑤ 《伏尔泰全集》，第 22 卷，第 102 页。朗松编：《哲学通信》，第 1 卷，第 88 页。

下院发表的演说和报刊上登载的文章证明这一断言是正确的。《手艺人》杂志向读者提供了许多将罗马历史与英国历史对比的文章。孟德斯鸠对英国立宪政体津津乐道,并不意味着这在他今后的写作中是排斥一切的和唯一关心的内容,保存下来的他孩提时代写作的第一篇作品片断就是他的《罗马史》,这是他在朱伊公学读书时的作业。他在波尔多科学院宣读的第一篇文章,题目是《论罗马的宗教政策》。他曾满怀热情地阅读西塞罗的著作。他曾写过《苏拉与欧克拉底的对话》。特别是他曾到过罗马,对这个不朽城充满了热情。他后来对一位能荣幸地住在这个不朽城的朋友不无羡慕地说道:"古代罗马和现代罗马永远令我陶醉。"①他在英国时,曾结识了纳撒尼尔·胡克,当时胡克正致力于将卡特隆和卢耶合著的多卷4开本《罗马史》翻译为英文的巨大工程。②后来,人们将孟德斯鸠撰写的关于罗马的著作和这部著作进行了比较,结果对孟德斯鸠是有利的。③孟德斯鸠曾读过博林布鲁克在《手艺人》杂志发表的《对罗马事务的若干质疑》,蒲柏后来形容这篇文章,说它"好像孟德斯鸠后来发表的文章"④。《手艺人》杂志以及他与克莱兰的交谈还重新引起了他对马基雅维利的兴趣。⑤1716 年他曾熟读这位佛罗伦萨国务秘书的一些著作,自此之后,他对马基雅维利淡漠了,认为他不过是一个鼓吹在政治中不择手段的人。然而,他在英国期间,或许在意大利也是如此,有人提醒他,马基雅维利是《论李维》和《君主论》的作者,从他的著作中可以学到一些有价值的东西。

孟德斯鸠从英国返回后不久,就在《随笔》开列了一个书目,用红字写的标题为:"吾必读之原著。"⑥这项阅读计划包括多种书籍,有《圣经》,有加尔文和路德的作品,有《胡迪布拉斯》以及培根、克拉克和卢克莱修的作品,其中也包括马基雅维利的作品,而且为了阅读他的原著,孟德斯鸠又买了

---

① 1749 年 3 月 7 日,孟德斯鸠致索拉尔。
② 斯彭斯:《轶事》,第 342—343 页。
③ 1748 年 11 月 28 日,勒南致孟德斯鸠。
④ 斯彭斯:《轶事》,第 169 页。
⑤ 《手艺人》,1730 年 6 月 13 日及 27 日;《随笔》,第 529 条。
⑥ 《随笔》,第 561 条。

1729 年版的意大利文本①,尽管他已经有法译本。

在《随笔》的同一页上,还列出了孟德斯鸠说他已经读过的关于罗马帝国后期的书目。这是一张很难读的书单:有乔纳德斯、普罗科匹厄斯②、阿加提阿斯、保利努斯、弗拉维乌斯。然而,这不过是孟德斯鸠在对罗马进行研究时阅读的一部分书籍。他通常的做法是对读过的书作摘录或摘要,在《随想录》或其他地方偶然提到曾做过摘录的有:希罗多德③、斯特拉博④、蓬波尼乌斯⑤、马塞里努斯、紫室者君士坦丁七世⑥、普罗塔克、普罗科匹厄斯、卡西奥多鲁斯⑦、查士丁尼、波里比阿⑧、菲洛斯特拉托斯、里利乌斯·吉拉尔杜斯、奥鲁斯·盖利乌斯⑨和李维⑩等人的著作。这个书单不是完整无缺的,因为萨卢斯特⑪、苏埃托尼乌斯⑫,特别是塔西陀,孟德斯鸠都很熟悉,而且他还阅读了许多不太为人所知的拜占庭作者的著作。

他倾注了几乎全部的精力研读这些权威之作。在两年之中,他没有离开僻远冷清的拉布莱德。他不再尽其法官的职责,社会交往压缩到最低限

---

① 关于马基雅维利的影响,参见 E.勒维-马尔伐诺:《孟德斯鸠与马基雅维利》,巴黎 1912 年版;以及 A.贝蒂埃尔:《马基雅维利的读者孟德斯鸠》(1955 年孟德斯鸠研讨会文集)。

② 普罗科匹厄斯(Procopius, 490/507—560),拜占庭历史学家。著作分《战争》《建筑》《秘史》三部分。——译者

③ 希罗多德(Herodutus,约前 484—前 425),古希腊伟大的历史学家。《历史》一书作者。——译者

④ 斯特拉博(Strabo,约前 64—23),古希腊地理学家和历史学家。——译者

⑤ 蓬波尼乌斯(Pomponius, ? —45),用古拉丁文撰写的古代唯一地理学论文《世界概述》的作者。——译者

⑥ 紫室者君士坦丁七世(Constantine Porphyrogenitus, 905—959),马其顿王朝第四位皇帝。爱好学问,是当时东罗马帝国文化学术运动的领头人。——译者

⑦ 卡西奥多鲁斯(Cassiodorus, 约 490—585),古罗马历史学家、政治家和僧侣。——译者

⑧ 波里比阿(Polybius,约前 204—前 122),古希腊历史学家。著有《通史》。——译者

⑨ 奥鲁斯·盖利乌斯(Aulus Gellius, 130—180),拉丁文作者,以杂文集《雅典之夜》传世。——译者

⑩ 李维(Livy,前 64/前 59—17),古罗马伟大史学家。著有《罗马建城以来的历史》142 卷。——译者

⑪ 萨卢斯特(Sallust,前 86—前 35/34),古罗马政治家和历史学家。——译者

⑫ 苏埃托尼乌斯(Suetonius,约 69—122 前后),古罗马传记作家和文学收藏家。——译者

度,看起来几乎没有时间去写信,唯一转移他的注意力的是管理他的庄园产业。他无声无息地撰写着他的第一部严格的著作,如果不考虑未经证实的传闻,排除他有一个逃亡的圣莫尔的本笃会士作助手的话①,他完全是一个人单独工作着。②

1733 年夏初,孟德斯鸠来到巴黎,并于 5 月 2 日出席法兰西学士院会议。有人对他非常不了解,在记录中竟把他列入公爵之列。这时他着手安排出版新作的事宜,并谨慎地决定沿用《波斯人信札》的先例,在荷兰出版,由荷兰驻巴黎大使霍伊③作中间人,1733 年秋季,他在给赫维夫人的一封信中宣布了他即将出版新作,请她在书出版之后浏览该书,并告之她的看法。他对她说,他的著作要么是糟粕,要么是佳作。④

然而,不管这部书是糟粕还是佳作,都要冒严重的风险,有可能引起政府的敌视。关于詹森教派的争论,由于狂热分子的活动而变得更为激烈,这使当局对于任何表达非正统观点的作品都异乎寻常地敏感。伏尔泰的《哲学通信》已于 1733 年 8 月出版英译本,而且已经知道至少有两种法文版本正在排印过程中。伏尔泰自己深感忧虑,他说,情况已经变了,《波斯人信札》把作者带进学士院的年代已经过去。⑤他的忧虑并非庸人自扰,当《哲学通信》问世之后,风暴袭向伏尔泰。与此同时,孟德斯鸠的著作却仍在排印。不到 4 月中旬,政府已经对《哲学通信》采取了行动,并于 5 月 3 日出了一封针对伏尔泰的国王密札。6 月 10 日,巴黎高等法院下令禁止此书,结果此书在法院的院子里当众焚毁。⑥伏尔泰在此期间仓皇出逃。那位性格活泼的勒勃朗神甫在僻远的第戎对布依埃描述了在巴黎所掀起的轩然大波,以及伏尔泰所面临的危险:

---

① 维安,第 146 页。
② 在残留的手稿中,看不到在 1731 年至 1733 年间有任何秘书留的笔迹。
③ 路易-贝尔特朗·卡斯泰尔:《有道德的人》,第 184 页。
④ 孟德斯鸠致赫维夫人,1733 年 9 月 28 日。
⑤ 1733 年 7 月 26 日,伏尔泰致希德维尔(《伏尔泰书信集》,第 615 号;《伏尔泰全集》,第 33 卷,第 365 页)。
⑥ 1734 年 4 月 15 日,勒勃朗致布依埃(《伏尔泰书信集》,第 698 号)。

有人说达埃吉翁夫人，还有这位公爵夫人，那位公爵夫人，都竭尽全力使他的这桩事件平息下来。①

　　孟德斯鸠无意成为这样大规模争论的对象。与当局发生冲突，无论对于他在创作上的抱负，还是对于他想成为外交家的雄心，都毫无益处。因此，他决定在该书校样阶段就送交自己选定的书报检查官审阅，为此他选择了耶稣会士路易-贝尔特朗·卡斯泰尔，他是大路易中学的教授，曾当过孟德斯鸠儿子的指导教师。按照原来意图，卡斯泰尔只需对著作中的宗教、道德和哲学方面的内容加以审查和修改，结果，除此之外，他还承担起对校样的印刷错误进行修改的繁杂工作。在一些实质问题上，他向孟德斯鸠提出了许多建议，做得巧妙而有分寸，但同时却又很繁琐（正如他经常犯的那样）。据卡斯泰尔自己讲，孟德斯鸠对这些修正表示欢迎，并鼓励这位耶稣会士直言不讳。②

　　6 月初，该书上架出售，但数量非常之少，其原因是当局抱敌视态度，并对孟德斯鸠施加压力，他出巴黎版，需取得国王特许，并要经王家批准，对书中的内容作某些修改。③卡斯泰尔既精明强干，又古道热肠，再次帮了孟德斯鸠的忙。唐森夫人对此也十分关心，这位巴黎社交界的著名人物，这时第一次出现在孟德斯鸠的生活之中。她责备孟德斯鸠缺心眼，没有在与书报检查部门打交道时照顾好自己的利益。④尽管有这些困难，巴黎版还是在 7 月问世。⑤孟德斯鸠把该书送给法兰西学士院的同事们⑥，并寄出 3 本给伦敦的英国皇家学会。⑦

---

①③　1734 年 6 月 3 日，勒勃朗致布依埃（国家图书馆，手稿，法文档 24412）。

②　卡斯泰尔：《有道德的人》，第 184—185 页。

④　1734 年 5 月，唐森夫人致孟德斯鸠及 1734 年 5 月，孟德斯鸠致唐森夫人（《全集》，纳热尔版第 3 卷，第 968—969 页）。

⑤　1734 年 7 月 20 日，勒勃朗致布依埃（国家图书馆，手稿，法文档 24412，第 445 页）。

⑥　《法兰西学士院注册登记本》，8 月 30 日。

⑦　1734 年 8 月 4 日，孟德斯鸠致斯隆。

　　这部著作出版以后，评论家们的反应比较一般。《萃选书目》刊登了长达 20 页的摘要，开头说明该书系《波斯人信札》的作者所著，赞扬这部书学识渊博、思维敏捷、鞭辟入里。①海牙出版的《文学杂志》上刊载了长篇摘录，宣称该书未辜负其作者，说它读起来脍炙人口。②《凡尔登报》未加多少评论，只是用 6 页篇幅选登了该书讨论《查士丁尼法典》的部分。《法兰西书目》8 年前曾刊载过《论义务》的摘要，这次仅仅只登了新书通告，并批评该书缺乏连续性，有时含糊其辞、晦涩难解，同时也承认其笔力雄健，很有独创性。③而《学者报》除了干巴巴的新书通告之外，别无他言，直到 1748 年才对该书有所重视。④

　　这样的反应不算十分热情，来自个人的反应同样不冷不热，勒勃朗认为该书比《波斯人信札》逊色⑤，赫维勋爵就该书及其作者写道：

　　　　我喜欢这部著作，虽然我讨厌它有三个缺点：它有时含糊其辞；有时自相矛盾；有时为了说前人从未说过的话，而说了一些后人永远不会说的话。⑥

　　德国人比尔费德虽然赞许这本书（他后来翻译了这本著作），并且以与作者相识而感到荣幸，可是他说，这本书出版后在巴黎并不受欢迎，被说成是"孟德斯鸠的衰落"。⑦

　　布依埃和马莱之间的来往信件十分清楚地表明了这两位知识广博和消息灵通的人对该书的反应。布依埃收到了住在阿维尼翁的学者兼贵族

---

① 1735 年，第 288—311 页。
② 1734 年，《文学杂志》，第 156—165 页。
③ 1734 年，《法兰西书目》，第 365—366 页。
④ 该杂志 1734 年巴黎版，第 780 页；1748 年版，第 555—561 页。
⑤ 1734 年 7 月 20 日，勒勃朗致布依埃。
⑥ 1734 年 8 月 15 日，赫维致亨利·福克斯（伊尔切斯特伯爵：《赫维勋爵及友人》，第 203 页）。
⑦ 1741 年 8 月 15 日，比尔费德致兰普雷克特（比尔费德：《友人及其他书信》，海牙 1763 年版，第 2 卷，第 28—35 页）。

戈蒙的询问信①,于是写信给马莱了解情况,他忘记了勒勃朗已经告诉过他关于孟德斯鸠新著的书名和内容,并得悉该书要比《波斯人信札》逊色。②马莱最初听信了别人的判断,说孟德斯鸠对罗马人出言不逊,称他们是无赖和恶棍。③布依埃不接受这种先入为主的谴责,要求马莱读一读这本书,并说他本人有时以为,宇宙的主宰并不比别人更为诚实。④马莱自己读了这本著作,高兴地发现自己所持的观点得到了证实。当他读到罗马如何征服别人时,害怕得几乎要喊出声来叫救命。他宣称,这是文学真正的堕落,以往的历史学家从未以这样的方式来写过,这是波斯人的风格。⑤布依埃只能尝试着为孟德斯鸠对罗马人品德的诋毁辩护,说他有可能采用了萨卢斯特所引用的米特拉达梯的一封信,在那封信中,罗马人被描绘成"人世间的强盗"⑥。

马莱说,是的,如果孟德斯鸠知道这封信的话,他是会引用的。但是他没有引用任何权威性著作,他的书就像《波斯人信札》中那位在巴黎街道充当向导的盲人。⑦

布依埃终于在接到该书之后,承认孟德斯鸠对罗马历史作了一些认真的研究,但是他发现此书肤浅而不堪一击,并为孟德斯鸠的朋友无人告诫他而感到吃惊。两星期后,他通读了一遍,他承认该书有一些优点,同时指责该书有许多含糊晦涩之处,预言该书将激怒许多人,尤其是(由于其中谈到主教管辖权的问题)詹森派教徒。⑧

这些往来通信以马莱的结论为结束,"这事实上不是一本书"⑨。令

---

① 1734年7月16日,戈蒙致布依埃(国家图书馆,手稿,法文档24410,第77页)。
② 1734年7月31日,布依埃致马莱(国家图书馆,手稿,法文档25542,第237页)。
③ 1734年8月5日,马莱致布依埃(国家图书馆,手稿,法文档24414,第348页)。
④ 1734年8月10日,布依埃致马莱(国家图书馆,手稿,法文档25542,第288页)。
⑤ 1734年8月12日,马莱致布依埃(国家图书馆,手稿,法文档24414,第352页)。
⑥ 1734年8月19日,布依埃致马莱(国家图书馆,手稿,法文档25542,第240页)。
⑦ 1734年8月22日,马莱致布依埃(国家图书馆,手稿,法文档24414,第350页)。
⑧ 1734年8月26日及9月6日,布依埃致马莱(国家图书馆,手稿,法文档25542,第242—244页)。
⑨ 1734年9月17日,马莱致布依埃(国家图书馆,手稿,法文档24414,第312页)。

人惊奇的是,这个结论与伏尔泰写给他的朋友蒂埃里奥的信有异曲同工之妙:

> 这部著作充满了隐喻。与其说这是一本书,不如说这是一本以怪异的风格写成的目录。①

第三节　孟德斯鸠与历史传统

如果马莱和伏尔泰断言孟德斯鸠的这部著作不能被称为罗马史,那么这比说它根本称不上是书更为妥当些。在评价这本书的时候,必须记住它的标题:《罗马盛衰原因论》。孟德斯鸠在选择这一题目时,可能受到马索利埃下述这部书的启发:《齐姆纳斯红衣主教任职史,从中人们可以了解西班牙君主政体的伟大及其衰落的原因》。他收藏了这本书的1693年版。他之所以需要这部著作,很可能是为了对西班牙的衰落进行研究。孟德斯鸠并不致力于历史的叙述,而是致力于研究历史的因果。书中平铺直叙地罗列史料,仅是他洞察因果的轮廓和基础而已。

事实上,如果把《罗马盛衰原因论》视为一本纯历史学术著作,肯定会发现不足之处。卡米尔·于利安指出,孟德斯鸠在每一章里都武断地选择一位权威,有时是两位,亦步亦趋,从不质疑。在第1章里,他追随哈利卡尔那索斯的狄奥尼西奥斯②,而忽视了李维;在第2章里,他依赖韦格提乌斯③和弗朗蒂努斯④;在后面的10章里,他依赖的权威通常是阿庇安⑤或者

---

① 1733年11月? 日,伏尔泰致蒂埃里奥(《伏尔泰书信集》,第780号)。
② 狄奥尼西奥斯(Dionysius of Halicarnassus,生卒年不详),古希腊历史学家和修辞学家。——译者
③ 韦格提乌斯(Vegetius,生卒年不详),古罗马军事家。著有军事论文《罗马军制》。——译者
④ 弗朗蒂努斯(Frontinus,约35—105),罗马军人、不列颠总督。著有《论罗马城供水问题》。——译者
⑤ 阿庇安(Appian,约95—165),古罗马历史学家。著有《罗马史》。——译者

是波里比阿,偶尔也借弗洛鲁斯①或萨卢斯特的著作的光。②他很少考查作者依据的资料是否可靠,有时对佐证夸大其词。这样的方法,如果依照今天的标准是要被人耻笑的;即使在孟德斯鸠生活的时代,也已经远远不够。在德蒂耶蒙③撰写的两部不朽的历史著作中,已经采用对权威著作进行彻底、审慎的检查和综合的方法。爱德华·吉本说道,他的"不可仿效的精确性,几乎带有天才的特征"④。

如果说孟德斯鸠对引文的处理有疏漏的话,他也没有用高明的考古学的佐证来加以弥补。历史学家已经开始依赖于考古学。孟德斯鸠与蒙福孔是同时代的人,他有一些朋友,如弗雷莱和博兹,他们对推动考古学的发展作出了贡献,其成就虽称不上卓越,却仍不失为透彻的研究。在罗马的时候,孟德斯鸠的兴趣在别处,而不在古迹遗物上;在《罗马盛衰原因论》中,看出他并未想到,那些雕像、瓶罐和碑铭题字会与他的著述有联系。他只在一个地方使用了考古学方面的证据,而且这唯一的一处也很不幸纯属以讹传讹。在第11 章中,他提及切塞纳附近的一个碑铭,他在旅行时曾亲眼看到过这篇碑铭⑤,内容是记载元老院一项布告的全文,布告陈请神灵和国家迁怒于任何敢于带领军队跨过卢比孔河的军事首领。但是,这篇碑铭是后人伪造的,孟德斯鸠在世时,许多严格认真的学者已经怀疑其真实性。

孟德斯鸠在维罗纳已经踏进了马费伊的社交圈子,在摩德纳,与穆拉托里交往。尽管如此,从《罗马盛衰原因论》一书来看,他的史学方法(从严格意义上讲,应是所谓的史学方法)并无多大价值,并且可能使他受到比实际受到的更为严苛的指责。不过,这并不是他这部著作的主要之点,充其

---

①　弗洛鲁斯(Florus,约 74—130),古罗马历史学家及诗人。——译者

②　他阅读的希腊作家的著作,一般为法译本,拉丁著作通常为原文。这些著作的多数他都有最好的版本。他使用这些资料最妙的是第 16 章讨论罗马士兵薪饷的部分,但这是后来添加的,1748 年以前的版本中没有这些内容。

③　德蒂耶蒙(de Tillemont,1637—1698),法国教会历史学家。著有《历代皇帝史》和《最初六个世纪教会史备忘录》。——译者

④　G.B.希尔:《爱德华·吉本的生平》,伦敦 1900 年版,第 182 页。

⑤　《全集》,纳热尔版第 2 卷,第 1201 页;七星文库版第 1 卷,第 76 页。

量不过是他主要操心的问题中的附带部分。为了理解这些,有必要了解当时对编史工作中某些主要问题的处理办法。

首先是世俗史与教会史的关系问题。博丹[①]在1566年出版的《容易理解历史的方法》一书中,试图使世俗史摆脱《圣经》和教会领袖著作研究的权威控制,主张把历史分为三部分:人类的、自然的和神的;对于博丹来说,其中第一部分比其他两部分更为重要。这种划分使历史还俗,特别是对于把早期教会史与罗马帝国史的研究分开起了推动作用。许多17世纪的历史学家都遵循了这一原则,特别是波舒哀和德蒂耶蒙。波舒哀的《世界史教程》共分三个部分,第一部分只是编年的顺序介绍,另外两部分的标题是《宗教续篇》和《帝国》。在这里波舒哀实行了博丹所主张的划分法,不过这是出于不同的原因,他所关心的不是使世俗的历史解脱出来,而是要保留宗教史使其不受玷污,避免理性的研究。他的理论根据,可以在其作品《圣奥古斯丁》中找到,在这部作品中,提出了值得注意的城市可以分为上帝之城和人间之城的理论,这一理论是他所坚持的,此后,又被詹森(在《王港的逻辑》中)和阿尔诺及尼科尔所强调,认为权威和信仰属于不同的领域。

德蒂耶蒙曾在王港接受教育,又对詹森主义怀有强烈的同情心,因此他把历史区分为世俗的和教会的两种,是不足为怪的。其实,他并非从一开始便想这样做,他坚持认为,圣史与俗史之间有密切的联系,舍其一方便无法理解另一方。他的传记作者写道:"他要把皇帝的历史和教会的历史结合起来,而他的朋友建议把它们分开。"[②]他听从了朋友的建议,把他的著作一分为二,开始出版两本单独的长篇著作。[③]

然而,一个真正的历史学家不能不承认,德蒂耶蒙原来的意图是正确的,如果把世俗史和宗教史孤立起来,头六个世纪的基督教时代就不可能正确地理解。依照启蒙运动的原则观点,不论是世俗史还是宗教史,都应

---

①　博丹(Bodin, Jean, 1530—1596),法国政治哲学家。以其理想政府学说而著名。——译者

②　特隆谢:《德蒂耶蒙先生生平》,科隆1711年版,第19页。

③　《教会初建六百年间的皇帝及其他君王史》,1690年至1738年巴黎出版,6卷本,以及《最初六个世纪教会史备忘录》,1693年至1712年巴黎出版,16卷本。

加以理性和自由的研究。历史学家都有自由对权威提出质疑,也有自由否认任何传统的不可侵犯性。博丹主张把世俗史与宗教史分开,是有实际意义的,它解放了这一领域中的一个部分。留给 18 世纪历史学家的任务是解放整个领域,把科学的历史学原则引进教会史的研究,同时不带任何偏见地考查基督教。

人们可能会期待《波斯人信札》的著者会以此为己任。但是,《罗马盛衰原因论》这部著作尽管在许多方面是敢于说话的,但对基督教却噤若寒蝉,甚至在涉及戴克里先①、君士坦丁②和尤里安③的生平和政策时,孟德斯鸠也避而不谈基督教。的确,在书的其他场合,他都不偏不倚地记述了以西马库斯为一方,以奥罗修斯、萨尔维安努斯和圣奥古斯丁为另一方关于基督教问题的争论,不仅简单扼要,而且主要涉及的只是些概念问题。他提到了基督教,尤其是基督教内的异端邪说对刑法的影响;他提到偏执怎样会导致怯懦;他以相当的篇幅讨论了偶像和寺院干预政治的争辩;他谴责十字军东征。但所有这些,或是附带提一下,或是暗示一下,并说成是基督教被滥用而出现的一些特殊和局部的现象。人们期待一位在启蒙运动中勇为先锋的作者,在 1734 年写《罗马盛衰原因论》时,会大胆地把基督教列在其中,甚至给予重要的地位。孟德斯鸠过去的所作所为,使人们期待他这样去做。他在波尔多科学院发表的论文中,曾把宗教视为罗马在皇帝统治时期以及共和初期历史中的一项重要因素,在《波斯人信札》中,特别是在讨论人口减少的原因时,他把宗教看作是社会发展的一个重要因素,并且在讨论中直接包括了基督教本身。在《罗马盛衰原因论》一书中,他不但没有在这个问题上有所前进,反而向后倒退了。最为教条主义的哲学代表人物雷纳尔神甫④指责他言不尽意。⑤对于基督教和罗马关系的考察,留

---

① 戴克里先(Diocletian, 245/248—约 316),罗马帝国皇帝。——译者
② 君士坦丁(Constantine, 约 274—337),第一位信奉基督教的罗马帝国皇帝。——译者
③ 尤里安(Julian, 约 331/332—363),罗马帝国皇帝。——译者
④ 雷纳尔神甫(Raynal, Guillaume-Thomas, 1713—1796),法国著名作家。著有两部历史著作,主编过《法兰西信使报》。——译者
⑤ 《两个印度的哲学和政治史》,海牙 1776 年版,第 1 章,第 8 页。

待半个世纪之后,才由吉本进行了透彻但充满偏见的研究。

的确,在某种程度上,孟德斯鸠之所以缄默不提基督教,是因为他认为,基督教并不构成具有重大意义的历史现象。他在《随想录》中断言,许多人对教士们所作的解释,过于咬文嚼字,他们相信,皇帝们所梦寐以求的是根除基督教。孟德斯鸠说,这是完全错误的,皇帝们很少想到基督教,"这是他们最微不足道的事"①。如果说在《罗马盛衰原因论》中提及基督教的地方屈指可数的话,部分原因就在于作者试图从他感觉是真实的历史角度去观察各种事件。

然而,这不可能是具有决定意义的原因。他还只是一个学术领域中的新手,急切需要为自己建立严肃作家的形象来赢得声誉;迫切希望人们忘却那部《波斯人信札》;也许他仍雄心勃勃,想取悦于当局,使当局认为他适宜于出任外交职务。他小心翼翼地请卡斯泰尔这样一位耶稣会士来审订《罗马盛衰原因论》,并且接受了卡斯泰尔的建议。②他甚至不惜将书稿送交另一位耶稣会士检查官,同意在《特雷沃杂志》上刊载长篇摘要。他希望他的书能获得王家恩准和特许在巴黎出版。这些事实,既表明孟德斯鸠是有意识地回避对基督教问题进行严肃的讨论,同时也说明了他这样做的原因所在,即他唯恐引起怀有敌意的批评。

这种谨小慎微导致他接受了区分宗教史和世俗史的观点,而且时时开诚布公地表明这种观点。他在一处敌视性评论君士坦丁的地方加了一条脚注:

> 主人们谈论君士坦丁的话中,没有触犯教会作家,这些作家宣称,他们只听说过这位君王与虔诚有关的行为,却未听说过他与国家政府有关的行为。③

---

① 《随想录》,第 1562 条。
② 1734 年 3 月,卡斯泰尔致孟德斯鸠(《全集》,纳热尔版第 3 卷,第 960 页)。
③ 《罗马盛衰原因论》,第 17 章(《全集》,纳热尔版第 1 卷,第 476 页;七星文库版第 2 卷,第 168 页)。

在另一处,他甚至引用了《论上帝之城》:

> 而圣奥古斯丁则要人们看到,天上的城和地上的城是有所不同的。在地上的城里,古代的罗马人由于某些人类的美德,取得了同这些美德本身一样虚幻的报偿。①

圣俗分离不是圣奥古斯丁提出的唯一理论,也不是《罗马盛衰原因论》之中可以发现的唯一的奥古斯丁主义的痕迹。②

圣奥古斯丁的教诲对波舒哀的《世界史教程》最大的影响在于天意论的历史观。③奥古斯丁坚持认为,人间王国乃上帝所建,因此罗马帝国之丰功伟业亦应照此解释。④波舒哀坚持认为,世间伟大的帝国,皆承上帝之恩泽与宗教繁荣而昌盛,他说,正是上帝造就了各王国,并依其意愿封赐予人;正是上帝令其国王为其目标而效劳。孟德斯鸠在他的《赞诚实》一文中已经使用过这样的词句。⑤在《罗马盛衰原因论》中,他又老调重弹,在论及基督教的创建时,他间接提到了上帝选择的、唯有上帝才知道的秘密手段⑥,有两次他使用了"上帝恩准"的字眼,其中一次无关紧要,但另一次是与基督教所蒙受的灾难相关的:

> 上帝允许使自己的宗教在许多地方不再是占主导地位的宗教,并不是说他放弃了这个宗教,而是因为宗教不论是在荣誉里,还是在表面的屈辱里,它总是同样可以发挥它那使人们圣化的天然作用。⑦

---

① 《罗马盛衰原因论》,第 19 章(《全集》,纳热尔版第 1 卷,第 487—488 页;七星文库版第 2 卷,第 177 页),参见商务印书馆 1962 年版,第 106 页。

② 孟德斯鸠在《论罗马的宗教政策》一文中已引用过此文,并藏有《论上帝之城》15 世纪时的手稿一卷。

③ 参见 G.哈代:《论〈世界史教程〉的主要资料来源〈论上帝之城〉》,巴黎 1913 年版。

④ 《论上帝之城》,第 5 章,第 1 节。

⑤ 《全集》,纳热尔版第 3 卷,第 66 页;七星文库版第 1 卷,第 105 页。

⑥ 《罗马盛衰原因论》,第 16 章(《全集》,纳热尔版第 1 卷,第 463 页;七星文库版第 2 卷,第 158 页),参见商务印书馆 1962 年版,第 88 页。

⑦ 同上,第 22 章(《全集》,纳热尔版第 1 卷,第 509 页;七星文库版第 2 卷,第 194 页),参见商务印书馆 1962 年版,第 122 页。

此外，《随想录》之中还有一段，大致与《罗马盛衰原因论》同期所作，其结尾断言：

> 如果说，罗马人创立基督教只是这个世界上合乎情理的事情，那么这是一种从未发生过的特殊事件。①

可见，孟德斯鸠至少在形式上是称颂天意学派的。不过，上述事例也表明，他把天意的作用局限于宗教史，并没有将天意说应用于世俗史的迹象。况且，当人们读到第二段之后，紧接着是一段引语，似乎赞成帕斯卡关于基督教事实上是病态的主张。第三段无疑是打算用在《罗马盛衰原因论》中，但实际上却并未包括在内，而是放入《随想录》之中，并且是出现在"因为荒谬，所以才相信"式的长篇争论结尾之处。人们不禁要问，这些孤立的片断中所表达的表面上的天意观，究竟是真诚的？还是像狄德罗和他的合作者在后来著名的《百科全书》中一样，使用的是讽刺文学的手法？②

第四节　历史哲学

孟德斯鸠在这种著作中所包含的天意论观点，既是零零碎碎，又有言不由衷之嫌，因此远远不是孟德斯鸠对罗马帝国的兴衰史所作的解释的全部内容。他在最后总结他的论点时是这样措辞的：

> 罗马的兴起是由于它只能不停地作战，原来仗着一种难以相信的幸运，它总是在征服了一个民族之后，另一个民族才对它开始战争。罗马之遭到毁灭是因为所有的民族一齐向它进攻，并且从四面八方侵入它的土地。③

---

① 《随想录》，第969条。

② 从方法论角度对孟德斯鸠的非难，不应一叶障目，无视他在许多细节问题上见解的正确性。对于他承认普罗科匹厄斯的可靠性，赞扬弗洛鲁斯，承认新闻检查机构的必要，以及对查士丁尼筑城学的态度，受到吉本的特别肯定。

③ 《罗马盛衰原因论》，第19章(《全集》，纳热尔版第1卷，第493—494页；七星文库版第2卷，第182页)，参见商务印书馆1962年版，第110页。

然而,尽管他自己这样概括他的观点,但是这个结论强调的机遇,并不能充分体现他的观点。如果他的结论能体现他的论点,倒是令人感到惊奇。因为虽然凡尔托神甫的罗马史微不足道(孟德斯鸠拥有一部),其中所包含的哲理也没有超出书名所限。但是康帕内拉关于西班牙君主制的著作却思想丰富,孟德斯鸠只需读其第一章便可为自己的研究找到一个完整的框架:

> 在获取和统治每一块疆土和领土时,通常有三种因素并存,即上帝、深谋远虑和机遇,所有三者结合在一起,称为命运。命运只不过是各种因素凭第一因素之力共同发生作用而已,时运亦由此而产生。①

孟德斯鸠关于原因的见解与康帕内拉的观点不乏共同之处。

孟德斯鸠写道,共和国之伟业,是建立在征伐之胜利及巧妙地将被征服者同化的基础之上。对于共和国来说,战争是天经地义的事。每年更换执政官的制度,使每一个任职者迫切地为自己树碑立传,并且要尽快为之。执政官们不断地向元老院建议发动战争,元老院也乐意接受这种转移人民的视线、减少不满情绪的方式。由于所有公民和所有士兵都直接或间接地获得一份战利品,所以战争颇得人心。于是不断挑起战争,国家的命运不是惨遭失败,就是版图和势力大大扩张,罗马人的军事组织是健全的,对此孟德斯鸠作了详尽的研究;而且敌人,不论是由于政治的、经济的还是军事的原因,都是脆弱的。当敌人被击败之后,罗马人对他们进行很明智的处置,或宽仁敦厚,或凶暴残忍,极有韬略。孟德斯鸠以整整 6 章的篇幅记述了属国人民的境遇。与此同时,罗马城内的形势也促进了罗马的伟业,自由精神是赋予罗马以生命的灵魂。这是对波舒哀公开的抨击。波舒哀认为,过分地崇尚自由是罗马衰亡的主要原因。孟德斯鸠的观点与博林布鲁克的观点不谋而合,后者断言:

---

① 康帕内拉:《论西班牙君主制》,伦敦 1654 年版,第 1 页。

在世界上最伟大的政府所进行的最伟大的变革之中,丧失自由精神是其起因,而丧失自由是其结果。①

罗马人的分化,毫不危险,丝毫无损于国家生活,这是健康的、富有活力的,使国家欣欣向荣。②在共和宪法之中,有精心制定的检查和平衡制度,任何滥用职权的现象都能立即被制止。以军队为后盾的罗马的心脏是强有力的,因此共和国繁荣昌盛。

共和国衰亡的原因,是孟德斯鸠关心的另一个问题,在他看来,早期帝政和帝国本身就是罗马没落的两个阶段。伊壁鸠鲁学派的兴起;恺撒和庞培的勃勃野心;共和派放弃政治权力,所有这些因素都加速了罗马的衰亡。另外还有一个原因,它比这些更为重要,因为这是不可避免和不可抗拒的,即共和国所获版图的规模。由于疆域过于辽阔,无法对军队实行有效的控制;人民也不能再同心同德地爱惜自由、痛恨暴政;分歧不再是有益的,因为现在分歧采取了内战的形式;国家原有的法律也不再适用。凡此种种,罗马必然衰亡,即使不是恺撒和庞培使共和国寿终正寝,也会由其他人将其灭亡:

如果恺撒和庞培像加图那样地思想,其他的人也就会像恺撒和庞培那样地思想;而注定要灭亡的共和国就会经别人的手而被拖入深渊。③

于是,罗马的衰亡是不可避免的,因为它的疆土扩大了,而疆土的辽阔也正是其伟大之所在:

罗马失去自己的自由,是因为它把自己的事业完成得太早了。④

---

① 《手艺人》,1730 年 6 月 27 日。
② 参见马基雅维利:《论李维》,第 1 章,第 4 页。
③ 《罗马盛衰原因论》,第 11 章(《全集》,纳热尔版第 1 卷,第 427 页;七星文库版第 1 卷,第 129 页),参见商务印书馆 1962 年版,第 61 页。
④ 同上,第 9 章(《全集》,纳热尔版第 1 卷,第 416 页;七星文库版第 2 卷,第 120 页),参见商务印书馆 1962 年版,第 52 页。

在帝国统治下，衰亡的过程大为加快，原因是多方面的；有直接的原因，如迁都至君士坦丁堡后帝国一分为二，受亚洲风俗的影响，皇帝宫廷沉溺于奢华安逸的生活，修道士们插手政治，潜在的入侵者逐渐强大，并且入侵成功。不过，还有比这些更为基本的、不可抗拒的原因，即罗马人的精神堕落了，这是由共和制突然变为帝制所必然导致的结果。帝国的版图过于庞大，皇帝必然会实行专制暴权。因为，按照一般的规律，"在共和国之后进行统治的君主，没有人比他的权力更加专制了"①。

罗马国家的命运为纷繁复杂的原因所支配，其中有些是必然的，有些是偶然的。孟德斯鸠是用怎样的形式把它们联系在一起的呢？

他首先求助于他所称为的"一般精神"。在他早期写的作为《论义务》一部分的《论政治》之中，他已经阐述了这样的概念：在任何社会中都可以发现一个共同的特点，这种特点是由无数互相区别的因素造成的，并制约着国家的活动。②在《罗马盛衰原因论》中，他再次提出了这一概念。皇帝的专制是由人民的一般精神造成的，一般精神与人民的风俗和道德极其相似（因此在罗马社会中监察官是很重要的），其权威几乎与法律相等，在这些论断之后，孟德斯鸠非常明确地宣称：

> 每一个民族都存在一种一般精神，而权力本身就是建立在这一精神之上的：当这个民族侵害这一精神时，它自己就受到了侵害，结果就必然停顿不前了。③

直到他准备《论法的精神》第19章时，孟德斯鸠才剖析了他的"一般精神"的含义，但这一概念早已存在于他的早期思想之中。

---

① 《罗马盛衰原因论》，第15章（《全集》，纳热尔版第1卷，第454页；七星文库版第2卷，第150页），参见商务印书馆1962年版，第82页。

② 《全集》，纳热尔版第3卷，第168—169页；七星文库版第1卷，第114页。

③ 《罗马盛衰原因论》，第22章（《全集》，纳热尔版第1卷，第519页；七星文库版第2卷，第203页），参见商务印书馆1962年版，第130页。

由于在政治发展中存在着潜在的和先存的因素(不论是否包含"一般精神"在内),政治家们的行动自由受到限制。因此,孟德斯鸠断言,政治家们所犯的错误并非总是可以避免的。①这样,罗马共和国一旦消亡,便不可能东山再起,因为导致灭亡的根源仍然存在。②于是就出现这样的问题:什么是自由意志? 一切历史进程和历史事件是否都应视为在每一阶段都是预先注定的? 孟德斯鸠下面这段话作出了回答,他说:

> 共和国的灭亡是注定的,问题不过是要知道它如何被推翻,被谁所推翻罢了。③

他形象地将罗马的内部纷争比喻为火山的火焰,每当什么物质能够加强它的沸腾程度时,它立刻就会爆发出来。④他认为一个事件的根源与时机应加以区别。根源是超乎人力所能控制的,而起因则依赖于人的活动。时机不成熟可能会推迟根源发生作用,但不能永久防止根源发生作用。如果恺撒和庞培不是野心勃勃的人,就会有别的野心勃勃的人来推翻共和国。在《论法的精神》中,孟德斯鸠沿用了上述观点,他写道,查理十二世即便没有在波尔塔瓦覆灭,也必然会在别的地方覆灭:

> 命运中的偶然事故是易于补救的;而从事物的本性中不断产生出来的事件,则是防不胜防的。⑤

---

① 《罗马盛衰原因论》,第18章(《全集》,纳热尔版第1卷,第481页;七星文库版,第2卷,第172页),参见商务印书馆1962年版,第101页。
② 同上,第12章(《全集》,纳热尔版第1卷,第431页;七星文库版第2卷,第132页),参见商务印书馆1962年版,第64页。
③ 同上,第11章(《全集》,纳热尔版第1卷,第421页;七星文库版第2卷,第124页),参见商务印书馆1962年版,第56页。
④ 同上,第8章(《全集》,纳热尔版第1卷,第404页;七星文库版第2卷,第111页),参见商务印书馆1962年版,第44页。
⑤ 《论法的精神》,第10章,第13节,参见中文版上册,第146页。

很多人把区分时机和根源,看作是孟德斯鸠历史观中最有意义的观点。其实,除了孟德斯鸠以外,别的作者也有这种论点。此论见于维柯的著作①;还见于维柯的朋友保罗·马蒂亚·多利亚的著作。而且,孟德斯鸠在《罗马盛衰原因论》中,把关于历史因果理论阐述得比其他任何地方都要明确和清晰的一段,是直接受多利亚的《市民生活》启发而写的:

> 支配着全世界的并不是命运……有一些一般的原因,它们或者是道德方面的,或者是生理方向的。这些原因在每一个王国里都发生作用,它们使这个王国兴起,保持住它,或者使它覆灭。一切偶发事件都是受制于这些原因的……总之,一个总的基础会把所有特殊的事件带动起来。②

《罗马盛衰原因论》中的中心理论,很可能是孟德斯鸠从这位鲜为人知的那不勒斯哲学家那里搬过来的。这样的说法无损于孟德斯鸠,因为《罗马盛衰原因论》远非《市民生活》所能比拟。同样,说孟德斯鸠在论罗马的著作中替历史学家解决了宿命论问题,就像马勒伯朗士替玄学家排解同一难题一样,这也不是贬低孟德斯鸠。孟德斯鸠的贡献,在于他把《论探索真理》的作者所提出的第一推动力与偶然原因的区分,运用到历史学之中。

《罗马盛衰原因论》还有另外两点值得称道。首先,孟德斯鸠遵循富有哲理的历史学家所提倡的尚未成熟的新概念,除了运用于直接主题外,还对其他问题发表了感想和见解。他对路易十四、约翰·劳、詹姆士党,以及那不勒斯的流浪者都作了评论。某些评论使他陷入麻烦之中,并且迫使他不得不修改已经印制的版本。例如,他称赞自杀行为;他说从西班牙人(就像土耳其人一样)那里表明,有这样一些民族,他们适合于拥有一个庞大的帝国,却毫无用途;在政府中分权是一种好的做法;自由(同一年,伏尔泰在

---

① 参见《新科学》,第 1 章,第 12 节(巴科里尼辑刊,巴里 1931 年版,第 31 页)。

② 《罗马盛衰原因论》,第 18 章(《全集》,纳热尔版第 1 卷,第 482 页;七星文库版第 2 卷,第 173 页),参见商务印书馆 1962 年版,第 102 页。

他的《哲学通信》中也称颂了这种思想)已被证明是社会理想的目标;这在法国人的听闻中,是个新鲜词汇;最后,孟德斯鸠直言不讳地否认专制政体的合法性,这种观点同时也就在政治理论中摒弃了君权观念。摒弃君权观念是他的思想区别于卢梭最终所表达的思想的最不同之点:

> 如果认为世界上存在着在各方面都能为所欲为的人间权力,那是一个错误的想法。这样的人间权力从来不曾有过,将来也决不会有。最大的权力在某一方面永远是会受到限制的。①

关于《罗马盛衰原因论》,另外值得一提的是,除了《为〈论法的精神〉辩护》之外,孟德斯鸠所使用的法语,没有一本著作达到如此炉火纯青的地步。他的语言朴实而又简洁;偶尔采用的比喻、突如其来的对偶、字字珠玑的格言,更是引人入胜。那些斯多噶派学者无视基督教,犹如"大地上生长在从不见阳光地方的植物"。关于布鲁图斯②的严厉,为了国家利益,预备大义灭亲,杀死其父,孟德斯鸠只用几个词就表达了丰富的内容。"这一义举似乎已被忘却了,因为它超越了自己"。这是任何别的作家所望尘莫及的。当人们自尽时,有"一种天生的、朦胧意识到的本能,使我们更加热爱自己的生命"。孟德斯鸠力图使这部著作只作客观记述,极少有越轨之处,他在写作中抛弃个人的好恶,表达内心的真实看法。他把屋大维执政时所取得的成果称为"这就是说,一种持久的奴役"③。在全书的最后一段,他写道:"我没有勇气谈到后来的灾难了"④。

总之,《罗马盛衰原因论》在孟德斯鸠的一生中,在文学史中,都是一个伟大的里程碑,同时,该书本身也有重大的价值。

---

① 《罗马盛衰原因论》,第22章(《全集》,纳热尔版第1卷,第519页;七星文库版第2卷,第202页),参见商务印书馆1962年版,第129页。
② 布鲁图斯(Brutus,前85—前42),是公元前44年3月刺死罗马独裁者恺撒的密谋集团首领。他也是一个斯多噶派学者。——译者
③ 参见《罗马盛衰原因论》,商务印书馆1962年版,第70页。——译者
④ 同上,第136页。——译者

第八章　巴黎(1734—1748 年)

第一节　重返巴黎

三年旅居异邦,两年隐居乡村,并没有减弱孟德斯鸠对巴黎大都市生活的向往。自 1733 年春天他从英国返回后首次在巴黎逗留较长一段时间起,直到 1748 年《论法的精神》一书出版,他在巴黎度过的时间远比在法国西南部待的时间要长,而且,如果不是由于奥地利王位继承战使他的家境败落的话,他会在那里住得更久。自从 1728 年以来,无论是巴黎,还是孟德斯鸠,都与往日有了很大变化。孟德斯鸠曾与欧仁亲王谈过话,会晤过英国女王和克雷芒十二世(在他当教皇之前);他在知识界已获得承认,他是英国皇家学会会员,他已不是只有一本著作的作家;他即将踏进的巴黎社会,已不同于他以前所熟悉的社会,中楼俱乐部已被查禁;朗贝尔夫人已不在人世,贝勒巴的欢宴已经结束,贝尔特洛家族不再与孟德斯鸠交往。除了在 1734 年他曾到拉罗谢尔对马蒂翁伯爵进行为时 4 天的拜访以外,没有任何其他的证据表明他继续与马蒂翁家接触。

法院仍不时地请他去议事,他现在的赞助人是夏罗莱小姐,她是克莱尔蒙的胞妹,在 18 世纪 20 年代,这位小姐曾在孟德斯鸠的生活中神秘地出现过。孟德斯鸠仍偶尔去访问尚蒂伊。①巴尔克莱在这些年间对孟德斯鸠是忠诚不渝的,他一直向他的这位朋友披露凡尔赛宫中的情况,告诉他那里流传的谣言和策划的阴谋,这对一个常年在朝中任职的人来说,是恰如其分的。贝里克已在1734年阵亡,他的死没有影响孟德斯鸠与巴尔克莱以及巴尔克莱的侄子、苏瓦松主教弗朗索瓦·德·费兹-雅姆之间的友情。费兹-雅姆家族提议出版贝里克遗留的回忆录,请孟德斯鸠为其撰写前言。孟德斯鸠并未立即命笔。他为贝里克写的颂词,在他逝世之后,才在他的文件中发现,并于1778年公开发表。此文对元帅钦佩赞扬,把元帅描述得温文尔雅。尽管是未完成之作,但文笔洗练,不失为佳作。

孟德斯鸠在巴黎对两个方面产生了新的兴趣。首先是对法兰西学士院。虽然他不是像丰特纳尔或阿拉里那样忠实的参加者,但是每当他到巴黎的时候,他都注意尽力去露三四次面。1739年4月1日,他被选为下一季度的执行主席,随后他就比较经常地参加会议,在3个月内出席了14次会议。他一共参加过111次会议。②作为法兰西学士院的成员,必然与当时几乎所有的文人学者相熟,丰特纳尔和埃诺是他的老朋友;又增加了马里沃、蒙克里夫和布西-拉比旦以及其他一些人。布西-拉比旦是吕松的主教,他的杰出才华在于比任何别的人更成功地重演老宫廷的腔调。③1743年,孟德斯鸠的朋友梅朗当选时,孟德斯鸠在场。与此同时,莫佩尔蒂也当选④;孟德斯鸠在其中施加了影响。5年以后,莫佩尔蒂反过来帮孟德斯鸠当选柏林科学院院士。⑤孟德斯鸠曾支持特吕勃莱,说"我投特吕勃莱教士的票,他受到丰特纳尔先生的爱戴和尊敬",然而没有成功。⑥1746年9月22日,在杜克洛当选院士的时候,孟德斯鸠才第一次与

① 1735年7月2日,孟德斯鸠致里奇蒙(《法兰西研究》,1958年)。
② 《法兰西学士院注册簿》,第3卷。
③ 埃诺:《回忆录》,第360页。
④ 莫佩尔蒂:《孟德斯鸠颂词》,柏林1755年版,第48页。
⑤ 1747年9月3日,孟德斯鸠致福克斯。
⑥ J.雅卡尔:《特吕勃莱神甫》,巴黎1926年版,第336页,引自达朗贝尔著作。特吕勃莱神甫最后于1761年当选。

伏尔泰邂逅相逢。许多有抱负之士渴望获得院士的荣誉,这使法兰西学士院的院士们得以与他们结识,例如特吕勃莱;那位和蔼可亲但唠叨絮聒的勒勃朗也是其中的一位。他正如亲英派人士那样,十分敬佩孟德斯鸠,几次与他一起进餐,而且有一次是在英国使馆。①对于诸如西鲁哀特②这样的诽谤者的攻击,勒勃朗挺身为之辩护,并且勒勃朗还曾一度与孟德斯鸠的朋友默隆一起生活。③

孟德斯鸠在巴黎另一个感兴趣的方面是共济会,他在伦敦时已和共济会产生了联系。

1734 年 9 月 5 日至 7 日的《白厅晚邮报》刊登了如下消息:

> 我们从巴黎获悉,最近共济会的一个分会在朴次茅斯公爵夫人的公馆里举行会议。会上,里奇蒙公爵大人在沃尔德格雷夫伯爵、孟德斯基(原文如此)庭长、丘吉尔准将、爱德华·杨先生(巴斯勋位的注册人)以及沃尔特·斯特里克兰先生的赞助下,接纳了几位知名人士加入这个最古老并享有盛誉的社团,新加入者中有德·勃朗卡侯爵、斯克尔顿将军以及庭长之子。

一年以后,同一家报刊在 9 月 18 日至 20 日登载了一段更长的消息:

> 据来自巴黎的报道,里奇蒙公爵大人和戴萨里埃博士(两人曾任共济会长老,由现任长老和共济会批准)在比西街的比西饭店,召开了一次分会会议。国王陛下派往法国的大使沃尔德格雷夫伯爵阁下、极受尊敬的孟德斯基奥庭长(原文如此)、洛马里亚侯爵、巴尔克莱伯爵之子杜尔斯莱勋爵、尊敬的费兹-威廉先生、奈特父子、希克曼博士和其他几位法国和英国人士出席了会议。会议期间,下列各位贵族和绅

---

① 1733 年 8 月 16 日,1734 年 3 月,1734 年 6 月 3 日,勒勃朗致布依埃。
② 1738 年 6 月 17 日,勒勃朗致布依埃。
③ 1733 年 8 月 16 日,勒勃朗致布依埃。

士被接纳为共济会员：金斯顿公爵大人，最仁慈的国王陛下的国务大
臣、极受尊敬的圣弗洛伦丁伯爵，沃尔德格雷夫伯爵之子、备受尊敬的
丘顿爵士，佩勒姆先生，赫伯特先生，阿明格尔先生，科顿先生，克莱门
特先生。会后，新会员盛宴款待所有与会者。

在此之前，共济会已经由英国传入法国。大约在1725年，德温特沃特勋
爵建立了一个分会，不到10年，巴黎就有500—600名共济会员①，从出席上
述两次集会的会员名单中可以看出，许多会员有着密切的家族亲缘关
系，另一些会员则是同僚。②孟德斯鸠对共济会充满热忱，这不仅表现在
他介绍年龄不满18岁的儿子入会，而且也表现在他致里奇蒙公爵的一封
信中：

共济会的主要支柱戴萨里埃博士已经到达。据这个消息，我不怀
疑，法国还要接待的所有贤士都会成为共济会员。③

与此同时，共济会正向外省扩展。1732年由一些英国商人在波尔多成
立了一个分会，这引起了政府的关注。波尔多的地方行政长官布歇在1737
年4月2日写给弗勒里的一封信中，指责了孟德斯鸠加入共济会一事。并
报告说，他已暂时禁止孟德斯鸠与该社团联系，弗勒里答复同意这一措施，
并对布歇的勤勉尽职表示赞许，要求他特此向孟德斯鸠指出，该社团引起
国王的不快。④次年（1738年），教皇克雷芒十二世颁布一份通谕，明令谴责

---

① 《百科全书(补篇)》，1777年巴黎及阿姆斯特丹出版，第3卷，第134页。
② 朴次茅斯公爵夫人曾作过查理二世的情妇，第二代里奇蒙公爵是她的孙子；杜尔斯莱勋
爵是她的曾孙；古菲埃(1730年与孟德斯鸠一起被接纳为共济会员)是她的外甥；她的妹妹就是古
菲埃的母亲、第七代彭布罗克伯爵的遗孀。所提到的赫伯特先生大概是第九代彭布罗克伯爵的一
个兄弟，他与费兹-威廉家族联姻，这里提到了他妻子的一个兄弟；沃尔德格雷夫是贝里克的外甥；
丘吉尔准将是马尔巴罗的兄弟查·丘吉尔的私生子，因而也是贝里克的表兄弟。在法国血统方
面，洛马里亚的继父是朗贝尔夫人之子，1736年他的表兄弟与德·勃朗卡侯爵的女儿成亲。
③ 1735年7月2日，孟德斯鸠致里奇蒙(《法兰西研究》，1958年)。
④ 《纪龙德省历史档案》，第26卷。

共济会,并宣布任何人赞助共济会、窝藏共济会员、参加或诱惑他人参加共济会组织,即构成叛教罪。①

　　此后,不再有提及孟德斯鸠与共济会瓜葛的资料,尽管他后来的交往——一如与莫尔顿勋爵的友谊——可能与此有关,但是与共济会的关系在他的生活中不再具有任何重大意义。

　　至于与一般外国来访者的交往,孟德斯鸠比他出国旅行前接触更为广泛。他认识许多外交使团中的人物:英国大使沃尔德格雷夫、肖布以及阿尔比马尔;两位丹麦公使舒伦堡和伯恩斯托夫;荷兰、土耳其、热那亚、葡萄牙和俄国的外交代表,都曾在他的通信或笔记中谈到过。撒丁王国的公使索拉尔,曾是马耳他的司令官,也是孟德斯鸠的一位老朋友,早在维也纳就结识了他,尽管他最初对这位公使有些鄙视。还有许多私人来访者,从国外来拜访他,携带着他们在旅途中结交的朋友写的引荐信。有时这些朋友本人也来重叙友情,为他的健康举杯共饮,使他分外高兴。从英国来访的尤其多。继斯隆出任英国皇家学会会长的马丁·福克斯,于1739年来巴黎访问,会见了巴黎所有的科学界人士。孟德斯鸠(他在前一年曾计划访英,但放弃了该计划)②见到他欣喜异常,把他介绍给当时住在巴黎的波利尼亚克,并动员他允许他的儿子到波尔多来住一年,由孟德斯鸠自己作他的私人教师,并保证把他培养成一个高尚文雅的人,而不至于放荡。③赫维的长子于1740年来巴黎见到了孟德斯鸠。后来在柏林任英国公使的安德鲁·米切尔爵士于1735年2月来到巴黎访问,在孟德斯鸠的社交圈子里愉快地度过了一段时间④,孟德斯鸠在他的通信中常以敬慕的口吻提到他。另外一位大约在同一时间来访的是里奇蒙的朋友及门徒托马斯·希尔,他要求把他引荐给丰特纳尔。⑤不久,声名显赫的弗朗西斯·达什伍德爵士光临,

---

① 通谕颁发于1738年4月28日(《通谕汇编》,都灵1872年版,第24卷,第366—367页)。
② 1738年8月19日,孟德斯鸠致福克斯。
③ 1741年2月14日,孟德斯鸠致福克斯。
④ A.比塞特:《安德鲁·米切尔爵士回忆录及文件》,伦敦1850年版,第6页。
⑤ 1735年3月12日,托马斯·希尔致约翰·康迪特。

他后来成为德斯潘塞勋爵和王国政府的一名大臣。不过,他在当时却声名不大好,一方面是因为他的有伤风化的行为,同时也由于他一向对神不敬。在以前访问意大利时,达什伍德曾在西斯廷礼拜堂搞恶作剧,耶稣受难日那天,在灯火昏暗的礼拜堂里,他化了装,挥抽马鞭,人们以为是魔鬼来临。这次事件之后,他不得不离开教皇辖地①,此事成为丑闻,孟德斯鸠可能对此毫无所闻,也可能认为此事无关紧要,他给达什伍德写了一封向博学而和蔼的尼科里尼主教介绍的信件。②

　　从较远地区来访的外国人中,有波兰的启蒙运动的领袖人物科纳尔斯基③,他是丰特纳尔的朋友,并且对《罗马盛衰原因论》一书赞不绝口,因此很可能会见过孟德斯鸠。同样,来自东方的有斯特凡·埃沃提乌斯·阿赛玛尼,他在叙利亚的阿帕美亚享有大主教称号,对中国和埃塞俄比亚的宗教了如指掌。④还有来自较近的东方的摩尔达维亚亲王安蒂奥克·坎特米尔,他是闻名于世的奥斯曼帝国历史中的德米特里·坎特米尔之子。他自己也是一位卓越的学者,曾将《波斯人信札》、丰特纳尔的《论宇宙多元性》和阿尔加罗蒂⑤的《向女士们介绍牛顿》等著作译成俄文;他写作讽刺作品,并开始着手编纂一部俄法词典。毫无疑问,孟德斯鸠与坎特米尔得以相识,是通过他们共同的朋友引荐,包括眼科医生让德隆(坎特米尔患有眼疾)、莫佩尔蒂和达埃吉翁公爵夫人等,但孟德斯鸠对他敬而远之。⑥大约是对他待

　　① 霍拉斯·沃波尔:《乔治三世当政时期回忆》,1894年伦敦和纽约出版,第1卷,第136页。实际上,达什伍德在罗马之行期间,结识了尼科里尼,孟德斯鸠并不知此事。尼科里尼本人还记得此事,而且态度异常热情,曾在两封信中提到此事。

　　② 1739年10月4日,孟德斯鸠致尼科里尼。

　　③ 科纳尔斯基(Konarski, 1700—1773),波兰天主教司铎、作家。在波兰教育改革中颇有影响。——译者

　　④ 《随笔》,第643条,孟德斯鸠可能认错了人,他遇到的是埃沃提乌斯的叔叔斯特凡·西蒙·阿赛玛尼,是提尔城(今黎巴嫩的苏尔——译者)大主教。这位教父的行程和日期与孟德斯鸠所说的情况更吻合。

　　⑤ 阿尔加罗蒂(Algarotti, Francesco, 1712—1764),意大利艺术鉴赏家和科学家。——译者

　　⑥ 在坎特米尔逝世后,孟德斯鸠写给亲王朋友的一封信中说:"您到处寻找朋友来代替您失去的朋友,但是俄国人要找到一位像坎特米尔那样有才干的大使来替代他,并非一件容易之事。"(1744年8月1日,孟德斯鸠致加斯科)

人冷淡以及推崇波舒衰深感不快。孟德斯鸠对俄国的了解,可能大多来自与坎特米尔的交谈,甚至连他对俄国人的看法——"你要剥俄国人的皮,才能使他有感觉"①,也是由此而来的。

　　还有一位外国来访者,叫希皮奥内·马费伊,他曾在第戎时住在布依埃家里,1732 年 1 月 23 日,在南部城市尼姆的博学之士塞吉耶的陪同下来到巴黎。孟德斯鸠曾在维罗纳会见过马费伊,对他并没有表示出很大的热情,尽管一般来说,他对意大利人都是友好相待的。马费伊参加丰特纳尔、博兹、梅朗和莫佩尔蒂的社交圈子,但更为经常的还是参加凡尔戴亚克伯爵夫人的沙龙。②孟德斯鸠不常光顾那里,而且可能由于马费伊深受伏尔泰的敬重,所以孟德斯鸠对他毫无好感。马费伊的神学观点也是孟德斯鸠所不敢苟同的。在巴黎期间,他毫无道理地卷入关于詹森教派的争论,公开赞同教皇克雷芒的通谕。如果是一个神甫或法国人,这种态度或许是可以谅解的,但对于一个俗人和意大利人来说,这种态度可能会引起朋友的敌视。尽管如此,对于他的著作,孟德斯鸠还是有所了解,而且可能在某些方面对于《论法的精神》有所影响。唯一能肯定说明这两个人在巴黎曾有过接触的证据,是塞吉耶在他的旅行日记中写下的一句话。他在日记中列举了巴黎的名流,写道:

　　　　孟德斯鸠庭长先生是一位头脑灵活、才思敏捷的人,他是《波斯人信札》和《伟大罗马人的衰落》(原文如此)的作者。③

　　不过,同大多数见过孟德斯鸠的人一样,塞吉耶没有举出实例说明他那敏捷活跃的才智。

　　另一位意大利来访者,无疑比马费伊更受欢迎,是杰出的塞拉蒂。这位博学并受到普遍爱戴的神甫,此时已晋升为罗马教廷官吏,成为达官

---

　　①　参见《论法的精神》,第 14 章,第 2 节。中文版上册,第 229 页。
　　②　《马费伊书信集》,第 1 卷,第 643 页。
　　③　尼姆城,塞吉耶图书馆,手稿129,第 45 页。

显贵。他于 1742 年夏季到达法国，并长期逗留，直至 1744 年秋季，其间只到英国作过一次访问。他广交朋友，其中包括：梅朗、特吕戴纳、法尔考内、雷奥米尔、丰特纳尔及伏尔泰。毋庸置疑，还有众多的宗教界人士，其中著名者有詹森派教徒梅桑居伊和费兹-雅姆，后者是苏瓦松的主教。然而，在他所有的朋友中，很少或者完全没有人像孟德斯鸠那样，得到他的景仰。

孟德斯鸠在写给福克斯的信中说，塞拉蒂常常与他共饮，共祝福克斯身体健康。他认为塞拉蒂是一位高尚和值得尊敬的杰出人物，并且赞扬他放弃了神学偏见，转而信仰自然科学。①这种赞扬是缺乏根据的，但却部分地说明了为什么孟德斯鸠乐于与塞拉蒂讨论他正在撰写的著作，这是他只给予极少数人信赖和敬重的标志。而且，当他完成了这部著作之后，他说："有什么比沿着朗格多克运河而上，直至比萨，向塞拉蒂讨一顿美餐更惬意的呢？"②

除了学术上的共同兴趣以外，还有另一种纽带把这两位杰出人物联系在一起。这位意大利人和孟德斯鸠患有同样的眼疾，他的法国之行在很大程度上是出于医治眼疾的需要。③显然，孟德斯鸠与塞拉蒂讨论了他们共同的眼病，他把塞拉蒂介绍给法国最优秀的眼科医生让德隆，此人乐施好善，以救济贫民和因詹森教而遭受迫害的人为最大乐事。④塞拉蒂十分钦佩他，并未因此而抱有成见。

几年以后，当塞拉蒂访问那不勒斯时，拜访了当时还没有成名的加里亚尼⑤。加里亚尼在他的日记里特别提到这位知识渊博的来访者有两个特点：一是特别推崇孟德斯鸠；二是从不在酒中掺水。

---

① 1743 年 1 月 21 日，孟德斯鸠致福克斯。
② 1746 年 4 月 16 日，孟德斯鸠致塞拉蒂。
③ 1740 年 4 月 8 日，塞拉蒂致博塔里。
④ 加斯科：《致友人书信集》，信 26(《全集》，纳热尔版第 3 卷，第 1115 页)。
⑤ 加里亚尼(Galiani Ferdinando, 1728—1787)，意大利经济学家。1759—1769 年在巴黎任那不勒斯驻法大使的秘书，曾在那不勒斯政府工作，著有《论货币》《关于小麦贸易的对话》等。——译者

第二节　闻名遐迩的沙龙

自 1733 年起,巴黎文人的沙龙是孟德斯鸠生活中的乐事。当时,沙龙在巴黎社会生活中比以往有所不同。在 17 世纪,沙龙的座上客都是有等级和地位的达官显贵,朗贝尔夫人破除了旧有的排他倾向,既邀请王公贵族,也邀请文人学者。不过她仍谨慎从事,在不同的日期分别相邀。在她去世之后,后继者采取了不同的组织形式,等级和血统不再是邀请客人的唯一标准,更重要的是依据智力和才华。如果说那些王公贵族并未被拒之门外的话,那是因为他们在学问上有了越来越高的修养。在 18 世纪,家族血缘已不是至关重要的,共同的学术兴趣越来越受到重视。

此时,孟德斯鸠的社会观也同样发生了变化。在波尔多科学院的经历,使他愿意与比他社会地位低的人交友,在他一生中,他越来越不愿与佩剑贵族交往,除非他们的高贵出身是与才智结合在一起的。因此,人们发现,在当时他出入于巴黎的大多数沙龙之中,并不考虑女主人的出身高贵还是卑微。但它们之中,最令他感到快慰的是勃朗卡饭店的沙龙,它坐落在谢尔什-米迪街,离他当时的寓所圣多米尼克街不远。这个社交场所的核心是两个家族,勃朗卡和博伏。

勃朗卡家族中的一支,以勃朗卡侯爵为首,他是法国元帅,曾两度出任驻马德里大使,早在 1725 年就与孟德斯鸠相识。[①]他是一位值得尊敬和缓慢迟钝的人,在《随想录》中,孟德斯鸠以他为实例,说明儿童并不一定在才智上随其父母这一规律。[②]因为他的儿子福尔卡尔吉埃伯爵是一个有才华的人,孟德斯鸠大约自 1740 年起就十分了解他。他常年疾病缠身,一位言辞刻薄的女人嘲笑他,说他"一辈子都是一个活死人"[③]。但他以顽强的毅力忍受了疾病的煎熬,最后于 1753 年溘然去世,享年 43 岁。他的胞姐玛丽-特莱丝,初婚后当了罗什福尔伯爵夫人,她在当时是一位著名人物。其堂

---

①　1725 年 5 月 22 日,孟德斯鸠致勃朗卡。勃朗卡家族的一个成员与孟德斯鸠在朱伊公学是同窗。

②　《随想录》,第 1426 条。

③　1751 年 11 月 1 日,达埃吉翁夫人致孟德斯鸠。

兄的妻子勃朗卡公爵夫人也毫不逊色。

博伏家族的声望使这一家族的首要人物德·克拉翁亲王曾当过托斯卡纳大公国的总督之职,为表示对他的地位和才智的敬意,1739 年他被选为科尔托纳科学院的监护人。使孟德斯鸠深感遗憾的是,在意大利未能与他相遇,但后来有缘与他相识,并且成为他儿子德·博伏亲王的朋友,此人出身军人,后成为法国元帅,以正直、勇敢和机智著称。在他身上,孟德斯鸠看到了伟人的素质。①亲王对孟德斯鸠也深怀敬意,在孟德斯鸠去世之后,他曾任波尔多军事长官,向波尔多科学院赠送了一尊大理石制作的孟德斯鸠半身像。②与孟德斯鸠关系密切的是博伏的姐姐,第一次结婚后成为德·利克赞公爵夫人,第二次结婚之后成为米尔波瓦侯爵夫人,继而又成为公爵夫人。孟德斯鸠赋诗赞美她,但这些诗只能称得上是平庸之作。③根据当时某些人的看法,他还是她所认可的情人。④尽管如此,对于她的丈夫,他仍保持着非常友善的关系。

在勃朗卡的沙龙里,还有另外一些名门显贵,其中有德·尼凡尔公爵,达埃吉翁公爵夫人(她在孟德斯鸠的生活中是一位举足轻重的人物),卢森堡公爵夫人(科尔贝尔的后裔),以及布弗莱公爵夫人,这位夫人后来成为卢森堡公爵的续弦。孟德斯鸠曾赋诗赞美她,不过,作为卢梭的保护人,她在后世赢得了声誉。但是,在沙龙里最令人感兴趣的人物并不是这些显贵。虽然福尔卡尔吉埃和他的兄弟塞莱斯特被誉为热心人⑤,但是在勃朗卡家里,爱尔维修和杜克洛备受欢迎,杜克洛还曾一度住在那里。⑥这位喧闹、坦

---

① 1748 年 3 月 28 日,孟德斯鸠致塞拉蒂。

② 色贡达致加斯科,日期不详(《全集》,纳热尔版第 3 卷,第 1554—1555 页)。

③ 诗的开头:我颂扬的美人不了解自己的魅力,
　　　　　见到她的人,请告诉她:
　　　　　她美丽、天真、纯朴、自然,
　　　　　她羞羞答答,却不故作姿态。
《全集》纳热尔版第 1 卷,第 608 页;七星文库版第 2 卷,第 1460 页。

④ 1749 年 1 月 21 日,巴尔克莱致孟德斯鸠;1749 年 5 月 20 日,唐森夫人致孟德斯鸠;1749 年 8 月 27 日,索拉致孟德斯鸠。1747 年孟德斯鸠在米尔波瓦夫人陪同下,访问了吕奈维尔的流亡波兰宫廷,她的妹妹是王室的宠臣。

⑤ 唐森夫人致黎塞留,1744 年 6 月 12 日(《唐森红衣主教和唐森夫人与黎塞留公爵通信集》,1790 年,第 343 页)。

⑥ 警局档案(国家图书馆,抄本,n.a.f. 10771)。

率而又放荡不羁的作家,是一个忠实的朋友和无与伦比的讲故事专家,后来在哲学争辩中成为主要的参谋人物。他大概早在1726年,当孟德斯鸠还只是《波斯人信札》的作者的时候,就认识孟德斯鸠。那时他默默无闻,是普罗柯普咖啡馆的常客,还是弗雷莱和拉莫特的朋友。①和蔼而又富有的爱尔维修直到1758年出版了《论精神》②之后,他的名声才达到高峰。但孟德斯鸠此时已经看出他的才华,他说"我不知道爱尔维修是否意识到他的出类拔萃,但我却感觉到他是一个超群的人"。参加沙龙的还有那位沉湎于声色的德·贝尔尼教士,他不思悔改,没有人认为他能升到红衣主教的职位,只是把他看作在歌剧后台的一个猎艳者。他在回忆录中写道,他在20岁的时候,常与丰特纳尔、孟德斯鸠、梅朗、莫佩尔蒂和克雷比永一起进餐,对孟德斯鸠的谦恭和朴实深为叹服。③他的飞黄腾达发端于勃朗卡的沙龙,正是由于这个沙龙,才把他引进了法兰西学士院的大门④。埃诺同样也是聚会者之一。他博学、快乐,任宫廷大臣,是达尔让松伯爵的密友,在摄政时期,他经常参加贝勒巴的社交活动,中楼俱乐部曾在他家集会。他与孟德斯鸠在同一时期出售了他的法院官职,以便从事社交和学术活动。与埃诺结伴同来的是他的忠实朋友杜·德芳侯爵夫人,她出身于一个新近封爵的、谦和的贵族家庭,被丈夫遗弃后,独身一人住在博纳街一幢小楼里。她聪慧而慷慨,有一个广泛的朋友和信友圈子,其中最著名的是霍拉斯·沃波尔。

演出短小的喜剧是勃朗卡沙龙特有的活动。孟德斯鸠谈到福尔卡尔吉埃的戏谑和丰盛的晚餐,总是赞不绝口⑤。埃诺为了诱使孟德斯鸠来到巴黎,列数了在等待着他的种种欢乐:

一位令人赞叹的女演员,甜美的笑容,甜美的歌唱,一些在泰伦提

---

① P.梅斯特:《夏尔·杜克洛(1704—1772)》,日内瓦1956年版,第13页。

② 圣兰贝尔:《回忆爱尔维修》,伦敦1772年版,第18页。

③ 贝尔尼:《回忆和信函》,马松编,第1卷,第34—35,94页。贝尔尼生于1715年,孟德斯鸠对他的著作做了摘录。

④ 埃诺:《回忆录》,第214—215页。

⑤ 1748年8月15日,孟德斯鸠致杜克洛。

乌斯时代人们会归于西庇阿和莱利乌斯笔下的喜剧,以及一些能与任何其他东西相媲美的芭蕾舞剧。①

那里的交谈也毫不逊色,谈话涉及各种各样的题目,有时涉及流言蜚语,有时谈论文学作品,有时论及社会问题;有时严肃认真,有时是为了创造一种好的气氛。勃朗卡公爵夫人记述了一次精彩活跃的谈话,谈话内容是巴黎社交与凡尔赛社交不同的原因。达埃吉翁夫人和孟德斯鸠联合起来,反对夏特莱侯爵夫人和伏尔泰的观点。②埃诺在致杜·德芳夫人的信中描述了一次规模较小的聚会,那一次有孟德斯鸠、他和其他几位一起与德·米尔波瓦夫人共进晚餐:

> 我们的晚餐吃得很愉快,我们热烈地辩论、聊天,没有挖苦和争斗,是一次相当令人满意的晚餐,然后我们玩皮克牌。③

沙龙中交际活动的特色,主要取决于参加者的性格,尤其是取决于那些女中豪杰的性格。唐森夫人、米尔波瓦夫人、杜·德芳夫人、德·肖尔纳夫人、杜普里·德·圣莫尔夫人、德比内夫人、乔弗里夫人,这些都是在当时闻名遐迩的人物。孟德斯鸠认识所有这些夫人,而且与其中的多数人熟悉。她们都是一些杰出人物,虽然时间使她们的性格特点在人们的记忆中淡薄和模糊了。她们之中有的妩媚可爱、有的尖刻贪婪、有的博学多才、有的愚昧无知、有的家财万贯、有的贫寒清苦。霍拉斯·沃波尔在一封值得铭记的信中,淋漓尽致地描写了这些夫人的个人秉性和她们的社会背景:

> 乔弗里夫人……是一位非同寻常的女子,她比几乎所有我曾见过的女子都更见多识广。她辨别人品,目光犀利,入木三分,对人的描绘

---

① 1748 年 11 月 4 日,埃诺致孟德斯鸠。
② 勃朗卡公爵夫人:《回忆录》,巴黎 1890 年版,第 17—21 页。
③ 1742 年 7 月 17 日,埃诺致杜·德芳夫人(杜·德芳夫人:《书信全集》,第 1 卷,第 67 页)。

十拿九稳——不过往往于人不利……她趣味不高,知识贫乏……她是帝权的缩影,全靠赏赐和处罚维持其生存。

她的宿敌杜·德芳夫人,曾短期作过摄政王的情妇,现在(1776年)已经白发苍苍而且双目失明。然而她的活力、机智、记忆、判断力、热情、令人愉快仍不减当年……她很容易被卷入争端之中,并且总是非常激烈,但很少有不当之处;对任何问题的判断,她总是尽可能地公正,而对人的行为的判断,则总是过激错误,因此她爱憎分明……

德·米尔波瓦夫人在世事的理解力方面是十分出色的,而且在适合她利益的情况下更是知此。她读过一些书,但很少显露。她风雅大方……但虚假油滑,当对她有利时会百般献媚,她懒惰而怯懦……

德·罗什福尔夫人与众不同。她的理解力正直而细腻,而且由于善于思考,因而机智多谋。她举止温柔娇媚,虽然博学多闻,却不显露出任何自命不凡。她是尼凡尔内先生的好友。①

在沃波尔这里没有提及的女中豪杰之中,最杰出的是达埃吉翁公爵夫人。她住在克莱拉克附近,离孟德斯鸠村不远。达埃吉翁夫人在法国西南部社交界中是很著名的人物,原姓克鲁索尔,是法国最早的贵族于塞斯公爵的后裔。她与黎塞留家族的人结婚,她丈夫晋封为公爵乃是她的成就。她的才智超过同时代的大多数上流社会的女子。切斯特菲尔德训诫他的儿子要寻机与她交往,说:"她的家是一批才子的聚集地。"②她是从王家图书馆借阅书籍的为数不多的女子之一。③她是莫佩尔蒂的朋友,并尽力理解他的科学著作。她懂得几种语言。在莫尔帕伯爵④遭贬谪之前,曾是这位

---

①　1766年1月25日,H.沃波尔致格雷。

②　1751年6月30日(旧历),切斯特菲尔德写给儿子的信(《书信集》,第4卷,第1763页)。

③　国家图书馆借书登记簿。1741年她每次借一本,曾借阅一套5卷本的《拜占庭史》。

④　莫尔帕伯爵(Maurepas, Jean-Frédéric Phélypeaux, 1701—1781),法国国王路易十五时代的大臣,也是路易十六执政头7年的国王首席顾问。曾因与路易十五的情妇蓬帕杜夫人发生争执而失宠。——译者

大臣的至交。警察为汇订案卷所做的关于她的记录写道,莫尔帕每天和她一起啜饮。人们纪念她——只有乔弗里夫人不以为然,在帕利索的喜剧《哲学家》之中,她以西达利兹的名字出现。在保留下来的孟德斯鸠对这位公爵夫人的评论中,可以看出他对她的态度并不友好,他为她的敌我不分、爱憎不明而惋惜;她有空谈家那样的骄傲,又有奴才的怪癖,也是比法国任何女人更会撒谎的女人。①但是,在他的私人笔记中所表达的敌意并不排除、甚至还可能有助于他们个人的和睦相处。尽管孟德斯鸠与她有过诉讼②,但在巴黎期间,孟德斯鸠一直寄住在她家③,他逝世时,她也在场。

可能是通过与达埃吉翁夫人的交往,孟德斯鸠进入了莫尔帕伯爵家令人愉快而又不同寻常的社交圈子之中。

莫尔帕家族的亲朋都是达官显贵。④1725 年,他承袭其父任国务大臣,并因赞助科学事业而赢得声望。1749 年,由于蓬帕杜夫人⑤的诬陷而遭贬谪,以后被迫退隐乡间,25 年后才东山再起,奉路易十六钦召,官复原职。在下野之前的 20 年间,他是一个称为"绅士之家"娱乐性组织的核心人物。其他的主要人物有:蒙克里夫、尼维尔·德·拉舍塞、杜克洛、小克雷比永、凯吕斯伯爵和孟德斯鸠。凯吕斯是安东尼奥·康蒂以及带领孟德斯鸠参观罗马艺术馆的雕塑家布夏尔东的密友,他是一个颇有声望的考古学家。陆续参加这个社团的还有达尔让松侯爵、举止轻浮的伏瓦斯农教士、杜·德芳夫人忠诚的伙伴蓬-德-凡勒、柯雷、瓦德以及一度参加的达朗贝尔甚至伏尔泰。⑥这一群艺术爱好者创作了几个滑稽的诗剧和散文故事,1745

---

① 《随想录》,第 1394、1370、1393 条。
② 加斯科:《致友人书信集》,信 39(《全集》,纳热尔版第 3 卷,第 1425 页)。
③ 同上,信 54(《全集》,纳热尔版第 3 卷,第 1526 页)。
④ 从血缘和姻亲关系讲,他都属于菲科波家族。他的妻子是圣弗洛朗坦伯爵的妹妹;也是已故普雷洛伯爵的连襟(他是中楼俱乐部的活跃分子);他的女儿于 1740 年嫁给了达埃吉翁夫人的儿子;他的妹妹嫁给了尼凡尔内公爵。
⑤ 蓬帕杜夫人(Pompadour, Madame de, 1721—1764),法王路易十五的情妇,巴黎社交界红人,对百科全书派作家和一些艺术家曾加以保护。——译者
⑥ 参阅《伏瓦斯农传略》,见《伏瓦斯农著作集》,巴黎 1781 年版,第 1 卷,第 12 页及第 4 卷,第 73—74 页。

年问世的《绅士集》一般认为是凯吕斯所作，但很可能是几个人合作创作的。各篇各具特点，试图再现《波斯人信札》中的某些精神。有一篇关于西班牙的故事，题为《利拉迪》，还有几篇写的是土耳其人对基督教关于爱的看法。然而，更为引人入胜的是《圣让的礼物》，这部作品于 1742 年首次发表，后续又在凯吕斯的著作中重印。勃朗卡家族中的一个成员借助凯吕斯的权威证实说①，这部作品由莫尔帕、凯吕斯和孟德斯鸠负责写作，书中的内容没有任何一点可以排除孟德斯鸠参与的可能性。其中有一篇以问答方式谈论婚姻问题；还有一篇短篇小说题为《才子君主和美女王后》；另有一篇有趣而轻浮的《一位巴黎的大人写给一位土耳其绅士朋友的波斯人信件》，尽管孟德斯鸠可能会与莫尔帕讨论政治问题，与凯吕斯讨论意大利艺术，但是，作为闲暇时的消遣，偶尔在达埃吉翁夫人家里消磨半小时，写些通俗和滑稽的小品，似乎也是可能的。

还有两位社交场的贵夫人，德比内夫人和杜普里·德·圣莫尔夫人也特别值得一提，因为她们是，或者有可能是把孟德斯鸠与卢梭以及狄德罗联系起来的人。杜普里·德·圣莫尔是一位院士，写过论述货币问题的著作，孟德斯鸠极有可能引用过此书，在他的图书室的书架上也有这本书。此人的儿子后来出任波尔多地方行政长官，他的夫人深得孟德斯鸠的好感。孟德斯鸠认为，比起达埃吉翁夫人，他更喜欢她。②据加斯科证实，他明确说过，她既适合于作情妇，也适宜于当妻子，还可以当朋友。③她是一个以特吕戴纳为主的社交团体中的活跃成员，特吕戴纳是爱尔维修和梅朗的朋友，科学院院士和财政总管。这个社团在巴黎时就在特吕戴纳在马莱区的住所聚会，在乡下时就在蒙蒂尼聚会。在那里，孟德斯鸠遇到了最忠实支持狄德罗《百科全书》的德·若库尔，以及考古学家圣帕莱，此人是约瑟夫·德·色贡达在朱伊公学的同期校友。④孟德斯鸠的朋友、科学家雷奥米尔常

---

① L.B.洛朗盖致某夫人信，巴黎共和十年，第 242 页。

② 1752 年 10 月 4 日，孟德斯鸠致加斯科。

③ 加斯科：《致友人书信集》，信 42（《全集》，纳热尔版第 3 卷，第 1440 页）。

④ 朱伊公学藏《寄宿生资料抄本》，第 188 页。不止一个特吕戴纳家族成员与孟德斯鸠是朱伊公学的校友。

与杜普里·德·圣莫尔夫人会面。有这样一件著名的轶事:他监督为一个生下就失明的女孩作一次白内障手术,希望使她重见光明,盲女在得以重见光明的时刻,对于所有那些主张观念来自感觉的哲学家来说,将具有关键性的重要意义。他们之中的许多人,其中包括狄德罗在内,应邀出席。手术完成了,女孩重见光明。但可疑的情况表明她在此之前已经复明。事情终于揭穿:为了博取杜普里·德·圣莫尔夫人的欢娱,真正的手术在此之前已经秘密地进行了。狄德罗对这一骗局十分恼怒,于是就写了《关于盲人的信》一文,在第一段里,他谴责雷奥米尔蓄意阻拦有洞察力的观察者而宁愿要"几双无关紧要的眼睛"作他的观众。①据说在读了这段关于她的描写之后,对自己在科学界的权力颇感自豪的杜普里夫人采取了报复行动,设法把狄德罗投入了万森监狱,在那里他被监禁3个月②。无论这段关于狄德罗的监禁是真还是假③,这段插曲不可能使狄德罗成为杜普里夫人所亲近的人,而且表明孟德斯鸠是狄德罗的公开敌人的亲密朋友。

至于德比内夫人的情况,关于她的家庭联系的调查毫无用处,因为她的父母没有结过婚,而她在18世纪的社会里能出人头地,这一事实本身就表明了社会观念的变化。她的丈夫是一个包税商,拥有一切意味着财富和权威的东西。她有许多信友,也有许多客人。④其中最知己的是圣皮埃尔教士,孟德斯鸠在朗贝尔夫人的沙龙里和中楼俱乐部里就已经认识他,并且对他十分赞赏。伏尔泰和德·奥利凡两人都不是孟德斯鸠的朋友,但都与德比内夫人熟识,而且她与梅朗、丰特纳尔、马雷伏、贝尔尼、萨里埃和布封等男士有交往,在女性中,她结交了米尔波瓦夫人、赫维夫人、唐森夫人和福尔卡尔吉埃伯爵夫人,孟德斯鸠是她的信友、座上客和葡萄酒供应商,然而所有这些关系都没有能阻止她和她的丈夫在《论法的精神》一书出版时所表现出的极其

---

① 《狄德罗全集》,巴黎1875—1876年出版,第1卷,第279页。

② 狄德罗之女德·旺戴尔夫人撰写的有关狄德罗的回忆录,同上书,第1卷,第42—43页。

③ 在狄德罗的《关于盲人的信》1951年出版后,此事就被质疑。

④ 参阅维尔纳夫-吉贝尔:《德比内夫人的公文包》,巴黎1884年版。

愚蠢的行为。关于德比内夫人最有意思的事情是,她的秘书是让-雅克·卢梭,尽管当时并没有充分看出卢梭的才华,但也没有把他排除在餐桌之外。孟德斯鸠很有可能在她的家里与卢梭相遇。无论如何,卢梭认识杜克洛、梅朗和阿拉里,他经常与博兹一起进餐,他也认识孟德斯鸠的被保护人德莱尔。同时,在音乐方面的共同兴趣,使他与卡斯泰尔神甫和波尔多高等法院的一位庭长、业余小提琴爱好者德·加斯克结下不解之缘。他认识索瓦的皮埃蒙泰斯家族,曾狂热地追求孟德斯鸠的密友德·勃莱伊侯爵的女儿。[1]然而,所有这些联系,都没有促使卢梭与孟德斯鸠的相知。孟德斯鸠可能确实与卢梭见过面,不过无据可查。即使见过,孟德斯鸠也不会把卢梭看作他心目中所中意的人,尽管他在埃诺的一次来信中曾读到过卢梭的名字。[2]然而,他似乎对这位未来的《社会契约论》的作者毫无所知,或许是故意如此。[3]

在 1730 年至 1750 年间巴黎社交圈如此众多的名流中,有一个名字值得特别一提,这就是唐森夫人。[4]她来自一个既非古老,又非显贵的家庭。她在年轻时,被幽禁在修道院里,她逃了出来,虽不合教规,但值得记忆,因为她利用这一经历写了一本确实有价值的小说。[5]这时,她以脱了法衣的修女而著名,热衷于淫荡的生活,开始是与正在巴黎任职的外交官马修·普里奥尔,而且根据当时的谣传,甚至与她的兄弟、埃布伦地区的大主教也无所顾忌。她在摄政时期和以后几年里名噪一时。她的风流韵事的结果之一是生了一个儿子,她把他遗弃了,但这个孩子后来取得卓越的成就,他的名字叫达朗贝尔。1726 年,一个已遭冷落的情人拉弗雷斯内自尽身亡,其

---

① 　卢梭:《忏悔录》,第 93—96、291—294 页。

② 　1762 年 2 月 13 日,埃诺致孟德斯鸠。

③ 　1764 年 12 月 9 日,卡普罗尼埃·德·戈弗库尔致卢梭,信中提出了相反证据,信中的附言有这样的话:"孟德斯鸠先生多次对我说,只有您才有能力研究《论法的精神》。"(卢梭:《通信集》,第 7 卷,第 12 封,1929 年巴黎,杜福尔和普朗出版社,第 134 页)不过,这一说法的真实性令人怀疑,没有理由认为孟德斯鸠与戈弗库尔相识,从当时卢梭已发表的著作看,孟德斯鸠不大可能对他发表这样的看法。

④ 　参见 P.-M.马松:《唐森夫人》,巴黎第 3 版(1910 年)。

⑤ 　孟德斯鸠宣称,只有他和丰特纳尔知道她是作者(《全集》,纳热尔版第 3 卷,第 1027 页)。

用意是把罪责加到唐森夫人头上,唐森夫人被指控犯有谋杀罪被监禁在巴士底狱,她的朋友们多方营救,才使她获释。重新获得自由之后,她决心另觅成名途径。她洗心革面,与放荡的过去诀别,决定成为文学事业的赞助人,在这件事情上,她兄弟的地位帮了她的大忙。她的兄弟尽管才智平庸、愚昧无知(据说他认为巴拉圭位于科罗曼德尔海岸),却当上了红衣主教和大臣。不过,她主要依靠的是自己的魅力和才华。她对朋友忠诚无比,甚至在他们死后仍是这样。1738年,多利弗在科学院演讲中偶然讲了拉莫特的坏话,几天以后,当唐森夫人遇见他时,就冲着他"大发雷霆"。①当她去世时,雷奥米尔悲痛至极竟在一段时间内无法继续工作,他说,唐森夫人唯一的愿望是使她的朋友们愉快。②她在法国的社交生活中为自己赢得了如此荣耀的地位,以至于学识渊博、德高望重的本笃十四世都乐于与她通信,给予她极高评价。

她的家财不允许她像乔弗里夫人那样奢华地款待客人。她的朋友都是出类拔萃之辈,来往最频繁的座上客是以七贤人著称的丰特纳尔、梅朗、马里沃、杜克洛、米拉波、博兹和阿斯特鲁,其中前两位是孟德斯鸠的老朋友;马里沃、杜克洛、米拉波是他在科学院的同事;博兹是一位考古学家,他曾不止一次与孟德斯鸠打交道,商讨铭文与语史学院选举的事;最后,关于阿斯特鲁,他是蒙彼利埃一位新教牧师的儿子,行医为业,他是唐森夫人最宠爱的人,并且成为她唯一的继承人。孟德斯鸠对他的看法不同,他宣称,阿斯特鲁从来没有自己的见解,一味鹦鹉学舌;阿斯特鲁一贯喜欢卖弄自己,不知其所以然,却要班门弄斧,"阿斯特鲁使你厌烦,而且冒犯了你"③。

不过,阿斯特鲁在唐森夫人的沙龙里并不是定调子的人。马蒙泰尔④描述了在她家里度过的一个夜晚,他的描述使人更好地理解塔列朗哀叹法国旧制度逝去的幽情。⑤1749年,马蒙泰尔到她那里朗读悲剧新作,在场的

---

① 1738年3月18日,多利弗致布依埃。

② 1750年1月10日,特吕勃莱致雷奥米尔。

③ 《随想录》,第979、1243、1647条。

④ 马蒙泰尔(Marmontel, Jean-François, 1723—1799),法国诗人、剧作家。他以伏尔泰的笔法写过一些悲剧,情调伤感,但较平庸。1763年当选法兰西学士院院士。——译者

⑤ 马蒙泰尔:《回忆录》,巴黎1891年版,第1卷,第232—234页。

有孟德斯鸠、丰特纳尔、梅朗、马里沃、爱尔维修、阿斯特鲁以及其他几位不知姓名的人。唐森夫人坐在他们中间,她自然、朴实、天真,使人以为她是一个普通的家庭妇女,而不会想到她是这样一个盛会的女主人。马蒙泰尔读完他的剧作,讨论接着就开始了。马里沃急于要显示一下他的才华和鉴赏力;孟德斯鸠则比较沉着,耐心等待着发言的机会,而且准备得胸有成竹;梅朗同样也在静候他发言的机会;阿斯特鲁却不甘屈尊等待;已经年届九旬的丰特纳尔静待时机自来;爱尔维修则在搜集所获,以待将来有一天自己播种。这就是孟德斯鸠生活在巴黎的社交圈:温文尔雅,矫揉造作,如此认真地热衷于侃侃而谈。正是在这样一次社交场合,孟德斯鸠交给唐森夫人一封切斯特菲尔德的来信,信是用法文写的,并且宣读给聚集在这里的伙伴们听。丰特纳尔听后叫起来:"这位英国老爷写的法文比我们还正确,这是在嘲笑我们。"结果引起了一阵不满的嘟哝声,最后女主人把大家平息下来,她回顾切斯特菲尔德的谈话如何充满魅力。"那么就让他回来吧,"客人们说,"由于他比我们更聪明,我们原谅他。"①

　　在唐森夫人与孟德斯鸠的来往书信中,没有显示出什么重大的不同见解。她活泼,爱开玩笑,责备他以"一位伟大的夫人"来作为信件的抬头,而她写信总是以"我的小罗马人"来开头,语气轻松与妩媚,这些性格自然是明显可见的;她表达友谊和感情的方式也不落俗套,与众不同,摆脱了当时那种平庸的词藻和华丽的风格。她能面对现实,扎扎实实地办正经事,在出版《罗马盛衰原因论》时,她给他出主意,并且帮助他。她是巴黎第一个拿到《论法的精神》的人,同时能干而有效地承办了该书在巴黎首次出版的印制事宜。她是孟德斯鸠可以信赖和无私的朋友。

第三节　加斯科

　　有一个古怪而有争议的人物,此人根本谈不上舍己为人,他是否可信

---

　　①　1742 年 10 月 22 日,唐森夫人致切斯特菲尔德(切斯特菲尔德:《书信集》,第 2 卷,第519 页)。

赖也值得怀疑,在 1738 年或在此后不久,他便与孟德斯鸠相识,成为孟德斯鸠最亲密的朋友。此人就是加斯科教士。[①]

1712 年,奥塔维阿诺·迪·加斯科出生在布里凯拉西奥,靠近皮内罗洛的一个属于皮埃蒙特的小村庄。他的父亲是皮埃蒙特的行政长官,属于下层贵族。加斯科最初在阿斯蒂和都灵受教育,对神学和希伯来文尤感兴趣,尽管他可能赞成启蒙哲人的思想,但终于成为神职人员。1738 年,他离开皮埃蒙特来到巴黎,一方面是由于他厌恶自己的家庭,另一方面也是为了医治眼疾,他的眼疾曾使他非常忧虑,有几个月他曾经完全失明。

在巴黎,他在社交界取得迅速而巨大的成功,之所以如此,部分是由于他的学识,这一点是不容置疑的;部分是由于他受到了有影响的朋友的保护;部分也由于他的语言,他说话时法语与意大利语相混杂,离奇古怪,而且伴随着一种很有表现力的手势。在他的一封信里有一个实例,这是他经常唱的一首歌:

> 请再干几杯:
>
> 为了我的情人,
>
> 也为了那位姑娘,
>
> 她使纯真的少年柔情万千。
>
> 啊!若能一睹她的芳容,
>
> 我定要饮下满满的一杯。[②]

他的外貌也不一般,脸色苍白,眼圈是红的。他的性格和职业都令人猜疑。警察认为他有不止一种职业;许多人则认为他是一个间谍[③];他自己

---

① 关于加斯科,可以参见他本人在《致友人书信集》中的注释;B.-J.达西埃:《加斯科教士颂词》,(《铭文与语史学院史》,第 45 卷,巴黎,1793);L.C.博莱阿:《布里凯拉西奥史》,都灵,1928,第 1 卷,第 600—608 页;雷纳多·札奈里:《布里凯拉西奥的奥塔维阿诺·加斯科》(皮内罗洛通讯,1945 年 9 月 29 日,10 月 6 日);本人文章:《孟德斯鸠的朋友和翻译者加斯科教士》(载于波尔多科学院研讨会文集,1958)。

② 1747 年 9 月 20 日,加斯科致维努蒂。

③ 警局档案,1750 年 9 月 20 日(国家图书馆,抄本,n.a.f. 10782,第 50 页)。

的兄弟在书信来往中则称他为畜生,是龌龊的寄生虫。加里亚尼拒绝加入铭文与语史学院,因为这将意味着要与加斯科打交道。①

这个人却博得了孟德斯鸠的欢心。切斯特菲尔德把他形容为讨好者。②加里亚尼说他是孟德斯鸠钟爱的古怪之人。③格里姆说,许多伟人都需要"可怜虫"去围着他们转,而孟德斯鸠总是由加斯科这样一个平庸而乏味、令人厌烦和轻率的人陪伴着。④

最初,是他的眼疾引起了孟德斯鸠的同情,他们之间的友情很快就变得亲密起来,他经常呆在拉布莱德,孟德斯鸠夫人对他印象颇好。由孟德斯鸠引荐,他进入了波尔多科学院,甚至还把马蒂拉克附近 100 英亩荒地馈赠给他。⑤他能被提名进入铭文与语史学院,也是孟德斯鸠竭力举荐的结果。⑥

孟德斯鸠与坎特米尔亲王关系密切。在达埃吉翁夫人的要求下,在亲王的协助下,加斯科把自己用俄文写成的讽刺作品译成了法文。⑦当有关官员强令要对文本加以删减时,孟德斯鸠插手其间,并通风报信给加斯科。他也是切斯特菲尔德的朋友,切斯特菲尔德虽然说他是"知识有余而才华不足",却还是催促他的儿子与他结交,并要尽量利用这种关系。⑧1750 年,当加斯科旅居英国时,他受到了上流社会的接待,并且大部分时间住在大人物家里。⑨在罗马,他至少有一次在弗拉斯卡蒂成为帕西奥内红衣主教的客人。⑩在法国,孟德斯鸠无论在哪里受到接待,加斯科也同时受到接待。乔弗里夫人的家,他出入频繁。有一次他被强令逐出,对此奇耻大辱,他进行了报复:1767 年出版孟德斯鸠的《致友人书信集》时,加斯科塞进了几封

① 1770 年 8 月 11 日,加里亚尼致埃皮内夫人。
② 1750 年 11 月 19 日,切斯特菲尔德致儿子的信。
③ 1770 年 6 月 28 日,加里亚尼致埃皮内夫人。
④ 《文学通信集》,第 7 卷,巴黎 1879 年版,第 391 页。
⑤ 加斯科:《致友人书信集》,信 47(《全集》,纳热尔版第 3 卷,第 1504 页)。
⑥⑦ 1747 年 3 月 1 日,孟德斯鸠致加斯科。
⑧ 1751 年 2 月 4 日,切斯特菲尔德写给儿子的信。
⑨ 1750 年 5 月 18 日,加斯科致维努蒂。
⑩ 1753 年 12 月 22 日,加斯科致维努蒂。

信——可能是他的伪作——信中孟德斯鸠对这位杰出的女主人用了一些
不恭之辞。在蒙蒂尼的特吕戴纳的社交圈子里,加斯科是最受喜爱的人,
他对那里的生活作了十分有趣的描述。他终日无所事事,只是在上午写些
东西,中午饱餐一顿,午饭后和其他许多人一起散散步、骑骑马或乘车兜风,
晚上读读安森的《环球航行记》。①有时在孟德斯鸠请求下,用意大利文写几
首诗。②

　　这位古怪人物所引起的反应总是强烈的:要么被憎恨,要么受敬爱。
然而,他的学识是毋庸置疑的:两卷本的《历史、政治和文学论文集》(1756
年法国图尔奈出版)和皇皇巨著《论古代雕像之用途》(1768 年布鲁塞尔出
版)以及珍藏在维罗纳市立图书馆内、至今仍未发表的各种手稿,足以证实
他的才学匪浅。孟德斯鸠在他身上看到的优点,正是他的最卓越之处。正
因为如此,他才这样赫赫有名,以致当失明的不幸降临到他头上的时候,一
位英国诗人悲叹不已,写下了这样的诗句:

> 呜呼! 孟德斯鸠天才之友;
>
> 皇皇巨著待告成,
>
> 灾难降临志未酬;
>
> 两眼光明被夺去,
>
> 挚意追求遇阻留;
>
> 悲哉!
>
> 璀璨光辉永沉黑夜。③

此外,他是热爱生活的,他给孟德斯鸠出的一些主意也绝非总是愚见。

第九章　在吉耶讷的生活(1734—1755年)

第一节　故乡与家庭

孟德斯鸠经常往返于巴黎和波尔多之间,不视长途旅行为畏途。他本打算于1747年到柏林拜访莫佩尔蒂①,大约在同一时间去比萨拜访塞拉蒂②,但经过再三考虑,放弃了这一念头。1739年,他还认真考虑过访问英国的事。③在大都市与拉布莱德之间奔波,并不使他望而生畏。如果说,去巴黎是对其豪华和辉煌的向往,以及与故友重逢的欢悦,使旅途变得快活轻松的话;那么,朝另外一个方向,则是对乡间的恬静和安适的向往,以及拥有财产所给予他的满足感。在那里他将再次见到忠实可爱的农民;他的书房还有数千册藏书,他将再度涉猎浏览;或许他还渴望与他那默不作声、干练而又有耐心的妻子孟德斯鸠夫人再度生活在一起。自1733年初至1748年末,他往返其间至少有7次之多。

他到法国西南部去,有3条主要路线可以选择:向东,可以经由佩里格,去利布尔讷,然后在雷蒙自己的领地内度过最后一夜;向西,他可以途经

---

① 1747年6月,孟德斯鸠致莫佩尔蒂。
② 1747年3月31日,孟德斯鸠致塞拉蒂。
③ 1738年8月19日,孟德斯鸠致福克斯。

桑特(他到拉罗谢尔马蒂翁的指挥部拜访时,无疑走的就是这条路线)①,然后乘船逆流而上,由布莱到波尔多,甚至直到位于他的领地之内、距拉布莱德最近的河码头博蒂朗。他还可以采取位于这两条路线之间的一条较直的路线,经由普瓦捷和昂古莱姆,在圣安德烈-德屈布札克横渡多尔多涅河,然后在波尔多取道加龙河。

不难想象孟德斯鸠在快到家时是如何感慨万千。不论他从哪个方向来,此时,他周围是一片片灰绿色的葡萄园伸展开去;如果年景好,园内果实累累,预示着将给他带来大笔财富。他跨过变化莫测的加龙河,随着季节的变化,这条河时而汹涌澎湃,水流湍急;时而缓慢迟滞、淤泥沉积。每当河水泛滥之时,他的财产就要遭殃。②他经过拉普雷德的交叉路口,踏上最终通入他的田产并与通向巴约讷的公路相连接的大路,走上 1 英里多,就能到达拉布莱德村。在村中的罗马式教堂里,埋着他父亲的遗骨。左边的远方是圣莫里永;右前方是迈尔提拉克,这两处都是他的田产。他经过磨坊,在那里,他度过了他生命的头 3 年,并学会了犹如唱歌的加斯科尼口音,如今他从佃户那里听到的仍是这样的口音。他离开村庄,沿着现在已经荒芜的道路,朝着索卡方向继续向前,走不到 1 英里,来到一个开在右侧的大门,门已经为他打开,马车载着他穿过一片林带,这片林带像帐幔一样把建筑物与道路隔开,驶进开阔的园林,前方稍靠右侧,矗立着一座古堡。他有时候装作不喜欢这座古堡的式样,说是哥特式建筑③,但是心底还是喜爱的,因为这里蕴藏着许多美好的记忆,两座吊桥上方的题词:"啊,田野! 我们什么时候见到你?"和"主人的欢乐"便表达了这种感情。

在拉布莱德,是孟德斯鸠最愉快的时候,他常常走进农民的家里,同他们拉拉家常谈论孩子,为他们排解纠纷和斟酌签约。他用当地的土话同他们交谈,并常说在他们中间发现了好几个梭伦④和德摩斯梯尼⑤。他经常头戴白色布帽,

---

① 1734 年 10 月 24 日,孟德斯鸠致巴尔克莱。
② 几年前,在加龙河上游孟德斯鸠领地的一个小岛屿被洪水吞没。
③ 1744 年 8 月 1 日和 1752 年 10 月 4 日,孟德斯鸠致加斯科。
④ 梭伦(Solon,约前 630—前 560),古代雅典著名的改革家和诗人。——译者
⑤ 德摩斯梯尼(Demosthenes,前 384—前 322),古希腊卓越的演说家和政治家。——译者

肩扛葡萄支架,在地里转悠,有时被来访者误认为是农民,称呼他为"你",打听去古堡的路。英国来的客人,看到他宁愿不开院门而是跳过围墙,对这位据说是严肃的哲学家如此无忧无虑的举动感到惊讶。①田园生活确实使他乐趣无穷。有一次,他对来拉布莱德拜访他的亚伯拉罕·特朗布雷这样大声喊道:

> 如果知道自己的财富,农夫们就太幸福了!

并说,他常想把这句话刻在房子的门楣上。②乡间生活并不缺乏社交与跟人谈话的乐趣,他几乎每天都到拉布莱德村走访。在埃康,他拜见了戈桑夫人,她虔诚、快活而且平易近人;在位于博蒂朗方向的拉索克,他拜会了聪明颖悟的道尔利夫人;莱斯蒂凡特是城堡附近的一块小地产,在那里他结识了拉塔皮一家,尤其是杜加夫人,她的才智和学识对他有很大的吸引力,以至于他把她称作拉布莱德的唐森夫人。③漫步在乡间田野,加上和这些太太们的交往,孟德斯鸠深得其乐。至于其他方面,后世则不得而知了。

　　在古堡之内,周围尽是他所熟悉的东西,进门左侧是客厅,陈设不算华丽,也没有引人注目和值得炫耀的艺术品。④再里边是卧室,与之毗连的是写作室,这是他思考和创作的地方。一部宽阔的螺旋形楼梯通向孟德斯鸠夫人的房间和书房,这部楼梯是古堡中最具特色的。远端的两扇门通向小礼拜堂和起居室,分别题刻着"你将以此标志而获胜"和"他经常来"。壁炉周围的壁画稀奇古怪,描绘的是古代的故事。用古体语言书写的格言所教导的是一个简单的信条:

> 上帝赐予最大的爱,
>
> 尤其珍爱你的亲人以及你本人;

---

① 哈迪:《夏尔蒙回忆录》,第33页。
② 1752年11月18日,特朗布雷致博内。
③ 1823年6月1日,F.P.拉塔皮致拉布莱德的居住者。
④ 孟德斯鸠的身后财产清单见于J.-M.埃罗:《孟德斯鸠和他的拉布莱德公证人》,波尔多1956年版。

对法官谦卑地服从，

这是来自上帝的荣誉和权力。

图书室的架子上，既有善本图书，也有平庸之作，但善本确实是稀世珍藏，其中有曾属于马勒伯朗士的书，也有曾经放在蒙田书房里的书。那里既有最近出版的学术著作和学术性刊物，也有古籍和手稿。

此时，拉布莱德是孟德斯鸠家族无可置疑的中心，而孟德斯鸠是家族中公认的首领。他的两个姐妹玛丽和特莱丝都已出家作了修女，并从孟德斯鸠那里得到微薄的资助。关于特莱丝的资料保存下来的比她姐姐的多，她5岁起就被交给修道院收养，12年后她宣誓永久出家，经过多年成为阿让圣母院的院长，她对这一职责充满热忱、虔诚圣洁，教友们都把她视为上帝的选民。她精明能干，把修道院管理得井然有序，受到广泛的尊敬。她在81岁时与世长辞，她的继任者向修会的所有上司发信赞扬她的美德。①

孟德斯鸠的弟弟是一位忠诚献身的神甫，也是一位了不起的兼圣职者。1743年被任命为位于图卢兹附近的尼佐尔修道院院长之后②，他任过的教职有：圣瑟兰教务会长老、费兹修道院院长、尼佐尔修道院院长、佩里戈尔的拉舍萨德隐修院院长、阿热内的古尔朗博隐修院院长。③1752年，孟德斯鸠在尼佐尔被卷进了一场诉讼之中④，于是顺道看望弟弟，并在那里住了一个月。在波尔多的时候，尽管他似乎在高等法院附近的纳夫街保留着一处临时住所⑤，但通常住在圣索兰的弟弟家里，至今还有一块小匾作为标志。

孟德斯鸠夫人除了去察看家族别处的房地产外，很少离开拉布莱德。

---

① 此信于19世纪由私人复制。
② 卢因斯公爵：《回忆录》，巴黎，1860—1865，第4卷，第418页。
③ J.-A.加尔德：《卢卡斯史》，第102页。
④ 萨卡斯：《孟德斯鸠在尼佐尔修道院》，见《花艺学院文集》，图卢兹1867年版。
⑤ J.-M.埃罗，前引书，第53—54页。

她从来不是一个温文尔雅的女子①,经常大发脾气②,她实际上一直信仰新教③,这可能给她丈夫带来一些社交甚至法律上的麻烦。但是,她是财产忠实的保管人,每当孟德斯鸠离开西南部的时候,他就让她作全权代表。④

孟德斯鸠的第二个孩子,也就是他的长女玛丽-卡特琳娜是首先结婚的。婚礼由她的叔父主持,在拉布莱德古堡的小教堂里,与樊尚·德·基夏内尔·达马让成了婚⑤,新郎是一位温和的乡绅,他的父亲与孟德斯鸠早就相识⑥,他在普雷尼亚克附近的索泰尔讷有一块不大的地产,并由此获得爵位。尽管这是传统式的联姻,但没有什么盛大仪式⑦,孟德斯鸠给予的陪嫁也很节俭,不会超过 1 万利弗尔。⑧

孟德斯鸠的儿子让-巴蒂斯特,在完成学业后,在事业上的进展比其他多数人要快。1734 年,当他还不到 19 岁的时候,就获得律师资格,并被选入波尔多科学院。两年后又当选为科学院的执行主席,并由他父亲出钱,给他购买了波尔多高等法院的推事职位。⑨让-巴蒂斯特是个和蔼可亲、博学多闻的人,如果他出身于贫寒之家,他的声望可能更大。他本身就值得研究,拉布莱德的档案馆里有丰富的资料,展现了他的成就。

作为孟德斯鸠唯一的儿子,他的婚姻应当与地位和经济门当户对,才称心合意。于是,让-巴蒂斯特娶了玛丽-卡特琳娜·特莱丝·德蒙为妻。1740 年 8 月 24 日签订婚约,8 月 27 日举行订婚仪式,8 月 30 日在波尔多的圣克里斯托利教堂举行结婚典礼,仪式由新郎的叔父约瑟夫·德·孟德斯鸠主持,由一位名叫奥沙利文的爱尔兰神甫协助。婚约对未来作了非常细致的安排。新郎的父母承担 30 万利弗尔,其中 9 万利弗尔由新郎的母亲提

---

① ③ 哈迪,前引书,第 34 页。

② 参见本书第 4 章,第 2 节。

④ 埃罗,前引书,多处。

⑤ 参见拉布莱德的民事档案。

⑥ 1719 年 1 月 3 日,基夏内尔致孟德斯鸠。

⑦ 1745 年 1 月 24 日,孟德斯鸠致戈德弗洛瓦·德·色贡达。

⑧ 《孟德斯鸠的打算》(《全集》纳热尔版第 3 卷,第 1574 页)。

⑨ J.戴尔比:《孟德斯鸠的儿子》,波尔多 1888 年版,第 31—33 页。

供;新娘的父母给女儿同样数额的陪嫁。此外,孟德斯鸠每年给儿子6 000利弗尔年金,新娘的父母还要承担房子、膳食、仆人等费用,每年再支付2 000利弗尔。①这样,这对新婚夫妇除了全部家庭开销和让-巴蒂斯特的375利弗尔的薪俸外,还有8 000利弗尔的年金收入。他们还可以期望得到更多的财产,后来他们从父母那里继承了60万利弗尔。

让-巴蒂斯特在结婚四年半之后仍无子嗣,孟德斯鸠开始为他的家庭和姓氏的前途而担忧。他的小女儿玛丽-约瑟夫-丹妮丝,通常称作丹妮丝,仍未出嫁。她聪慧、明理超过同龄人,深受父亲宠爱,偶尔还充当父亲的秘书。②一位英国客人认为她是一个"活泼、可亲和好脾气的姑娘,虽然相貌平常,却很可爱"③。所有这些品格,只有相貌仍可以从至今留在拉布莱德的仪态拘谨的画像加以证实,其他已无以见证。

为了她,孟德斯鸠在1744年底,通过他的弟弟约瑟夫,向住在阿让的三堂弟戈德弗洛瓦·德·色贡达间接提出,为了保持这个日益衰败的家族的财产,建议戈德弗洛瓦与丹妮丝结婚。④戈德弗洛瓦接受了这个建议,于是孟德斯鸠给他送去一份备忘录,说明这件婚事应如何不讲排场,一切从简。随后又派他的代理人拉塔皮前往,委托他处理有关费用的细节。起初他设想婚礼在僻远的孟德斯鸠村举行,后来又认为克莱拉克是一个更合适的地方。没有购置华丽的结婚礼服,也没有仆人陪伴丹妮丝。1745年3月25日⑤,由约瑟夫·德·色贡达主持,丹妮丝和戈德弗洛瓦在克莱拉克完了婚。依照两周前订的婚约,陪嫁给丹妮丝的7万利弗尔,其中6万利弗尔由孟德斯鸠夫人支付,三分之一以普雷尼亚克的一幢房子相抵,其余的只有在她父母百年之后丹妮丝才能得到,而且没有利息。孟德斯鸠承担的只不过是1万利弗尔,从孟德斯鸠男爵领地的财产中支付,每年支给500利弗

---

① J.戴尔比,前引书,第35—37页。
② 参见本人文章:《孟德斯鸠的秘书们》(《全集》,纳热尔版第2卷,第xlii—xliii页)。
③ 哈迪,前引书,第35—37页。
④ 1744年12月28日,孟德斯鸠致戈德弗洛瓦·德·色贡达。
⑤ 通常认为结婚日期为5月25日,实属谬误。可以参见现存拉布莱德的民事档案。

尔。新郎给予新娘 5 000 利弗尔的资助。这些安排即使不算慷慨,至少是一清二楚的,不过这件婚事似乎是一笔交易,是孟德斯鸠希望不用多大花费而保证他的后代而促成的。将近 100 年以后,司汤达发现在拉布莱德仍流传着丹妮丝顺从父意,违心出嫁的故事。①

孟德斯鸠采取的预防措施,结果证明不无道理。让-巴蒂斯特的妻子于 1749 年生了一个男孩,但这个男孩于 1824 年去世时没有子嗣。孟德斯鸠家族于是由丹妮丝和戈德弗洛瓦的后代繁衍下来。他们的后裔是孟德斯鸠男爵和拉布莱德的拥有者德·夏巴纳伯爵夫人。

第二节 土地与财产

色贡达·德·孟德斯鸠家族的纹章图案由两个扇贝衬以蔚蓝色的天空构成,底座是银色的月牙形。纹章上有一句箴言:"幸运推动色贡达。"大量文件表明,孟德斯鸠的合法全称是:

> 高贵而有权势的夏尔-路易·德·色贡达·孟德斯鸠阁下大人,孟德斯鸠男爵,拉布莱德、马尔蒂亚克、圣莫里永、德·拉布莱德和德·雷蒙等领地的领主,波尔多法院前庭长,法兰西学士院 40 名院士之一。

除此之外,还可以添上古拉特的地产,该领地位于孟德斯鸠村附近(一说为男爵领地),以及两处从叔父那里继承下来的领地:阿让市附近的卡斯泰尔诺本和波尔多市南边的塔朗斯的地产。他曾有一次被称为萨卡兹男爵,不过这很可能是误传。②

孟德斯鸠的田产中有一部分是法国最富庶的葡萄酒产地。弗朗西斯科·米歇尔在 19 世纪出版了 1730 年写的一本备忘录,描述了波尔多地区葡萄酒生产的情况,文中称当时有五大主要产区:格拉沃、帕卢、昂特尔德梅

---

① 司汤达:《南部之行》,索镇 1956 年版,第 76—77 页。
② 埃罗,前引书,第 87 页。

尔、朗贡、巴尔萨克和普雷尼亚克。质地最优的格拉沃红葡萄酒独具一格①，主要供应英国买主，有时每桶卖价高达 1 500 利弗尔。除此之外，最好的酒每桶只能卖到 200 利弗尔，格拉沃的白葡萄酒（拉布莱德是其中的一种）和普雷尼亚克的甜酒（孟德斯鸠夫人拥有那里的地产）属于这一类。质地稍差一些的是昂特尔德梅尔的白葡萄酒，主要用于生产白兰地，每桶售价不超过 90 利弗尔。②这些是加斯科尼产的几种主要的酒，但是孟德斯鸠拥有最好的酒是格拉沃的红葡萄酒，产在位于马尔蒂亚克和莱奥尼昂之间、归属于马尔蒂亚克的罗凯莫林，那是一块范围不大、孤立僻远的地产，而且通往那里的道路糟糕透顶，在 20 世纪这里的葡萄园荒废之前，这种酒享有很高的声誉。

孟德斯鸠深为他的财产而自豪，并且竭力扩充他的家业："我丝毫不喜欢通过宫廷走门路而得到发迹；我想通过经营地产而达到目的，并借助神灵之手得以保持。"③

孟德斯鸠试图把孟德斯鸠男爵的爵位擢升为侯爵，未获成功，只得放手作罢④，继续从事地产所有者的日常活动：为孟德斯鸠村附近的加龙河中的岛屿打官司；提出法律诉讼要求迁移未经允许而建立的风标；准许在离孟德斯鸠村东北 2 英里的贝基教区的神甫建立一座鸽房。⑤他经常购置和交换地产，偶尔也出售地产。仅据拉布莱德公证档案记载，孟德斯鸠购买地产达 41 宗，交换地产 20 宗，出售地产 6 宗。⑥

孟德斯鸠竭力维护自己的封建权益和特权。1746 年，他向当局上诉，控告财政部驻波尔多代表干涉他在拉布莱德领地管辖范围内的道路保养工作，获得成功。⑦他对那些进入他领地内偷猎的人毫不留情，说他们是两

---

① 在 18 世纪，格拉沃的范围更加广泛，包括现在的梅多克地区。
② F.米歇尔：《波尔多商业和航运史》，波尔多 1870 年版，第 2 章，第 126—129 页。
③ 《随想录》，第 973 条。
④ 1731 年 12 月 15 日，勒东·戴福斯致孟德斯鸠。
⑤ 《纪龙德省历史档案》，第 24 卷，第 273—274、272、280 页。
⑥ 埃罗，前引书，第 98 页。
⑦ 纪龙德省档案馆，目录，C 序，第 4 卷，第 33 页。

条腿的害兽,比狐狸和獾危害大 100 倍,应该设陷阱加以捕捉。①当萨卡兹的居民没有及时服徭役修理拉布莱德附近的道路时,他请求当局派一名弓箭手去,不是去伤害而是去吓唬他们。②他索债很严厉,为了收回一笔极小的债款,他不惜用扣押财产的办法追逼。1746 年 1 月,他仅仅因为遗失 35 利弗尔,就威胁要对一个石匠的妻子和一个皮匠进行彻底搜查。1753 年,他为了索回几笔 8 第纳尔、5 第纳尔和 7 第纳尔的债款以及其他数量很小的实物债务,竟采取了扣押财物的手段。③

最后,他还就马尔蒂亚克和莱奥尼昂从西部划界的事,对波尔多市政府提出诉讼,这次的官司早在 1726 年就已开始,孟德斯鸠为此奔忙多年,备忘录写了一份又一份,关于这一问题的文件有的是印刷件。其中有一份文件,注明日期为 1741 年,文中语句明显出自他的手笔,说明他从不委托其他人办理自己的事务。他认为,无论写什么,都必须写好。这份备忘录的结尾是这样的:

> 孟德斯鸠先生握有一些清单、数据和契约,这些文书都可以为他作证。他出示这些文书的用意何在? 意在驳斥那些已由新旧文书证明与本案无干系的人,他们经由自己的代理人早已承认了孟德斯鸠先生的主要推论。他们不仅为孟德斯鸠先生的文书所驳倒,更为他们自己的文书所驳倒。……对此应作何回答? 诉讼代理人每当败诉时,总摆出一种信心十足的神气。犹如一棵被斧子砍伤的橡树……惨遭损害和毁坏,都从斧子汲取了力量和精神。④

这样一位能言爱辩之士赢得了 1 100 英亩土地(尽管是荒地),对此无可非议。⑤

---

① 　1752 年 3 月 8 日,孟德斯鸠致巴尔博。

② 　1754 年 9 月 9 日,孟德斯鸠致图尔尼。

③ 　第纳尔(denier)是 1 利弗尔(livre)的 1/240;按照 18 世纪的兑换率,8 第纳尔相当于 1/3 便士,这些实物债务估价相当于 5 利弗尔。参见埃罗,前引书,第 85—94 页。

④ 　纪龙德省档案馆,目录,C 序,第 914 页。

⑤ 　加斯科:《致友人书信集》,信 47(《全集》,纳热尔版第 3 卷,第 1504 页。)

在写给孙子的几句遗训中,孟德斯鸠断言:"财产代表着地位,但并非就是德行。"①毫无疑问,他相信,由于拥有领地,他不得不承担固定和明确的义务。在他看来,严格履行法律所赋予他的职责,这是他的责任;救助陷于危难之中的佃户和劳工也是他的责任。

18世纪中叶,曾发生过这样一次需要他解囊相助的事。1748年,波尔多大闹饥荒,大主教奥迪贝尔·德·吕桑发布训谕,说战争与饥荒是上帝惩罚人类罪恶的手段,孟德斯鸠也组织对穷人予以物质援助。②在此期间,他得悉孟德斯鸠村一带灾情严重,火速出发,赶到那里,召集周围4个教区的神甫,委托他们向灾民分发从自己的粮仓中免费向他们提供的粮食。③在佃户们还不知道他的义举之前,他就回到了拉布莱德。尽管可以对这件事的细节提出疑问④,但没有理由怀疑这件事的基本事实。

还有一次类似的仗义举动,由孟德斯鸠亲笔所写、日期注明为1752年12月26日的文件为证。这是一份孟德斯鸠出具的证明书,证明1709年一个大约2岁的婴儿被遗弃在他伯父孟德斯鸠庭长的住宅大门前。先由他的伯父,后来由孟德斯鸠本人收养了这个孩子。这个孩子长大成人后离开了家,学了一门行当,并积聚了一笔不大的财产。此时他要结婚成家,他没有出生证明,于是孟德斯鸠就出具了这份文件。

除了拉布莱德以及在孟德斯鸠村及其附近的产业外,孟德斯鸠还在昂特尔德梅尔有地产。从波尔多向东通往布朗纳的道路,穿过两个村庄。一个叫巴龙,另一个叫圣昆廷·德·巴龙,两侧肥沃的田野,绵延起伏,林木丛生,呈现出多层次的绿色。在这两个村庄之间是一个叫雷蒙或拉蒙奈特的农场,这个农场是由一个名叫杜·伯尔内的人所建,由于联姻而并入色贡达家族。这幢房舍外观漂亮,规模宏大而整洁,但并不奢华,直到今天孟德

---

① 《随想录》,第2170条。

② F.-F.-A.多奈:《训令集》,第1卷,第1504页。

③ 贝尔纳多:《波尔多概况》,波尔多1810年版,第205—207页。

④ 贝尔纳多对此事的说法有不确切之处,比如,他说此事发生在1750年12月,但当时孟德斯鸠在巴黎。

斯鸠的卧室仍留有标志,里面陈设简朴、毫无装饰,像是一间农舍。在这里他可以安享舒适而宁静的乡间生活。他在这里从事大规模农业经营活动,1751 年购买了圣昆廷教区内的比斯昆塔领地后,规模更加扩大。①此后他便享有德·比斯昆塔大人的头衔,同时在雷蒙或比斯昆塔依情况实行 12 种不同的分成租佃制。当他去世时,在雷蒙共拥有 458 大桶酒,只有规模庞大的葡萄园才能达到这样的产量。②

关于孟德斯鸠在雷蒙的产业情况所知甚少,关于在拉布莱德的家庭情况,所知也不多。孟德斯鸠对待仆人宽厚慈善,为人所称道。有一次,有人看到他呵斥仆人,事后他歉意地说,他们犹如钟表,需要不时上上发条。只有一个家内的佣人留下了相貌,这是一个贴身男仆,名叫芒萨卡尔,这个名字在拉布莱德公证的档案中曾经提及,如果至今保留在古堡卧室里的肖像可以信赖的话,他是一个非常滑稽而且有独特个性的人。领班的仆人叫纪尧姆·克勒尼埃,人称"觉醒者",操一口加斯科尼方言,口齿伶俐。留有记载的还有 2 名猎场看守人让·比约和让·鲍塞;1 名马车夫阿内·戈多弗尔和 2 名管家让·阿尔若和夏尔·古洛米埃。③孟德斯鸠的父亲在 1680 年曾带着一位名叫皮埃尔·拉塔皮的朋友或下人来到拉布莱德,皮埃尔于 1739 年去世,卒年约 80 岁。④他的儿子像皮埃尔一样,成为孟德斯鸠的亲密顾问,并最终成为拉布莱德的法官,他至少自 1743 年起拥有这一职位,可能还要早些。其职责是办理在孟德斯鸠领地内的法律事务,同时还是孟德斯鸠总的财务和法律事务的顾问和代理人。他们之间有许多信件来往,孟德斯鸠在信中既有明确和毫不含糊的指示,也以优美、亲昵热情的语言来表达他对拉塔皮一家的关怀和赞赏。

拉塔皮的儿子弗朗索瓦·德·保罗·拉塔皮,生于 1739 年,卒于 1823

---

① 1750 年 12 月 30 日,孟德斯鸠致丹妮丝·德·色贡达。

② 埃罗,前引书,第 170—171 页。

③ 同上,第 65—70 页。

④ 收藏在拉布莱德的民事档案。

年。①他在拉布莱德长大,是让-巴蒂斯特·德·色贡达的亲密朋友和旅伴。他是颇有声望的学者,作过植物学教授和希腊语教授。他在临死前,设立了一项奖金,颁发给拉布莱德村那些贞节、孝敬长辈、忠于职责的少女。他是博兰所著的《波尔多面面观》一书中关于拉布莱德一章的作者,在孟德斯鸠生平研究方面,是最早、最直接的权威。至今在那座古堡的仆人之中,仍流传着他是孟德斯鸠的秘书一说,司汤达在 1838 年撰写的著作中也持同一观点。②从拉塔皮的出生日期来看,他作孟德斯鸠的秘书为期有限。另外在保存下来的手稿中,经辨认没有他的手笔(他的娴熟的笔迹颇有声誉)。尽管如此,没有理由怀疑他曾经常陪同孟德斯鸠在拉布莱德附近的田间和村落漫步。③

孟德斯鸠的财产之规模、他的管家和经纪人的数目及其仪态之威风,表明他是一个拥有相当财产的富豪。然而,他并不自视为富豪,而且从不奢侈和挥霍,他对丹妮丝婚事的安排就是一个明显的例子。他因过于节俭而赢得吝啬小气的名声。那位好信口开河的苏拉维写道,在巴黎时,孟德斯鸠从不在自己家里吃饭,他的马车上套着的是两匹瘦弱的马。④德·吕伊纳公爵的说法也大同小异。⑤到拉布莱德造访的英国人看到他餐桌上的粗淡食物,深感惊异。⑥他在履行所有契约义务时,总是拖拖拉拉。拉布莱德的档案中有两封圣多明我会修士于 1734 年写给孟德斯鸠的信,要求他偿付一笔拖欠的数目不大的租金。他们抱怨说,租金已拖欠得太久了,而且他们的要求没有得到任何答复。涉及的总数只有 25 利弗尔。

像波尔多地区的其他土地拥有者一样,他在很大程度上依赖于葡萄酒生意。1740 年至 1748 年奥地利王位继承战严重地危及所有这些土地持有人。一位英国的旅行者向他的朋友描述了他们的困境:

---

① 贝尔纳多宣称,小拉塔皮是孟德斯鸠的私生子,这是没有根据的。
② 司汤达,前引书,第 77 页。
③ 1823 年 6 月 1 日,拉塔皮致拉布莱德村的居民。
④ 苏拉维:《路易十四、十五、十六时期的历史文件》,巴黎 1899 年,第 2 卷,第 328 页。
⑤ 《回忆录》,第 14 卷,第 36—39 页。
⑥ 哈迪:《夏尔蒙回忆录》,第 35 页。

这次战争使波尔多的贵族遭受的损失比商人们还大,因为他们没有现金储备,唯靠出售葡萄酒为生。我在波尔多期间,他们之中大多数人都住乡卜,下令在门前竖起标志,零售葡萄酒。①

孟德斯鸠与英国市场之间的联系完全被切断,不得不在1743年9月至1746年9月整整3年间待在拉布莱德。这是自《波斯人信札》出版之后,他在乡下逗留最长的一次。1743年春季,他曾借贷一笔大约7 000利弗尔的款项。②当1748年消息传来,和平已经来到的时候,雷奥米尔在致塞拉蒂的信中说,这意味着对孟德斯鸠来说,收入将大大增加。③

达尔贝萨于1726年向孟德斯鸠买下了法官职务(指庭长——译者),孟德斯鸠由此获得了一笔可观的收入。1747年8月,达尔贝萨去世(按卖契,卖主收回了这一职务——译者),这时,孟德斯鸠想把庭长的职位传给儿子,这是一件经济上的利他主义的举动。但是,让-巴蒂斯特对此并无兴趣,他甚至表示愿意放弃他父亲传让给他的高等法院推事之职。孟德斯鸠思忖再三,如何处理最为妥善,他曾考虑自己再次出任庭长。④巴尔克莱不明究竟,便写信恭贺他作出这一决定是值得钦佩的。⑤但是,孟德斯鸠决定不再与波尔多发生更密切的联系,并把庭长的职务彻底卖给他人⑥,买主是勒贝尔东,他是高等法院的院长,并希望把新的官职让给他的儿子,答应出价13万利弗尔,8年付清。与此同时,推事之职也以4万利弗尔出售了。⑦

据称,孟德斯鸠寿终时的年收入是6万利弗尔⑧,按照18世纪的兑换率,相当于2 400英镑。这个数字如果正确的话,无疑是一笔足以保证生活

---

① 考德威尔致亨利·贝莱赛斯,日期不详,约在1746年。
② 1744年4月12日,夏尔鲍致孟德斯鸠。
③ 1748年5月29日,雷奥米尔致塞拉蒂。
④ 1748年3月28日,孟德斯鸠致加斯科。
⑤ 1748年8月14日,巴尔克莱致孟德斯鸠。
⑥ 《夏尔蒙回忆录》提到,孟德斯鸠出卖官职的原因,是与行政长官图尔尼不和。
⑦ 《纪龙德省历史档案》,第55卷,第138—143页。
⑧ 苏拉维,前引书。

舒适的收入。它相当于狄德罗作为《百科全书》编辑收入的50倍。但是对于一个有多处房产需要维持的地产主来说，还算不上是巨额财富。当时法国有好几个地产拥有者年收入达50万利弗尔。伏尔泰是在1778年逝世的，他在临终前收入不少于20万利弗尔。①

对于孟德斯鸠在他生涯的两个不同时期所拥有的资产和收入，可以作出大致精确的估计。在1726年12月1日致朗贝尔夫人的信中，他宣称当时的收入是2.9万利弗尔，这个数字如果有误差，那一定是言过其实，他是在夸耀他如何可以自立，此信写自第一次出售他的官职之后，由此每年获得5200利弗尔的收入。扣除这笔收入，差额是23800利弗尔，这笔收入可以认为是对他从不动产中所获收入的较高估计。据计算，当时的法国，从农田获得的收益约是总值的4%②，以这样的比例为基础，23800利弗尔的收入，按同样较宽裕的计算，其资产应为595000利弗尔。

在拉布莱德保存着一份让-巴蒂斯特·色贡达与他的妹妹丹妮丝于1756年3月18日签署的协议书，其内容是他们继承遗产的分配比例。总资产为654563利弗尔，其中不动产为53万利弗尔，可动产估计为124563利弗尔。出卖庭长所得收入（1754年7月22日结账）③，一部分用于购买比斯昆塔的地产，一部分成了可动产。1755年（当时农田收益下跌，种植葡萄的农田收益率一般为3.6%④），价值53万利弗尔的不动产，可获得的收入约1.9万利弗尔，这些数字都是近似的估计，不十分精确。同时，在孟德斯鸠有生之年，如果说他的农田收益逐步下降，也是令人诧异的，因为在1726年至1755年期间，整个趋势是逐年上升的。孟德斯鸠的儿子宣称，尽管孟德斯鸠由于周游四方、社交频繁、医治眼疾、出版著作等原因开销很大，但他仍能把从祖先那里继承来的微薄财产传给后代。⑤据此，可以比较肯定地断

---

① 尼库拉多认为是20.6万利弗尔，参见尼库拉多：《伏尔泰的家务与财政》，巴黎1854年版，第62页；唐凡兹：《伏尔泰何以为生》一书认为达23.1万利弗尔，巴黎1949年版，第175页。

②④ G.达弗奈尔：《财产的经济史》，巴黎，1895—1912，第2卷，第4—5页。

③ 埃罗，前引书，第109页。

⑤ 色贡达：《回忆录》，第402页。

言,孟德斯鸠的不动产价值约 50 万利弗尔,这样他从中获得的年收入约 2 万或 2.5 万利弗尔,这些财产使他能维持很体面的生活,却不能铺张挥霍。

第三节　波尔多

波尔多市是一个重要的行政和商业中心,每天接待大量来客。爱尔维修在市内有一幢公寓[1],但作为包税商,他经常离开那里,并利用这些机会与孟德斯鸠接触。[2]此外,尽管他的职责是征税,但他借此机会鼓动波尔多市民抗缴苛刻的捐税(如果爱尔维修的第一位传记作者是可以信赖的话)。[3]这种自行其是的作法,拉布莱德、罗凯莫林和雷蒙的地产拥有者是不会持有异议的。

米拉波侯爵在《人类之友》成书之前,也曾访问过波尔多。沃夫纳格侯爵写信给他,对他能接近孟德斯鸠,能与一位文笔绝妙的人交谈并一饱耳福,十分羡慕。[4]这样说来,米拉波侯爵在那时可能是很重视孟德斯鸠的意见的。然而 30 多年以后,当瑞典的古斯塔夫三世谈及这位《论法的精神》的作者时,米拉波对古斯塔夫三世说道:

> 孟德斯鸠! 此人陈旧的梦想,除在北方的某些王宫外,已不再受到重视。[5]

孟德斯鸠是在具有大都市特色的波尔多社会里,与 18 世纪苏格兰的哲人建立了联系。此人便是约瑟夫·布莱克,后来成为爱丁堡大学化学系教授,他 1728 年生于波尔多,父亲是那里的一个葡萄酒商。亚当·弗格森[6]写道:

---

①　1748 年 8 月 26 日,爱尔维修致孟德斯鸠。

②　1748 年 12 月 2 日,唐森夫人致孟德斯鸠;1749 年 1 月 18 日,特吕戴纳致孟德斯鸠。

③　圣朗贝尔回忆爱尔维修文章,见爱尔维修《论幸福》,伦敦 1772 年版序言。

④　1738 年 12 月 24 日,沃夫纳格致米拉波侯爵。

⑤　米舍:《米拉波全传》。

⑥　亚当·弗格森(Ferguson, Adam, 1723—1816),苏格兰哲学家、历史学家和现代社会学的先驱,曾任爱丁堡大学教授,著有《文明社会史论》《道德哲学基本原理》。——译者

当老布莱克先生住在波尔多的时候,该省高等法院庭长孟德斯鸠这位赫赫有名的人物与布莱克先生的关系十分友好和亲密。这是莫大的荣幸,他的后代为此而自豪,这是理所当然的。他们把孟德斯鸠与他们父辈之间的来往信件,或者确切地说,只是通信的一些片断,像保存他们家族世代相传的荣誉证书一样,珍藏起来。在一捆信的包装纸上,有约瑟夫·布莱克写的说明:"家父由于品性优良和道德高尚而荣幸地享受与孟德斯鸠的友情……"短短一句话,无需作任何添加,就足以说明这位父亲的品格,也足以说明孟德斯鸠对他的敬重。孟德斯鸠这位杰出的社会名流,不仅心地纯朴,而且对人谦虚。他还对不列颠民族的生活方式和制度有所偏爱,认为这个民族异常幸福。对有关这个民族的任何重要的详细情况,他都愿意倾听。当他得悉布莱克打算离开波尔多时,孟德斯鸠给他写了一封信,信中充满了友善的言辞:"我实在不愿意您离开波尔多,我将失去经常与您见面的快乐。和您在一起,我就忘记了自己。"①

1754 年,当布莱克的儿子获得医学学位时,他给父亲寄了几份他的论文《由食物产生的疾病》,他父亲把其中一本赠给了孟德斯鸠。②约翰·布莱克的妻子是罗伯特·戈登(同样是波尔多的葡萄酒商)的女儿,罗伯特·戈登与亚当·弗格森家族是亲戚。亚当·弗格森后来娶的又正是布莱克的孙女,这样,深受孟德斯鸠理论影响的《文明社会史论》的作者,在加龙河畔发现自己与《论法的精神》的著者有着某种联系。如果孟德斯鸠与布莱克之间的来往信件能得以重见天日(至今寻觅无着),可能会从中了解到许多关于法国和苏格兰知识界之间的交往。他们两人之间讨论的问题不止于格拉沃和索泰尔讷的葡萄酒。这一点从预订詹姆士·西蒙于 1749 年在都

---

① 亚当·弗格森:《约瑟夫·布莱克医学博士的生平与性格实录》(见《爱丁堡皇家学会记录》,第 5 卷,第 101—117 页)。

② J.罗宾逊为约瑟夫·布莱克《化学元素讲义》所作的序,爱丁堡 1803 年版,第 1 卷,第28 页。

柏林出版的《关于爱尔兰硬币史话》一书的名单中，可见一斑。订购者中，除巴尔博和福克斯之外，还列有"约翰·布莱克，商人，波尔多"和"夏尔·德·色贡达·孟德斯鸠，吉耶讷高等法院庭长"，以及让-巴蒂斯特·德·色贡达。

然而，与这样一些朋友交往并不是孟德斯鸠在波尔多社会活动的主要内容。甚至波尔多最快乐、最有才华、最活泼的女主人——杜帕莱西夫人所组织的沙龙，尽管他经常光顾，但也不是他社会生活的核心部分。他仍强烈热衷于波尔多科学院的活动。他在成为更古老、更有威望的在巴黎的法兰西学士院院士之后，热忱仍未减退。他旅行回来后不久，就宣读了几篇论文，论述匈牙利的温泉、德国的采矿和声音的性质等。另一篇论文，是1732 年 11 月 15 日，在他缺席的情况下，由别人代为宣读的，内容是论及罗马居民的节制问题。还有一篇是他宣读的，题为《论思想的形成和发展》，但已不复存在。1739 年他又宣读了两篇自然科学论文，一篇是讨论呼吸问题，另一篇是研究矿泉水的温度。甚至在《论法的精神》问世之后，他还提交了一篇文章论述各种语言的性质问题，并没有轻视而弃之。他已两度出任波尔多科学院的执行主席(分别在 1718 年和 1726 年)，并于 1735 年和 1748年又获提名，1748 年任期结束后，继任的是他的儿子。1736 年，无疑是由于孟德斯鸠的促成，波利尼亚克被选为波尔多科学院的保护人，致谢的代表中有默隆、孟德斯鸠、梅朗、色贡达和另外两位。孟德斯鸠似乎在科学院和波利尼亚克红衣主教之间充当了中间人。

在《罗马盛衰原因论》一书出版后不久，孟德斯鸠再度对自然科学产生兴趣，他考虑重写以前在科学院宣读过的论文，他再次亲自动手进行实验，向梅朗请教各种显微镜不同的放大倍数。[1]他在英国时曾制作了一套仪器，把它送给了科学院。[2]不过，有时他的科学研究不那么严肃。司汤达在波尔多听到一段故事：孟德斯鸠和三四位同事在科学院大厅里谈话，窗户旁边

---

① 1737 年 6 月 27 日，孟德斯鸠致梅朗。
② 《纪龙德省历史档案》，第 3 卷，第 208 页。

放着一盆麝香石竹花,太阳光穿过窗户倾照进来。趁人不注意,他把花盆转了一个方向,过了一会儿,他大声惊呼道:"先生们,如何科学地解释花盆的阴面热而阳面冷这一事实呢?"只是当他的同事们由此而引起远非学术的争论时,他才承认搞了恶作剧。①

科学院院士的选举使他十分忙碌,他推荐波尔多出生的宫廷医生西尔瓦进入科学院②,他对选举卡斯泰尔进入科学院的提议加以抵制,说有两名耶稣会士已经足够了。③1741年,他建议选举马丁·福克斯为院士,两年后,这位英国人成为候补院士。④1745年,加斯科也步其后尘成为院士。翌年,在孟德斯鸠缺席的情况下,伏尔泰也获得了同样的荣誉,他后来在《老实人》一书中对波尔多科学院挪揄了一番。孟德斯鸠对伏尔泰的当选有何评论,没有记录可查。但更早些时候,当伏尔泰有可能入选法兰西学士院的时候,他曾写道:

> 伏尔泰若当上院士,将是法兰西学士院的耻辱;而伏尔泰终将因未当过院士而感到羞耻。⑤

他完全有可能把这样的言辞用于这个比他年轻的人身上。

1736年,孟德斯鸠与默隆联合行动,结果导致了对于波尔多科学院来说影响颇大的选举:《波斯人信札》的作者和《伽色尼的马哈默德》⑥的作者联名支持一本晦涩、怪诞的作品——《一个虔诚教士的信》——的作者。此人名叫让-雅克·贝尔,是孟德斯鸠在朱伊公学时的同窗、高等法院的推事,

---

① 司汤达:《南部之行》,第75—76页。
② R.塞莱斯特:《波尔多人西尔瓦——路易十五的御医》。
③ 1741年11月23日和12月20日,孟德斯鸠致巴尔博。
④ 1741年2月14日,孟德斯鸠致福克斯。
⑤ 《随想录》,第896条。
⑥ 默隆所写的《伽色尼的马哈默德》一书,描写的是一位伽色尼地方的土耳其埃米尔(阿拉伯语音译,意为"掌权者")的儿子马哈默德(969—1030),他曾在1001年因远征印度而闻名,后成为阿富汗的穆斯林统治者。——译者

即使在巴黎也是一个闻名的文人。他富有生气,好独树一帜,甚至对拉莫特乃至丰特纳尔也评头品足,尽管他们两人深受孟德斯鸠的推崇。①他和孟德斯鸠之间的通信,只有两封来往的信件幸存下来,然而这两封信已经足以使人们对其他来往书信的失落深感惋惜。他不止一次为孟德斯鸠修改文章,孟德斯鸠十分尊重他的意见。贝尔年轻时曾发起组织一个并不十分注重科学研究的团体,与波尔多科学院相抗衡。在 1713 年至 1719 年间,他每星期四把一些朋友聚集在他父亲家里,由其中一个成员宣读关于文学、美学或道德问题的论文,随后共同讨论,再指定另外两个人审阅论文,并为下一周的聚会准备对这篇论文及讨论情况的书面报告。②大概就是由于这种对抗性行为,使他直至 43 岁才获选加入波尔多科学院。然而他的当选在当时具有特殊的重要意义,因为他已深深卷入波尔多的政治活动中去。

克洛德·布歇本人是一个高级官吏的儿子,在出任奥弗涅地方行政长官之后,1720 年成为吉耶讷的地方行政长官。任职不久,他就对波尔多的城市发展提出了雄心勃勃但决非无的放矢的计划,他特别急切地想要清除自夏波鲁热街至审理间接税案的法院的一段河道的部分码头,在那里修建一批楼房,这将使城市大为壮观。③这一计划引起强烈的责难。部分原因是由于提议者在一部分人中声名狼藉。如前所述,布歇曾与孟德斯鸠在吉耶讷是否应继续种植葡萄发生过冲突④,并且对孟德斯鸠措辞诙谐的抱怨感到十分恼火,他向政府揭发孟德斯鸠是共济会会员⑤,毫不奇怪,孟德斯鸠对他也怀有敌意,这在《随想录》中有所表露:

　　我谈到布歇长官:我很愿意人们给予长官以全权,但如果要使他

---

①　参见古尔多:《吉耶纳高等法院推事让-雅克·贝尔》,《波尔多市立图书馆珍藏》,巴黎1936 年版。

②　E.弗雷莱:《纪龙德省统计概况》,第 3 卷,巴黎与波尔多,1889 年。

③　参见古尔多:《波尔多的王家广场》,巴黎与波尔多,1923 年。

④　同上,第 82 页。

⑤　同上,第 174 页。

们成为神,至少应该在人中间而非畜生中间选择。①

高等法院里孟德斯鸠的新老同事同样不喜欢布歇。他们决定反对他提出的计划,指定委托贝尔将他们的抗议转达给政府。贝尔拟订了一份备忘录,从法律、商业、军事以及审美角度对计划提出异议,但贝尔起草的备忘录不免有些夸大其词,布歇也是一个争辩好手。贝尔从军事防卫角度争辩说,新建筑会限制波尔多的特隆佩特炮台的射击范围。对此,布歇出示了炮台总工程师和副总工程师出具的证明,宣称提议中的建筑不会影响炮火的射击范围。而事实上,唯一妨碍炮台充分发挥威力的正是广场大厦贝尔自己的房子。②为兴建计划中的广场,提出若干具体方案,其中之一就是要拆除贝尔的房子。与此同时,波尔多高等法院也感到十分不安,因为建议中要在新的王家广场建造一幢新的海关大楼,而现在的办公室是租用那位出钱购买孟德斯鸠庭长职位的富翁达尔贝萨的一幢房子。达尔贝萨每年收取租金 4 000 利弗尔,这样一来,他也不能以这样的高价出租了。在这样的对抗中,达尔贝萨和贝尔都以失败告终(尽管贝尔的房子没有被拆毁),于是波尔多就有了一个现在被称为交易所广场的半圆形广场。

1738 年,贝尔被选入波尔多科学院,这是对他的效力所作的奖赏,也是为了表示科学院的信心和团结,以及对行政长官的反抗。

贝尔获选后不久,不幸染病,于 1738 年 8 月 16 日病逝,享年仅 45 岁。人们公布他的遗嘱,发现他那幢有争议的房子、藏书和科学实验仪器,都留给了波尔多科学院,附加条件是每周之中必须有 3 天将那些图书向公众开放。由此创立了波尔多市立图书馆,这是法国最好的外省图书馆,而且可能是藏书为丰富的图书馆。③

看来,获得贝尔的房舍是波尔多科学院命运的转折点。以前科学院时运不济,接二连三地遭受打击。在约翰·劳掌管财政时期,货币贬值使科

---

① 《随想录》,第 1353 条。
② 古尔多,前引书,第 48—49 页。
③ R.塞莱斯特:《波尔多市立图书馆史》,波尔多 1892 年版。

学院遭受严重打击,第一位保护人德·拉福斯公爵遭到贬黜,他的继任者莫尔维尔也遭同样的下场。科学院曾多方设法获得一处能体现其尊严和适当宽敞的办公楼,都以失败而告终,不得已只好屈居于简朴的市政厅。现在它有了宫殿似的房舍,贝尔的房子是一幢现代化建筑,设计精美,位置居高临下。科学院不仅有了这幢房屋,而且有了图书馆,使它的地位空前加强。图书须向公众开放,这一条件并不难以做到,因为现在有了付酬的图书管理员;而向公众出借图书,使科学院在这座城市的生活中地位更加重要。

1734 年,布歇从吉耶讷行政长官之职离任,他的职位由图尔尼侯爵继任,他是一个有才华的人。①他于 7 月到达波尔多,第二年 1 月,由孟德斯鸠提议,获选为波尔多科学院院士。②这是布歇在整整 23 年中从未享有过的荣誉,第 3 年图尔尼又当选为执行主席。

图尔尼并没有因为自己是科学院的院士而影响他认为对波尔多市应尽的职责。他上书国防大臣德·阿尔让松伯爵,为波尔多市缺乏公众散步场所而遗憾,建议扩大特隆佩特炮台与城市之间的空旷地,修筑一条林荫大道。③起初在巴黎遇到了阻力④,但最终国防大臣原则上批准了他的计划。问题是,修建林荫大道要把属于多明我会的财产、边缘不规则的房产取直。然而这样做就出现了一个难题,现属科学院所有的贝尔的房产位置尤为突出,并与街道形成斜角,这对任何城镇规划者来说都提出了一个棘手的难题。图尔尼建议,把多明我会房产的正面墙向南扩延,以此遮蔽这所房舍,将要建墙的地面属于市政府所有。作为对科学院的补偿,建议另辟一条新路,当然这不可避免是一条很窄小的路。这样,科学院的新门面只能在一个不起眼的地方。

围绕这个问题所进行的讨论,看来几乎是无休止的,因为科学院内部也不统一,图尔尼在科学院成员中也有支持者,而且他们当中有些人很有

---

① M.雷里蒂埃:《图尔尼》,2 卷本,巴黎 1920 年版,此书立论严谨,文献丰富。

② 波尔多市立档案馆,第 1699(2)号。

③ 此番争论结果见于 X.韦德尔:《图尔尼大道》,波尔多 1929 年版。

④ 同上,第 122 页。

影响,如:科波、达尔贝萨、德·加斯克和高等法院院长勒贝尔东。①反对地方行政长官的有:巴尔博、拉维和让-巴蒂斯特·德·色贡达。孟德斯鸠本人与图尔尼之间的关系不坏,至少与他对布歇的态度相对而言是如此,他们之间的通信和蔼可亲,甚至常常开玩笑。②有一次,图尔尼为欢迎两位来访的西班牙公主,需要组织盛大的招待会,孟德斯鸠借给他一辆马车。③当孟德斯鸠索居在拉布莱德,希望看到发表在《特雷沃杂志》中对他批评的文章时,正是通过巴尔博从图尔尼那里借来一本。④他与波尔多市政当局的诉讼案,使他必须保持与图尔尼的友好关系。正如他向加斯科所指出的那样,行政长官和已经卸任的庭长相比,其地位更加举足轻重。⑤然而,他现在发现自己越来越倾向于反对图尔尼。

波尔多的市政当局站在图尔尼一边,主张出售位于科学院房子前面空旷的两块地,以供建筑工程之用。政府同意这一措施,这使科学院大为震惊,立即指派专人对整个情况进行调查,此人出色地完成了任务,提出证据说明这块地产不属于市政府所有而是属于国王。

这一论点被提交给图尔尼,他拒不接受。于是,科学院授予全权,让孟德斯鸠到巴黎处理这项事务,以此回敬。现在,斗争愈加剧烈。在不到一个月的时间中,孟德斯鸠充分利用他与财政总监特吕戴纳的友谊,从国王那里为科学院获得了对该地产的租赁权,而且只是名义上付租金。

与此同时,市政当局急于造成既成事实,出售了那块地产,建筑工程已经动工,政府命令图尔尼停工。他拒绝照办,依仗法律对国王的特许权提出异议。双方的备忘录一份接着一份,这场对抗一直延续到1751年初在巴黎召开的由图尔尼、特吕戴纳和孟德斯鸠参加的三方会谈达成协议时,始告解决。解决的协议中包括:科学院在名义上将该地产让予市政当局,条

---

① M.雷里蒂埃:《图尔尼》,第2卷,第368页。

② 1745年8月3日,孟德斯鸠致图尔尼。

③ M.雷里蒂埃:《图尔尼》,第1卷,第259页。

④ 1749年4月7日,巴尔博致孟德斯鸠。

⑤ 1747年2月20日,孟德斯鸠致加斯科。

件是不得在那里建造任何建筑,已经挖开的地面必须填平;科学院一方同意在其一侧开辟一条新街道,并以 8 000 利弗尔的价格让出为此而需要的地产。这些条款对科学院一方只要求作轻微的让步,但要求市政当局作重大让步。图尔尼毫不掩饰这一事实,即他被迫屈从于特吕戴纳的旨意,在这件对他来说无关紧要的事情上,使朋友高兴。

然而,这不是孟德斯鸠的最后胜利,市政当局拒绝这项妥协。15 个月以后,问题又被重新提出。看来,孟德斯鸠又一次获得了胜利,他在给加斯科的信中写道:

> 和一个长官打官司是一件可怕的事,但是打赢这场与长官的官司是非常愉快的。[1]

然而,此时他的高兴也是无根据的。争论仍在继续。只是在他去世和图尔尼去世之后,争论才算告终。但结果是图尔尼一方获胜。孟德斯鸠极为严肃地看待整个事情,认为图尔尼的所作所为太武断专横,侵犯了私人利益。一旦当他卷入了这场斗争,就变成了图尔尼与他本人的力量较量。他与行政长官在市政建设方面的意见冲突,可能是他拒绝重新担任庭长之职的原因之一。[2]

然而,波尔多市由于地方行政长官的政策,为自己争得了一条法国最有气派的街道之一,这就是图尔尼大街。

第四节　克莱拉克

沿加龙河而上,距波尔多市 70 英里处,洛特河和加龙河交汇在一起,艾吉永村和艾吉永堡就坐落在汇合点上。沿加龙河继续向上几英里处,就是圣玛丽港,这是供孟德斯鸠村使用的河码头。沿洛特河向上大约同样距

---

[1]　1752 年 8 月 8 日,孟德斯鸠致加斯科。

[2]　哈迪:《夏尔蒙回忆录》,第 35 页。哈迪的记述,虽非在每一细节上都确凿无疑,但看来大部分是以孟德斯鸠的谈话为依据的。

离的地方,就是克莱拉克,这个地方孟德斯鸠十分熟悉,这里在他的生活中起着重要作用。他在阿让市的亲戚所拥有的蒙塔尼亚克男爵领地,就在孟德斯鸠男爵领地东南 3 英里的地方。虽然他只是偶尔察看以他的名字取名的领地,但他却经常在克莱拉克逗留,在那里,他妻子的家族——拉尔蒂克家族很有名望。

克莱拉克坐落在风景优美的小山和溪谷之间的田野上,洛特河水灌溉着周围良田。现在这里是一座静谧的小镇,有许多古老的建筑,大部分没有得到妥善的保护。那里有一幢中世纪的房屋,里面装饰着新绘制的传记故事,据称不仅孟德斯鸠曾在这里住过,而且诺亚之子雅弗于公元前 2907 年也死在这里,但这些都不能使来访者相信。克莱拉克在过去确是一座重要的小镇,一个文化生活丰富活跃的中心。

不管怎样,这却是事实:在 18 世纪,克莱拉克甚至曾是一个国际性中心。这里有一个十分特殊的原因,在克莱拉克,虽然大部分人信仰新教,却有一位升任天主教主教的修道院院长,他的职责之一是改变人们的宗教信仰。亨利四世为了证明他已彻底皈依天主教,把这座修道院赏赐给罗马的圣·约翰·拉特兰大教堂,这个原因导致克莱拉克与罗马有了直接联系。1738 年,菲利波·维努蒂被任命为教堂在克莱拉克的代表。

维努蒂家族①原籍是在意大利南部托斯卡纳的科尔托纳,是一个贵族世家,其中有几位家族成员在学术文化上颇有建树,赢得荣誉。里图费诺·维努蒂是有名望的考古学家,撰写了两部关于罗马的著作,插图系皮拉尼亚所作。最杰出的是马尔赛罗·维努蒂,在赫库兰尼姆的发掘工作是由他组织的。菲利波是他们的兄弟,他同他们一起,在科尔托纳创建了伊特鲁里亚科学院,他是圣·约翰·拉特兰大教堂律修会的成员,但是他不喜欢教会首都的生活(他在写给一位朋友的信中说,他发现在罗马,教士的嘴里除了谎言之外,没有其他东西)。②因此当拉特兰大教堂派他去克莱拉

---

① 参阅《维努蒂一世》,罗马 1889 年版;曼奇尼:《科尔托纳人对意大利文化的贡献》,载《意大利历史文献》,1921 年。

② 曼奇尼,前引书,第 13 页。

克照管那里的事务时,他欣然前往。1738年8月5日,他抵达任所,发现克莱拉克是一座富庶的商业城镇,出产一种独特的葡萄甜酒,大多数居民信仰新教,在1.5万名居民中只有1 000名罗马天主教徒。使他格外高兴的是,周围地区的罗马天主教徒在他的管辖区内。①

　　他到达克莱拉克之后不久,就结识了孟德斯鸠。孟德斯鸠曾于1729年在佛罗伦萨会见过马尔赛罗·维努蒂,后者曾把他介绍给科尔托纳科学院②,因此他十分高兴能认识马尔赛罗·维努蒂的兄弟。孟德斯鸠为报答他家的恩情,1739年3月17日,维努蒂被选入波尔多科学院。从这时起,维努蒂在学术上的成就超过了他在教会内的成功,原因是当初指派他担任此职的部分教友转而反对他,力图撤销这项任命。部分原因是他们认为,他从修道院的收入中汇给罗马的款项不足③,另一部分原因是他与克莱拉克新教徒的关系过于亲密。④孟德斯鸠出手相助,他吁请唐森夫人与她的红衣主教兄弟一起出面干预此事;他又取得达埃吉翁公爵夫人的支持,她对莫尔帕伯爵有很大影响力。接着,他又制订出另一项计划,请维努蒂当波尔多科学院图书管理员。自从贝尔去世以后,科学院已拥有一座藏书丰富的图书馆,巴尔博任名义上的管理员。图书管理员只有800利弗尔的微薄薪水,但提供住房。孟德斯鸠转达了维努蒂愿意接受这一差使的意向,并与巴尔博和萨洛相商,他们表示同意。于是,巴尔博辞去图书管理员之职,由科学院指定的委员会与贝尔的遗嘱执行人共同任命维努蒂出任此职。此后维努蒂并未完全放弃神职,后来仍然被卷入困境之中,使孟德斯鸠不得不去找尼凡内进行干预。但维努蒂将主要精力放在做学问上,研究文学,从而声名与日俱增。他把《尼德的神殿》译为意大利文,还以比较的方法,把勒弗朗·德·蓬皮尼昂的《黛朵》⑤以及路易·拉辛的诗作《宗教》译

---

　　①　佛罗伦萨马鲁切里亚纳图书馆,抄本,第197卷,第8册(《菲利波·维努蒂旅行日记》),第232—233页。

　　②　1739年3月17日,孟德斯鸠致维努蒂。

　　③　加斯科:《致友人书信集》,信6(《全集》,纳热尔版第3卷,第1018页)。

　　④　1742年7月9日,孟德斯鸠致巴尔博。

　　⑤　黛朵(Didon),传说的迦太基建国女王。——译者

为意大利文。他创作了构想奇妙的赞美诗《法国文学的骄傲》。在波尔多科学院,他宣读了许多论文,其中几篇于 1754 年由当时的终身秘书让-巴蒂斯特·德·色贡达收集在一起,以《关于波尔多市古迹的论文》之名,由科学院出资出版。色贡达在他撰写的前言中,称赞作者文笔优美、妙语横生。科学院也赞许他学识渊博、见解精辟、很有鉴赏力。孟德斯鸠曾经预言,此人可能成为欧洲最出类拔萃的人物之一①,此话并非毫无根据。

1750 年,塞拉蒂写信给他的朋友鲍塔里,询问维努蒂在忠实和虔诚这一点上是否适宜于提拔为高级神职人员。在学问方面,他了解维努蒂是完全有资格的,他也了解维努蒂深受本笃十四世的尊重。②回答是令人满意的。当维努蒂离开法国时,他在教会的职务得到擢升,成为里窝那的教区长。

在法国期间,维努蒂结交了许多忠实的朋友和信友,仍然保存在科尔托纳的信件可以表明,与他结交的有:比马尔·德·拉巴斯蒂、冯·斯托克男爵、蒙彼利埃、戴莫莱、勒弗朗·德·蓬皮尼昂,当然还有莫尔帕,维努蒂当选为铭文与语史学院成员就是他写信告知的。③加斯科是他的一位亲密无间的朋友,而两位最忠实的信友是德·蓬塔克夫人和德·维旺。

蓬塔克家族是一个名门望族,因与波旁王族联姻而声名显赫。这个家族的一支是德·杜庭长的后裔,并新近与达埃吉翁公爵夫人家族联姻。另一支与孟德斯鸠家族有干系,至今在拉布莱德仍悬挂着安娜·德·蓬塔克的肖像,她于 1600 年嫁给皮埃尔·德·色贡达。这个家族曾长期出任法院官职,包括波尔多高等法院院长之职。他们的许多地产与孟德斯鸠家的地产相毗连。他们拥有爵位的有:拉普拉德侯爵、博蒂朗男爵和比斯昆塔勋爵。德·蓬塔克伯爵夫人,有时亦称德·贝拉德伯爵夫人,在法国西南部是一位声名赫林的人物。加斯科曾住在她家,并为她作诗。孟德斯鸠在给任何一位与她接近的人士写信的时候,总要"向迷人的伯爵夫人"表示敬意。

---

① 1742 年 7 月 9 日,孟德斯鸠致巴尔博。
② 1750 年 3 月 23 日,塞拉蒂致鲍塔里。
③ 科尔托纳,抄本,497 号,第 66—67 页。

她与维努蒂是过从甚密的朋友,在波尔多居住时还是邻居,因为她在科学院的房子里占有一套房间,图书馆管理员也住在那里。她给维努蒂的信件,内容大部分是家庭琐事,多数注明发自索维亚克,大致可以确定是她在巴札斯附近的一份产业。在 16 世纪时,一位有名的蓬塔克家族成员曾在巴札斯任主教。她曾表示不喜欢波尔多。有一年夏季,在即将去波尔多之前,她在信中写道:"一想到要去波尔多逗留,我就感到非常害怕。"[1]她是一位寡妇,有个儿子,与达尔让松的儿子德·波尔米侯爵[2]是朋友。还有一位女儿,据加斯科说,长得十分可爱。1752 年她本人再度结婚,在孟德斯鸠看来,这门亲事可悲可叹:她为金钱而婚嫁,可能嫁给了一个美洲人。[3]

有一位非常惹人喜爱的人物,名叫弗朗索瓦·德·维旺,是伯爵夫人的朋友,或许还是她的亲戚。[4]他是维努蒂的亲密朋友,似乎也与孟德斯鸠夫人有亲缘关系[5],但肯定与德·若库尔的亲缘更近。他的家族曾信奉新教,只是在《南特敕令》被废止之后才与新教脱离关系。维旺出生于 1697年,从吉耶讷学院毕业之后,侨居英国 6 年。回国之后,在巴黎逗留了一段时间,在那里结识了梅朗,然后返回家乡,致力于农事和科学研究。1742 年他成为波尔多科学院院士,在本地是知识界的核心人物。文人墨客在他的乡间住宅聚会时,以克莱拉克社团而闻名:孟德斯鸠、让-巴斯蒂特·色贡达、加斯科和维努蒂都是参加者。

孟德斯鸠经常到克莱拉克,与维旺保持着最友好的关系。维旺写了一封"波斯人信札"给孟德斯鸠,语气和蔼可亲,信中写道:

我在西方之光——设拉子拥有土地。你对我们国家的了解甚于

---

① 1747 年 7 月 2 日,德·蓬塔克夫人致维努蒂(科尔托纳,抄本,497 号,第 125 页)。

② 1747 年 3 月 3 日,德·蓬塔克夫人致维努蒂(同上,第 116—117 页)。

③ 1752 年 3 月 16 日,孟德斯鸠致加斯科。

④ 按照拉布莱德的文献,孟德斯鸠夫人的外祖母和一位叔父的名字都叫拉巴·德·维旺。

⑤ 德·蓬塔克夫人的娘家姓德·巴里,维旺有一处产业位于克莱拉克东北面,也以德·巴里为名。参阅圣-阿芒:《德·维旺夫人生平》,阿让 1829 年版。

我们自己,你不会不知道设拉子是波斯出产最好美酒的地方。①

他所指的大概正是克莱拉克。孟德斯鸠和维旺以及色贡达,看来曾在一起进行过科学实验,而且对鸟的飞行尤感兴趣。孟德斯鸠早就注意到这个问题,在《波斯人信札》问世后不久,他就在《随想录》中对这个题目写了几页笔记②,虽然是先验论的,但仍不失其科学性,在结尾处,他表示应该参考博雷利③的《动物的运动》。几年以后,他得到了这本书。④据称,色贡达由他父亲口述,记录了他们进行的实验。维旺从实验中得出的结论散见于他的多部著作之中,在 1935 年才首次发表的一篇题为《论鸟类的飞翔》的论文里尤为集中。⑤他的发现是鸟类的身体中充满着一种弹性物质,其特性具有离心倾向,因此鸟类本身无须用力便能自然地被驱使在与地面成直角的方向在空气中升起。这种奇特的理论被拥护者看作是符合笛卡尔主义的(术语的含义如此变化不定)。但肯定不会得到孟德斯鸠的赞许,至少不会得到听了很多意见的孟德斯鸠的赞许,若库尔在与维旺的通信中涉及这个题目,然而他也没有因为对亲戚尊重而把这种观点列入《百科全书》中的鸟类条目中去。

除了维旺,孟德斯鸠父子和那两位意大利人外,参加克莱拉克社团最后一次晚宴的还有来自克莱拉克以南 15 英里、一座繁华而且美丽如画的城镇内拉克的文人学者。布雷斯肯是一位在梅赞开业的医生,闲暇时间吟诗赋句以此消遣,他常把自己作的诗(以及科学论文)送给孟德斯鸠过目;内拉克的劳兰撰写和出版了大量著作,1754 年出版《医学观察》,前言中说明孟德斯鸠曾审阅该书并支持出版。同一卷中的另一篇论文《论空气的构成》,

① 《全集》,纳热尔版第 3 卷,第 1544 页。
② 博雷利(Borelli, Giovanni-Alfonso, 1608—1679),意大利物理学家和生理学家。第一个用静力学及动力学来解释肌肉运动及其他身体功能,著有《动物的运动》。——译者
③ 《随想录》,第 79 条。
④ 同上,第 2091 条。
⑤ 孟德斯鸠对维旺的《论物理学原理》一书持保留态度,见 1746 年 6 月 12 日,孟德斯鸠致维旺。

也同样曾请孟德斯鸠审阅过,孟德斯鸠在《随想录》中曾提及此事①,其手稿至今仍保留在波尔多市立图书馆内。②雅克·德·罗玛斯是内拉克的佼佼者,他生于 1713 年,时任内拉克的地方行政官,还是一位领主,但他首先是位实验科学家。他和同镇的杜蒂尔三兄弟以及维旺和色贡达有密切联系和协作,潜心研究电学。具体地讲,他把一只风筝连接在一根金属棒上,用来输导闪电,以研究雷雨之中的放电现象。维旺把这种装置命名为"雷电仪"。据记载,进行实验时孟德斯鸠也在场,不过有可能是把他与他的儿子搞混了。③然而,无论他亲临现场与否,他是得知实验情况的。18 世纪在电学研究的某些方面最有意义的进展,正是在他的故乡、在他的鼓励下取得的。在内拉克进行的科学研究活动声名远扬,甚至吸引了玛丽·沃特利·蒙塔古夫人这样的人物。她于 1746 年来到这里,但是尽管罗玛斯有天才、尽管发现芳兰是她的朋友阿巴思诺特博士的弟子,也不能留住她。云游四方的詹姆士·考德威尔爵士在谈及玛丽夫人时说,一切伟人和征服者都是如此,毫无疑问,这同样也适用于他本人。这个半疯癫的爱尔兰人博得了孟德斯鸠的好感,带着他写的介绍信走遍了全省,在阿让,与维努蒂一起进餐;在比利牛斯会见了正在度假的杜克洛和福尔卡尔吉埃;在图卢兹,他追逐飞鸟,到处乱跑,被当作形迹可疑的奸细而被投进监狱。最后,他还诱使加斯科陪他同去埃及远游。④不仅仅是科学家们,许多行为古怪的人也常出没于大都市巴黎和法国各省之中。

① 《随想录》,第 2091 条。
② 波尔多市立图书馆,手稿 828,第 103 卷,第 5 号。
③ 贝尔纳多:《波尔多概况》,第 203 页。孟德斯鸠与他儿子在当时亦常常被张冠李戴。1747 年出版的一本书中记载了色贡达进行的科学实验,却一概按到孟德斯鸠头上。
④ 参阅考德威尔致孟德斯鸠,《全集》,纳热尔版第 3 卷。

第十章　撰写《论法的精神》(1734—1748 年)

第一节　零星作品

1747 年孟德斯鸠造访访流亡在吕内维尔的波兰王室时,乔弗里夫人的女儿会见了孟德斯鸠。她发现孟德斯鸠困顿不堪,连最普通的问题都无言以答。据称,在他启程离去的前夕,她当着全体王室成员的面对孟德斯鸠说道:

> 庭长,非常感谢您,您摆出了一副思路敏捷的样子,可是,您却显得愚不可及,如果我说《波斯人信札》出自我的手笔,在座的诸位肯定都深信不疑,而不会相信那是您的大作。①

这番话揭示了庭长与当时社交界中他的大多数伙伴之间的不同之处。对于那些人来说,生活的中心内容就是聊天和聚餐。诚然,对于文学他们是感兴趣的,但只是些讽刺短诗、拿人寻开心的人物素描、趣闻轶事和即兴草就的戏剧小品之类,即社交文学。不错,孟德斯鸠也从事这类的文学创作,而且在这方面的贡献超过了勃朗卡沙龙的喜剧和《诸君集》中的滑稽小

---

① 德塞古尔侯爵:《圣奥诺雷街上的王国》,第 141—142 页。

品。他写了一篇《真实的故事》，何时所作不得而知，但不会晚于 1738 年，此文直至 19 世纪末才出版。此文又名《灵魂转生者》，顾名思义，可想见其主题。这是一个自传体的故事，写的是一个灵魂多次转世，先后寄附在狗、狼、牛、象和许多男女以及一位阉奴的躯体之上。这篇作品尽管微不足道，毫无才气，却也很风趣，有些部分甚至妙趣横生。作者的文笔巧妙，最妙之处大概要算化身阉奴那一段。此文的手稿肯定有所流传，因为孟德斯鸠曾把手稿送给住在波尔多的朋友让-雅克·贝尔审阅。他在巴黎的朋友、法兰西学士院的院士蒙克利夫可能也曾读过，因为蒙克利夫本人曾于 1749 年在学士院当着孟德斯鸠的面，宣读过题材相同的一个歌剧剧本。①

　　《阿萨斯和伊斯梅尼》是一部水平较高的著作。1742 年 9 月前不久，孟德斯鸠与波旁公爵的妹妹莎罗莱小姐同在马德里宫时，奉她之命写一部小说。②这部作品可能是在他出游欧洲之前收集的以"君主"为题的零散素材基础上，仓促写成的。这部名为《阿萨斯和伊斯梅尼》的著作曾一度题名为《阿萨姆》。他将书稿送给米尔波瓦夫人指正，夫人提出了四五点颇有价值的建议，后来他又送交给巴尔博审阅。孟德斯鸠一直认为此书不宜出版，只是到了 1783 年，才收在《孟德斯鸠遗作》中出版。这部著作瑕瑜互见，结尾部分，尤其是从 1783 年版中删除的那几页，软弱无力，并且包含着一些幼稚的政治箴言。不过，前半部（全书不足 8 开本的 5 页）却颇有吸引力，很能激发读者对不幸的情侣的同情。这部作品讲述了一个东方故事，一个发生在充满着自发的暴力和不可驾驭的情欲的社会中的故事。故事中的东方糅合着臆造和模仿，这种风格，孟德斯鸠即使后来在《论法的精神》中也没有摆脱。阿萨斯 17 岁便在爱情与战功方面颇有建树；他和伊斯梅尼，乃至阉奴阿斯巴尔，都有鲜明的个性。从这部著作可以看出，孟德斯鸠擅长叙事，简洁的文风独具一格。描写一座东方宫殿的诗句共长 6 行，十分精彩；结尾处画龙点睛地写道："一切无生命的东西令人赏心悦目，而一切有生命的东

---

① 参见 1749 年 9 月 25 日，孟德斯鸠致特吕戴纳（载《法兰西研究》，1958 年）。
② 参见 1742 年 9 月 8 日，孟德斯鸠致巴尔博。

西则黯然失色。"对于情感的处理,与其说与马里沃相近,不如说更像普雷伏,而其中所显示出的才能,则绝不亚于普雷伏。

在孟德斯鸠的那些昙花一现的作品中,《阿萨斯和伊斯梅尼》和《真实的故事》寿命最长。不过,与此同时他还从事着严肃的创作,正在积极编撰一部法兰西史。在《随想录》中有他写成的关于这个题目的大量片断,单在第2卷中就长达70页①,他的叙述自墨洛温王朝始,横贯整个中世纪,其中对路易十一作了尤为详尽的记述②,一直写到他自己生活的时代。在这些片断中有一些令人感兴趣的个人见解:他对黎塞留和卢瓦侯爵③大加贬责,称他们是法国有史以来最卑劣的公民。他接着说,他还可以提出第三个人的姓名(毫无疑问是约翰·劳),不过此人已遭贬黜,因此权且放过。文中还可以看到他最具特征的讽喻手法,譬如他说:亨利四世皈依了天主教,视一切都莫如他的王冠神圣;教皇只是靠着炫耀权力,才有权力。尽管这些关于法兰西史的片断有上述可取之处,但并非佳作,因为片断总归是片断,缺乏贯穿始终的论证。

为了收集关于路易十四及随后的摄政时期的资料,他于1734年8月离开巴黎,前去拜访退休后住在诺曼底的圣西门公爵。圣西门正忙于一部著作,记述他所经历的时代变迁。从他那里,孟德斯鸠听到了许多关于蒙特斯潘夫人④和曼特农夫人的轶事趣闻,后来都收集在公爵的《回忆录》中,于19世纪出版。不过,孟德斯鸠也将这些轶闻收录在《随笔》中。⑤这种了解当代史实的工作,他在罗马与波利尼亚克谈话时即已开始;曾任英国驻巴

---

① 《随想录》,第1302、1306条。

② 他似乎曾写过一部路易十一史,后来被他一个粗心大意的秘书销毁了(参见加斯科:《致友人书信集》,《全集》,纳热尔版第3卷,第1097页)。

③ 卢瓦侯爵(Louvois, François-Michel Le Tellier, Marquis de, 1639—1691),法国路易十四时代的国防大臣,1677年担任过大法官,曾一度控制国家事务。——译者

④ 蒙特斯潘侯爵夫人(Montespan, Françoise-Athénaïs de Rochechouart, Marquise de, 1641—1707),1664年任王后女侍,后成为路易十四的情妇,1691年成为圣约瑟隐修院院长。——译者

⑤ 《随笔》,第570、657条。

黎大使的肖布 1736 年再访巴黎①,孟德斯鸠与他交谈时,仍继续着这项工作。他有意撰写一部历史著作,这种意向曾一度是明确而认真的。他认为自己具有令人钦羡的条件来撰写一部当代史,并在《随想录》中明确表达了这种想法。尽管他有足够的财富,不必求助于人,因而从未涉足国务,但是他却熟知许多曾在国务圈内的人。他曾游历各国,又有从事法律事务的经历。②然而,他的计划终未付诸实施。之所以如此,大概是由于他越来越不满足于那种只记述宫廷和君主生活的历史著作。这些年间,在他的头脑里正在形成一种视野更为开阔的史学观,这种观点很大程度上来自詹农,他对詹农的《那不勒斯王国内政史》十分推崇;认为也应该写一部法国内政史。③

编纂一部法国史可谓是一项雄心勃勃的目标;但是庭长胸中还有更为宏大的写作计划,法国史只是其中一部分。

第二节　作出决定

据他的儿子讲,在《罗马盛衰原因论》发表之后,孟德斯鸠休息了两三个月。多年来,他一直酝酿着要编纂一部政治法律理论巨著。在他的抽屉里已有过去搜集的大量资料,可供这部著作所用。这些材料也许正是为此目的而搜集的,其中最早的一份材料是《论义务》中的片断。这篇文章从未出版,大概也从未完成,但是却包含着一些有关资料。这篇文章在很大程度上受到了普芬道夫影响,而当孟德斯鸠后来撰写法律著作时,普芬道夫再次为他指引了方向。《论西班牙的财富》一文中包含着一些关于经济理论的观点,孟德斯鸠打算把这些观点写进新作。《论欧洲一统王国》已经排版,但终未出书,此文中也有一些有用的资料。但是这批材料中最主要的是关于英国政体的论述,其中包含着一些值得向法国人介绍的新观点。当时的许多著作,特别是伏尔泰出版于 1734 年的《哲学通信》,激起了法国公众对英国的关注,因

---

① 《随笔》,第 772 条。
② 《随想录》,第 1183 条。
③ 同上,第 446 条。

此,这篇关于英国政体的论述,将被认为是整部著作中最有价值的部分。

这就是说,孟德斯鸠早已开始为这部巨著作准备,资料已经大体就绪。朋友们催他动笔,他自己也不甘寂寞。1734 年,大概在年底,他终于作出决定,全力以赴,投入这项工作。

这是他一生的转折点。孟德斯鸠作出这样的决定,也许并不令人惊讶。但这个决定,经过了无比艰巨的努力,最终大功告成,确实令人叹赏。公众在 1734 年所知晓的孟德斯鸠,只不过在外省科学院宣读了几篇无关紧要的论文,作为作家,他写了《波斯人信札》,这诚然是一部颇有光彩的讽刺佳作,却是信手拈来,并非呕心沥血之作;他还写了《尼德的神殿》;此外,他写了关于罗马的论著,尽管这无疑是一部光彩夺目而且很有见地的作品,但缺乏可靠的史实基础。从他已有的著述来看,新作成就如何难以预料。他放荡不羁,频繁出入于一些时髦豪华的沙龙,他是中楼俱乐部一个默默无闻的成员,一个外省的乡绅;他一厢情愿要当外交使节,却遭到拒绝;他当的是法官,却卖掉了自己的职位。至少对于不是知心朋友的那些人来说,没有任何证据表明孟德斯鸠有能力担负起摆在他面前的这项艰巨的工作。况且,他的视力微弱,尽管精心护养并有专家的治疗,完全失明的危险依然时时威胁着他。撰写《论法的精神》需要作出艰苦卓绝的努力,既要付出大量的精力,又需要有渊博的知识。孟德斯鸠为达到既定目标而百折不挠的精神和他高超的组织能力,在他那个时代和他的国家里,只有狄德罗的成功之作《百科全书》可与之媲美。

第三节 写作方法

毫无疑问,这是一项极其艰巨的工作。这不是将头脑中固有的想法诉诸笔端的问题。若为成见所左右,则既愚蠢,更有失严谨。孟德斯鸠在《波斯人信札》一书中就曾对成见痛加斥责。但是他自己也有先入之见,除非经过验证,否则亦属成见之列。他写道:"'老师亲口这样说的',永远是愚者的蠢话。"[①]无论何种宗教,无论哪个国家,无论哪种文明,乃至基督教本身,

---

① 《随想录》,第 66 条。

都不能视作天经地义的典范。所有文明都必须加以检验,必须以开放的态度加以分析;所有文明的一切方面,法律的、政治的、宗教的、科学的,都是他关注的领域。浅尝辄止地加以概括是毫无价值的;必须以详尽的文献为佐证。为此,他已经收集了一批令人羡慕的藏书,其中一部分是祖传下来的珍品,他自己也陆续添购了许多。①一些早期波尔多书商购书时的票据也保存了下来。他还时常求助于戴莫莱这位巴黎奥莱托利修会的图书馆长和书目专家。孟德斯鸠外出旅行时,他的秘书杜瓦尔教士将藏书编成目录,发现全部藏书为 3 000 余种。孟德斯鸠从意大利和英国又带回许多书。书架上虽仍有许多空隙,然而世界各个角落的历史,却已包揽无遗。尽管如此,当时的皇家学会会长福克斯仍经常从英国给他邮寄书籍,他自己在法国也购买了相当数量的图书。这些图书都存放在拉布莱德。在巴黎他还有一批藏书,数量较少,不过详情尚未查明。现存的唯一资料是一份在他死后整理的图书清单,其中只提到有数的几种图书。他的一些朋友,特别是巴尔博,有丰富的藏书;他们都准备随时借书给他。波尔多科学院有一所图书馆;孟德斯鸠还经常从王家图书馆借阅图书。②庭长有广泛的书源,可博览群书。他的写作大多是在巴黎完成,一部分无疑是在波尔多完成的,在那里他和他的弟弟圣索兰修道院院长住在一起。另一种可能是在孟德斯鸠庄园等地完成的,但毫无疑问主要是在拉布莱德完成的。乡间的生活不像在巴黎有那样多的干扰。在拉布莱德,他有安静和宽敞的环境,绝大部分藏书也在那里。当然,他每天要花费一些时间管理花园,向守夜人吩咐活计,与法律顾问拉塔皮商议,巡查庄园的篱笆、道路和酒库。其余时间或在楼上宽敞的书房里,或在楼下的卧室里埋头伏案,著书立说。夏季书房里十分凉爽,但在冬季取暖困难(拉布莱德的冬天有时非常寒冷),卧室

---

①　孟德斯鸠的藏书中 1/5 是有关神学的书籍,而达尼埃尔·莫奈对 1750—1780 年间 500 所私人书斋的调查表明,神学书籍平均占藏书总量的 1/15,这说明孟德斯鸠的藏书大部分系祖上遗物(参见《私人书斋教育(1750—1780)》,载《法国文学史评论》,1910 年)。

②　王家图书馆自 1735 年起才有借阅记录,孟德斯鸠的首次借阅记录是 1747 年 1 月 16 日。

里的壁炉外框上,庭长的双脚蹬踏造成的磨损,至今仍清晰可辨。为了与外界彻底隔绝,他有时可能还在与卧室相邻的一间酷似地牢的小房间里工作过,这个小间是掏空了厚墙形成的。传说就是在这里写成了关于公民自由的那一节①,但是,无论他在哪里写作,那都是他的私事。他所采取的方式是闭门独自写作。的确,极少有人了解他在做什么,与他讨论过此事的人更如凤毛麟角。

孟德斯鸠不仅要搜集资料,还要记录和分类。他与他的儿子不同。他的儿子用纸牌的背面做卡片;他不做卡片,而用笔记本。前面已经提到了《随想录》和《随笔》。《随笔》是一本内容不拘的笔记,孟德斯鸠周游各国时随身携带,因而其中记存了各种各样的资料,尤其是有许多从英国报纸上剪辑和摘录下来的文章。但是,总的来看,这本笔记不似《随想录》那样与他的阅读有关,《随想录》主要是孟德斯鸠认真研读时所作的笔记,此时孟德斯鸠已开始记第二本,实际上这是一个资料库,存放着以后可能有用的资料,其中大部分是从以前的著作摘下来的,他显然希望以后能重新利用,因为他不愿毁弃任何资料。《随想录》收进了《论义务》《君王》《罗马盛衰原因论》中删弃的一些段落,此外还有许多阅读过程中的感触和想法。在他看来,这些东西将来有用,所以都记在《随想录》中。凡是已写入著作(通常是《论法的精神》)的段落,他便在边上注上"已用",或"已用于《法》"字样,偶尔也把那些段落用一条线划掉。他深知,一个想法往往在下笔写在纸上时才变得清晰,因此他在《随想录》中积攒了大量各种各样的随想和见解。为了阐明物质原因与道德原因之间的关系这个最令他感到困难的问题,他写了《原因论》,这是随想随记陆续写成的,后来一点一点写进了《论法的精神》。不过,即使在开始使用这部分资料后,他仍然继续增添新材料。《随想录》其实就是一个临时思想库。

然而,《随想录》和《随笔》加上诸如《原因论》之类,材料仍嫌不足,还需使用其他笔记。孟德斯鸠去世不久,一位造访拉布莱德的英国人报道说,

---

① 见拉巴:《拉布莱德古堡》,第 177 页。

那里有 40 册对开本的笔记簿。①在册数和开本方面，这位英国人大概都言过其实了。不过，确有许多笔记；依据各种参考资料，最主要是《随想录》的记载，可以了解到这些笔记簿的大致情况。

这些笔记簿分别题名为：

地理

政治

政治—历史

法律

神话与古代

解剖

通史

商业

前两种，每一种都至少有两本。这些笔记本中的《解剖》，孟德斯鸠在周游各国之前即已动笔。上述其他笔记极可能曾存在过，但是保留下的只有一本，那便是写成于 1733 年至 1743 年之间的《地理》(之二)。②内容包括对几本游记著作所作的概要，首先是艾迪生的《意大利观感》(孟德斯鸠说他并未读完此书)，此外还包括拉鲁贝尔关于暹罗的著述、弗朗索瓦·贝尔内的游记以及耶稣会传教士所著的《耶稣会士书简》。我们知道，这些著述都曾被孟德斯鸠在自己的作品中引用。孟德斯鸠与中国旅行家黄嘉略交谈的记录也在这本笔记中。摘录的资料除对所读作品所作的简繁不等的概括外，偶尔还有孟德斯鸠的评语，这些评语都以星号为标记。整本笔记，6/7 的内容为秘书的手迹，其余则系亲笔。

---

① 　见哈迪：《夏尔蒙回忆录》，第 1 卷，第 38 页。

② 　关于这本笔记，请参见本人文章：《孟德斯鸠的两种未出版文献》，载《法兰西研究》，1950 年，并参见 F. 维尔：《手稿〈地理〉和〈论法的精神〉》，载《法国文学史评论》，1952 年。《全集》，纳热尔版第 2 卷摘录了该文。

孟德斯鸠非常倚重秘书,自1715年之后似乎从未离开过秘书。关于这些秘书我们所知甚少①,但为数很多是肯定的,在手稿中可分辨出19个人的笔迹。有些只为他工作了很短的时间,大概不超过几个星期。其中有几位同时或后来也受雇于波尔多科学院。我们虽已查知其中一些人的姓名,但并非个个确凿无疑。他的女儿丹妮丝自称曾担任父亲的秘书,尽管此事无证可考,却没有理由否定孟德斯鸠偶尔会请她协助。《罗马盛衰原因论》出版后的4年里,孟德斯鸠只有一名秘书。可能就是曾在圣莫尔供职的一位本笃派教士。②在1739年和1740年,他有两位秘书。1742年,他的秘书达6名之多。秘书们有时仅担任抄写工作,把那些改动和修正得无法辨认的手稿誊清。当孟德斯鸠眼睛疲倦时,秘书们常为他朗读书稿。③孟德斯鸠还常雇用操英语的秘书④,最后一位是个爱尔兰人,名叫弗洛伦斯·弗茨帕特里克。但是,似乎没有一位秘书作过摘要工作。《地理》或其他笔记中的摘要,凡出自秘书手笔的,无论在风格上还是在方法上,都与孟德斯鸠亲笔写的段落毫无二致。出现的拼写错误表明秘书是耳听笔录下来的。例如:"Cinq-Mars"在《随想录》中误拼为"Saint-Mars",在《论法的精神》的手稿中又误写为"Saint-Marc"。凡作了摘要的书,孟德斯鸠都是亲自阅读的,摘要也都是他亲力亲为的。

孟德斯鸠很久以前便已养成了阅读时摘录的良好习惯。早在青年时代,在他的《法学札记》中,他就大量应用这种方法。在他周游各国前的早期生活中,他阅读并作了摘录的有:彼特罗尼乌斯的著作、海德关于波斯人的著作、《古兰经》、夏尔丹的作品以及某些期刊。其中大多数都已散失,幸而《随想录》提到了这些读物,因而能大致确定摘录的日期。此后在1748年之前,他还对普卢塔克的《名人传》以及普芬道夫、阿尔格龙·悉尼⑤、波里比

---

① 参见本人文章:《孟德斯鸠的秘书们》(《全集》,纳热尔版第2卷,第 xxxv—xliii 页)。
② 维安,第146页。
③ 1753年6月6日,孟德斯鸠致查理·约克。
④ 同上,并见1749年9月3日,孟德斯鸠致休谟。
⑤ 阿尔格龙·悉尼(Sidney, Algernon, 1622—1683),英国辉格党政治家。——译者

阿、亚里士多德等人的著作作了摘录,这些亦有记载。对奥鲁斯·盖利乌斯、蓬波尼乌斯·梅拉和马塞里努斯等人的作品所作的摘录,大概是为准备写作《罗马盛衰原因论》。根据记载和现存手稿,已知孟德斯鸠共对 90 多部著作写了摘要;可以肯定远不止于此,否则倒会令人诧异。此外,还有一些第二手的摘要资料,摘自《学者通报》《学者著作史》和《万有文库》等书刊。

　　孟德斯鸠以上述方法所作的摘录中,采自亚里士多德、柏拉图和格拉维纳的摘录业已散失,故不予考虑,现存其他摘录,除极少数例外,如收在《随笔》中的《手艺人》等,都有一个显著特点,那就是:这些著作为孟德斯鸠提供的仅仅是史实,而不是理论基础。因此,不能把孟德斯鸠的思想积聚和协调过程简化为这样一个说法:由于他在多种不同的领域进行了探索,因而需要分门别类地加以研究。这些摘记本是他引证文献的工具,为此,必须持之以恒,锲而不舍地工作。这说明,孟德斯鸠认为:终日悠闲安逸,无所事事,往往被视为天堂之乐,其实应记入地狱之灾。[1]孟德斯鸠的生活态度,由此可见一斑。有人把庭长描绘成头戴假发,身披饰带,风度翩翩,看上去对学识并无渴求之情,充其量不过是一个闲逸的艺术爱好者和高雅的讽喻诗人,这实在谬之千里。对于他引证文献的质量,非议更多。吉本揶揄道,他"利用了,而且是滥用了旅行家的记述"[2];波斯维尔转述了约翰逊博士的一段评论:

　　　　每当(孟德斯鸠)想为一种奇谈怪论辩解的时候,他就引证说在日本如何如何,或在别的某个遥远的国家如何如何,其实他自己一无所知。为了为多妻制辩护,他便告诉你在台湾岛上,每个男人生来就有10 个女人。[3]

---

① 《随想录》,第 1085 条。
② 吉本:《罗马帝国衰亡史》,第 3 卷,第 75 页,注 11。
③ 波斯维尔:《赫布里底群岛游记》,牛津 1950 年版,第 209 页。

确实,庭长在选择资料时,有时是漫不经心的,猎奇甚于对材料代表性的关注。不过,我们不能以后世才具备的标准去判断他所获得的资料之优劣。传教士的书信、旅行家的记述,有时虽然并非为提供资料而写,而是为了吸引和取宠于读者,但却是当时任何希图了解东方的人可以利用的最可靠的资料来源。孟德斯鸠在讨论欧洲或地中海盆地时,引用的材料是比较严肃的。况且,异常和怪僻的现象,对于历史学家和哲学家来说,是更为严峻的挑战;一个旨在包罗一切的体系,既应对司空见惯、众所周知的事物,也应对异常和怪僻的事物作出解释。

庭长时常告诫自己:"必须多读少用。"①他如何利用资料,《耶稣会士书简》一书可作一例。1715 年于巴黎出版的该书第 11 卷中,有一封耶稣会士加布里埃尔·马莱特于 1712 年 11 月 9 日由伊利诺伊州的加斯加基亚斯村寄给另一位耶稣会士热尔蒙的信,其中有这样一段话印在第 315 页上:

> 本地的土著不习惯于上树采果,认为把树砍倒较为方便。因而村落周围找不到一棵果树。

在《地理》(之二)手稿第 317 页上孟德斯鸠对此信作了摘录,并写了评语:

> 土著为采果而砍树,致使村落周围果树稀少。这正是专制君主的形象。②

这段评语在《论法的精神》一书的手稿中再度出现,但重新写在另一页纸上,而且是孟德斯鸠亲笔,这表明原文曾反复修改,因而不得不全部重抄。手稿中这段文字与出版后相同,编在第 5 章第 13 节,书中措辞如下:

---

① 《随想录》,第 1862 条。
② 《全集》,纳热尔版第 3 卷,第 958 页(略有改动)。

路易斯安纳的野蛮人要果子的时候，便把树从根柢砍倒，采摘果实。这就是专制政体。

由此可窥见孟德斯鸠如何将他读到的信件进行加工，在笔记中几经周折，成为《论法的精神》中最著名的章节之一。①

在写作《论法的精神》的过程中，整页被调换的情况多有发生。这部书的手稿如今收藏在国家图书馆内，其中包括 3 种纸张。最早使用的纸张相比之下稍许小些。除了后来作的订正之外，其余皆写于 1739 年至 1741 年间。这是此书的早期草稿，总共只有寥寥可数的 24 节残留了下来。其余的手稿，纸张规格略大，但仍有差异，又可分为两类。其中一类，纸张质地较细，水印图案亦不同，带有 1742 年的字样。这一类手稿写于另一类之后，另一类纸质不同，写的内容不是添写部分就是后来所作的修改，两者很难区分。手稿的纸张表明，这部著作的写作经历了三个阶段。对笔迹进行的研究表明，并非如此简单，写作经历了更多的阶段，对资料的年代所作的研究扩大和丰富了手稿的研究成果，结论虽然不甚明确，却更丰富，由此可以弄清《论法的精神》成书的顺序。

孟德斯鸠视力衰减时写下的手稿字体又大又乱，像稚童的笔迹，读来令人感慨万千。②即使除去这部分，在每个写作阶段中，都可以看到令人感动的反复修改的痕迹，推敲之细在名笔大家中也是不多见的。仅以两例为证。第一例取自以其讽刺手法著称的章节《对黑人的奴役》(第 15 章第 5 节)。本节的第 3 句原为：

---

①　F.维尔小姐新近对《地理》的研究(见《手稿〈地理〉与〈论法的精神〉》，载《法国文学史评论》，1952 年)表明，孟德斯鸠对资料的利用大量采用这种方法。当他对一种著作作了摘录后，便不再引用原著，而是引用摘录，有时甚至在已出版的著作的脚注中，只标明《地理》的页码，而不标原著的页码。为语法通顺和便于理解，他常对原著的文字进行修改。在《论法的精神》中，凡是引用《地理》中的资料，他都写有评语，并以星号标记。有时他也参阅原著，并从个别的实例推导出一般性的结论。

②　手稿第 3 册的第 126、141、142 页(《论法的精神》，第 13 章，第 12、16、17 节)即是如此。

如果不用奴隶种植糖类作物,如果对奴隶讲人道,糖价就会太贵。

第一次修改时删除了全句。第二次将全句复原,旁注说明此句不宜删除。接着,旁注被划掉,全句再次删除。经过进一步考虑,又注明此句"要"。此时,重新抄写了这一句,但是删掉了后一个条件从句:

如果不用奴隶种植糖类作物,糖价就会太贵。

这就是第一版中出现的句子。

在另一例中,孟德斯鸠之所以犹豫不决,并非完全出于文体的原因。本例在第 25 章的开头,讨论的是法律与宗教的关系。第 1 节的标题是《信奉宗教的不同原因》,初稿中有这样两句:

敬神的人和无神论者都时常谈论宗教;前者谈其所爱,后者谈其所惧。在宽和的政体下,人们崇信道德甚于宗教;在专制国家中,人们崇信宗教甚于道德。

第一次修改时,在第二句的开头插入了使语气婉转的短语:"也许可以这样说",并将两个"崇信"换为"取决于"。第二次修改把第 2 句连同大胆的"富有哲理"的概括完全删除,第三次修改并不在手稿中,而见于第 1 版。这次修改,增添了新的第 1 节,题为《对宗教的感情》,原来的第 1 节成为第 2 节;新的第 1 节全文仅有一句话,是从下一节抽出的,但作了微小的变动:

敬神的人和无神论者都时常谈宗教;一个谈他所爱的东西,一个谈他所怕的东西。

这种写作方法表明,不仅留存的《论法的精神》的手稿不能被称为"一气呵成",而且从来没有,也不可能有任何手稿可以名副其实地被称为"一气呵成"。凡是有充分的材料可以研究的段落,一经追根求源,就会发现其初始形态与出版后的《论法的精神》相去甚远。手稿中原来的节录和修改都是口述记录下来的,从手稿中"请看"等语句中可以看出这一点。[①]当然,现存的文稿绝非原始的口述记录。布封对孟德斯鸠的简洁和过于省略的文风不以为然,说是有其客观原因,因为他双目几乎完全失明,并说:

> 他性情急躁,常常想不起要口述的内容,因而不得不尽可能浓缩自己要说的话。[②]

布封说得不对。孟德斯鸠著作的完成稿是经过精心雕琢的,许多语句数易其位。他刻意追求隽语短句和与通常的说法相悖的警句,大量删除赘言和两个意思间的过渡言辞,并反复调整意念的顺序,以便使结果先于原因。

孟德斯鸠说他花费了整整 20 年才写就《论法的精神》一书,其实远远不止 20 年。[③]

第四节　成书顺序

1734 年,《罗马盛衰原因论》发表时,关于英国政制一节已经完成。[④] 1734 年末或 1735 年初,孟德斯鸠决定动笔撰写《论法的精神》。但是,他在来往书信中对此事丝毫不曾提及,直到 1741 年末才透露这部著述的进展情况。在给巴尔博的信中,他谈及自己奋力写作的情形:

> 我正在写作《论法的精神》,每天工作 8 小时,这部书篇幅很大。我觉得除了写这部书之外,用于其他工作的时间都是浪费。此书将有 4 卷 12 开本……我对此充满热情;我是自己的第一位欣赏者,不知道是不是最后一位。

---

① 《论法的精神》,第 5 章,第 14 节;第 21 章,第 9 节。
② 埃霍·德·塞谢尔:《蒙巴尔记行》,巴黎,共和九年,第 54—55 页。
③ 《随想录》,第 1920 条。
④ 色贡达:《回忆录》,第 401 页。

到了 1742 年初,他宣布已完成了 18 章,其余 6 章也已大致准备就绪。①

已完成的 18 章并不是第 1 章至第 18 章。打头的是第 3 章(从手稿来看,他原来打算以此章作为第 1 章),接着是第 5、8、9、11、14、15、17、20、21、24 等各章,另外还有插在中间的几章。他在信中喟然叹道,倘若双目无疾,他能完成多少有意义的事业啊!重返波尔多后(他是在巴黎这样写的),他将让巴尔博先睹其手稿。稍晚一些时候,在一封日期不全的信中,他宣布已完成 19 章,回到波尔多后将请巴尔博和他自己的表弟卢瓦亚一阅。②1743 年 9 月他回到吉耶讷。后来再次提及此书,是在几乎一年以后给加斯科的信中。他向加斯科吐露,说他不再像在巴黎时那样为应酬晚宴而分散精力,写作进展神速。③的确,他正是在从巴黎与一位新秘书一起返乡之后,开始了对整部著作从文体、论题直到结构安排,进行系统修改的工作。

1745 年 2 月 12 日上午 10 点钟,在巴尔博家里,他开始向巴尔博、加斯科以及他的儿子让-巴蒂斯特诵读这部著作。关于这次聚会,我们只知道他极其虚心地聆听了别人提出的修改建议。④大约就在此时,他开始了第二次修改,也许这是那次聚会的结果,不久之后,在给塞拉蒂的信中,他不无沮丧地写道:"由于这部著作篇幅巨大,现在离完成似乎更远了。"⑤但不到一年后,他告诉这位博学的意大利人,只剩下了 5 个月的工作量。⑥确实,到1746 年底,孟德斯鸠再赴巴黎的时候,全书已大功告成。剩下最后的誊写工作也已着手进行。⑦1747 年 6 月底,他写信给莫佩尔蒂说:"感谢上帝,历时许久的著作终于完成了。"他像孩子放学时那样兴高采烈。⑧

---

① 1741 年 12 月 20 日,1742 年 2 月 2 日,孟德斯鸠致巴尔博。
② 1742 年 2 月 2 日,孟德斯鸠致巴尔博(《全集》,纳热尔版第 3 卷,第 1031—1032 页)。
③ 1744 年 8 月 1 日,孟德斯鸠致加斯科。
④ 1745 年 2 月 10 日,孟德斯鸠致加斯科。
⑤ 1745 年 6 月 16 日,孟德斯鸠致塞拉蒂。
⑥ 1746 年 4 月 19 日,孟德斯鸠致塞拉蒂。
⑦ 国家图书馆所藏手稿便是在这个阶段完成的,最终誊清稿已佚。
⑧ 1747 年 6 月末,孟德斯鸠致莫佩尔蒂。

第五节　出版

　　与此同时,孟德斯鸠在加斯科的协助下研究了有关出版的问题。[1]由于要经过书报检查,试图在法国出版此书是不可行的;考虑到法国与荷兰的关系不佳,孟德斯鸠放弃了原来打算委托一家荷兰出版商出版的想法。于是,他转而考虑在瑞士出版。1747年夏,卢梭的一位远亲[2],名叫皮埃尔·缪萨的瑞士外交官正在巴黎,奉命参加法国政府与日内瓦政府为一项条约而举行的谈判。在此期间,他经常与孟德斯鸠会晤,并深受孟德斯鸠的敬重。孟德斯鸠问他是否愿意安排《论法的精神》的出版事宜。缪萨欣然应诺,并且不辞劳苦地亲自把手稿带到了日内瓦。在日内瓦,由于考虑不周,他让一位朋友看了这部著作,这位朋友与科学家夏尔·博奈[3]十分熟悉,又向他诵读了论述宗教的那些章节。从博奈当时的反应来看,这部书将会大受欢迎。这位科学家说,他感到耳目为之一新,沉浸于喜悦、惊奇和钦美之中。他说(他并不晓知作者其人),作者真是一位智慧超群的人中之杰,这部书将带来一场伟大的思想革命。[4]

　　缪萨找到一位名叫巴里约的出版商,卢梭曾说这位出版商是他所熟知的最可敬的人之一。[5]他刚刚出版了布尔拉马吉的《自然法原理》。缪萨选了一位知名的教授、加尔文教派牧师雅各布·韦尔耐,监管出版事务的细节并校阅书稿。孟德斯鸠曾与雅各布·韦尔耐在罗马邂逅,此后便无往来,雅各布·韦尔耐曾作过詹农的保护人,他思想开明,关心启蒙事业,但为人武断专横。

　　于是,在日内瓦开始了排版工作,同时加斯科着手将其译为意大利文。[6]孟德斯鸠在造访了吕内维尔的波兰王宫稍事休养之后,再版了《罗马

---

　　① 　见戈布兰:《〈论法的精神〉一书的出版过程》,载《图书馆杂志》,1924年。

　　② 　卢梭:《书信总集》,第1卷,第347页。

　　③ 　夏尔·博奈(Bonnet, Charles, 1720—1793),瑞士博物学家、哲学家。著有《哲学的复兴》《心理学论文》等,他在生物学作品中最早使用"进化"一词。——译者

　　④ 　博奈:《自传回忆录》,巴黎1948年版,第138—141页。

　　⑤ 　卢梭:《忏悔录》,第215页。

　　⑥ 　1747年7月17日,孟德斯鸠致加斯科。

盛衰原因论》。然而,对他来说,辛勤的笔耕并未终了。利用多年前收集的资料,他又着手撰写或者重写第 26 章和第 29 章。第 26 章涉及的是关于法律的适用性,其中让·多玛的影响尤为明显,第 29 章涉及的是关于法的构成。在韦尔耐的催促下,他又着手撰写另外 3 章:第 28 章,以及讨论封建法律理论的第 30 章和第 31 章,这几章是整部著作中最为艰巨的部分。从借书登记簿上看,正是在此期间他曾从王家图书馆借阅《习惯法大全》、勃鲁塞尔关于封建采邑的论著、穆拉托里和康林吉乌斯的著作、杜康吉论圣路易的著作、布依埃论勃艮第习俗的著作、鲁瓦索和帕蓬的著作以及另一些早期著作。他告诉塞拉蒂,论述法兰克民法那一章只需 3 小时阅读,但却耗费了 3 个月才写完,在写这一章的过程中他的头发都熬白了。① 韦尔耐的来信,一封接着一封,要求他加速撰写关于封建法的几章。终于,在 1748 年 9 月,这几章送到了日内瓦。韦尔耐得到了全部文稿以后,给孟德斯鸠写信说,他可以比奥维德②更有理由说"我完成了一座丰碑",他给了国王和人民有益的教诲。③在这部著作即将完成之际,孟德斯鸠在笔记中写下了这样的感想:他为厌烦和耐心建造了一座神庙。④

他原打算将这部著作题献给威尔士亲王⑤,但又转念放弃了。但是以第 20 章开始的第 2 卷开头写了一篇抒情散文《向缪斯女诗神们祈祷》,文中写道,即使是最艰巨的研究性著作也应饰以文学的风采,正是这种信念使他锲而不舍地完成了这项繁重的写作。他恳求缪斯女神使他的推敲不露斧凿之痕,使思想带上感情的色彩。韦尔耐对此不能容忍,他不顾孟德斯鸠的反对,把这篇矫饰之辞从《论法的精神》中删掉了。

在排印过程中,还有另外几项变动。为了不给法国政府的外交政策造成麻烦,关于荷兰政府的一节被删除了,一段反对黎塞留的评论作了修改,

① 1748 年 3 月 28 日,孟德斯鸠致塞拉蒂。
② 奥维德(Ovid,前 43—18),古罗马最伟大的诗人之一。《变形记》是其杰作。——译者
③ 1748 年 9 月 11 日,韦尔耐致孟德斯鸠。
④ 《随想录》,第 1933 条。
⑤ 同上,第 1860 条。

对君主政体的五点批评也稍稍降低了调子。①

　　孟德斯鸠即将有新作问世，已成传闻。当 1748 年间图森所著《风俗论》出版后遭禁时，许多人认为作者就是孟德斯鸠，切斯特菲尔德就是其中之一。②德·若库尔的消息比较准确，因为他的表弟于 1747 年 10 月 13 日从日内瓦来信告诉他，有一部题为《论法的精神》的著作正在排印之中，该书被认为是"你们最优秀的作家之一"所作，他说，一旦这部书问世之后，便可验证这句赞语是否准确。③

　　尽管在向法国出口图书方面，日内瓦市享有某些特权④，但还是经常出现困难。甚至连布尔拉马吉的论文这种毫无危害的著作，德·若库尔都不是轻易得到的。因为在 1747 年，在海关官员的眼里，任何在日内瓦印制的作品都是可疑的。韦尔耐及时地告诉孟德斯鸠，里昂有一个行业公会，惯于截留由瑞士进入法国的任何令人感兴趣的作品。⑤不过这些困难是可以克服的。韦尔耐请法国驻日内瓦代表勒韦斯克·德·尚博帮助，后者鼎力相助，设法使这部著作进入法国。他出面敦请里昂行政长官帕吕过问此事，准许把准备送到波尔多去的若干册《论法的精神》寄给这位长官。两人恰巧在 20 年前曾是中楼俱乐部的成员，并且都对启蒙运动的进展不怀恶感。德尚博还负责寄几册给唐森夫人和大法官达格索。此时，出版商巴里约已故，他的儿子袭承了他的职位；他准备寄两三百册到英国，预计在那里将有广阔的销路，作者本人应得的 70 册将寄到荷兰去。以上是出版《论法的精神》的准备工作。在最后的时刻，序言丢失了，后来又找到了。1748 年 10 月底，这部著作出版了，毁誉随即并起。

---

　　①　有些改动是在排版后进行的，为此只得重排。全书共有 15 页被撕去，贴上新页(第 1 卷 14 页，第 2 卷 1 页)。残留的旧页余边曾让许多学者兴奋异常。这个问题现已解决。P.E.沙兹曼和让·布莱斯·德·拉格莱塞研究了现存阿塞纳尔图书馆和伯尔尼的抄本，发现变化不大。见 P.E. 沙兹曼：《论法的精神》的首版和首次印刷(孟德斯鸠研讨会文集，1955 年)。

　　②　1748 年 9 月 5 日(旧历)，切斯特菲尔德致蒙泰塞伊夫人(《书信集》，第 4 卷，第 1213 页)。

　　③　1747 年 10 月 13 日，卡兹致德·若库尔(V.古赞图书馆抄本，第 5 卷，第 24 号)。

　　④　E.德比戴：《雅各布·韦尔耐传》，洛桑 1893 年版，第 130 页。

　　⑤　1748 年 9 月 4 日及 1748 年 11 月 4 日，韦尔耐致孟德斯鸠。

第十一章　孟德斯鸠的法学观

第一节　法学中的反常之论

孟德斯鸠在序言的结尾,写了几句颇有胆略的话:

> 如果这本书获得一些成功的话,那么,主要应归功于主题的庄严性,但是我却不认为我是缺乏天才的。当我看到在我之前,法兰西和德意志①有那样多伟大的人物曾经从事写作,我景慕不止;但是我并没有失掉勇气。我同科雷久一样地说:"我也是画家。"

他只有成功的准备,在这最初的时刻,就毫无妥协之意。他所追求的,正是要使读者的思想为之一震,正是要以与众不同的妙论使读者赞叹不已。

他的第 1 章在整部著作中最为玄妙莫测,一开始就开宗明义地提出了法的定义。法律即"由事物性质产生出来的必然关系"。紧接着,他宣称,上帝亦受制于法律。作为这一论断的依据,他引用了普鲁塔克的《道德论》中

---

① 只是在 1749 年第 2 版中,他才在此处增添了"英格兰"一词,从而扩大了他的启示者的行列。

的名言:法是一切生灵与神祇的主宰。

这样的法律观,这样的定义,竟出自一位曾是著名法官,并仍以庭长职衔为人所知的人之笔,实在令人惊异。他自称步前人之后尘,然而,过去的法学家对于法律的定义远非如此。对于格劳秀斯来说,法律是"道德行为之准则,它强制人们遵循正义与情理"①;对于普芬道夫来说,法律是"长官的意志,它借此强制依附于他们的那些人按照它所规定的方式行事"②;对于布尔拉马吉来说,法律的基本含义为"社会的最高权力拥有者为他的臣民制定的规则"③;霍布斯则认为,法律是"这样一种人的指令,它们既可以是一个自然人,也可以是一个法庭,它们的告诫本身就蕴含着服从的理由"④;然而对于阿奎那⑤来说,"法律则是行为的尺度,人们根据这个尺度采取行动或克制自己的行动"⑥。这也无非是词汇学家所承认的"法"这个词的通常的意义。1695 年版法兰西学士院出版的词典认为"法律"一词只有一义:"令其应为而禁其不应为之成文条规。"

孟德斯鸠所使用的"法"一词的含义则截然不同,难怪他的评论家们对此大感惊奇,乃至怒火中烧。博奈尔不无敌意地质问道,一种关系,无论怎样地必然,怎能被视为法? 他说,树木从土地吸取汁液,两者之间存在着某种关系;但是,难道树木应该植在地上便成为一条法律吗?⑦另一位评论家远比前者聪明、和善,他在著作的第 1 章的开头大声疾呼:"法非关系,关系亦非法。"⑧显然,孟德斯鸠的法理学先驱以及他们的门徒在讲一种语言,而他讲的则是另一种语言。

早在 1751 年,便有赞美者以容忍豁达的态度对此作出了冷静的评论。

---

① 格劳秀斯:《战争与和平法》,阿姆斯特丹 1712 年版,第 1 卷,第 1 章,第 9 节,第 8 页。
② 普芬道夫:《自然法与万民法》,阿姆斯特丹 1712 年版,第 89 页。
③ 布尔拉马吉:《自然法原理》,日内瓦 1747 年版,第 89 页。
④ 霍布斯:《公民论》(英文版),第 2 卷,伦敦 1841 年版,第 183 页。
⑤ 阿奎那(Aquinas, 1225—1274),中世纪经院哲学的代表。著有《神学大全》等。——译者
⑥ 《神学大全》,第 1 部分。
⑦ 博奈尔:《精细微妙的〈论法的精神〉》,1751 年,第 1 卷,第 28 页。
⑧ 戴都特·德·特拉西:《评孟德斯鸠的〈论法的精神〉》,巴黎 1819 年版,第 1 页。

大卫·休谟称赞孟德斯鸠是一位"博闻强记、才华横溢的作者";赞美他的整部著作"大概是世界上前所未有的最佳政治理论体系"。然而,他对最初几章感到不安,认为与以后各章极不协调:

> 这位杰出的作者从一个完全不同的理论出发,设定一切法权都以某种关系为基础;这种理论体系,依我的观点看来,是永远不能与真正的哲学相吻合的。就本人所见,先有马勒伯朗士神甫首倡伦理学之抽象理论,后有克拉克博士和其他学者继承其说,由于这种理论排斥一切情感,主张万事以理性为基础,在当今盛行哲学的时代,后继者不乏其人。①

马勒伯朗士是孟德斯鸠十分推崇的人,他的确曾在《道德论》一书中阐述了休谟所言之理论观点。虽然他没有明确将法解释为一种关系,在这部著作的第 1 章中,他却不止一次地提出了类似的观点。下面几行即为一例:

> 真理与秩序都是真实的、不变的、必要的伟大及完善的关系,即语言的实质所包含的关系。正因为如此,所以,举凡见到这些关系的人,也就见到了上帝所见到的东西,举凡调节对此关系之爱的人,也就走上了上帝酷爱之路。②

塞缪尔·克拉克在强调事物之间存在着严格而且可以验证的关系时,提出这些关系具有规范性:

> 因此,在事物的性质中确有彼此相安的规则,这些规则是永恒的、必要的和不变的。所有的人都是这样想的。……顺便提一下,正是在

---

① 休谟:《道德原则研究》,伦敦 1751 年版,第 54—55 页,在以后的版本中,他除了提到马勒伯朗士和克拉克之外,还提到了卡德沃思。
② 马勒伯朗士:《道德论》,巴黎 1951 年版,第 1 部分,第 1 章,第 14 节,第 6 页。

这里我找到了道德的真正基础。①

考虑到这位英国人在他的著述中断然否定机遇在世界运动中的作用②，并坚持认为上帝亦受其自身的法规制约，克拉克的思想曾为孟德斯鸠所用的可能性愈发增大。

> 最高主宰……永远应该依据良知、真理和公正的最严格的规则以及其他完美的道德行事。这是一种必需，是道德的必需，而不是宿命论者的盲目而绝对的必然。③

由此，已经可以看出，孟德斯鸠在提出自己的法学观念时是以许多根本不是法学家、甚至对法理学并无浓厚兴趣的作者的著述为依据的。

第二节　自然法

如果说在何谓法的问题上，孟德斯鸠与当时公认的法学权威所持的观点相左，他在自然法问题上的观点，乍一看却和权威们如出一辙。在1748年之时，自然派法学理论仍一如既往，既明确无疑又易于理解。格劳秀斯在很久之前就提出了他的关于自然法的著名定义：

> 自然法是理性的一种原则。这些原则告诉我们某一行为在道德上是正当的或不正当的。其依据便是这一行为对于理性的和社会的自然来说，是适当还是不适当，因而也就是自然的主人——上帝所要求人们去做的或禁止人们去做的事。④

---

① 塞缪尔·克拉克：《上帝的存在和属性之论证》，阿姆斯特丹1717年版，第175页。
② 同上，第4页(法文版)，第5页(英文版)。
③ 同上，第176页(法文版)，第113页(英文版)。
④ 格劳秀斯：《战争与和平法》，第1卷，第1章，第10节，第9—10页。

《论法的精神》一书问世的前一年，布尔拉马吉这位只会汇编，然而却很有成就，而且具有代表性的人物，在日内瓦出版了一本自然法手册，书中对自然法作了如下的定义：

> 所谓自然法，是指上帝需求所有的人遵循的一种法，人们只要仔细观察自己的本质和状况，便可以其理性之光发现并认识这种法。①

人们认为，自然法是由上帝赋予的先验的训诫构成的，它们是可以用理性揭示出来的。

对于孟德斯鸠来说，有一位法国人比布尔拉马吉，甚至比格劳秀斯更为重要，他是孟德斯鸠之前最后一位对法的哲学基础作出论据充分和鞭辟入里的阐述的人。他就是詹森派教士、王港派的朋友让·多玛。帕斯卡临终时，他曾守候在病床边。多玛是一位职业法官，达格索年轻时曾在他的门下求学。他一生的最大成就是他的法学论文《自然状态下的民法》。②正是他这样一个渺小的人物——"我这样一个微不足道的人"——执行一项如此伟大的使命，感到受宠若惊。③这部著作的前言，本身就是一部鸿篇巨著，题为《论法》，其第 11 章，也是最重要的一章，标题为《论法的本质与法的精神》。孟德斯鸠为自己的著作选用的书名，大概就是由此而来的。无论是否如此，他藏有多玛这部论文的初版，而且在这本书的第 11 章划了许多字下线，页边上作了许多叉号，这是确凿无疑的。

在多玛看来，法有两种：不变法和任意法。任意法系人为制定，通常称为人为法。不变法有时又称为自然法，系上帝所定。不变法自身即为公道，是绝对的，既支配过去也支配将来。凡是希望懂得法的人，必须研究不变法；经过研究就会发现，只要对人们的本性及其目的进行合理的审视，就

---

①　布尔拉马吉：《自然法原理》，第 142 页。
②　巴黎，1689—1694 年。
③　圣伯夫：《王港修道院》，巴黎 1908 年版，第 5 章，第 520—522 页。

可发现不变法最初借以建立的原则。同其他自然法理论家一样,多玛认为公道和自然法先于人类社会,先于人为法。

　　早在 1721 年,孟德斯鸠曾断言,公道是永恒的,是独立于人类协议的①;1725 年,在《论义务》一书中他曾强调指出,公道不依赖人类的法律②,实际上,公道先于人类社会:

　　　　如果说人们建立了社会,其依据则是公道的原则,这就是说,公道的原则早已存在。③

在《论法的精神》中,他重申了同样的观点:

　　　　在法律制定之先,就已经有了公道关系的可能性。如果说④,除了人为法所要求或禁止的东西而外,就无所谓公道不公道的话,那就等于说,在人们还没有画圆圈之前,一切半径都是长短不齐的。⑤

　　这就意味着,对于孟德斯鸠来说,在人类社会之前,存在着某些公道原则,或曰某些法,人类社会就是建立在这些原则或法的基础之上的。由此可见,孟德斯鸠与自然法理论家所见相同。他与他们使用共同的语言;他与他们都反对经验主义的自然法学说,他与他们对霍布斯的解释如出一辙,而且都反对霍布斯。

　　然而,问题到此并未结束。为了揭示他的自然法理论体系所包含的观点,必须对第 1 章第 2 节,以及散见于全书的那些零散的有关"自然法"的各

---

① 《波斯人信札》,信 83。
② 《全集》,纳热尔版第 3 卷,第 106 页;七星文库版第 1 卷,第 109 页。
③ 《随想录》,第 1226 条。
④ 手稿中曾有"如霍布斯所说"一句,后来被删去。
⑤ 《论法的精神》,第 1 章,第 1 节,参见中文版上册,第 2 页。

个段落,加以细致的研究。①

关于孟德斯鸠对自然法的研究,首先有两点应予澄清。第一,他对探讨人类社会前的状况,或者由人类社会前状况进入国家出现的模式不感兴趣。在《波斯人信札》中,他嘲笑了对社会起源的研究②,在《论法的精神》中则对整个问题一笔带过;无论对于诸如乔治一世统治时期在汉诺威发现的野人所提供的证据,或者对于社会契约假设,他所表现出的兴趣,即使有,也只是微乎其微的。

第二,他对于让·多玛从心理学和目的论的角度进行的研究,也无动于衷。这位信奉詹森主义的法学家,与帕斯卡在他的当时尚未发表的著作《论精确严格的精神》中阐述的论点相呼应,他认为,由人的两大天赋——理解力和意愿——衍生出两条支配人类的法则:(一)寻求上帝、热爱上帝;(二)寻求并热爱周围的人。孟德斯鸠强调说,尽管信仰上帝可能是自然法中最重要的一条,但是在时间顺序上并不是第一条。这说明,孟德斯鸠实际上是反对多玛的。

孟德斯鸠的自然法,归纳起来,可分为两类。列表如下:

表一

和平	《法》第 1 章第 2 节
果腹	《法》第 1 章第 2 节
吸引异性	《法》第 1 章第 2 节

---

① 我在这里没有考虑《论自然法及公道与不公道的区别》,这部著作是最近才发表的(《全集》,纳热尔版第 3 卷,第 175—199 页)。认为此文为孟德斯鸠所作的外部证据不足,只有手稿中的一条注释。但风格软弱无力,完全不像庭长的手笔。在理论上虽有某些相似之处,但可以用来源相同(普芬道夫或西塞罗)作解释。有些则是模仿孟德斯鸠的思想。而且,在我看来,理论上的相异之处比相同之处更为显著。文章的特点是突出神祇的作用,法律观念纯属规范性的,自然法观完全因袭成见,毫无独到之处,因此,说孟德斯鸠是作者,不大可能。更具有决定意义的是,文章据认为系于 1725 年左右所作,然而,其中却毫无孟德斯鸠在《波斯人信札》和《论法的精神》中所阐发的法学观点。尽管维代尔先生(《全集》,纳热尔版第 3 卷,第 175—178 页)以及迪莫先生(《法国文学史评论》,1957 年)的论据很有力,但我们不敢苟同。布莱斯·德·拉格莱塞先生也支持我的观点。我倾向于认为这是孟德斯鸠的一位并不十分聪明的门徒,在孟德斯鸠去世 20 年或 30 年以后撰写的。

② 《波斯人信札》,信 94。

(续表)

社交生活	《法》第 1 章第 2 节
信仰上帝	《法》第 1 章第 2 节
到一定的年龄时的生育	《法》第 26 章第 3、14 节
到一定的年龄时的心智成熟	《法》第 26 章第 3 节
生来自由和独立	《随想录》第 174 条
理智	《随想录》第 174 条
平等	《法》第 15 章第 7 节
对死亡的恐惧	《波斯人信札》废弃稿①
自我保护	《法》第 1 章第 1 节；第 10 章第 3 节

表二

自卫	《法》第 6 章第 13 节；第 10 章第 2—3 节；第 24 章第 11 节
保卫"自然赋予的贞操"	《法》第 26 章第 3 节
妻不得责夫，子不得责父	《法》第 26 章第 4 节
儿子应感激父亲养育之恩	《法》第 26 章第 5 节
父母应教育子女	《法》第 26 章第 14 节
父母应养育子女	《法》第 26 章第 6 节
儿子应尊敬母亲，妻子应尊敬丈夫	《法》第 26 章第 14 节
杜绝手淫和同性恋	《随想录》第 205 条
不必让子女继承父母遗产	《法》第 26 章第 6 节

在以上两表中，表二在重要性方面远逊于表一。表二中包含的是琐细的戒律，而且往往只是一提了之。这些内容大部分在第 26 章中；在这一章里，孟德斯鸠的观点大多来自多玛。但是，他在这里所关心的问题，尽管饶有兴味，而且处理颇具匠心，对于他所论述的问题，却失之隔靴搔痒。他正是从法与作为法律建立的基础的事物之秩序这两者之间的关系出发，对法

① 《全集》，七星文库版第 1 卷，第 1591 页。

进行研究。在这里,比在《论法的精神》的任何其他章节中,他更接近于一个重实际的法学家;这一事实或许并不使第26章索然乏味,然而肯定使其缺乏特色。

表二之所以不甚重要,一个更有决定意义的原因是:其中包含的自然法,不过是从表一中自然法的基本内容衍生出来的。它们完全依附于那些基本内容,对那些基本内容加以肯定,但自身并无独立的地位。

表一中的法,其词义完全不同于法理学家们通常使用的词义。孟德斯鸠的意思,不是人有义务要进食,而是事实上人在进食,不是人应该相信上帝,应该生而自由,应该有理智。这些不是规范的法律,而是对人类状况的描述。它们表达的不是法规,因而与法理学中通常的概念迥然不同。①这不是格劳秀斯、普芬道夫、布尔拉马吉或多玛所理解的自然法。②它们更接近于自然科学概念中的自然法则,例如笛卡尔所阐明的运动法则③,孟德斯鸠自己也曾采用过这样的概念④;蒲柏在他写的关于牛顿的名句中,使这一概念广为流传:

> 大自然和自然法隐藏在茫茫黑夜之中,上帝下谕,令牛顿出生;于是,万物乃见光明。

这种作为自然科学概念的自然法,虽与法即关系这一概念不尽一致,却无疑有某些相同之处。孟德斯鸠的自然法试图揭示自然王国中互相矛盾、互相对抗的力之间的关系,两种不同的动力之间的关系,或动力与惯力之

---

① 描述性的自我保存法和规范性的要求人们保护自己的法之间的区别,正是两类法的不同之处,对伪证罪判以极刑之所以令人遗憾,是因为它与规定人们应保护自己的规范法相抵触(《论法的精神》,第6章,第13节),而征服者的权利则因描述法有"万物莫不力求保存其种群"的说法,可以部分地被解释为有所凭据(《论法的精神》,第10章,第3节)。

② 自然法规定,智力成熟的人应该管理自己的事,让·多玛指出,这个要求与自然法("法"字是从上下文合理地推断出来的)所说的人的智力并非同时成熟是有矛盾的。这说明,让·多玛在这里也使用了描述性自然法。

③ 《哲学原理》,第2章,第37节。

④ 《随想录》,第1096条。

间的关系；试图描述或揭示部分物质世界（即笛卡尔称为广延物质实体）的运动形式。孟德斯鸠借助描述性的自然法，致力于系统地描述人类的种种活动与自然关系的特性，再简化为几条简单的原则。接着，在他的这部巨著的其余部分，孟德斯鸠进而将这些描述性的原则视为规范性原则，并强调（尽管往往是含蓄地）这些原则应构成社会活动乃至人为法的基础。

这样的思辨程序在伦理学中并非绝无仅有。休谟早已指出，在任何伦理体系之中，都存在由包含着"是"与"不是"的命题转为包含着"应该"与"不应该"的命题这种不易察觉的变化。①此外，在蒲柏的著名格言"凡是存在的，就是合理的"广为传播的时代，这种思辨方式也是屡见不鲜的。

然而，在法哲学与政治哲学研究之中，这样的思辨方式却不多见。居于统治地位的、几乎未曾遇到挑战的自然法体系，是以理性的、先验的抽象为基础的。孟德斯鸠一反常规，寻求将自然法与自然科学联系起来，这是他首要的独创之处。正因为如此，他赢得了欧洲最杰出的生物学家之一夏尔·博奈的热情赞许：

> 牛顿揭示了物质世界的法则，而先生您则揭示了智能世界的法则。②

接着，他特别赞许了法即关系的观点，并说他自己已经悟出了一种类似的理论的要点，或许有朝一日能将其发展成为完整的体系。

法学家则不然，他们大概没有多少理由要对此啧啧称羡。蒙克拉便是如此，他是普罗旺斯的一位著名的法官，达格索称他为"良知之友"。他写道：

> 《论法的精神》的作者是天才、哲学家和历史学家，但绝不是熟悉

---

① 休谟：《人性论》，牛津1955年版，第3卷，第1部，第1节，第469页。
② 博奈致孟德斯鸠，1753年11月14日。

公法原则的法学家。①

蒙克拉这位法学理论家 1748 年确实并未从孟德斯鸠这位前任高等法院庭长那里得到多少教益。②

第三节　乌尔边与格拉维纳

然而,孟德斯鸠并非绝无前人可鉴。彼得博罗主教理查德·坎伯兰③在他 1672 年撰著的《论自然法》的第 1 章中告诫他的读者:

> 全部伦理学,全部自然法则,最终都可从人类由经验所获知的对自然的观察中,或真正的自然哲学的结论中找到根源。④

孟德斯鸠似乎不曾置备这部书,但是波尔多科学院图书馆藏有此书,他可以借阅,况且,坎伯兰闻名遐迩,孟德斯鸠对他的著述有所了解,是大有可能的。

其在罗马法之中,已经提出了人为法具有固定的自然基础这一见解⑤,《民法大全》本身就是明证:

> 自然法是自然给予所有生灵的教导,自然法并非人类所独有,而

---

① 斯克洛比斯引自一份未发表的手稿:《对孟德斯鸠的〈论法的精神〉所作的历史研究和评论》,载《都灵王家科学院院刊》,1858 年,伦理学部分,第 207 页。

② 早在 1721 年,孟德斯鸠已对政治上的法律和自然中的科学法则作了比较。见《波斯人信札》,信 97。

③ 理查德·坎伯兰(Cumberland, Richard, 1631—1718),英国神学家,圣公会大主教,伦理哲学家。著有《对自然法则的哲学研究》。——译者

④ 《论自然法》,伦敦 1727 年版,第 41 页。此书在 1744 年已有法文译本。

⑤ J.德霍尚巴-科斯科夫斯基:《古罗马法中的自然》,载《彼德罗·蓬方特研究文集》,米兰 1930 年版,第 3 卷,第 467—498 页。此文对"基于事物性质的法律估量"作了透彻的研究,并认为"事物的性质"不是法律原则。文章列举了罗马法中应用"事实的性质"的几个实例,认为主要是受希腊法律影响所致。其中最主要的一例,便是我在本节中提到的乌尔边的一段话。

为地上、水中及天上一切动物所共有。我们称之为婚姻的夫妻结合即由此而来,子女的生育及教育亦由此而来。①

这是乌尔边②的《法律原则》中的一段话,因而也被收入《罗马法汇编》内,这段话使后来的评论家们大惑不解、震惊乃至忿忿不平。例如,居贾斯直截了当地宣称"牲畜不受法律制约"。普芬道夫着重指出,这种论点滥用了法律一词。波洛克指责其为"从某位已被忘怀的希腊雄辩家那里批发来的概念"③。而霍洛维茨则对《法律原则》中出现这样的观点表示遗憾,他指出:"这是法律文献中一种极个别的意见,从未成为任何系统理论的基础。"④

孟德斯鸠曾披阅过的关于《民法大全》的评论也并不更有热情:菲里埃尔对乌尔边的这段话嗤之以鼻,说"把动物的本能称作法是根本不适当的"⑤。而莫尔纳克在关于《罗马法汇编》的《述评》(孟德斯鸠最初研究罗马法的指南)以及庭长自己在他的笔记《法律》中,则都对这篇文章缄口不谈。

然而,乌尔边关于自然法的定义,并非没有引起某种反响。阿奎那曾有所提及⑥,阿佐引述了这种观点⑦;博韦的文森在区分描述法与规范法时提及了这种观点,他强调指出,自然法以两种方式存在,一种是建立规则和尺度,另一种是对已建立的规则和尺度的确认。⑧

在 18 世纪初期的那不勒斯,有人对这种观点表示出浓厚的兴趣。维柯在他于 1720 年出版的早期著作《万民法的起源与界限》中,认为自然法有两个部分:由物质形成的前自然法和起源于精神和理性的后自然法,他认为,后自然法是理性主宰一切,在理智原则指导下克制感情;前自然法是在

---

① 《罗马法汇编》,第 1 编,第 1 篇,第 1 章。

② 乌尔边(Ulpian, ？—228),罗马法学家和帝国官员。他的著作为拜占庭皇帝查士丁尼一世的《罗马法汇编》提供了 1/3 的内容。——译者

③ M.S.梅因爵士:《古代法律》,伦敦 1909 年版,第 76 页。

④ H.J.霍洛维茨:《罗马法历史指南》,剑桥 1952 年版,第 105 页。

⑤ C.-J.德·菲里埃尔:《法制》,巴黎 1725 年版,第 1 卷,第 26 页。

⑥ 《神学大全》,第 2 部分。

⑦ 引自《勃拉克顿和阿佐选集》,伦敦 1895 年版,第 82 页。

⑧ 博韦的文森:《道德思考》,斯特拉斯堡 1476 年版,第 2 部分。

感官的冲动下放纵感情。

他问道："自然法对于形而上学家来说是什么？对于物理学家来说又是什么？"在回答这一问题时，就前自然法而言，他实际上是照搬乌尔边的定义，继而又将这种观念等同于物理学家提出的运动法则："运动即为自然之法则。"他认为，动物王国、两性结合、生育和后代的教育，都是这条法则的实例。

将乌尔边提出的自然对一切动物的教训这一概念，与科学家提出的描述性的运动法则等同起来，也并非维柯独树一帜。他的先辈格拉维纳也显示了同样的特点，并且不管维柯其人或其著作是否为孟德斯鸠所知晓，格拉维纳的著述他肯定是了解的。《论法的精神》引用了格拉维纳的著述，而且在别的著作中有若干处表明，庭长对《民法起源》至少曾部分地作过摘录①。

这部著作的第2章第12节声称②，面对自然法强令人类克制天然的冲动这一问题，哲学家和法学家往往感到不知所措③，因为他们认为自然竟遭到其自身的法则的谴责，这是令人无法接受的。

如果罪恶和德行都在自然中有其依据的话，这样的谴责是理所当然的。格拉维纳在该书的第二部分《自然法的双重性》中阐述了他自己对这一问题的解释。第一类自然法支配着万物，无论是动物还是人；就人而言，无论是其肉体还是其灵魂皆受支配，这就是"共同的自然法"，或曰第一法则。第二类自然法称为"精神法则"，自从人类犯了原罪以后，它就一直与第一法则处于经常冲突的状态，只有在上帝的协助下才能取胜。如果要避免学究们的空洞的术语，就必须对"第一法则"加以释义；格拉维纳已经对它进行过描述，并且准备再次进行描述，借用乌尔边的话来说，就是"自然对于一切动物的教诲"。在这里，他用耐人寻味的语言重新为第一法则下了定义：

---

① 《随想录》，第 1761、1763、1912、1913 条。

② 《民法起源》完整本初版于 1708 年。我所使用的是 1722 年那不勒斯版。

③ 关于这个 18 世纪经常讨论的问题，蒲柏在他的《万能的祈祷者》一文中表达得淋漓尽致："难道一时之过，应受永远之火的烤灼；难道自然的造就，忤逆自然的神祇？"

> 无所不在的运动,这种运动激励万物,使其具有活力,不断地产生着,同时又不断地摧毁着多种不同的事物,并在破除一事物之中创立另一事物;没有这种运动,存在的万物将挤作一团,充满惰性,毫无生气。

这样,科学的自然法便与乌尔边所理解的自然法一致起来了。

就人的肉体而言,人类受制于第一法则而人的思维则自然地受精神法则的支配。上帝创造的其他生灵都不似人类这样面对着两类法则的冲突,因而,唯人类有犯罪的倾向:这就是说,有德行的人只接受第一法则中与较高级的精神法则原则相容的部分:进食,生育子女,教育子女,以及只是适度地满足情欲。只有以这样的方式,两类自然法之间的冲突才能得以解决:这是一个平庸无奇的结论,比之于那充满聪敏和智慧的分析,真是令人泄气。格拉维纳虽然巧妙地把思维和广延引申作为两种分析假设加以处理,但他如同其他笛卡尔主义者一样,难以使思维和广延彼此协调、相互一致。

现在的问题是:孟德斯鸠是怎样区分和判明他的描述性自然法的呢?这在实验科学时代是个重要的问题,卢梭对这个问题所呈现出的困难作了恰如其分的评述:

> 如果我们要从人类现有的性质中辨别出哪些是原始的、哪些是人为的,同时还要认清现在已不复存在的、过去也许从来没有存在过、将来也许永远不会存在的一种状态,这并不是一项轻而易举的工作。①

为了弄清孟德斯鸠所采用的考察方法,有必要恢复保存在手稿中的文字,以便对《论法的精神》一书的前两节进行细致的研究。

---

① 卢梭:《论人类不平等的起源和基础》,序言。参见商务印书馆 1982 年版,第 63—64 页。

第 1 章第 1 节涉及法与各种不同存在物的关系,其中包括关于兽类的讨论。孟德斯鸠写道:我们不知道兽类到底只是受运动的一般规律的支配,还是有其自身的运动规律。但是,不管怎样,它们与上帝的关系绝不比物质世界的其他部分与上帝的关系更为密切。它们有自己的自然法则:自我保存,保存整个种群。它们必然死亡,但对死亡没有恐惧感。总的来看,它们比人类更善于保存自己,并且不像人类那样滥用情欲。

下面一节列举了前面表一中已经说明的第一类自然法。但是,在手稿中可以发现,在列举自然法之前,原有三段文字从未被收入出版的文本中:

> 动物(尤应在动物中寻找自然法)不与同类争斗,由于它们感到彼此是平等的,因而无意彼此攻击。所以,和平是自然法的第一条。

> 我明白当我作如是说时,肯定会冒犯一些大人物,但是,我敦请他们想一想,每个动物在走近同类时的欢愉。它们不处于交战状态,而企图使它们处于交战状态,也无异于企图让它们做狮子也不愿做的事。

> 倘若我们看到同类的动物在相斗,那是极为个别的情况,而且是我们为了自己的缘故唆使它们这么干的。①

如果将这几段复原,作为《论法的精神》一书的第 1 节和第 2 节之间的承接段,那么,显而易见,孟德斯鸠在考察自然法时所采取的是以动物作类比的方法。括号中的句子"尤应在动物中寻找自然法"表明他此时想到了乌尔边。他熟谙《民法起源》一书,在《论法的精神》的第 3 节中两次引用其中的观点,因此十之八九格拉维纳是他的引路人。②

---

① 《全集》,纳热尔版第 3 卷,第 579 页。

② 1725 年(大概他当时尚不认识格拉维纳),他已试图以兽类作类比讨论自然法问题(见《随想录》,第 1266 条)。这就使他早已具有与格拉维纳一拍即合的倾向。我认为是格拉维纳引导他系统地发展了这种思想,并使他注意到乌尔边的论断。

格拉维纳和孟德斯鸠,都自称是笛卡尔主义者。如果敦请法学家们在对动物的研究中探寻自然法的人,是拉封登①这样的伽桑狄主义者,那么,谁也不会感到惊诧。但是,一位认为动物只不过是毫无思维能力的机器的笛卡尔主义者,提出同样的要求,这就令人费解了。然而,格拉维纳把他的第一法则和精神法则与广延和思维相对应,从而得以自圆其说。如果说这里的有些困难他没有能成功地克服的话,至少可以说那些正是笛卡尔理论中所固有的困难。孟德斯鸠的情况则迥然不同。

1721 年,在论述有关植物王国的问题时,他自称是一个全心全意的笛卡尔主义者,因为他坚信植物是由运动的一般规律所支配,而不受特殊规律的支配;在这一方面,一个笛卡尔主义者,与其说是笛卡尔的门徒,不如说是马勒伯朗士的门徒。上面刚刚谈及的关于支配兽类的法则正是同一问题的扩展。马勒伯朗士一向被认为是比笛卡尔更彻底的主张动物机械行为说的人②——特吕勃莱说,"他比师傅更加无畏"③。传说(最著名的是丰特纳尔讲的故事)这位温文尔雅的奥莱托利会神甫对待狗却很残暴,他断言狗是没有任何感觉的。④孟德斯鸠早年曾宣称,动物和植物的一切运动,都可用管道中液体的运动来解释;多年以后,他又用弦乐器作类比,解释动物的反应。⑤现在《论法的精神》中他明确地否定动物与上帝的关系有任何比其他的物质世界更密切之处,再一次肯定了动物彻底属于物质这一本质。

由此可以推论,从对兽类的研究得出的自然法,就其作用而言,和物质世界的法则是相似的;实际上它们只是物质世界法则的特殊表现形式(可能也是最直观的表现形式);孟德斯鸠把它们与"自然对一切动物的教训"联系起来,正是在笛卡尔科学理论的限度之内,更新和扩展了乌尔边的概念,

---

① 拉封登(La Fondaine, Jean de, 1621—1695),法国 17 世纪诗人,以《寓言诗》闻名。——译者

② L.C.罗森菲尔德:《从兽类机器到人类机器》,纽约 1941 年版,第 265—269 页。

③④ 特吕勃莱:《忆丰特纳尔》(见《丰特纳尔全集》,阿姆斯特丹 1764 年版,第 11 章,第 137 页)。

⑤ 《随想录》,第 76、1675 条。

使之具有新的活力。①

那么,在多大的程度上可以把孟德斯鸠看作是一个笛卡尔主义者呢?关于这一点,众说纷纭,莫衷一是。②朗松在 1896 年写道,《论法的精神》是遵循笛卡尔的方法写成的,并断言其中的命题没有一个是以实验为基础的。③20 年以后他的观点才不再如此绝对,另一方面,伊萨克·伯林爵士宣称:

> 尽管孟德斯鸠大谈笛卡尔方法,但他没有应用这些方法,对于他和后人来说,这无疑是一桩幸事。④

真理究竟在哪里?

笛卡尔主义,如果把其哲学作为一个整体来加以考虑的话,后继乏人。笛卡尔之后主张完整的笛卡尔主义的代表人物为数不多,而且他们之中最杰出的人物马勒伯朗士不得不对宗师的体系加以修改,使其更为完善。几位 18 世纪作者将笛卡尔的方法与他的形而上学加以区分,接受他的方法,而摒弃他的形而上学。丰特纳尔即是如此,他继续拥护笛卡尔主义物理学理论;培尔也是如此,他几乎直到生命终结之日,还接受笛卡尔的认识论。笛卡尔没有政治或法学方面的论文;即使让·多玛把笛卡尔的方法应用于法学研究,其结果与格劳秀斯已经得出的结果也只是大同小异。

---

① 孟德斯鸠后来把信仰上帝、通情达理和达到一定年龄时具有智能等增添为自然法的内容,这时,当然已不能以兽类作类比了。正因为如此,他在定稿中删去了"兽类教我们懂得了自然法"这一句。上述自然法的各项内容虽然依旧是描述性的而不是规范性的,但却具有道德内涵。在时间顺序上,这些内容的阐发显然晚于由兽类类比引出的自然法。这就是说人类的推理能力发展较晚,卢梭也表达了同样的观点(见《论人类不平等的起源和基础》,第 1 章,第 1 节)。

② C.-J.贝耶作了精辟的论述,见《孟德斯鸠与笛卡尔精神》,载《孟德斯鸠研讨会文集》,1955 年。

③ 朗松:《笛卡尔哲学对法国文学的影响》,载《形而上学与道德》杂志,1896 年;又见朗松:《文学史研究》,巴黎 1920 年版。

④ 伯林:《孟德斯鸠》,载《不列颠学会会刊》,第 41 期,伦敦 1956 年版。

18 世纪追随笛卡尔的人中,有些对思维更感兴趣,有些对范畴更感兴趣。那些对广延更感兴趣的人,以及那些接受笛卡尔对广延所作的纯粹机械的解释的人,有时在著述中和思想中把世界看作似乎完全由物质广延构成,把思维和精神看作似乎是不存在的。尽管他们把自己称作笛卡尔和马勒伯朗士的弟子,但他们否认造物主在物质世界的创造中的任何特殊的参与,拒绝承认动物有任何形式的思维能力,因而他们至少往往表现出貌似唯物主义的倾向。

孟德斯鸠即是如此。他的法学体系框架,以及他对公道的永存性的强调,与格劳秀斯和多玛的演绎体系所用的术语极其相似,因而,完全有理由认为他具有笛卡尔主义倾向。在他的理论框架中可以发现,作为他的出发点的自然法理论,与笛卡尔的描述性的自然科学范畴的自然法则,十分相近。以动物作类比的方法(既然兽类只是机器)排除了任何理性因素,证实了两种自然法的存在。

至此,孟德斯鸠尽管不无前后矛盾之处,却基本上是站在笛卡尔的旗帜之下。

但是,他进而把他的道德和政治体系建立在物质世界的这些严格的已知条件的基础上,这标志着他不声不响地偏离了笛卡尔主义。这时,与其说他是一个笛卡尔主义者,不如说他已经成为一个反笛卡尔主义者,对他必须作这样的定论。但是,他是在笛卡尔和马勒伯朗士的名义下走向摒弃笛卡尔主义的。他又是在唯物主义的名义下,由以理性为基础的道德体系转向了以实验为基础的道德体系。[1]《随想录》中有一段相关的评论,表明这个转移并不是无意之中作出的:

　　　　我读了几种法学著作后就觉得,法学是理性希望居住的国度,但哲学不应与之同在。[2]

---

① A.瓦塔尼安的《狄德罗与笛卡尔》一书中含有关于笛卡尔主义的潜在唯物主义的讨论,普林斯顿 1953 年版。

② 《随想录》,第 1868 条。

第四节　斯宾诺莎主义

孟德斯鸠的反对者立即谴责他奉行斯宾诺莎主义，率先发难的就是詹森教派的《教会新闻》。孟德斯鸠理所当然地对此感到吃惊。在他于1725年撰写的《论义务》中，他执意以求的目的之一就是驳斥斯宾诺莎；他对斯宾诺莎的理论十分憎恶。这篇论文中有一段非常雄辩的论述，这段论述后来再次出现在《论法的精神》的开篇之中：

> 有人说，他们所看见的世界上的一切东西都是一种盲目的命运所产生出来的，这是极端荒谬的说法。因为如果说一个盲目的命运竟能产生"智能的存在物"，还有比这更荒谬的么？①

说孟德斯鸠是自觉的斯宾诺莎的门徒，实在令人难以置信，但是他一向被看作，甚至在20世纪的今天仍被看作是信奉斯宾诺莎观点的人。②因此，对于这种说法必须加以考察。

值得指出的是，在18世纪时，"斯宾诺莎主义"一词主要是一个贬义词，而且往往用作轻率的辱骂。斯宾诺莎为人所知，主要是通过培尔编纂的辞典中的一项条目，一篇由费奈隆撰写的驳斥文章，以及一篇匿名的《斯宾诺莎的一生及他的精神》。后来这部著作改名为《论三个伪君子》，并且以此闻名于世。在这部书里，摩西、耶稣和穆罕默德被描写成人类的三大骗子。霍布斯经常被认为是与斯宾诺莎联系在一起的；像斯宾诺莎一样，他经常遭人诽谤，而真正读他的著作的人却寥寥无几。"斯宾诺莎主义"一词常常不加区分地既用来指霍布斯的理论，也用来指斯宾诺莎的理论。他们两人普遍被认为是无神论者和唯物论者，是一切道德观念的敌人。

孟德斯鸠对他们的著作并不陌生。他藏有霍布斯所撰著的1668年阿

---

① 《论法的精神》，第1章，第1节。参见中文版上册，第1页。
② C.乌丹：《孟德斯鸠的斯宾诺莎主义》，巴黎1911年版；维尼埃尔：《斯宾诺莎与法兰西思潮》，巴黎1954年版，第2章，第446—466页。

姆斯特丹出版的 4 开本《哲学文集》①，以及两种法文版的《公民论》，其中一本系萨比埃尔所译，贴着巴黎奥莱托利修会的标签。看来，孟德斯鸠的好友图书管理员戴莫莱在履行职责时心地善良，却未秉公尽责。在拉布莱德现存的图书目录中没有提到斯宾诺莎，尽管那里有一部反驳他的理论的著作；但是，在孟德斯鸠逝世后，对他在巴黎的图书所列的清单提到了《神学政治学论》。②波尔多科学院藏有斯宾诺莎的几部著作。③

　　霍布斯与孟德斯鸠之间的对立，前面已有所讨论。霍布斯把自然状态描绘为战争状态；孟德斯鸠则坚持认为人的自然状态是和平。对于霍布斯（或者至少是对于 18 世纪人们所解释的霍布斯）来说，约束公民的道德规范寓于民事法官的谕令之中；而对于孟德斯鸠来说，道德准则先于国家本身。霍布斯的法律观是规范性的，而孟德斯鸠的法律观是描述性的。

　　而且，霍布斯把自然权和自然法区分开，自然权确立行动的自由，自然法则限制行动。自然状态是战争状态。

　　　　自然权，是每个人都享有的自由，是为保存自己的自然性即自己的生命，而不受约束地使用自己的能力的自由；因而也是根据他自己的判断和理性，以他认为是达此目的的最合宜的方式，做任何事的自由。④

而由理性引发的自然法，则旨在限制和阻挠这种自由。自然法的第一条，"追求和平，并维持和平"，就是直截了当地命令人类要抵制自己的自然状态，就是明确地要对自然权加以限制。

　　一条自然法，却与人类的自然状态对立，或者说，一项训令，要求抵制由自然产生的自然性，这对孟德斯鸠来说是不可思议的，于是他与霍布斯

---

① 这一版本中，包含霍布斯自己翻译《利维坦》的拉丁文本。
② 《孟德斯鸠藏书目录》，L.戴格拉夫辑刊，第 243 页。
③ 维尼埃尔：《斯宾诺莎与法兰西思潮》，第 463 页。
④ 霍布斯：《利维坦》，奥克肖特编，牛津 1946 年版，第 84 页。

之间的分歧也相应地扩大了;不过,这对于斯宾诺莎来说也是不可思议的,他也意识到了和霍布斯在这个问题上的分歧。当一位笔友问到他与霍布斯有何意见分歧的时候,斯宾诺莎在回复中宣称,他不同于这位英国人,他对自然权未损毫毛。①斯宾诺莎和孟德斯鸠在这一点上是一致反对霍布斯的。

然而,关于法的本质这个问题,他们见仁见智。孟德斯鸠的法是关系,斯宾诺莎的法则主要是规范。他容许两种法存在,一种是出于自然的必然,另一种出自人们的协议。但是,即使是第一种,也是人为的法规,其中包含人类可随心所欲地摒弃或接受的戒律。②

斯宾诺莎使用自然权一词,还引起另外一种性质的问题。他所谓的自然权,是指每个个体的本性的法则,这些法则使这个个体以某种方式存在,以某种方式行动。因此,正是依据自然权,鱼在水中游,大鱼吃小鱼。自然对在其能力影响下的任何事物拥有主宰权;自然的能力就是上帝的能力。因此,个人的权力,也同样只受其能力的局限;兽类亦然。权力和能力具有同样的广度。一个聪明的人有权发挥他的智慧;一个愚蠢的人也有权表现他的愚蠢。他有权去做他的欲望促使他去做的一切事。由此可见,自然权不受理性的支配;它的动力是欲望和能力。人们并无义务要依照理性的法则生活,正如猫并无义务要依照狮子的法则生活一样。因此,我们有权去做一切在我们的能力之内,或能力所及的一切事,而且,在应用这种权力时,我们可以采用各种各样的欺骗。自然权既不禁止暴力,也不禁止欺骗,这就是人类的自然状态,这种观点与霍布斯的观点大同小异。处于自然状态的人们决定要建立社会组织,并决定以订契约的方式加以实施;但是,当契约签订之后(这里正是斯宾诺莎与霍布斯分道扬镳之处),它只有在能够强制推行的条件下才有道义上的约束力。在契约签订之后,权力与强力仍是同一的。霍布斯则不然,他所主张的自然法认为诺言必须恪守。对于斯宾

① 《斯宾诺莎文集》,海牙1914年版,第3卷,第172页。
② 同上,第2卷,第135页。

诺莎来说,纯正的理性并不为后来的自然法规定什么。在国家之内,只有人为法以及那无所不在的、永恒的、并未被契约所废止的即权力和强力不可分割的原则。斯宾诺莎在学术见解上是倔强的,他从不退却,也从不考虑退却。

至此,他与孟德斯鸠后来采取的立场,已是相去甚远了。孟德斯鸠坚持认为存在着原始理性;斯宾诺莎则明确地否定其存在。孟德斯鸠宣称在人类社会确立之前公道就已存在,公道依赖于人类的惯例;斯宾诺莎则认为,公道是"给予每个人根据民法属于他的东西"。这两位学者即使在其他一切问题上见解一致,两点主要分歧也使他们泾渭分明,那就是孟德斯鸠拒绝接受关于至高无上的权威观点,并且对于构成斯宾诺莎的体系的主要部分的社会契约不以为然。然而,纵然将这两点分歧排除在外,他们之间的分歧仍是一目了然的。

但是,他们在十分重要的一点上有共同之处,他们都认为存在着自然法,斯宾诺莎称之为"自然权",孟德斯鸠称之为"自然法";这种自然权的基础,不是立法者的命令,而是现存世界的本质;它永不会被废止,至今依然如故。现代社会,如要生存衍续,必须顺应它。于是自然法被赋予道德内涵,并具有规定性。在这里斯宾诺莎和孟德斯鸠所见相同,在这个意义上,孟德斯鸠可以被称为斯宾诺莎主义者。他们之间的相似固然不容忽略,但是,只是偶然相似而已,远不能成为把他说成是斯宾诺莎的门徒的理由。

第十二章　政体理论

第一节　道德分析

按照传统的做法,一部政治论著应该论述不同形式的政体,孟德斯鸠原来的打算正是以这个司空见惯的主题作为《论法的精神》的开篇①,而把他的得意之作——关于英国政制的描述,留在后面使用。与此同时,他需要搜集文献。1734年以后不久,他买了两本亚里士多德的《政治学》。此前,他已经有了希腊文版和拉丁文版;这时他又购得了奥尔姆和勒鲁瓦的两种法文本。②他在《随想录》中开列了几部必读书,为他的《政治体制》作准备③,其中包括亚里士多德的《政治学》和柏拉图的《法律篇》。后来他从书单中划掉了这两部书,这说明他已读了这两部书,并将亚里士多德和柏拉图的这两部著作作了摘录。这些摘录都已失落,不过在《随想录》中提到了其中一部的第103页,另一部的第177页④,由此可见,摘录很可能是大量的。《随想录》中提及这两位著者最多的,是在1734年至1738年这个阶段;

---

① 现存巴黎的手稿中,有一页废弃的题名,表明了他的这个意向,这页题名后来被移到了第3章。

② 《拉布莱德藏书录》,第245页。

③ 《随想录》,第907条。

④ 同上,第1502、1766条。

在写作《论法的精神》第 2 章至第 10 章时,他参考最多的就是这些摘录。其他资料来源(主要是《地理》中的摘要)也为《论法的精神》一书的创作过程提供了线索。所有这些都表明:分析各种政体的几章,大部分是在 1734 年至1738 年期间撰写的,不是在此前,也不是(就任何重要性而言)在此后。

　　孟德斯鸠在周游各国之前就经常思考政治问题,并读过若干有关论著。他可能在中楼俱乐部讨论过这些政治论著,因为普雷洛曾在那里宣读一篇关于君主政体及其他形式的政体的论文。①早在 1716 年,他的《罗马宗教中的政治》一文表明他对宗教与政治的关系很感兴趣,还表明他很熟悉马基雅维利的著作;《波斯人信札》中包含许多关于政治思想和政治机构的评论,《随想录》中的一些片断也证明他对政治问题十分关注。这些早期著述对于追溯孟德斯鸠个人思想的发展史,以及他对各种政体的好恶的始末,是重要而有价值的。但是其中没有任何关于政体的明确而完整的分析或分类。从现存的证据来看,直到 1734 年他才在这方面形成了明确的观点。

　　孟德斯鸠认为,每一种政体都具有自己的性质、原则和对象。他在《论法的精神》第 2 章的开头为不同政体的性质作出定义:

> 　　共和政体是全体人民或仅仅一部分人民握有最高权力的政体;君主政体是由单独一个人执政,不过遵照固定的和确立了的法律;专制政体是既无法律又无规章,由单独一个人按照一己的意志与反复无常的性情领导一切。②

在下一节里,他进一步把共和政体细分为全体人民握有最高权力的民主政治和部分人民握有最高权力的贵族政治。

　　在孟德斯鸠之前,从未有任何重要的政治理论家将其论述基于这样的分析。最广泛采用的是将亚里士多德的分类进行简化后的分类,即把政体

---

① 达尔让松:《纪事与回忆》,第 1 章,第 98 页。
② 参见《论法的精神》,中文版上册,第 8 页。——译者

分为君主政体、贵族政体和民主政体,在波里比阿之后偶尔增添一种混合国家政体。①孟德斯鸠的体系与经典体系之间的异大于同。经典体系单纯以政治权力的归属和握有政治权力的人数为依据。孟德斯鸠对此也予以重视,但是,这绝不是他关注的主要之点。他没有首先区分在权力归属方面相异的贵族政治和民主政治;而是首先区分了君主政体和专制政体,尽管两者在权力归属方面是相同的。

孟德斯鸠最为重视的不是权力归属,而是施行权力的方式。在君主政体中,君主按照固定的和确立了的法律行使政力。在专制政体中,君主只听从自己反复无常的性情的引导。②两者的差异不在于政体组织的细节,而在于操纵权力者的政策。因此,对于孟德斯鸠来说,只研究某一时间的国家是不够的;还必须研究行动中的国家,也就是说,必须进行历史的研究:

> 我们应当用法律去阐明历史,用历史去阐明法律。③

这样,孟德斯鸠就把对历史的研究,对君主们的决断(或者按照较为现代的语言来说,政府的决策)的研究,以及对宪法的研究,联系在一起了。

一篇系统的政治论述竟建立在这样的基础之上,是独辟蹊径之举。这些见解本身并不完全是创新。马基雅维利曾著文称共和政体和君主政体是良好的国家,并将其与恶劣的独裁作对比,保罗·马蒂亚·多利亚也作过与孟德斯鸠更为接近的分析。这位抱负不凡、博学多才的学者,在《市民生活》一书中,按照经典的三分法,论述了不同形式的政体,随后,他又指出还有三种生活方式,它们与三类政体不同。一种方式是坏的,那就是野蛮,或称纯军事方式,而另两种是好的,即宽和的文明方式(或称节俭的文明方式和奢华的文明方式)。他对三种生活方式的描述,与孟德斯鸠关于三种

---

① 在卢梭的著作中,政体与国家的区分至关重要,但孟德斯鸠不作此分。
② 圣西辛特在他的《关于西班牙的事业的谈话》中对专制政体和君主政体的区分以及所用术语,均与孟德斯鸠相似。海牙1719年版,第212—213页。
③ 《论法的精神》,第31章,第2节。参见中文版下册,第363页。

政体的释义相近,看来庭长的思路有可能受到了这位那不勒斯人的启发。①
不过,多利亚是把按照生活方式划分的社会分类,笨拙地添加在传统的政体分类之上的,而孟德斯鸠则是用这样的分类取代传统的分类。独特之处在于观念的重新安排。②

孟德斯鸠对于他提出的三种政体,每一种都赋予一种原则,那便是推动各种政体的人类的感情。共和政体的原则是品德,君主政体的原则是荣誉,专制政体的原则是恐怖。③

将政治制度与道德或智能作类比,已经屡见不鲜;首创者是柏拉图,他在《共和国》④一书中描绘了贵族政体、寡头政体、民主政体和荣誉政体中的典型的人。在他看来,不同政体中的人,或忠于品德,或忠于实利,或忠于自由,或忠于荣誉。孟德斯鸠比柏拉图更进一步发展了这种观念。品德、荣誉和恐怖是使各种政体得以生存的人类属性,是使各种政体成为其本身的道德原因,然而,它们并不简单地是初始原因:它们连续不断地起作用。没有这些道德原因,各种政体便不能繁荣。原则颓败之日,便是政体衰落和灭亡之时。立法者的职责正在于保障他的国家的原则具有活力和效力。如果原则正在消亡,他必须使其复活。

在《手艺人》上,孟德斯鸠读到了这样的观点:

> 那些因原有的政制的自然效应而经常更新或恢复其最初原则的(政体)是最佳政体。⑤

然而,正如孟德斯鸠也曾拜读过的阿尔格龙·悉尼在阐述类似的观点时一

---

① 关于多利亚的影响,参见本人文章:《孟德斯鸠与多利亚》,《比较文学杂志》,1955年。

② 卡斯泰尔说他责备孟德斯鸠忽略了第四种政体,即以自由为基础的未开化的野蛮人政体。他声称,孟德斯鸠认为此说有理,并承认自己的分析有不足之处。参见《有道德的人》,第187—194页。也许实有其事,不过,孟德斯鸠之所以如此,多半是屈服于这位耶稣会士的执拗,而不是赞同其论点。

③ 参见《论法的精神》,中文版上册,第26页。——译者

④ 《共和国》,现也多译为《理想国》。——译者

⑤ 《手艺人》,1730年6月27日(在1731年重印时,是1730年9月20日)。

样,博林布鲁克在这里只不过是在用类似的言词①引述马基雅维利的观点。这位佛罗伦萨国务大臣曾争论说,防止国家腐朽和衰败的唯一方法是把它们拉回到它们的原则上去:

> 事情再明白不过了,不能更新的事物是不能持久的。更新的方法则是……恢复其固有的原则。②

孟德斯鸠表达了类似的观点:

> 当一个共和国腐化了的时候,除了铲除腐化,恢复已经失掉了的原则以外,是没有其他方法可以补救所滋生的任何弊害的。③

看起来,导致形成关于政体原则学说的一连串思想,是在孟德斯鸠阅读马基雅维利的著作中引发的。但不是在早期,早期阅读马基雅维利的著作启发他写了《罗马宗教中的政治》;而是在后期,他的兴趣在旅行期间再度高涨,因而对马基雅维利进行了更透彻的研究④,此时的研究还结出另一成果《罗马盛衰原因论》。

第二节 专制政体

在孟德斯鸠看来,专制政体是完全不可取的。⑤从他最早的著述到他最后的著述,他表述的观点始终如一。尽管如此,只是在 1734 年他开始撰写

---

① "一切人为的宪法都会腐朽,除非及时更新,并回到它们最初的原则上去,否则必然灭亡。"《关于政体的谈话》,伦敦 1704 年版,第 103 页。

② 马基雅维利:《论李维》,第 3 章,第 1 节。

③ 《论法的精神》,第 8 章,第 12 节。参见中文版上册,第 121 页。

④ 参见本书第 6 章,第 4 节及第 7 章,第 2 节。

⑤ F.维尔:《孟德斯鸠与专制政体》,载《孟德斯鸠研讨会文集》,1955 年。作者对孟德斯鸠关于专制政体的理论作了透彻的研究;R.科布内在《暴君与专制政体》一文中对专制政体一词的历史作了引人入胜的研究,载《沃伯格和考陶尔德协会会刊》,1951 年。

《论法的精神》之后，他对专制政体的憎恶才形成条理分明的概念。到了1735年，他才读到下面这段关于恐怖为专制政体的基础的阐述：

> 亚洲和非洲的大多数国家只知道专制政体而不知道其他政体。恐怖是这些帝国的唯一基础，因为，热爱祖国和献身公益的热情都是与奴役不相容的。这种政体既违背听命者的利益，也违背发号施令者的利益，这些国家的大臣们既为君主所不满，又为人民所怨恨，例外者极少。①

这一段文字出自勒让德尔·德·圣奥班，他出身贵族，是一位法官，但是像孟德斯鸠一样放弃了公职，以便致力于著书立说。他的《论舆论》是一部鸿篇巨著，填补了帕斯卡所希望的意大利文著作《论主宰世界的舆论》的空缺。这部著作获得很大成功，多次印行。孟德斯鸠在书中可以发现诸多提及他的朋友梅朗、卡斯泰尔和丰特纳尔之处，以及对他在《波斯人信札》中讨论地球人口减少问题的评论②，其中不只一处与《论法的精神》颇为相近。③因此，孟德斯鸠完全有可能读了这部著作，至少读了其中《论不同形式的政体》一节，并作了摘要。他大概是在丰特纳尔的诱导下这样做的。丰特纳尔作为书刊检查官，于1732年审阅了全书，并且在1734年5月4日审阅了第二版增添的部分（其中包括那句意义重大的关于恐怖与专制政体的论断）。当时，孟德斯鸠正在巴黎，并经常与他会面。

专制政体完全不可取，这是毋庸置疑的。有理智的人需要彻悟事理才能容忍它，而普通人则只有靠偏见的力量才能容忍它，因为专制政体在原则上就是具有破坏性的。④这个原则在性质上就是腐化的东西。⑤这种见解

---

① 勒让德尔·德·圣奥班：《论舆论》，巴黎1735年版，第5章，第75、76页。
② 帕斯卡：《思想集》，阿姆斯特丹1700年版，第156页。
③ 最明显的是他强调君主政体与专制政体的区别(第5章)，他认为，君主政体与专制政体的区别，比君主政体、贵族政体和民主政体之间的区别更为基本。
④ 《随想录》，第885条。
⑤ 《论法的精神》，第8章，第10节。参见中文版上册，第119页。

可见于阿尔格龙·悉尼的著作之中:"一切暴政都以腐化为起点……一切政体都可以腐化和衰败,但是有一点不同,即绝对君主专制在原则上就会走向腐败,或者说,在原则上就建立在腐败的基础之上。"①它靠暴力、流血和促进愚昧来维持。它不准人民有任何新思想;而宗教则可用来使臣民们履行义务,因此,宗教在专制国家内比在其他国家内的确更具影响力,它是在恐怖之上再加恐怖。②刑罚苛严乃至残忍,奴役和折磨比比皆是。君主的欢乐,一般说来是专制国家的目的。③专制政体是对人性的粗暴侵犯。

那么,专制政体何处可见呢?孟德斯鸠所举的实例,不是在时间上久远的国度,就是在空间上遥远的国度:土耳其、波斯、日本、俄国、中国。他使用的关于这些国家的资料文献,尽管可靠性值得怀疑,但在数量上却很可观。旅行家们讲的故事或许不可轻信,但却提供了大量的令人神往的材料。孟德斯鸠对一位苏丹和他的大臣依凭伊斯兰教的戒律为非作歹,哀叹不已,这要比他点名批评一位西方的基督教君主和一位享有威望的大臣,少担风险。

尽管如此,他还是作了尖锐的类比。他在《随想录》中诘问,何以世上所有的政体几乎一律是专制政体。他诘问一次还不满足,又一而再、再而三地重复提出,并且将其移录至《论法的精神》之中。在此,他惊呼道,专制政体如此邪恶,也许人性终将起而攻之。然而,大多数人却生活在专制统治之下。究其原因,是因为任何其他形式的政府,任何宽和的政府,都必须进行极其谨慎细致的管理和规划,必须对政治权力进行最彻底的均衡和调节。与之相对,专制政府则比较单一和简单,因为只要有情欲就可建立专制政体,所以是谁都会这样做的。④

那些尚未由专制政体治理的种族,许多已面临着它的威胁。孟德斯鸠写道,确实,欧洲的大多数国家仍由习俗支配着;但是,一旦专制政体要在那

---

① 《关于政体的谈话》,第129、131、132页。
② 《论法的精神》,第5章,第14节。参见中文版上册,第60页。
③ 同上,第11章,第5节。
④ 《随想录》,第831、892、918、934条;《论法的精神》,第5章,第14节。参见中文版上册,第64页。

里建立,无论是风俗还是气候都不能和它对抗。①在手稿中,他在这一点上还作了补充:"人们认为这种变化并非杞人忧天,法兰西自己也不能幸免这种危险。"他引用贺拉斯的话,间接地指出了这一点;在《论欧洲一统王国》一文中,他用贺拉斯的话作为结尾:

> 罪人在特洛伊城墙内外。②

法国曾在黎塞留的治理之下,关于这位大臣,他在《论法的精神》中毫无顾忌地公开写道:"如果这个人不是心里有专制主义,就是脑子里有专制主义思想。"③路易十四也同样成为孟德斯鸠笔下充满敌意的批评对象。他写道,路易十四惧怕有智慧的人④;他挑选的将军糟糕透顶⑤;他把全国的事集中在首都,把首都的事集中在朝廷,把朝廷的事集中在自己一身⑥,这是一个腐朽的君主政体正在蜕变为专制主义的迹象。拉布莱德的藏书目录中有这样一段文字,这段文字还两次抄录在《随想录》中,对"太阳王"的性格作了非常尖刻透彻的分析:

> 路易十四不爱和平,也不好战。他具有法制、政治和信教的外貌和伟大君主的气质。他对仆役和蔼可亲,对宠臣宽容随和,对百姓贪婪无度,对敌人忧心忡忡,在家中独断专行,在宫中唯我独尊,对忠告固执己见,思想上幼稚无知;举凡能够作弄君主的人,诸如大臣、女人、僧侣,都会让他上当受骗。他既治人又受治于人,抉择失当,喜欢傻瓜,不容天才,惧怕贤能,谈情说爱和寻欢作乐时则一本正经。他在成功时缺乏才智,在挫折中缺乏坚韧,面对死亡时缺乏勇气。他酷爱光

---

① 《论法的精神》,第8章,第8节。参见中文版上册,第118页。
② 《全集》,纳热尔版第8卷,第382页。
③ 《论法的精神》,第5章,第10节。参见中文版上册,第56页。
④ 《随笔》,第452条。
⑤ 同上,第704条。
⑥ 《论法的精神》,第8章,第6节。参见中文版上册,第117页。

荣和宗教,然而,他却受人牵制,终其一生,两者皆无。他若受到良好的教养或稍具才华,这许多过失他本可一概皆无。①

这一切与《论法的精神》第 12 章中对于一个好君主的特点所作的描述,相去之远,无以复加。②在孟德斯鸠眼里,路易十四还不是一位暴君,尽管郁斯贝克说,他之所以认为土耳其和波斯的政体是世界上最合他心意的政体,要归因于路易十四。③他是属于会导致君主政体蜕变为专制主义的一类君主。不居安思危,东方的虐政终将统治法国。孟德斯鸠说,奴役总是由梦寐状态开始的。④

第三节　各种优良政体之比较

孟德斯鸠多次论及"宽和的政体"。在第 11 章他使用的这个术语具有具体和严格的含义;而在第 3 章至第 8 章中,这个术语的含义比较模糊。在上述几章中,一个宽和的政体,意指除专制政体以外的任何政体,即分别以品德和荣誉为原则的共和政体和君主政体。

对于孟德斯鸠来说,品德的含义很简单,就是热爱自己的祖国,将祖国的利益置于个人利益之上。它包括热爱自己的祖国所代表的本质,在民主国家中就是爱平等和俭朴。法盖在论及品德问题时说得对,他指出,读者坚持赋予品德一词其全部含义。他的意见是正确的。尽管孟德斯鸠以及他的评论家们多持与此相悖的观点,法盖的主张是有充分根据的。品德,对于孟德斯鸠来说,就是道德上的善良:

> 对祖国的爱导致风俗的纯良;而风俗的纯良又导致对祖国的爱。⑤

---

① 《随想录》,第 1145 条。
② 《论法的精神》,第 12 章,第 27 节。参见中文版上册,第 209—210 页。
③ 《波斯人信札》,信 37。参见中文版,第 60 页。
④ 《论法的精神》,第 14 章,第 13 节。参见中文版上册,第 239 页。
⑤ E.法盖:《18 世纪》,巴黎 1892 年版,第 156 页;参见《论法的精神》,第 5 章,第 2 节。中文版上册,第 41 页。

另外,当孟德斯鸠断言在贵族政体国家中品德所采取的形式是节制时[1],他也并没有提出任何不同的观点。正如在民主政体之中,品德是爱平等爱俭朴一样;在贵族政体之下,品德就是节制。它能防止政府成员依照他们自己的一己利益滥用权力,并促使他们去追求提高普遍的福利。早在1725年,他已经将品德释义为对于人类的广泛的热爱。[2]

这种爱国主义精神和利他主义精神,在共和国中比在君主国中更容易找到,在古代共和国中尤为显著。庭长在他写作生涯的早期就写道:

> 这种对祖国的热爱使希腊和罗马的历史拥有我们所缺的高尚。[3]

同样,在《罗马盛衰原因论》中,罗马共和国也被认为比罗马帝国更为热爱平等。

关于荣誉原则已有广泛的讨论。中世纪时期法国制定的习惯法规就是建立在荣誉观念的基础之上的。《波斯人信札》里的郁斯贝克提到了"某种我说不清的事物,人们称之为'荣誉'"。他说荣誉是各种行业共同的特性。[4]荣誉,在《论法的精神》中也是等级的成见:由名利欲引发的对特权和高位显名的执着追求。君主制国家必然依赖于一个由荣誉感交织起来的等级社会:

> 当每个人自以为是奔向个人利益的时候,就是走向了公共的利益。[5]

希皮奥内·马费伊在他的《论骑士的技能》一书中——多利亚认为此书是

---

① 《论法的精神》,第3章,第4节。参见中文版上册,第23页。
② 《全集》,纳热尔版第3卷,第213页。
③ 《随想录》,第221条。
④ 《波斯人信札》,信20。参见中文版,第156页。
⑤ 《论法的精神》,第3章,第7节。参见中文版上册,第25页。

从他自己的《市民生活》中剽窃来的①——对荣誉问题进行了详尽的论述。孟德斯鸠从古代社会概括出了共和政体的品德观念,他同样也概括出荣誉这一观念,并把它作为所有君主国的原则。

在孟德斯鸠周游列国之前,将以品德为基础的共和国理想化,已成为他的思想明晰的特点。但是荣誉和品德之间的区分尚不精确。在《波斯人信札》中,他写道:

> 荣誉、名声以及道德的祭坛,仿佛是建立在各共和国以及人们能够口称为"祖国"的那些国家中。②

他补充说,特别是在拉栖代孟,荣誉是人们唯一的褒奖。几年以后,在他出游之前再一次论及拉栖代孟时,他反驳了他人把荣誉和品德分割开来的观点:

> 在我们中间,荣誉绝非虚幻的东西,绝不是为促使人们铸成大错而发明的东西。荣誉得自偶然,无所图谋地保持着,因任性而丢失。荣誉几乎从不出现在它似乎应该出现的地方,它时而随罪恶俱来,时而随品德俱来。③

但是,当他实际看到 18 世纪意大利和荷兰这些共和国,了解到它们如何腐败,如何不诚实的时候,他对共和政体这种形式的幻想破灭了。与此同时,在他的思想中,荣誉和品德之间的区分也比较清晰明确了,他对荣誉是次等的道德这一点,认识更为充分了。《真实的故事》一文显示了这一变化,书中作者承认:

> 我发现,荣誉从未妨碍我做坏事,我还发现,在不光彩的罪行中,

---

① 那不勒斯国家图书馆,抄本,Brancac,V.D.2。
② 《波斯人信札》,信 89。参见中文版,第 155 页。
③ 《全集》,纳热尔版第 3 卷,第 123 页。

总有一种既犯罪而又不丢脸的办法。①

在《论法的精神》中，这一变化同样一目了然。品德在共和国中是"舍弃自己"，是始终把公共的利益置于个人利益之上。②共和国的精神是和平与宽厚，君主国的精神则是战争和扩张。③在那里，尔虞我诈和阿谀奉承是许可的。

> 在那里，判断人的行为的标准不是好坏，而是美丑；不是公道与否，而是伟大与否；不是合理与否，而是非凡与否。④

于是，在君主国中，道德永远不如在共和国中那样纯真。

在孟德斯鸠所处的时代，这种认为君主国的道德不如共和国的看法并非他的独家之见。多利亚在这点上又与孟德斯鸠异曲同工，他写道：

> 共和国和选举产生的治制，为了维持或扩张，需要比君主国更纯真的品德。⑤

甚至在巴黎高等法院，人们于1715年也曾听到类似的见解。在圣马丁节那一天，总检察官（后来任法国首席法官之职）、杰出的达格索依惯例发表演说。当时，路易十四已于几星期前逝世，从而自由增多。他利用这一时机，发表了对爱国主义的本质的看法：

> 作为国王的威严和百姓的臣服之间神圣的纽带，爱国应将一切欲

---

① 《全集》，纳热尔版第3卷，第314页。
② 《论法的精神》，第4章，第5节。
③ 同上，第9章，第2节。参见中文版上册，第132页。
④ 同上，第4章，第2节。参见中文版上册，第30页。
⑤ 多利亚：《市民生活》，第9页。

望联系在一起。然而,爱国这种生而有之的情操,这种我们因感情而
获知、因理智而颂扬、因利益而追求的品德,能在我们心中深深扎根
吗? 是否有人会说,爱国只不过是君主国中一棵怪诞的树,它只有在
共和国中才能茁壮生长并结出丰硕之果呢?①

这篇演说直到孟德斯鸠逝世之后才出版,但是其中包含的见解与他的见解如
此相近,人们不能不提出他是否知晓这篇演说的问题。尽管他当时在拉布莱
德,没有听到这篇演说,但是他对路易十四逝世之后高等法院的事务颇为关
注,这一点可以由他笔录了摄政王于 1715 年 9 月 2 日的演说②为证。由于他
对高等法院事务的兴趣,他完全可能设法获取一份达格索的演讲稿,或是在
说发表之后不久,或是在他结识了演讲者之时。既然他们的见解相似,那么,在
《论法的精神》问世之后达格索为什么挺身而出给予保护,就很容易理解了。

　　孟德斯鸠在《论法的精神》一书中关于共和国的讨论,其效果有如一支
强烈的针剂,将理想主义注入这部著作之中。这使后来拥护共和政体的人
把他视为知己。在法兰西共和国成立之后的第 4 年,一位名叫古比·德·
普莱费尔纳的革命党人在元老院上提议,在该委员会大厅内布鲁图斯半身
雕像的对面,树立一座孟德斯鸠的半身雕像。他继而说,孟德斯鸠认为共
和政体是最佳政体,也是唯一的好政体。③次年,更有才智的巴雷尔一方面
表达了一个革命者对孟德斯鸠的某些主张的异议,另一方面又认为他的内
心是拥护共和政体的,他对其他政体的评述本意在于讥讽。④还有一些人,
看法更为中肯,他们认为他提出的联邦共和政体表达了真正的国际主义。⑤
据此,路易-塞巴斯蒂安·梅西耶⑥在他的《孟德斯鸠在马赛》一剧中,让庭

---

① 　达格索:《著作集》,巴黎 1759 年版,第 1 卷,第 207—208 页。
② 　《随笔》,第 278 条。
③ 　《箴言报》第 14 期,共和四年,风月 16 日。
④ 　B.巴雷尔:《孟德斯鸠:从其著作看其人》,共和五年,第 71—72 页。
⑤ 　《论法的精神》,第 9 章,第 1、2、3 节。
⑥ 　梅西耶(Louis-Sébastien Mercier, 1740—1814),法国作家。著有哲理小说《野人》,空想
小说《2440 年》,散文集《巴黎图景》,剧本《穷人》等。——译者

长在台词中预言将建立欧洲合众国。①

　　共和政体是一种品德高尚、令人向往的政体形式；但是孟德斯鸠在《论法的精神》中没有任何一处暗示它和 18 世纪的欧洲有什么关系，哪怕是最微弱的暗示都没有。他提出的共和国范例有罗马、雅典和斯巴达。他对当代共和国（这样的评论在他的《游记》中尤为多见）的评论，总是贬抑责难，说它们是不能令人满意的、不合时宜的政体，说名副其实的共和国已是过去的事。他把小共和国形容为"奇特的制度"，并拿它们和普通的政制作对照。②不仅如此，他还具体地写道：

　　　　古代大多数的人民生活于以品德为原则的政府之下；当品德还具有力量的时候，人们做了一些我们今天再也看不见的事情。那些事情使我们渺小的心灵感到惊骇。③

共和国的繁荣时期是在过去一个人们较为高尚、较为勇敢、较为善良的时代。现今唯一优良和有效的政体是君主制。用孟德斯鸠的得意门生、维尔克斯的朋友布朗热的话来说，它是"对于地球来说最合理的政体"④。

第四节　君主政体

　　在孟德斯鸠看来，君主政体比其他任何形式的政体更具有现实性，因此他对君主政体的结构更为重视，并且特别强调基本法的作用。

　　在法国，基本法是个古老的概念。⑤其主要原则是：存在着某些借以限制君主权力的法律。这些法律的本质和渊源，是人们经常讨论的问题。人

---

①　盖弗：《18 世纪法国戏剧》，巴黎 1910 年版，第 285 页。
②　《论法的精神》，第 23 章，第 7 节。
③　同上，第 4 章，第 4 节。参见中文版上册，第 33—34 页。
④　N.A.布朗热：《东方专制主义起源研究》，伦敦 1762 年版，第 262 页。
⑤　参见勒麦尔：《旧制度下的理论家们论法国君主制的基本法》，巴黎 1907 年版；德梅朗：《17—18 世纪法国国制辞典》，巴黎 1923 年版；E.H.普赖斯：《孟德斯鸠关于基本法的历史概念》，载《罗马学刊》，1947 年。

们一向认为这些法律源远流长,但其术语因人而异,因提倡者所要说明的问题而异。已经证实,在中世纪时期,认为存在着这种法律的观点便已出现;在 16 世纪,霍特曼强化并传播了这种观点。在路易十四统治时期,这种观念有所削弱,但并未消失。因为像君主权力的辩护者安东尼·比兰这样一位竭力主张王权至上的人,尚且能够获得国王正式批准,写出下面的观点:

> 在君主及其子孙和臣民及其子孙之间,基本法以契约建立了彼此的联系,这种契约旨在让君主统治,百姓服从。①

连波舒哀也宣称:"各国都有一些任何人无权违反的法律。"②在英国,普通法与议会一道,被认为是对权力的专断的最有效的约束。这种观点得到爱德华·科克爵士的有力支持,他在他的《基本原则》中阐明了这种观点,并且在他就一宗著名的博纳姆讼案发表见解时甚至说,议会本身也适用普通法。孟德斯鸠是知晓科克的著述的。③在 1718 年 7 月 2 日巴黎高等法院颁布的《谏书》中,可以发现与孟德斯鸠更为相近的关于基本法的论述。高等法院虽然承认国王是唯一有权立法的人,但是坚持认为有一些法律与君主制本身同样古老,它们是固定不变的,国王本人也应受其约束。④

　　基本法的具体内容,从来是由个人主观决定的。对于孟德斯鸠来说,除了他关心的王位继承顺序以外⑤,君主政体的基本法的主要内容是在国家内存在着"中间权力"。在手稿中论述这个题目的第一句是这样写的:

> 君主政体的性质是由中间的权力所构成。我说的君主政体的性

---

① 比兰:《论笃信基督教的王后之权》,巴黎 1667 年版。
② 波舒哀:《摘自〈圣经〉的政治》,第 18 章,巴黎 1709 年版,第 396 页。
③ 《随想录》,第 1645 条。
④ 《18 世纪巴黎高等法院谏书集》,巴黎 1888—1889 年版,第 1 卷,第 95 页。
⑤ 《论法的精神》,第 18 章,第 22 节。参见中文版上册,第 291—297 页。

质,指的是由单独一个人依照基本法律治理国家的那种政体的性质。

在出版时,他认为措词稍微委婉些更为明智:在"中间的"一词之后插入了修饰词"附属的"。孟德斯鸠殚思极虑,留心不要显得他在扶植其他权力,与国王对抗。他的小心谨慎还不止于此。在印刷的最后阶段,他将原句删掉,又加了一个形容词和一个句子,从而在最后出版的文本里,这一节开头这样写道:

> 君主政体的性质是由"中间的""附属的"和"依赖的"这些权力所构成。我说的君主政体的性质,指的是由单独一个人依照基本法律治理国家的那种政体的性质。我说中间的、附属的和依赖的这些权力,因为实际上,在君主政体里,君主就是一切政治的与民事的权力的泉源。①

他所说的中间权力指的是哪些呢? 它们是贵族、教会和高等法院。

在君主国中,贵族的作用至关重要:"没有君主就没有贵族,没有贵族就没有君主。"然而,孟德斯鸠从未提出他们起着立法作用。在孟德斯鸠的体系里,从未出现过三级会议中的三个等级。贵族起源于古老的时代,在《论法的精神》后面的章节里,孟德斯鸠详尽地考察了贵族问题。无论如何,贵族在君主国中的作用是有限的,是司法上的作用。君主政体的主要特征在于存在着一个贵族阶级,他们坚持要求本等级的特权,特别是执行领主司法权的权利。那些具有司法权的封建领地,譬如孟德斯鸠在拉布莱德、雷蒙和克莱拉克等地所拥有的领地,是君主政体的鲜明特征。废除了它们,君主政体不是变为专制国家,就是变为平民政治的国家,或则标准的共和国,或则英国模式的特殊共和国。

僧侣也在君主政体中起着作用,孟德斯鸠争论说,在一个向专制政体

---

① 《论法的精神》,第2章,第4节。参见中文版上册,第15页。

演变的君主国中尤为如此,因为教会的特权,无论孟德斯鸠自己怎样厌恶它们(他对此毫不隐讳),毕竟起了平衡和约束君主权力的作用:一种邪恶,如果能限制和阻遏专制权力,本身就是一种好事。

然而,一个君主国只有贵族和僧侣尚嫌不足,还必须有一个"法律的保卫机构",一个作为法律的监护人和解释人的团体。这一功能由"高等法院"来执行。人们再一次看到,孟德斯鸠的政治学说是受到他的生活环境的影响的。

法国高等法院不仅把自己视为王国基本法的保卫机构,而且坚持认为基本法包括他们拒绝登记君主制定的法律的权利,以及当他们对君主的政策持异议时向君主陈情和劝谏的权利。在孟德斯鸠生活的时代很久以前的 1616 年,波尔多高等法院就曾提出谏书,申述他们不愿登记一项国王敕令的理由,并且宣称他们有"国家的基本法""国家最神圣的法律"的支持。①12 年以后,在另一些谏书,他们试图对高等法院的职能作出说明:

> 陛下,高等法院是您的国家机关中最接近最高权力的机构……高等法院的职能和权力来自陛下,它赋予国家机关中的所有成员以生命和运动。②

这个文件还谴责了由专员执掌司法的做法。③在《论法的精神》中,孟德斯鸠支持了这种观点④,在他逝世之后,波尔多高等法院向国王提出了同样内容的陈情书。⑤

在路易十四在位时期,高等法院日趋削弱;但是奥尔良公爵在他摄政的最初日子里恢复了呈递谏书的权利。⑥在路易十五加冕时,掌玺大臣在巴

① 戴博特:《波尔多高等法院史》,波尔多 1877 年版,第 1 卷,第 393 页。
② 同上,第 459 页。
③ 同上,第 454 页。
④ 《论法的精神》,第 12 章,第 22 节。参见中文版上册,第 207 页。
⑤ 雷里蒂埃:《图尔尼》,第 2 卷,第 354 页。
⑥ 儒尔当:《法国古代法律集》,巴黎,第 21 章,第 40—41 页。

黎高等法院发表演说。当谈到国王的权利和王国的自由时,他向议员们宣告:"你们是王权和国家自由的守护者,国王将王权中的这一部分委托给你们了。"①

孟德斯鸠并不完全同意高等法院发表的意见。当高等法院表现出愿意接受社会契约论的时候,或者把它们自己看作是继承了已被废除的三级会议的职能的时候,他和它们之间的意见就不协调一致了。尽管如此,这位前高等法院庭长的观点有时酷似高等法院的观点。②最为明显的一例,是波尔多高等法院于孟德斯鸠谢世一年后向路易十五提交的谏书。他们承认,国王是立法者,是公道的源泉。然而,高等法院是他的最高司法权的守护机构。废除它们的司法权,便违反了国家法律,便推翻了王国的古老法律结构。高等法院将因放弃这种权力而渎职,并感到羞耻。

> 法律犹如御座四周不可动摇的围墙,在这个围墙上打开再小的缺口,也是向佞臣们表示,围墙是可以破坏的,这就是为渎职者们壮胆,削弱臣民的信任,让大家担惊受怕。……您的最高司法权是不可动摇的,自君主制建立之日起,它便已存在,它与法律俱生,并将与法律俱亡。陛下,您的最高司法权仅仅存在于这样一些威严的机构之中,这些机构尽管有过各种称谓,但都是发挥您的智慧的部门,您的权力的支撑,您的神圣的意志的守护者。您的先祖们正是这样行使最高司法权的。③

高等法院的这一传统既推动了孟德斯鸠的政治学说,也受到了他的学说的推动,尽管孟德斯鸠时代的君主政体来源于哥特人,但当庭长把那个

①　《18世纪巴黎高等法院谏书集》,第1卷,第167页。
②　R.毕卡儿:《18世纪的高等法院和国民主权概念》,巴黎1932年版。
③　1756年1月16日谏书,见《有关波尔多高等法院的谏书、决定、备忘录及其他文件集》,1756年,第119—147页。

时代的君主政体称为人类所能想见的最佳政体形式时①,在他头脑里想的,正是由这种传统支持的君主政体。

第五节　其他准则

在《论法的精神》中,从政体原则的学说又衍生出一个规范性的结果。孟德斯鸠已经讲过,如果一个政体腐化了,就必须使其回到原则之上,以此恢复政体的康健。因而,坚持政体的原则便是一种防止腐化的措施;而坚持原则当然也是一种好事。一个国家比较好或不太好,依其忠实于原则的程度而异。因此,说最好的共和国是品德最多的共和国,并不是同义的重复;同样,不仅可以说最好的君主国是荣誉最多的君主国,而且(尽管比较令人困惑费解)也可以说最好的专制政体是恐怖最多的专制政体。

这一学说把几种不同的观点联系在一起:诸如霍布斯和斯宾诺莎关于保存自己本性就是一种善的主张;博林布鲁克的论点"在每一个政体的首要原则中必有其善,否则这种政体便根本不可能存在"②;还包括蒲柏的名言"管理最少的,就是最好的"中所表达的效率标准;以及孟德斯鸠在《波斯人信札》中已经提出的最完善的政体"是能以较少的代价达到统治目的的政府"③。但是,就专制政体而言,严重的问题出现了。如果一个心地善良的人被授权管理一个专制国家,他应执行什么样的政策呢? 他是否应该利用宗教的节制作用④,或者通过造就有社会意识的公民教育制度⑤,或者制定能够在国家内引进一点自由的法律⑥,尽力缓和政府的苛严呢? 孟德斯鸠想到了这些可能的做法,但是他同时坚持认为,政体的原则必须遵循,如果这样做了,法律就很少不是好的。⑦他争论说,一个专制政府,如果没有恐

---

① 《论法的精神》,第11章,第8节。
② 《手艺人》,前引。
③ 《波斯人信札》,信80。参见中文版,第140页。
④ 《论法的精神》,第5章,第14节。参见中文版上册,第60页。
⑤ 同上,第4章,第3节。参见中文版上册,第33页。
⑥ 同上,第12章,第29节。参见中文版上册,第211页。
⑦ 同上,第8章,第11节。参见中文版上册,第119页。

怖,就不完善。①

　　孟德斯鸠思想中的二元论,还反映在他提出两点理由,说明实行社会救济政策的必要性:一是免得人民受苦,二是避免叛乱。②然而,最为关键之处还是他关于奴隶制的讨论。在这里,他有两个方面的考虑,一方面断言奴隶制纯属邪恶,另一方面又研究在奴隶制存在的条件下应如何治理。在这部分讨论的结尾,他在定稿中增添了原稿中本来没有的一句话:

　　　　我不知道我这个论点是出于我的智能或是我的良心的指使。③

如果他这里的"智能"指的是依据国家计划的利益作出理智上的决定,而"良心"指的是对人类的天赋权利在感情上的坚定信念的话,那么可以说,在他的著作里,读者可以多次发现智能与良心之间的对话。孟德斯鸠对于这种对话有自己的评论,他说:

　　　　与其受智能的折磨,我更愿意受良心的折磨。④

---

　　①　《论法的精神》,第3章,第11节。参见中文版上册,第29页。
　　②　同上,第23章,第29节。参见中文版下册,第136页。
　　③　同上,第15章,第8节。参见中文版上册,第248页。
　　④　《随想录》,第1130条。

第十三章　自由的体制

第一节　分析与术语

　　孟德斯鸠并不一贯认为政治上的自由是好事。在《波斯人信札》出版后不久,他曾写道,享有自由的民族相对于其他民族的优越性是微乎其微的,而且大部分是虚幻的。唯一的优越之处,是他们不会被强制剥夺生命和财产。在暴君统治之下的人民,如果得免此难,也会同自由人民一样幸福愉快。

　　　　况且,热烈地讨论国事,言必称自由,享有仇视半数公民的特权等等,我不认为这些是什么值得夸耀的幸福。[1]

这些言词出自一位后来把自由释义为"带来更多好事"[2]的人之笔,出自一位在后人看来是伟大的自由理论思想家之笔,令人十分诧异。

　　他的态度所发生的变化,是由他的英国之行带来的。他的新观点在《罗马盛衰原因论》和《随想录》中都有所反映,但是,得到充分表达,还是在《论法的精神》第 11 章之中。

　　这一章的标题《规定政治自由的法律和政制的关系》,对于 1748 年的法

------

①②　《随想录》,第 32、1574 条。

国人来说,就是使人吃惊的。用"政制"(Constitution)一词表达这个意义,而且不加任何修饰语,是一个新词,一个英国式的词。直到1798年法兰西学士院编纂的词典才接受此义,在孟德斯鸠生活的时代,必须用"政府的体制"或"国家的体制"这样的词组,方能表达此义。Constitution一词单独使用,在当时是指教皇克雷芒十一世1713年9月颁布的通谕。

不仅如此,第11章的标题所含的实质内容也是新颖的;因为在18世纪的法国,主张自由应从法律获得保障,而不是靠一位仁慈的君主的恩赐,这种观点在当时并未被广泛接受。然而,孟德斯鸠在此之前就表明他早已持这种观点。在《波斯人信札》中,英国被写成是"一个常常从纷乱和叛变的火花中产生自由"的国家。①这也不是他在1721年唯一提及英国之处;郁斯贝克报道说,英国人认为,国王与他们的人民之间是由相互的义务维系在一起的,一个君主如不服从人民,便犯了叛逆之罪。②

到1733年底——《波斯人信札》出版12年半以后——那时,孟德斯鸠的英国之行已经成为往事,他完成了关于英格兰政制的论文。③自那时到作为《论法的精神》第11章第6节于1748年出版,这篇文章几经修改。修改的程度和范围,可以大致确定。

对于保存在巴黎的原稿进行的研究表明,《论法的精神》中收入的关于英格兰政制的一节,本是另一部用不同质地的纸和不同的笔迹书写的原稿。这一节共50页,其中32页于1739年之前写成,只有很短的最后一段迟至1743年才写成。从早期编页号码的痕迹和一些删掉的提示词来看,后写的书稿中有若干页是誊抄原文,只有少许不重要的修改。全文中,成稿于1741年以后的至多超不过1/6④,全文的3/4,写成的时间不会迟于1738年,并且有可能就是1733年的初稿。因此,现在这一节的大部分都是在他旅行回国之后不久,在英国政治生活的直接启迪之下写成的。

―――――――――

①② 《波斯人信札》,信136、104。参见中文版,第236、178页。
③ 色贡达:《回忆录》,第401页。
④ 1741年后主要增添了四点:(1)关于议会的代表性;(2)关于定期召开议会的必要性;(3)关于立法与行政的关系;(4)关于国家机构的腐败。

这一段是理论性的,不是实践性的,其中充满了新术语:

> 每一个国家有三种权力:(一)立法权力;(二)有关国际法事项的
> 行政权力;(三)有关民政法规事项的行政权力。①

puissance législative(立法权)和 puissance exécutive(行政权力)都是新词语,但两者新的程度不同。1652 年 pouvoir législatif(立法权)曾在弥尔顿的《偶像破坏者》的法译本中使用过;安德鲁·迈克尔·拉姆齐的《论政治》和巴贝拉克翻译的普芬道夫的著作中,再度出现。Pouvoir exécutif(行政权)曾于1672 年在尚贝莱纳的《英国笔记》中出现过。但是,这些词并未被法语接受,exécutif 一词直到 1835 年才被法兰西学士院承认,在当时被视为过于新奇。孟德斯鸠尽管勇于创新,乃至摈弃了 pouvoir 而采用 puissance,仍感到这个词不如 exécuteur 或者它的阴性形式 exécutrice②更为妥帖,尽管 exécutif 与英语更相近,而且 exécuteur 和 exéutrice 一般不用作形容词。③

不过,在孟德斯鸠之前,pouvoir législatif 和 pouvoir exécutif 这两个词曾同时出现在同一本书中,这就是 1691 年在阿姆斯特丹出版的洛克所著《再论政府》的法文译本。孟德斯鸠用的词组与之大同小异,这表明孟德斯鸠参考了洛克的著作。

洛克论述了立法权、执法权和联盟权,并指出它们的职能分别为制定法律、执行所立之法和指导外交政策。孟德斯鸠的"立法权力"与洛克的立法权等同,只是取消了其至高无上的性质。孟德斯鸠的"有关国际法事项的行政权力",就其最初的释义而言,相当于洛克的联盟权,但是他默不作声地将其加以扩展,包容了政府的所有一般行政职能,其中有许多职能是被洛克归于执法权和特权类目之下的。孟德斯鸠的"有关民政法规事项的行政权力"即司法权,虽然它和洛克的执法权有某些相似的属性,而且大概正

---

① 《论法的精神》,第 11 章,第 6 节。参见中文版上册,第 155 页。
② 1818 年出版的《旅英笔记》中出现过 puissance exécutrice,但原稿已佚。
③ 参见 F. 马肯齐:《从辞汇看英法关系》,巴黎 1939 年版,2 卷本。

是考虑到这一点才这样命名的——尽管实际上 puissance exécutrice(执行权力)不久就被 puissance de juger(裁判权力)取而代之——但是在洛克的分析中，并无与其直接对应的东西。[①]随着孟德斯鸠的论证步步深入，他与洛克之间除细枝末节外，类似之处越来越少，还是在本节的开头处，他再次对这三种权力作出定义：

即制定法律权、执行公共决议权和裁判私人犯罪或争讼权。[②]

在这里，洛克已被远远抛开；关于权力分割的学说由此获得了后来成为经典的表述形式。耐人寻味的是，从原稿的笔迹来看，上述定义先于本节开头之前的定义。[③]由此看来，与洛克的学说最接近一致的论述，是在本章初稿完成之后增加的，因而，孟德斯鸠最认真地研究洛克的著作，看来也是在本章初稿完成之后的事。这一事实可能意味着：孟德斯鸠意欲在洛克的著作中寻求理论依据，支持他基于观察所作的分析。

　　一国中，如果立法、行政和司法这些权力都集于一身，其政府必定是令人不能容忍的专制政府。如果两种权力集于一身，而第三种权力是分开的，这样的政府可以被称为是宽和的。如果三权分立，那么这个国家可以说是倡导自由的。自由并不是个人为所欲为的权力，而是个人有权去做他可能愿意做的事，是做法律允许做的事的权利。因此，自由的意义包含着受制于法律，也包含着深知法律不会被专横地置于一旁的意思。自由并不局限于君主国或共和国，也不是说在君主国或共和国内必然有自由。自由离君主并不比离元老院远。[④]有一个国家，在那里自由原已有之，或许可以把它看作外表上是君主政体，实际上却是共和政体[⑤]，但绝不能认为它就是

---

① 参见 E.德·马尔基：《对洛克权力区分的思考》，载《西方》，1948 年。

② 《论法的精神》，第 11 章，第 6 节。参见中文版上册，第 156 页。

③ 这个定义出现在最早的文稿中，写于 1733—1734 年之间，本节的头几句话则是在1739—1741 年之间增添的。

④ 《随想录》，第 884 条。

⑤ 《论法的精神》，第 5 章，第 19 节。参见中文版上册，第 70 页。

孟德斯鸠解释的以荣誉原则为动力,或以贵族特权防止滥用权力①的君主国。其政体自成一格,源远流长。塔西陀在日耳曼找到了这个国家,并赞誉道:"这种体制是在树林中被发现的。"

接着,孟德斯鸠进一步描绘了这个国家的政体。他所使用的都是"应该……""必须……""人们必须……"等规定性的词语。他只是在本节的标题中提到这个国家的名字,在结尾处又暗示了一次。他所描述的是英格兰政制。他的描述,不论确切与否,都是举世闻名的,而且在很长时间内,即使在英国也被认为是权威之论。

第二节　政体的细节

孟德斯鸠首先讨论了法律制度,他说司法权不应给予常设的法院,而应给予一个由选自人民阶层的成员组成的特别审理团;他还强调,被告人应由其地位相同者审理,这是被告人的权利。这正是英格兰的由陪审团审理案件的制度。陪审团成员的挑选程序由法律制定。被告人可对陪审团中的个人提出异议。陪审团作出的裁决必须是从法律中准确地摘引的条文。

对于要求陪审团成员回避的权利,孟德斯鸠了解当时最新的情况。尚贝莱纳所著的 1729 年版的《不列颠大典》明确宣称:

> 法律(允许)任何被指控犯有严重刑事罪或叛逆罪的人,有权要求陪审团的 35 人回避,而无须说明缘由,并要求其他陪审员回避,但须申明理由。②

---

① 查尔斯·约克曾与孟德斯鸠讨论领主权,他认为:"领主权是为防止君主制蜕变为专制政体而设置在君主面前的障碍。"他认为可以对法国的绝对君主制作这样的解释,但在英国,所有起着限制国王司法权的私法都使暴君受制于人民的自由。孟德斯鸠曾写道:"为促进自由,英国人取消了构成他们的君主政体的所有中间力量。"(参见约克:《菲利普·约克生平和信札》,剑桥 1913 年版,第 2 卷,第 172—173 页;《论法的精神》,第 2 章,第 4 节)

② 孟德斯鸠摘引的词句来自该书的 1729 年版。

新近的立法重新肯定了这一权利。但是,除了这一点以外,孟德斯鸠对于陪审团制度的讨论,只是浮光掠影而已。他对职业法官的存在,对为了保证法官的独立性而应采取的措施(这与他的主题密切相关),都只字未提。他没提高等法院的各个分支机构,也没提治安推事,从中既看不出他对陪审团的确切职能以及裁决和判刑之间的区别有无认识,也看不出他在谈到法律条文时是否觉察习惯法的不成文性。

　　孟德斯鸠的这些含混之处显然是故意为之。在别的地方,他表明自己对于陪审团制度的作用了如指掌。①另外,这位前高等法院庭长对于习惯法的性质也有足够的了解。在这里,他所关心的只是司法权本身,他迫不及待地宣告司法权是"看不见和不存在的",他所感兴趣的只是司法权与其他权力间的关系。因此,他评论了有关监禁入狱的法律,以及该法关于迅速审讯和除了最严重的罪犯以外准予保释的条款,这表明,他对 1679 年人身保护修正法案有相当准确的了解。同样,还表明他谙熟贵族院的司法职能的性质,他对贵族院在审讯贵族以及听取下院控告方面的权力,理解透彻。他意识到存在着上诉权,但是把缓和法律的苛严看成是贵族院的职责,因而搞错了这种权利的性质。②

　　在最多只是扼要地讨论了司法权力之后,孟德斯鸠转而论述立法权和行政权;这是他的主要兴趣所在。

　　立法权由人民享有,并且由人民通过选自各个城市(州郡选区没有提及)③的代表来行使。所有公民,除了那些被认为是毫无个人意志的最贫穷的人以外,都有选举权。这是把全国情况各异的选举制度理想化了④,后来布莱克斯顿重述了这排除观点。⑤同时,这显然是对只有少数投票人和选举被

----

　　①　《论法的精神》,第 6 章,第 3 节。参见中文版上册,第 77 页。

　　②　"通过发表宽于法律的言辞,使法律变得比其本身更趋宽和。"

　　③　当时的下院议员中,432 人选自镇,122 人选自郡,4 人选自大学。

　　④　参见 E.波立特和 A.波立特:《未经改革的下院》,剑桥 1903 年版,第 1 卷,第 20—84 页。

　　⑤　"将这些人排除在外,意味着将他们视为没有自己意志的人。"(布莱克斯顿:《评英格兰法律》,牛津 1773 年第 5 版,第 1 卷,第 263—266 页)

少数人操纵的选区,执意视而不见。代表们从他们的选民那里接受总授权,不必在每一件事上再接受具体的指示,或向选民述职。孟德斯鸠说,在这一点上,他们有别于荷兰的代表们。根据悉尼的说法,荷兰的代表们必须向他们所代表的选民提交报告。①将英国与荷兰作比较,是屡见不鲜的,尚贝莱纳在他的《不列颠大典》中谈到议员时说:

> 他的权力(是)绝对的,可以自行表示赞同或否定,无需像荷兰联合王国的国会议员在许多情况下不得不做的那样,告知他的选民,或征求他们的同意。②

然而,在 18 世纪,并非绝无议员接受选民指示之事,人们甚至认为这样的事是常有的。③在这里,孟德斯鸠这样讲,其用意可能只是为了表示惋惜,而不是为了描述事实。

既然贵族在王国里的地位高于下议院,他们在立法机构中的代表应该与其他代表分开。贵族的功能之一就是保持国王和下院之间的平衡。因此,这也往往被认为是贵族院的职责之一。在这一点上,孟德斯鸠与博林布鲁克不谋而合。博林布鲁克写道:

> 我已经把我们的政制中的这个第二等级,作为一个中间等级来谈论,在我们的政制中,它是另外两个等级名副其实的调停人。④

在征税方面,尽管贵族可以行使否决权,但没有创制权,即是说,他们不可提出议案,也不可修改别人提出的议案。这是在技术细节方面,孟德斯鸠所表现出的理解最为细腻的地方。在这里,他本来可以引用尚贝莱纳的论述:

---

① 阿尔格龙·悉尼:《论政府》,伦敦 1704 年版,第 385 页。
② 布莱克斯顿(前引书,第 159 页)与尚贝莱纳持同一观点。
③ 波立特,前引书,第 1 卷,第 263—266 页。
④ 博林布鲁克:《论政党》,伦敦 1735 年版,第 177 页。

向臣民征收银钱的法案,须由下院提出,因为人部分银钱是由他
们出的;他们也不会允许上院对征银法案进行任何修改。①

立法机关经常开会,但无须不间断地开会,而且每隔一段时间,它就应该解
散并重新组成。会期和延续的时间须由行政机关规定。看来,孟德斯鸠无
论对于 1694 年的三年会期法还是对于 1715 年的七年会期法都一无所
知。②立法机关一年一度对税收和军队数量进行表决,不过,军队一旦获准
组成后,便由行政机关统领。在这两个问题上,孟德斯鸠对英国的宪法实
践,理解得十分准确。

君主享有行政权,他可以否决立法,但不得参与辩论;他受立法机关审
查,但不受它控制。君主不得参加征税,只有表示同意的权力。孟德斯鸠
在这里出了错,因为依据 1706 年下院的决议,有关国家支出的创制权属于
国王。③如果行政权力不归属君主,而属于一个从立法机关产生的委员会,
自由便不复存在。这一论断看起来奇怪,但考虑到在 18 世纪大多数大臣都
是贵族,而不是下院议员④,考虑到当孟德斯鸠提到立法机关时,往往指的
就是下院,那么,这个论断就比较易于理解了。

第三节　政党制度

孟德斯鸠在他讨论英格兰政制的章节里,不管是直接的还是间接的,
都对英国存在政党一事,只字未提。

他这种回避的态度,令人诧异,因为他对政治纷争与不和有明确的观
点。他在马基雅维利的著作中读到过如下的观点:罗马元老院与人民之间
的分歧,远不是有害的,事实上,它对罗马的权力和自由起了促进作用⑤;他

---

①　尚贝莱纳:《不列颠大典》,第 87 页;参阅 W.C.科斯汀和 J.S.沃森:《法律和宪法的作
用》,伦敦 1952 年版,第 1 卷,第 153—154 页。

②　引起孟德斯鸠关注的可能是 1741 年的选举和此后沃波尔的倒台。

③　参见 W.C.科斯汀和 J.S.沃森:《法律和宪法的作用》,伦敦 1952 年版,第 1 卷,第 197 页。

④　参见 B.肯普:《国王与下院,1660—1832》,伦敦 1957 年版,第 58 页。

⑤　马基雅维利:《论李维》,第 1 章,第 4 节。

在悉尼的著作中也可以发现同样的观点①,并且在《罗马盛衰原因论》中,他还把它变成了自己的观点。②当他在《论法的精神》中探讨共和形式的政体时,他坚持认为:结党拉派在枢密院里,或者在贵族之间,是危险的,但是在人民之间则肯定是可取的。尽管如此,在第 11 章里,他没有试图把这一理论应用于英国。

他这样三缄其口,使任何了解当时法国关于英国政治的讨论情况的人,感到诧异。其他作者都被辉格党和托利党这些词弄得神魂颠倒。这个方面的标准读本,是用法文写的,甚至在英国也被认为是权威之作③;它透彻而精辟地详尽讨论了辉格和托利两党之间意见上的分歧。莫尔利编纂的 1740 年版《大辞典》,以 150 个词为这两个条目作了诠释,在孟德斯鸠访问期间,一位瑞士旅行家写道:

> 这两个党激烈争斗,而且都拥有众多的支持者,除非出现奇迹,否则是不会消失,也不会携手的。④

在《随想录》中,孟德斯鸠已经表现出对辉格党人的某种兴趣,他注意到在英国的所有法国流亡者都加入了这个党⑤;在不供出版用的《旅英笔记》中,辉格党和托利党并没有被束之高阁。⑥为什么在《论法的精神》中,它们却无影无踪呢?

其原因可能十分简单,纯粹是由于他阅读过的和亲身经历过的事情使他困惑不解。《随笔》中有一段,透露了孟德斯鸠曾于 1721 年读过托马斯·戈登撰著的《加图信札》其中的至少一封信。⑦信中,这位毫不妥协的辉格党

---

① 阿尔格龙·悉尼:《论政府》,第 105 页。
② 孟德斯鸠:《罗马盛衰原因论》,第 9 章。参见中文版,第 48—52 页。
③ 拉宾·德·索瓦:《论辉格党与托利党》,1717 年海牙出版。
④ C.德索苏尔:《信札和游记》,洛桑 1903 年版,第 370 页,写于 1729 年 8 月 15 日的信。
⑤ 《随想录》,第 155 条。
⑥ 《全集》,纳热尔版第 3 卷,第 287 页;七星文库版第 1 卷,第 878 页。
⑦ 《随笔》,第 309 条;《孟德斯鸠与英国政治传统在法国》一书的作者德迪厄认为戈登曾对孟德斯鸠产生过影响,这封信支持了这一论点。

人表达了他对王公贵族的憎恨,以及对人民的信赖。在其他信中,他除了对孟德斯鸠所喜爱的主题,诸如地球上人口递减、西班牙黄金未予利用以及罗马衰落的原因等进行讨论外,还对专断的政体和腐化现象进行了猛烈的谴责。这些都是辉格党人一贯的观点。可是,当孟德斯鸠在英国逗留期间发现辉格党的对手们也狂怒地发表一模一样的观点时,他又该作何感想呢? 他的朋友拉姆齐曾写道:

> 辉格党和托利党不断分化,通常它们各有五六个不同的派别。此外,这些党派的首领经常变更原则,他们的利益促使他们时而由辉格党转入托利党,时而由托利党转入辉格党。[①]

对于孟德斯鸠来说,他在英国期间的所见所闻,从实践上证实了这种令人不解的混乱局面;他目睹了汤森和沃波尔之间的决裂,发现辉格党人威廉·普尔特尼是沃波尔最激烈的反对者;并且得知他的两个朋友,普尔特尼和赫维,尽管他们两人都自称是辉格党人,于 1730/1731 年 1 月进行了决斗。

孟德斯鸠之所以不谈论政党,可能由于他无法理解在英国看到的错综复杂的政党间的明争暗斗。其实,这种现象并不奇怪。虽然人们尚未以刘易斯·纳米耶提出的新的研究方法——结构分析和传记研究——考察乔治二世的第一届议会,但是一些论述与其相邻时期的著作,还是对它作了某种程度的说明。R.沃尔科特先生在研究 18 世纪的头 10 年时,说明了不同的问题何以会在议会中造成不同的联盟。他不认为下议院简单地以两党为线分为两派,他主张把它看作是"一个由四部分——宫廷派、辉格派、乡村派和托利派构成的圆",这个圆,有时这样组合,有时那样组合,而内阁成员的任务就是把足够数量的议员,不管是辉格党人还是托利党人,吸引到他们的永久核心宫廷派那里去,以便构成多数。[②]

[①] 安德鲁·迈克尔·拉姆齐:《论政治》,海牙 1719 年版,第 182 页。

[②] 沃尔科特:《18 世纪初的英国政治》,牛津 1956 年版,第 157—158 页。

与孟德斯鸠所熟悉的议会更为相近的,是 1741 年选举的乔治二世在位时期的第三届议会。J.B.欧文博士对它作过详尽的分析。①他发现可以轻而易举地把其成员分为两个集团:(一)辉格党元老团,共 286 人,他们支持政府;(二)反对派,包括 268 人,其中的托利党人和持不同政见的辉格党人,几乎各占一半。辉格党元老团包括两部分人:一部分是依赖政府、支持政府的人,由官吏组成的宫廷—财政派大部分是由他们构成的;另一部分是不依赖政府的人,这一部分人主要是商人和乡村绅士,他们一般站在内阁成员一方,但他们这样做是出于自愿。因此,辉格一词的含义无所不包(在下议院中各种辉格党人多达 422 人),以至于无法下确切的定义。而托利党则很容易下定义:"那些祖先是托利党人,并一贯作为乡村派的成员行事,对于宫廷所采取的措施一般取反对立场的人。"②

大致来说,这样的描述可以被认为同样适用于乔治二世的第一届下议院。对于这一届下议院,孟德斯鸠有亲身的体验。此时,虽然辉格与托利之间的界限仍然存在,但是随着时光的流逝,这种界限赖以为基础的有争议的问题,越来越成为遥远的过去,这种界限本身也日益不明确。与此同时,宫廷派与乡村派之间的对立越来越明显,而且日益严重,因为在辉格党多年庇护下的托利—宫廷集团已不复存在,而且普尔特尼和他的支持者背离了内阁一方。在这种情势下,政府所关心的是加强元老团,并且团结持不同政见的辉格党人。为此,政府利用一切可能的时机,不厌其烦地重申辉格党传统的原则,强调新教的神权继承权,强调政权的安全,强调对詹姆士党人和罗马天主教廷的仇恨情绪,并且强调辉格—托利之争才是政治生活里真正重要的、实质性的冲突。③与此同时,托利党的兴趣是使尽可能多的辉格党人放弃对沃波尔的支持。为此,他们必须申明,辉格党与托利党

---

① J.B.欧文:《佩勒姆的崛起》,伦敦 1957 年版,第 41—86 页。按:佩勒姆(Pelham, Henry, 1694—1754)曾先后担任过英国财政大臣、陆军大臣、军需总监和首相(1743—1754)。——译者

② 同上,第 70 页。

③ 支持内阁的《伦敦杂志》宣称,热爱自由和宽容,是"一个辉格党人、一个新教徒和一个英国人"的素质,并且一贯倡导忠于汉诺威王朝和诋毁托利党,称其为詹姆士党人(参见拉普拉德:《18 世纪英国的公众舆论与政治》,纽约 1936 年版)。

之间旧日的恩怨已是过去的事,作为其基础的双方争论的问题已不复存在,因而它不再适合于政治现实。对于他们来说,至关重要、具有实质意义的是划分为政府党和反对党两方,或宫廷派和乡村派两方。①

于是,如果人们站在政府党的立场来观察,英国的政治斗争便是辉格党和托利党之间的斗争;如果站在反对派的立场来观察,则是宫廷派和乡村派之间的斗争。在《论法的精神》第 11 章第 6 节里,孟德斯鸠没有偏向任何一方,而是对党派斗争保持了审慎的沉默。

然而,他并不是永久保持沉默。几年以后,他开始撰写另一节,讨论英国问题,他把这一节看作前面一节的延伸。在这一节里,他描述了英国的风俗习惯。他这样解释他的意图:

> 我在第 11 章已经谈到了一个自由的民族,并且指出了它的政制的原则。现在让我们看一下这种政制所产生的结果、这种政制所能够形成的性格和从这种政制所产生出来的习惯。②

在这一节里,孟德斯鸠简明扼要地论述了英国的党派政治,其重要性不久便在英国获得承认。③根据原稿的笔迹判断,这一节写于 1746 年或 1747年。他写道:

> 在这个国家里有两个可以看得见的权力——立法和行政——而且每一个公民都有他自己的意志,可以充分保持他的独立地位。因此,多数人对这两个权力往往有所偏爱,群众通常没有足够的公道心和判断力同样地喜爱这两种权力。④

由于行政权力控制着所有形式的公共职业,它吸引了为数众多的支持者,

---

① 参见 K.克鲁申:《政治反对派问题》,弗里堡和慕尼黑 1956 年版。
②④ 《论法的精神》,第 19 章,第 27 节。参见中文版上册,第 320 页。
③ 这一节和第 11 章的第 6 节于 1750 年在爱丁堡被译成英文发表。

而遭到那些无望获得报偿的人的攻击。双方都将大动肝火,而且两党之间的仇恨,正因为是虚弱无力,所以也将继续下去。孟德斯鸠说的似乎不合情理,实际上却切中事理。如果一方气势过盛,公民就会转而支持另一方。许多个人会频繁地改变他们的立场,甚至寻求与政党结成联盟。君主本人有时也会背离他的朋友,转而支持他的政敌。

在这些评论中(其中行政机构的朋友和立法机构的朋友显然分别指宫廷派和乡村派),孟德斯鸠试图对英国的政党制度作出合理的解释,尽管不免有些武断,仍然极有见地。问题是为什么回到法国15年后孟德斯鸠才把它们落笔纸上。

1745年,孟德斯鸠的一位朋友,或者更确切地说是一位受他保护的人,出版了一部著作,广泛地讨论了英国的党派政治问题,他就是勒勃朗教士。在孟德斯鸠的生活中他已经出现过了。1737年至1744年,他在英国逗留期间,撰写了《一位法国人关于英法两国的政体、政治和习俗的书信》。在法国人写的记述18世纪英国的情况的著作中,这是最引人入胜的著作之一。其中的两封信是写给孟德斯鸠的。[①]从这一事实来看,再考虑到勒勃朗喜好阿谀奉承,这部著作肯定曾请孟德斯鸠过目。在这部著作里,孟德斯鸠会读到关于英国政党如何发挥作用,以及内阁大臣如何通过封官许愿操纵议员的描述。他会读到,英国儿童从他们母亲的乳汁里就吸收了拉帮结派、互相倾轧的思想,他们刚刚学会讲话时就学会了"腐败"和"反对"这两个词。书中,致尼凡尔内的一封信,表达了关于政治联盟的新观点:

> 在安娜女王在位期间人人皆知的辉格党和托利党这两个令人厌恶的名字,如今在英国已全然被人遗忘,但是,这些派别依然存在,只是招牌已换了。若要区分它们之中谁支持内阁,只需两个词即可:腐

---

① 写给孟德斯鸠的两封信描述了英国政治,讨论了宫廷对两院的控制、反对党中某些成员的共和主义和自由的本质、构成民族性格的道德和自然原因以及作为政体原则的荣誉问题等。这篇作品比《论法的精神》早3年出版,从中可以看出孟德斯鸠与勒勃朗之间的联系比原来设想的还要亲密。

败和反对。①

对于勒勃朗来说，"辉格"和"托利"这两个词毫无意义，宫廷派和反对派才是有现实意义的概念；在致弗雷莱的一封内容相同的信中，他特别提到"B 爵士的信件"。②

孟德斯鸠早已熟知博林布鲁克那支生花妙笔所撰写的著作。他在英国逗留期间拜读过发表在《手艺人》上的一些文章，这些文章后来汇集成册，成为《关于英国历史的几点见解》。在同一杂志上，后来又刊载了《论政党》一文。在拉布莱德的藏书室里，有这部著作 1735 年版的汇编重印本。从在书目中填写这部著作的书名时的笔迹来看，孟德斯鸠本人是在 1740 年至1743 年期间获得这部书的。有可能是博林布鲁克本人送给孟德斯鸠的，因为在那些年间，他大部分时间在法国。

在《论政党》一文的开头，博林布鲁克阐明了辉格和托利两词的传统定义。他谈到了辉格党的原则：承认人民至高无上，承认原始契约，承认议会拥有最高权力以及抵制暴君等。与之相对照，托利党信仰神权，倡导消极顺从乃至奴颜婢膝，以及崇拜教皇。但是他强调指出，所有这一切都已事过境迁了：

> 这些主张的相互联系已被割断，自成体系的各种思想已经打乱；我们不得不接受新的组合。③

在这两个历史悠久的政党中，大部分人已经联合起来，共同维护自由原则，只有一些遗老遗少们仍坚持从传统的界限区分彼此。这些过时的政党仇恨冰释的时候已经到了。不要再谈辉格党和托利党了，唯一符合现实的政党划分是宫廷派和乡村派：

---

① 勒勃朗：《一位法国人关于英法两国的政体、政治和习俗的书信》，海牙 1745 年版，第 2卷，第 139—140 页。

② 同上，第 28 页。

③ 博林布鲁克：《论政党》，1735 年，第 4 页。

> 昔日辉格党在内政方面的主要信念,如今已为乡村派所接受和首肯,我有充足根据说,如果将这一信条作为验证政治正统性的标准,那么,在当前,在我们之中,持异端邪说的人,似乎是少如凤毛。在另一边的情况却大为不同,这不仅表现于行动,而且表现于宫廷派在著述中所公开宣布的原则,这些原则对自由构成巨大的威胁……与他们之中有些人自称曾反对过的那糟糕的原则相比,更加危险。[1]

为了说明以辉格—托利划线进行分析是空洞而无意义的,他用大部分篇幅讨论了两党的历史,并在结尾处断言:

> 革命前使辉格与托利两党互相有别的原则分歧已不复存在,如今若继续坚持这种区分,就会荒诞无稽。因此,如今最为合情合理的做法是承认立宪派和反立宪派,或宫廷派和乡村派之分。因为,它们所公开宣称的原则分歧表明,这样的划分是符合实际的。[2]

辉格党与托利党之间的对立并未全然消失,否则,博林布鲁克就不会认为有必要这样猛烈地抨击它。总而言之,孟德斯鸠无论是对两党的对立漠然置之,还是打破原先的沉默而谈论起宫廷派和乡村派来,都在步博林布鲁克的后尘。同样,他也一步步地逐渐认清了事实的本来面目,如果他仅仅接受传统的关于辉格和托利两党的说法,肯定是不可能达到这一步的。

第四节　分权论

孟德斯鸠受惠于博林布鲁克,还不止于此,而且在 18 世纪也并非无人察觉。蒲柏就曾评论过《罗马盛衰原因论》与博林布鲁克的某些文章之间的相似

---

① 博林布鲁克:《论政党》,第 9 页。
② 同上,第 239 页。

之处①；斯雷尔夫人在读了斯彭斯的《轶事》中博林布鲁克关于法律的一些见解之后宣称（尽管不完全符合事实），这些见解"字字句句与孟德斯鸠的著作毫无二致"。同样，孟德斯鸠关于三权分立的学说，也来自博林布鲁克。②

在17世纪和18世纪的英国，混合国家论风靡一时。许多批评家和评论家往往把它与三权分立学说混为一谈。然而，两者是截然不同的。它们之间的区别可以这样来描述：

> 持混合国家说的人坚持认为，把在他们看来是最高权力的立法权，授予国王、贵族和人民联合掌管，并使三者保持和谐的平衡，便可获得一个符合众望、能维持长久的政制；而持权力分割说的人则主张，只有把政治权力（既然可分，就不可能至高无上）分为三种职能，授予不同的团体或个人，各司其职，互不干预，才能保障自由。③

18世纪主张混合国家论的人（其中包括博林布鲁克，但他有时并不始终如一）④认为：在英国，国王、贵族院和下议院各代表着君主政治、贵族政治和民主政治的成分。既然三者都享有立法权，那么，英国政体就是一个由君主政治、贵族政治和民主政治构成的复合体。孟德斯鸠从未持这种观点。他主张立法权力（委托给议会的上下两院）、行政权力（在君主手中执掌）和司法权力，互相独立。他对司法权力的论述极为简略，因此他所强调的，主要在于政体的立法和行政机构应由不同的人分掌。

当孟德斯鸠在英国时，《手艺人》和政府派的《伦敦杂志》曾就这一论点进行过激烈的辩论。博林布鲁克断言：

> 在我们这种政体里，整体的安全依赖于各部门之间的平衡，而各部门之间的平衡则依赖于它们相互的共同独立性。⑤

---

① 斯彭斯：《轶事》，第169页。
②③ 参见本人文章：《孟德斯鸠、博林布鲁克和分权理论》（载《法兰西研究》，1949年），详细论证了孟德斯鸠从博林布鲁克著作中吸收的观点。
④ 博林布鲁克：《论政党》，第158页。
⑤ 《手艺人》，1730年6月27日。

《伦敦杂志》反驳道:

> 从常识和全世界的经验来看,这种独立显然只不过是臆造出来的;实际上从来没有这种事,也不可能有几种绝对泾渭分明、绝对独立的权力,处理事务或维持政府。[①]

政府派的观点是:立法和行政必须步调一致,共同协作;反对派的观点是:两者必须分立。之所以如此,既有英国政治方面的具体原因,也有一般原因。下面的一段话对于这些一般的原因作了说明:

> 在各种政体中,为获得良好的秩序,为维护整个社会,有些权力必须置于特定的人或团体之手。划分这些权力的界限,正是区分王公或其他长官的特权与人民的特权的界限。……于是,我们看到,对于那些受委托执掌这样的权力的人,这是多么巨大的信赖,然而,如果我们洞察人的心灵,将很快发现,在他们面前又放置了一个多么巨大,而且不可避免的诱惑力。对于权力的追求是自然的,不会满足的,几乎是与日俱增的,而且永远不会因拥有权力而生厌。[②]

《随笔》中有一段文字可以用来作为对照,其中一部分如下:

> 1730 年 6 月 13 日。对于自由的监护应视形势而异。阿戈斯[③]的 100 只眼睛不总是都睁着的,也不总是都闭着的。对于权力的追求是自然的,它是不会满足的,几乎是与日俱增的,而且永远不会因拥有权力而生厌。[④]

---

① 《伦敦杂志》,1730 年 7 月 4 日。
② 《手艺人》,1730 年 6 月 13 日。
③ 阿戈斯,希腊神话中的百眼巨人。——译者
④ 《随笔》,第 525 条。

正如《波斯人信札》中穴居人的故事所表明的,孟德斯鸠那时已经持有这样的信念:政治权力是危险的,是腐化的源泉。他在一个外省高等法院任法官时所受的训练,也使他易于接受这样的观点。因此,当他阅读《手艺人》时,他更容易同意并接受其中的论点,更倾向于按照这样的观点解释英国的政制。就他除此以外的其他观点而言,他的思维过程究竟是先验的,还是经验的,这个问题可以讨论。但是,在这里是不容置疑的。正是通过他对英国宪法和英国政治争端的亲身体验,才由经验形成了三权分立理论。他又进一步加以概括,宣布了如下的规则:"从事物的性质来说,要防止滥用权力,就必须以权力约束权力。"①这个规则最精炼地表达了他的整个关于政治体制的学说。

从事实来看,孟德斯鸠在英国期间,英国政制正在形成,其最重要的特性,是立法权力和行政权力融为一体,而不是两者分立。无论如何,是沃波尔促成了两权的结合。孟德斯鸠由于看重法而不看重惯例,因而对此不能理解。他不能理解正在形成的内阁制。他不能理解内阁成员的作用,尤其不能理解像沃波尔这样的内阁领导人作为下议院和国王之间的纽带所起的作用。②他不能理解,一个大臣发挥自己的影响,或许可以带来一些有益之处,哪怕只是微小的、相对的,甚至是可疑的益处。他在其中所看到的只是腐败,并且预言(又与博林布鲁克不谋而合)③,立法权力变得比行政权力更为腐败之时,便是英国国家灭亡之日。④

孟德斯鸠在英国时,权力分割只不过是一种从派别立场出发的主张。是他赋予了这个概念以尊严和合理性,将其与自由理论联系起来,传予后世。这一学说的实用价值,远远超过其倡导者们的预见。

---

① 《论法的精神》,第11章,第4节。参见中文版上册,第154页。

② 关于沃波尔政权,参见欧文:《佩勒姆的崛起》,第37—40页。

③ 《手艺人》,1730年9月12日;《论政党》,第211—212页。

④ 孟德斯鸠在致英格兰人多姆维尔的信中曾详尽地论述了腐败的性质;参见《随想录》,第1960条。

第十四章　气候与原因

第一节　一个学说的形成

一位英国小册子作者写道:"在浏览了格劳秀斯、布尔拉马吉、普芬道夫的著述而一无所获之后,我读了孟德斯鸠的《论法的精神》一书的前13章,也没有任何发现。但是,终于,第14章报偿了我的全部劳顿。"①《论法的精神》中所包含的任何学说,都不如第14章提出的关于气候对人类的影响的学说那样引人注目,那样令人称奇。阿尔加罗蒂记述道:"人们说,正如马勒伯朗士视万物为上帝所为一样,孟德斯鸠视万物为气候所致。"②一位法国韵文作家勒内·德·博纳瓦尔写了几行诗句,言过其实地定题为《韵文论法的精神》,说孟德斯鸠漠视各种形式的政体和宗教,把一切归于气候。因此:

> 在我们生活的世纪,
>
> 人的价值不难算计,
>
> 只需探知日光的等级。③

---

① R.蒂克尔:《规划——诗》,伦敦1778年版,献词,第Ⅲ页。
② 阿尔加罗蒂:《著作集》,威尼斯,1792—1794年,第4卷,第253页。
③ 《孟德斯鸠著作集》,巴黎1875年版,第6卷,第245页。

比较严肃的作家和孟德斯鸠的一些学生,也把气候理论视为孟德斯鸠的精髓。英格兰的巴克尔、苏格兰的亚当·弗格森、法国的孔德①和泰纳②,都被看作是他的追随者。因此,确定这一理论在他的体系所占据的重要性,揭示这一理论的发展过程,是不可缺少的重要工作。③

　　气候是支配人类社会的一个主要因素。这种观点在孟德斯鸠的早期著作中并无所见。他在旅行之前曾把几点评论写入《随想录》,还曾通过郁斯贝克和黎伽之口,发表一些看法。这些表明,他曾考虑过气候问题,在他的头脑里已有论证的要点,借此可以建立一个完整的、关于气候影响人类社会的理论。他曾经强调思维对物质原因的依赖。他早期的唯物主义思想的特点之一,就是他接受伽伦④的学说:"人的精神状态反映出人的身体的状况。"孟德斯鸠通过郁斯贝克之口,描写了一个来自巴黎的才子,宣称他的意见绝对地取决于他的身体状况⑤,他这是在把《论法的精神》第24章和第25章中将出现的关于宗教相对论的思想,预先给读者品味一下。早期,在《随想录》里,对于气候在一个国家的经济状况中所起的作用,有一段评论。⑥他曾读过夏尔丹的《游记》,书中,夏尔丹宣称,东方民族的风俗,起因或起源于他们那里的气候性质。⑦但孟德斯鸠此时还没有建立系统的学说。

　　只是到他访问意大利的时候,他才对气候的影响问题表现出真正的兴趣。在此之前,旅行返回的人经常报道罗马的空气非常糟糕;绝大多数旅行指南都评论说,罗马城本身或罗马城周围的大气是有毒的,甚至能置人于死地。罗吉萨的《意大利情趣》、米森的《意大利新游记》以及艾迪生的《意

---

① 孔德(Comte, Auguste, 1798—1857),法国哲学家,实证主义创始人。著有《实证哲学教程》等。——译者

② 泰纳(Taine, Hippolyte, 1828—1893),法国19世纪实证主义代表,他也是一位思想家、文学评论家和历史学家。——译者

③ 详见本人文章:《孟德斯鸠气候学说的演进》,载《国际哲学杂志》,1955年。

④ 伽伦(Galen, 130? —200?),古希腊医生、作家。——译者

⑤ 《波斯人信札》,信75。信121中关于空气对人体影响的论述,写于1754年。

⑥ 《随想录》,第312条。

⑦ 夏尔丹:《游记》,阿姆斯特丹1711年版,第2卷,第275—276页。

大利若干地区观感》,都提到了罗马的空气如何有害于健康。这几部书,孟德斯鸠都了解,都引用过,并且都收藏在拉布莱德。他启程去意大利之前不久,读了杜博教士所著《诗画评论》。这位博学多闻的教士明确地谈到气候对民族性格的影响,并对其作用方式作了细致入微的分析。他甚至断言,气候能够影响宗教,能够引导人们去作恶或行善。正如许多 18 世纪的作者后来所做的那样,他也谈到在英国自杀事件屡屡发生。他指出,每 60 宗自杀案中,50 宗发生在冬初或冬末,那时节刮东北风,人们闭门蛰居,心中郁郁寡欢,终于酿成绝望情绪。他引用夏尔丹以及丰特纳尔的著作来支持他的观点。丰特纳尔在他的《闲话古代派和现代派》一文中支持了气候影响说,另外,他和杜博、孟德斯鸠三人都是朗贝尔夫人的沙龙成员,毫无疑问,他在谈话中也曾为这种观点辩护。

罗马人使杜博感到不知所措,他的理论遇到了挑战。自加图和布鲁图斯以来,罗马的地理位置并无改变,而罗马人的品格却败坏了,这又作何解释呢? 面对着对他的理论的这种非议,他宣称:首先,罗马人品格的变化,表面远甚于实际;其次,自从那时以来,罗马的空气发生了变化:

> 自恺撒时代以来,罗马及其周围的空气发生巨大变化,因此,居民古今有异不足为怪。恰恰相反,此事合乎情理,原因的恶化必然败坏结果。[①]

他争辩道,目前罗马的空气之所以不纯净,其原因在于:罗马的地下因古代的沟渠和建筑废墟形成许多洞穴,洞穴中充满了不流动的臭水。夏日的炎热,使臭气从这些地下水坑里溢出地面,污染了空气。这是最初的解释,后来杜博又补充了两点:(一)罗马的土地不再精耕细作;(二)地下蕴藏的明矾、硫黄和砷挥发出有毒的气体,散入大气。杜博最独树一帜的见解是物质散发理论。在他看来,空气的质地在很大程度上取决于是否在土壤中存在着矿物或停滞的臭水。

孟德斯鸠在旅途中极为注意空气及其对人类的影响。他对匈牙利和

---

① 杜博:《诗画评论》,巴黎 1719 年版,第 2 卷,第 263—264 页。

哈茨的矿区非常感兴趣,并且特别发表了议论,说矿内的空气不纯净。在罗马,他记述的第一次交谈,就是和波利尼亚克谈论罗马的空气有害于健康的问题。这位红衣主教提出了三点解释:其一,这里的河流不似过去那样流畅;其二,海边的洞穴,夏季受到灼热的阳光曝晒,生出许多昆虫,并散发出恶臭的蒸汽;其三,这里有许多明矾矿和其他矿物的矿井,从中散发出多种蒸汽。孟德斯鸠自己又提出一种原因,作为补充:由于建筑物下陷,地面上存在着许多坑穴,冬季的雨水积蓄在这些坑洼里,到了炎热的季节,有毒的蒸汽从中升起,造成空气污染。[①]他在参观波利尼亚克的考古发掘时,为自己的理论找到了证据。[②]在继续向南旅行的途中,他在硫黄气孔地区的波佐利神庙的废墟和维苏威火山山麓,甚至从气体液化的奇迹中,找到了研究空气影响的新机会。[③]

回到法国以后,他便着手把这些观察记录下来,同时又进行实验,深入探求。他先是在波尔多科学院宣读了两篇论文,谈论在匈牙利考察过的矿山;1731 年 12 月又宣读了第三篇论文,谈论哈茨的矿山,其中对罗马的空气发表了一些评论。一年以后,大约在这个时期,他搞到了兰齐西和多尼的著作[④]。可能正是以他们的著作为依据,他又提出了一篇论文,题为《古罗马人的饮食无度与当今罗马人的节俭》。他在文中把导致罗马人性格变化的原因分为两类:道德原因和外界原因。[⑤]他在这方面新萌发的热忱,似乎不久就感染了其他人,因为波尔多科学院为 1733 年有奖论文指定的题目是《自然界与空气的特性》。[⑥]至今在波尔多市立图书馆里仍保存着当时提交评审的论文。如果这些论文就是全部,或者已经具有代表性的话,那么,孟德斯鸠对论文的质量,肯定感到大失所望。尽管如此,他至少得到了慰藉,因为这反映出几位有头脑的人,包括论文作者和评审人,对于一个他所喜爱的问题、他的一个朋友纳瓦尔在很早以前曾钟爱的问题下了一番功夫。[⑦]

---

①②③ 《全集》,纳热尔版第 2 卷,第 1095 页;第 3 卷,第 459 页;第 2 卷,第 1156—1160 页。

④ 兰齐西:《著作集》,日内瓦 1718 年版;多尼:《重建罗马的卫生环境》,海牙 1716 年版。

⑤ 《全集》,纳热尔版第 3 卷,第 358 页。

⑥⑦ P.巴利埃尔:《波尔多科学院》,第 190 页。

与此同时,他满腔热情地进行着实验。1734 年,他向梅朗求教有关显微镜的问题。①大约在同一时期,他着手进行在《论法的精神》中有所描述的关于羊舌头的实验,实验中使用了显微镜,实验的目的是为了发现羊的舌头对温度变化有何反应。②

这时,孟德斯鸠对于气候作为一种社会因素的兴趣,开始萌发。在《罗马盛衰原因论》中,这个问题曾经提到过,但是和其他因素一道提出的,而且只是一笔带过。在《论欧洲一统王国》中,有关的证据稍许多些。这里,他把国家分为北方国家和南方国家两类——这样的分法,到了斯塔尔夫人③和西斯蒙第④的手里,对于浪漫主义文学理论的形成起了很大的影响。《随想录》中 1731 年以后的内容,提到了气候的影响,但互不相关,有的是就文学爱好而言,有的是就妇女地位而言,有的是就英国人的性格而言,有的是就独身主义而言,还有的是就俄国人而言。⑤类似这样支离破碎、互不关联的讨论,不胜枚举:以上这些只不过是其中少数几例而已。

与此同时,他在《随笔》中写道,他必须一览约翰·巴克利⑥的《心灵的描绘》。这是一部风靡一时的关于人的各种性格的著作(1614 年伦敦出版),其中的分析都以气候为基础。从《随想录》来看⑦,他了解 16 世纪的西班牙人胡安·华尔特撰著的《对天才的考察》。这部书有多种法文译本,孟德斯鸠拥有其中的一种。这部书试图把伽伦的医学与柏拉图的教育理论融为一体。华尔特以四种液体(忧郁液、黄胆汁、血液和黏液)作为基础,建立了一个心理学体系,说明这些体液在人体内的分布,如何受气候条件的

① P.巴利埃尔:《波尔多科学院》,第 211 页。

② 《论法的精神》,第 14 章,第 2 节。参见中文版上册,第 228 页。

③ 斯塔尔夫人(Staël, Anne-Louise-Germaine Necker, Madame de, 1766—1817),法国女作家,积极浪漫主义前驱。主要著作《论卢梭的性格与作品》和《论德意志》。——译者

④ 西斯蒙第(Sismondi, Léonard Simonde de, 1773—1842),资产阶级古典政治经济学在法国的代表,经济浪漫主义的主要代表人物,历史学家。主要著作《商业财富论》《政治经济学新原理》《法兰西人历史》等。——译者

⑤ 《随想录》,第 717、757、889、905、1199 条。

⑥ 约翰·巴克利(Barclay, John, 1582—1621),苏格兰讽刺作家,拉丁文诗人。——译者

⑦ 《随笔》,第 562 条;《随想录》,第 1191 条。

影响。蒙田也知道这部《对天才的考察》;孟德斯鸠的这位波尔多同乡也使用同一个资料来源①,这是耐人寻味的。

孟德斯鸠之前,法国最重要的政治理论家是让·博丹。孟德斯鸠的观点在总体上和他极少有共同之处。然而,气候影响理论却在博丹的著作中举足轻重。另外,尽管在他的著作中,气候影响理论不仅与已被废弃的医学理论联系在一起,而且与星相学联系在一起,但是其中包含着历史哲学某些观念的萌芽。孟德斯鸠否认他知晓博丹的著作。然而,他确实拥有博丹的著作,其中包括两本《共和论》。不仅如此,在他收藏的那本《方法论》的第 5 节中,博丹阐述气候理论的地方,还划满了星号和横线。

气候影响说的鼻祖希波克拉底②也同样在拉布莱德占有一席之地。之所以这样说,是因为在孟德斯鸠的遗稿中,有一段从他的《论空气》中作的摘录③,其中一段是出自一位看来曾于 1738 年至 1741 年期间为孟德斯鸠服务的秘书之手笔。

孟德斯鸠的这些前辈,是不容忽视的。尽管除了华尔特以外,其余作者的哪部著作成为孟德斯鸠的资料来源,尚未确定,但是,他们可能都对他有所启发。然而,还有两个人比他们起的作用更大。一个是英国人,叫约翰·阿巴思诺特,一个是法国人,叫弗朗索瓦-伊尼亚克·埃斯比亚·德·拉博德。1733 年,阿巴思诺特在伦敦发表了《论空气对人体的影响》,这篇论文对气候影响理论作了充分而系统的研究。这部著作于 1742 年被译为法文。在这部著作和《论法的精神》第 14 章之间,有颇多相似之处,德迪厄教士第一个提醒人们注意这一点。④

前面已经提到,孟德斯鸠非常可能与阿巴思诺特有个人交往。他们二人都是切斯特菲尔德、博林布鲁克和赫维的朋友,都是皇家学会会员,又都是共

---

① P.莫里亚克:《〈论法的精神〉的一个不为人知的西班牙来源》,载《波尔多科学院院刊》,1958 年。
② 希波克拉底(Hippocrates,前 460—前 377),古希腊医生,被誉为医学之父。——译者
③ 《全集》,纳热尔版第 3 卷,第 712—714 页。
④ 参见德迪厄:《孟德斯鸠与英国政治在法国》,巴黎 1909 年版。

济会会员。他们在伦敦会面,几乎是不可避免的。孟德斯鸠两次引用阿巴思诺特的观点①,尽管与气候理论无关。还可以推测,当孟德斯鸠在英国的时候,阿巴思诺特的《论空气对人体的影响》一文,正在撰写之中。在他重返故里以后不久,《论空气对人体的影响》发表的那年,波尔多科学院每年一次的竞赛,定的题目与之类似。孟德斯鸠的一位朋友内拉克的医生劳兰公开宣布他是阿巴思诺特的信徒。由博瓦耶·德·佩布朗迪埃翻译的这部著作的法译本,于 1742 年在巴黎出版,题献给爱尔维修的父亲。译本印数极少,但是波尔多科学院藏有此书,至今仍可在波尔多市立图书馆找到此书,书上盖有科学院公章。总之,阿巴思诺特对于孟德斯鸠发展气候影响理论有极大的影响,这是不容置疑的。早在 1742 年《论空气对人体的影响》法译本出版以前,孟德斯鸠完全可能就已经知道这部著作,而在 1742 年以后则更可以肯定这一点。

拉博德远非文坛巨匠。他出生在贝尚松,后来移居到第戎。在那里,他成为布伊埃的被保护人。1742 年 8 月,他把一部新近完成的著作手稿交给布伊埃,请求他帮忙找一家出版商。这部手稿是他悄悄地写成的。②他的请求果然奏效,1743 年,以《论各民族的才能和性格》为名的 3 卷著作在布鲁塞尔问世了。这部著作极其稀少。1752 年这部著作重版,书名为《论各民族的精神》,1753 年又出了英译本,书名译作 *The Spirit of Nations*。1769 年,让-路易-卡斯蒂雍在布伊雍出版了一部著作,题为《论各民族才能、习俗和政体不同之物质和精神原因——部分摘自一部匿名著作》,大量剽窃了《论各民族的精神》一书。不过,作者也承认他大量引用了拉博德的著作,但他说这部著作在法国鲜为人知,而他似乎也只知道这部著作的第 2 版而已。

如果现在仍只有第 2 版为人所知的话,人们会认为它是抄袭孟德斯鸠的著作而来的。但是,第 1 版实际上比《论法的精神》早 5 年。从开头第一句话"各民族的才能可以被看作是一种原因或一种结果"起③,拉博德的著作和孟德斯鸠的观点过于相似,以至于无法认为是偶然的巧合。拉博德多

---

① 《论法的精神》,第 16 章,第 4 节;《随笔》,第 781 条。
② 1742 年 8 月 1 日,拉博德致布伊埃;原件存巴黎国家图书馆,件号 Mss fr.24421。
③ 拉博德:《论各民族的才能和性格》,第 1 卷,第 3 页。

次引用《罗马盛衰原因论》中的内容。他发表的许多观点,都是孟德斯鸠的得意之见。其中有些和孟德斯鸠在 1743 年虽然已经落笔纸上,却还尚未发表的观点,如出一辙;另一些则无论在实质内容上还是在所用的术语上,都和后来在《论法的精神》中出现的观点非常相近。①一个特别有说服力的相似之处,是关于气候 Climate 一词的用法。气候这个词,原意指地球上相隔一定距离的两条纬线之间的空间,在白昼最长时,这两条纬线的昼长相差半小时。后来词义扩展,单指地理位置。1662 年,高乃依写道:

> 大自然因气候不同而异,
> 波斯人绝无希腊人之美德。②

22 年之后拉布吕耶尔宣称"理性不因气候不同而异"③,在这两处,气候 Climate 一词的意义只是地理区域而已,完全没有指大气状况或天气状况的内涵,在词典中也无此义,直到 1762 年学士院才将此义收入由其编纂的词典的修订版。④孟德斯鸠是第一个用 Climate 一词指天气的大作家,但是拉博德先于他。拉博德在他著作的第 2 节里使用了这个词特定的传统意义,其后他转而使用 Climate 一词的现代气象学意义。这两位作者在用词上有诸多相似之处,加上在创造新词上又有此巧合,这说明两人之间存在着一定的联系。或许,拉博德曾作过孟德斯鸠的秘书,后来离开了,并剽窃了原来的主人的著作;不过,另一种假设可能性更大,即孟德斯鸠是借用者:拉博德著作的第 1 版极为稀少,法国大部分图书馆都没有此书,甚至连国家图书馆也没有完整的 3 卷。但是,在波尔多市立图书馆里却有此书,书上的题辞是"献给巴尔博院长",而巴尔博又是孟德斯鸠交往最久的老朋友。

　　孟德斯鸠有关气候的思想,其发展过程明显地是归纳性的。他以研究

---

① 　参见本人文章:《孟德斯鸠气候学说的演进》。
② 　《亚吉希拉》,第 ⅳ 章,第 1741—1742 页。
③ 　拉布吕耶尔:《论性格》,第 2 卷,第 88 页。
④ 　参见 G.盖鲁:《古法语》,巴黎 1924 年版,见"气候"条。

罗马的空气这一具体问题为起点,然后通过阅读、观察和实验来扩展他的观点,最后才形成关于气候影响的总体理论。

第二节 气候学说

孟德斯鸠首先从观察气温对人体的效应着手,说明气候的影响[①]:寒冷的空气使人体纤维缩短,而炎热的空气使人体纤维伸长。纤维缩短时,弹力增加;由于这个原因,还由于那时血液更容易流入心脏,人体更加有力量。于是,在寒冷的气候条件下,人们比较强壮。

> (心脏)力量的加强必然会产生许多效果,例如,有较强的自信,也就是说,有较大的勇气;对自己的优越性有较多的认识,也就是说,有较少复仇的愿望;对自己的安全较有信心,也就是说,较为直爽,较少猜疑、策略与诡计。[②]

另外,各支神经都以皮肤为终点,形成小的管束。神经末端对于外界的刺激,在皮肤紧张时不太敏感,在皮肤松弛时较为敏感。在寒冷的气候条件下,皮肤组织紧张;而在炎热的气候条件下,皮肤组织松弛。因此,在炎热的气候条件下比在寒冷条件下,我们更容易感受到外界的刺激。因而,在炎热的气候条件下,人们的感受比较多;在太阳照射比较强的地方,想象力和情趣更为丰富,敏感性和活泼程度更高,因为这些都依赖于大量的感受。

孟德斯鸠这样讲,是以实验为证据的。他在显微镜下观察了羊的舌头,发现羊舌表面覆盖着一层微小的锥状体。他认为,这些锥状体基本可以肯定就是主要的味觉器官。然后,他把羊舌加以冰冻,发现锥状体不见了。它们收缩到舌组织里面去了。只是在羊舌逐渐从空气中获得热量,气温回升以后,锥状体才再度出现。

---

① 参见《论法的精神》,第14—17章,其中第14章最为著名、最重要。
② 《论法的精神》,第14章,第2节。参见中文版上册,第227页。

在这一段插叙之后,孟德斯鸠又继续列举了气温所产生的心理上的结果。他写道:

> 在寒冷的国家,人们对快乐的感受性很低;在温暖的国家,人们对快乐的感受性就多些;在炎热的国家,人们对快乐的感受性是极端敏锐的。①

他在意大利和英国都观看过歌剧。同样的剧目,同样的演员,产生的效果却截然不同。一个国家的观众不动声色,另一个国家的观众则激动异常,令人难以置信。同样,对于疼痛的感觉程度,也随气候条件而异:"必须剥俄国人的皮,才能使他有感觉。"②在南方国家,两性之间的爱情比较强烈,寻欢于闺房之中;北方国家中,当地人精力充沛,狩猎、旅行、战争和饮酒是他们所好。北方国家的人民少邪恶,诚恳而坦率。但是,人们觉得,离南方国家越近,好像离道德就越远。

那么,这里所阐明的原则,将引申出什么样的直接结论呢? 有些民族,印度居民尤为显著,比别的民族更需要由一个好的立法者执政。精神懒惰的人——东方种族——不能迅速改变他们的生活方式;于是,在他们的国土上,今天的法律和习惯,与1 000年以前毫无二致。③在这些国家里,人民习惯于闭门沉思,而不习惯于采取行动,因此,僧侣修道盛行。在亚洲,气候越热,苦修僧人的数目便越多,在欧洲(不要忘记,在《波斯人信札》中,僧侣都被称作苦修僧),也会看到同样的现象。④在北方,人们较少担心饮酒而凝结血球,因此,饮酒很少遭受惩罚;而在南方,正是由于这个原因,立法人穆罕默德不得不禁止饮酒。⑤在英国,气候使人感到疲倦,以致厌恶一切事物,甚至厌恶生命。因此,最适宜的政府就是:它使这些人不可能把他们对于

---

①② 《论法的精神》,第14章,第2节。参见中文版上册,第229页。
③　同上,第14章,第4节。参见中文版上册,第231页。
④　同上,第14章,第7节。参见中文版上册,第233页。
⑤　同上,第14章,第10节。参见中文版上册,第234页(本书这几段的引文,意思虽大体相同,但文字与中文版译文略有出入。——译者)。

政府的不满,发泄于任何个人;这个政府与其说是受人支配,毋宁说是受法律支配。英国政府应当就是这样一种政府。①在最炎热的国度里,人们几乎不知勇气为何物,必须以别的刺激取而代之,来促使人们去做艰难和痛苦的事,这种刺激就是对惩罚的恐怖,因此,气候是造成奴役的原因之一。②在炎热的气候条件下,妇女早熟,致使她们还在孩提年龄就出嫁,因此,妻子明显地处于附属丈夫的地位;又由于养活她们所需花费比凉爽的地区要少,所以,一个男人能够比较容易地养活一个以上的妻子,由此产生多妻制。③勇气是北方民族的特点,甚至在同一国家内,也可见到显著的差别:

朝鲜南方的人民则不如朝鲜北方的人民勇敢。④

随之而来的是,北方种族比较经常地能够享有自由,而南方种族则往往遭受奴役。孟德斯鸠仔细地考察了旅行家关于亚洲的记述,根据这些记述,亚洲几乎没有温带,而欧洲的温带则极为广阔。因此,在亚洲,气质大不相同的种族互相毗连。好战的种族和软弱的种族相互为邻;这种情况使亚洲大陆作为一个整体,力量大为削弱,而战争和奴役则大为增加。在欧洲,种族之间较为平衡,这是欧洲能够强大的因素之一,也是自由受到鼓励的原因之一。在亚洲,由征服形成的地域辽阔的帝国,只能实行专制。而在欧洲的小国里,自由得以充分发展。⑤

　　以上几点就是构成孟德斯鸠的气候理论的要素。他的这一理论还不是严谨而系统的学说。人的某些心理状态对于他们生活在其下的政体形式有所影响,所以气候也间接地影响政体的形式。这是一个温和的、有限度的学说。它只是《论法的精神》整个学说的一部分,甚至只是其中一个很

---

① 《论法的精神》第 14 章,第 13 节。参见中文版上册,第 238 页。
② 同上,第 15 章,第 7 节。参见中文版上册,第 246 页。
③ 同上,第 16 章,第 3、4 节。参见中文版上册,第 261 页。
④ 同上,第 17 章,第 2 节。参见中文版上册,第 273 页。
⑤ 同上,第 17 章,第 3、5 节。参见中文版上册,第 275、277 页。

小的部分。对于孟德斯鸠在这部著作中所阐述的气候理论，人们得到的第一个印象，应该是它的局限性很大。

然而，在20世纪的读者头脑中第一个印象却很可能是这个学说的幼稚。而且，如果以绝对的科学标准进行判断，这样的印象也是合乎道理的。但是，如果要想正确恰当地理解孟德斯鸠，就必须按照当时的标准进行判断。17、18世纪流行的气候理论，往往显得怪异。当时的观点是，南方和东方的高温刺激人体的忧郁液，从而增强想象力，尤其是有助于培养人们的宗教热情和文学才华。于是，新的宗教和文学形式，都被看作是在东方兴起的。这种观点可以追溯到16世纪意大利的卡尔达诺；后来由于埃再次做了谨慎的表述；丰特纳尔也没有将其全盘否定。[1]另外一些作者认为，在寒冷的气候条件下，人体的毛孔收缩，内部的热量无法释放出去，因而有必要使体内温度降低：这样就出现了人人皆知的北方种族嗜酒的现象。[2]这样的观点，对于孟德斯鸠来说，都毫无用途[3]，他比持这些观点的人又大大前进了。无论在气候条件的具体内容方面，还是在气候影响的方式方面，他都竭力否定先验的存在。他力图通过实验方法揭示温度高低的效应，态度严肃认真。而他研究旅行家们的记述时所怀的热情，更是有过之而无不及。他不只是断言，他还力求找到证据。

第三节　道德原因和物质原因

《论法的精神》的著者经常由于他的气候理论被指责为决定论者或宿命论者。孟德斯鸠对立法者的告诫可以用来回答这种非难，这里指的是为受某种气候条件影响的人民立法的立法者。他说，一个好的立法者必须抵制气候的邪恶影响，一个糟糕的立法者则情愿听之任之。譬如，在炎热的国度里，为了克服由气候造成的懒惰，法律就应该努力消除一切不劳动而

---

① 　丰特纳尔：《寓言的起源》，巴黎1932年版，第30、84—91页。
② 　参见塔索尼：《杂感》，威尼斯，第392页。
③ 　但有一个例外：《随笔》，第539条。

生活的手段。①

可是,这种告诫是否实际可行呢? 孟德斯鸠是否只是提出了一个毫无新意的问题呢? 他是否实际上号召立法者抗拒必然,催促他们采取注定要失败的措施? 这个问题实际上是探讨由孟德斯鸠的研究所引起的最重要而又有争议的问题之一。

在《波斯人信札》中,孟德斯鸠就已经强调道德原因和物质原因的重要性。在谈到自古至今世界人口递减的原因时,郁斯贝克在一封信的结尾对黎伽说:

> 下次信中,我将使你看到,一些与物质原因不相关的道德的原因,产生了减少人类的结果。②

曾经有不计其数的作者,怀着这样或那样的意图,讨论过原因的问题。有的强调道德原因和物质原因之间的区别:塞缪尔·克拉克采用"道德动机"和"物质的有效原因"这两个术语③,杜博在讨论文学史时,认为道德原因即施恩惠于他人,而拉博德的概念则与孟德斯鸠较为相近。孟德斯鸠关于原因的理论,是逐步发展形成的。18 世纪 20 年代末,当他尚举棋不定时,他述说了自己的困难所在。他写道:

> 体质原因和道德原因几乎总是不相一致,这便是人的大多数矛盾的起因。④

只是当他撰写《论影响精神与性格的诸因素》时,他的思想才臻于成熟。这篇孟德斯鸠逝世很久以后才公之于世的短文,在他的思想理论中的地位举

---

① 《论法的精神》,第 14 章,第 7 节。参见中文版上册,第 233 页。
② 《波斯人信札》,信 113。参见中文版,第 195 页。
③ 塞缪尔·克拉克:《上帝的存在和属性之论证》,伦敦 1728 年版,第 99 页。
④ 《随想录》,第 241 条。

足轻重。其雏形可能已经包含在稍早的一篇论文《论才能之差异》中。这篇论文现已失落①，然而，现有的《论影响精神与性格的诸因素》一文，是在1743年以后开始下笔的，而在1743年以后不久成文或半途而废。②无论如何，这是孟德斯鸠的思想库。他把博览群书时采撷的思想精华，都汇集在这篇著作之中，从而在撰写《论法的精神》一书时，他能从中选用。在他已经开始使用其中的资料后，他仍继续予以充实，这样的做法不同于常规，不过，在《论若干君主的性格》中他也曾这样做过。

《论影响精神与性格的诸因素》一文本身也是不容忽视的。论文的第一部分涉及的是物质因素，清晰明确地阐述了气候和体质的影响。《论法的精神》中关于纤维的作用的描述，已见于这篇文章。阿巴思诺特曾写过一部专著③，研究食物的效用，以及"神经中的液质"的功能问题。孟德斯鸠也研究了这个问题，这显然受到了笛卡尔关于动物精神说的影响。他强调思维对于外界物体的依赖性，这表明他也在18世纪法国追随洛克的众多学子之列。他使用的语言有时令人想到对洛克的观点加以唯物主义改造的拉梅特利。继柏拉图、博丹和蒙田之后，拉梅特利研究了雅典空气变化多端的原因，讨论了山地的影响，特别提到比利牛斯山脉和亚平宁山脉；比较了意大利的热风和英格兰的东风；提到了两性在精神方面的差异，阉割和独身的后果，以及睡眠和斋戒的影响。在讨论这最后一项时，他以他的典型方式插入一句评论，说谁也不能凭空揣测，说当年的沙漠僧侣是低能的。这一论点导致他走上了颇为唯物主义的立场，他还以极妙的方式表达了这一立场：我们身上的灵魂犹如网上的蜘蛛。

文章的第2部分研究了道德原因。同物质原因一样，这些道德原因也和每个人的生命分不开。当人的感觉器官把感受传至大脑时，精神原因——其中最重要的就是教育——使人能够对接收到的不同思想进行选择、评价和比较。教育使头脑保持活跃和高效率，防止大脑萎缩；否则，大脑

---

① 《随想录》，第2265条。
② 参见本人文章：《孟德斯鸠气候学说的演进》，纠正了我过去确定的日期(1736—1741年)。
③ 阿巴思诺特：《论食物本质》，伦敦1731年版。

肯定会萎缩,高加索和明格列利亚奴隶就是证明。由此来看,说教育为我们创造思想,这是完全正确的,因为它使思想由之而来的渠道保持活跃。因此,我们的教育者是思想的制造者。道德原因的功能,正在于纠正、调节和补充物质原因。没有物质原因,生命便不存在。没有道德原因的作用,生命便无价值。

因此,物质原因是由教育来控制和指导的。教育可以分为两类:

> 刚才谈到了培养多种性格的个别教育,然而,还有人们从他们所生活的社会中接受的一般教育。因为每个民族都有其一般性格,而每个人的性格或多或少地要受一般性格的影响。这种性格由两种原因促成:其一是取决于气候的体质原因,这方面恕我不再赘述;其二是道德原因。道德原因集法律、宗教、风俗和习惯而成,而且也受到宫廷和首都的思想方式、风气以及种种愚蠢之举的影响,因为它们往往传播各地。①

各种原因的汇集是《论法的精神》中包含的最重要的思想之一。它在孟德斯鸠的头脑中早已萌发。不完整的遗稿《论政治》原是 1725 年发表的《论义务》的一部分,他在文中毫不犹豫地指出,每一个社会都有共同的性格,或曰普遍的灵魂,世世代代繁衍而来的其数无限的原因,造就了它的思维方式。②在《罗马盛衰原因论》中,他再次提及这个共同的性格,这时称之为"一般精神",并强调权力以此为基础,而且不得损害它。③

详述一般精神的诸因素,共有三处。首先是《随想录》中的一段,写于 1731 年,其中列出五种因素:宗教、施政的准则、法律、风俗和习惯。另一节,写于 1733 年至 1738 年之间,但不会早于此;其中,气候取代政府的准

---

① 《全集》,纳热尔版第 3 卷,第 419 页。
② 同上,第 168—169 页。
③ 《罗马盛衰原因论》,第 22 章。

则,成为一般精神的一种因素。①一般精神的第三种定义,是在《论影响精神与性格的诸因素》对这个题目作了进一步的探索之后才提出的。这第三种定义,见于《论法的精神》第 19 章第 4 节。这一节,在原稿中注明的日期是1740 年至 1743 年,大概是整部著作中意义最重大的一节,也是最短的章节之一,因此,必须全文照引:

> 人类受多种事物的支配,就是:气候、宗教、法律、施政的准则、先例、风俗、习惯。结果就在这里形成了一种一般的精神。
>
> 在每一个国家里,这些因素中如果有一种起了强烈的作用,则其他因素的作用便将在同一程度上被削弱。大自然和气候几乎是野蛮人的唯一统治者;中国人受风俗的支配;而日本则受法律的压制;以前,风俗是拉栖代孟的法则;施政的准则和古代的风俗,在罗马就是规范。②

从这一节以及孟德斯鸠先前的著作中有关的论述来看,说他认为政治社会中只有一种原因,那是大错特错了。各民族的命运取决于这七种原因的平衡或均势。立法者必须依据这七种原因制定法律;历史学家也必须依据这七种原因作出分析。只有一种原因:气候,是物质原因。那么,按照孟德斯鸠的观点,如何才算在这七种原因之间取得了平衡呢? 他是否认为气候原因最为重要呢?

他并不这样想。1733 年至 1738 年间记入《随想录》内的一段话十分重要,清楚地表达了他的意见:

> 我恳请人们不要指责我把仅与气候有关的东西归入了道德原因。③

---

① 《随想录》,第 542 和 854 条。
② 《论法的精神》,第 19 章,第 4 节。参见中文版上册,第 305 页。
③ 《随想录》,第 811 条。

他接着又以生动的笔调侃侃而谈：

> 我很明白，道德原因倘若不制止物质原因，物质原因就会越出范围，滥施影响。我同样懂得，物质原因倘若能自行发生作用（例如人迹罕至的深山居民），它不会立即摧毁道德原因；因为物质原因常常需要道德原因，否则便不能发生作用。[1]

他担心会被指责为对物质原因强调不足。但是，《论法的精神》所激起的热烈反响，很快就解除了他的这种忧虑。他毫不动摇地相信，道德原因和物质原因是相辅相成的。

人类的原始状况又如何呢？如果仔细研究一下一般精神，把由人的活动构成的那些成分，像剥洋蓟的叶片那样，层层去掉，那么，法律、施政的准则、风俗和习惯就都去掉了。宗教对于孟德斯鸠来说，主要也是一种人为的东西。激发另一个原因引发出另一种基本法的自然法，并非依照时间顺序排列在首位的自然法。[2]人类的活动开始时，并无先例可循。

剩下的只有气候了，它是"一切影响中最强有力的影响"[3]。在最初的社会里，在最不开化的民族里，物质原因占优势："大自然和气候几乎是野蛮人的唯一统治者。"

随着社会的发展，出现了宗教信仰，制定了法律，先例逐步积累，风俗和习惯渐渐形成，施政准则也宣告产生。任何社会离开原始形态时间越久，一般精神中的非物质性因素就变得越重要。

这样，物质原因的政治作用是与道德原因的政治作用大不相同的。在价值方面，两者之间也完全不同，尽管布龙施维格持相反意见。[4]孟德斯鸠声称，立法者的责任在于抗拒气候的力量。顺应一般精神行事，也同样是

---

① 《随想录》，第811条。
② 《论法的精神》，第1章，第2节。参见中文版上册，第4页。
③ 同上，第19章，第14节。参见中文版上册，第311页。
④ 布龙施维格：《意识在西方哲学中的进展》，巴黎1927年版，第2卷，第496页。

立法者的责任,而气候正是一般精神的一部分。这就意味着,一个好的立法者,必须在一般精神的框架之内,把强调的重点从物质因素移至道德因素。必须比他的先辈较少地依赖气候,而更多地依赖习惯、道德、法律、宗教,更多地求助于过去的惯例。

不仅是一个好的立法者有义务这样做,立法者们作为一个整体来看,也确实是这样做的。随着时间的推移,气候主宰一切的现象越来越成为遥远的过去;而道德因素的数量必然与日俱增,气候的作用也必然日益削弱。传统、生活方式、风俗、宗教、观念——首要的是观念——作为社会的决定性因素日益重要。这些因素并不总具有道德价值,但毕竟比气候影响较为可取,它们的重要性日益超过气候,这是一种进步。

这是隐含在孟德斯鸠的一般精神学说之中的结论。他并没有像杜尔哥①那样靠直觉作出如下概括:

> 尽管步伐缓慢,人类总体毕竟在平静与激动、善良与邪恶的交替中,走向更完善的境界。②

孟德斯鸠的理论更具探索性和实验性,其基本用意是试图对科学和历史方面进行的详细研究所得出的结果,作综合性的描述。他的材料不完整,综合不完善,他忽略了经济因素。尽管如此,他毕竟阐发了一种进步理论,比杜尔哥毫不逊色。除此之外,用吉本的话来说,他还成功地说明了自由权利和自然权利并非势不两立③,这一点则远远超过了杜尔哥或其他同时代的任何人。

---

① 杜尔哥(Turgot, Anne-Robert-Jacques, 1727—1781),法国资产阶级经济学家,重农学派的主要代表之一。主要著作有《关于财富的形成和分配的考察》。——译者

② 杜尔哥:《论人类精神的连续进步》,1750 年,载《著作集》,巴黎 1844 年版,第 2 卷,第 598 页。

③ 吉本:《罗马帝国衰亡史》,第 596 页。本节的某些论点在本人文章:《孟德斯鸠在 1748 年》(载《法兰西研究》,1949 年)中有所阐述。

第十五章　法律史

第一节　罗马继承法

　　《论法的精神》的结尾几章,主要从历史的角度进行了探讨,其中1章涉及的是罗马继承法,另外3章讨论了法国的法律和制度。这4章的存在,使许多评论家感到茫然不解。第26章《法律和它所规定的事物秩序的关系》之后,完全可以由第29章《制定法律的方式》衔接,这样,全书就是一个完整的整体。不过,这不是孟德斯鸠的计划,甚至从一开始他就不曾这样安排过。

　　保存在巴黎的《论法的精神》一书的原稿,第5卷混乱不堪,一些主要的部分已经散失,而毫不相干的一些书稿却插在其中,这给利用这些原稿研究这部著作的最后几章,造成了困难。整个第26章在原稿中空缺,但不能由此肯定这一章写于原稿上注明的最后日期1746年之后。另一方面,第27章的原稿,从笔迹来判断,成于1741年至1743年间,这足以说明,关于罗马继承法这一章,并非事后才增添的,而是早已计划在内的,它是全书中不可分割的一部分。因此,研究《论法的精神》一书是否协调统一,必须把这一章考虑在内,而不能排除在外;其他涉及历史的第28、30和31章,也是一样。[①]

---

①　参见巴克豪森:《〈论法的精神〉的混乱》,此文收在《孟德斯鸠的思想和作品》一书中,巴黎 1907 年版。

达朗贝尔在他的《〈论法的精神〉辨析》一文中说,孟德斯鸠在阐明了他的理论原则之后,意欲从世界上最有声望的民族罗马人和读者最关心的民族法国人的历史中引证实例,用以说明这些原则。①

朗松的观点与此并不矛盾,不过他把这部著作分为研究"事物本身""事物在空间中"(从地理学角度讨论的几章)以及"事物在时间中"三个部分。②

孟德斯鸠自己在《随想录》中对这个问题作了说明。他所谈的是关于罗马法律的那一章,不过,他的解释也适用于关于法国古代史的那几章,而且实际上对整部《论法的精神》都作了说明。他写道:

> 法律有主要法和次要法之分,每个国家都有等级不同的一套法律。各个民族和每个个人一样,都有一整套思想,它们的整个思维方式,如同每个个人的思维方式一样,都有其开始、中间和结尾。
>
> 此类现象比比皆是,若不划定范围,便无界限可寻。我以罗马继承法系列的起源作为实例,用以说明方法。
>
> 我提笔撰文并非为了教授法律,而是为了传授法律的教授法。因此,我所论述的不是法律本身,而是法律的精神。
>
> 如果我已阐明了罗马继承法理论,那么,我们就可应用同一方法搞清大多数民族的起源。③

孟德斯鸠对于罗马继承法这个具体问题之所以感兴趣,可能是由于他原先曾任高等法院庭长之职的缘故。例如,有一部由萨尔维亚撰写的《波尔多高等法院的判例》④,是孟德斯鸠谢世之后才出版的。不过,此书依据

---

① 《全集》,纳热尔版第1卷,第ⅱ页。

② G.朗松:《笛卡尔哲学对法国文学的影响》,载《形而上学杂志》,1896年。

③ 《随想录》,第1794条,关于这段文字如何纳入《论法的精神》,参见 C.乌丹:《〈论法的精神〉的统一性》,巴黎1910年版,第130—132页。

④ 萨尔维亚:《波尔多高等法院判例》,巴黎1787年,第36—37页。

的案例,大都是孟德斯鸠在世时期或者之前裁决的。书中指出,罗马继承法对于长子和他的兄弟同等对待;而在波尔多的风俗中,如果父母逝世,未立遗嘱,长子除了获得平均分配的一份遗产以外,还享受先取权,即可另外再取得一份。在罗马习惯法和法国习惯法之间的关系方面,存在许多问题,这只是其中之一。因为,尽管吉耶讷省是成文法地区,通行的是保留下来的罗马法,但是,大量的地方风俗限制了罗马法的影响。法官的责任在于通晓和区别这些不同的法律,而且一个富有好奇心、善于思考的法官,不可能不思索这些区别的原因。

在罗马继承法问题上,孟德斯鸠兢兢业业,颇有开创精神。他不满足于研究《民法汇编》。对于这部法典,他已经了如指掌,他的写得密密麻麻的笔记《法学篇》就是见证。他讨论了历代国王和共和国的最早的法律,在这个过程中,他所涉猎的是他之前极少有人探索过的领域。他从他认为是罗慕路斯推行的土地分配法着手,试图确定《十二铜表法》之前的法律的性质;为此,他以哈利卡尔那索斯的狄奥尼西奥斯和普鲁塔克的著作为依据。接着,他研究了《十二铜表法》《沃柯尼安法》和《巴比恩法》。在每个阶段,都力求把它们和罗马民族总的历史联系起来,以此探索法律的因由。他的理论大展之处,是他对原已分为公立和私立两种遗嘱的遗嘱法律所作的解释。他的议论颇有现代观点的味道。如果在现在的法律教科书中,人们发现了他的理论要义,虽然某些推断部分被删除了,但主要仍以同样的证据为基础,这并不意味着,在他生活的那个时代,他在写些平庸的老生常谈。

孟德斯鸠之前的作者,在多数情况下,对于这类问题不感兴趣。多玛和普芬道夫(他们两人的成果,孟德斯鸠都利用了)的研究方法是描写性的和历史的。海因絮斯虽然对法的进化比他们两人兴趣大些,但是没有从总的罗马文明史的角度加以考虑;另外,他还受着查士丁尼的控制。孟德斯鸠之前,最新、最著名的两部罗马法律史,都没有涉及孟德斯鸠所研究的问题。孟德斯鸠出生之前不久出版的杜贾所著《罗马民法史》(1678年),只用了10多页讨论提比略之前的罗马法律;费里埃尔的《罗马法史》(1718年巴黎出版)倒是强调了历史研究的重要性,并且建议研究法律应与政体形式联系起来,但是对于查士丁尼以前的时期,感到难以应付自如,况且他主要是从外部勾画了法律史的一个简单的轮廓。

即使是格拉维纳,虽然他比以上提到的作者更具有现代精神,而且孟德斯鸠认真地研究了他的著作,但是对于孟德斯鸠撰写第 27 章也无济于事。因为,孟德斯鸠所做的是要追溯古代的权威论著,把各种不同的证据汇集在一起加以比较,再对这些问题作出敏锐剔透的分析。他提出了一些颇有见地的个人见解,采用的历史方法比以前他采用的方法更严谨、更有效。

另外,他在一个不引人注意却是实质性的问题上,得出了一个在他的同时代人看来不能不是新颖的结论。

这个问题就是无遗嘱继承权和有遗嘱继承权孰先孰后。历代法学家把有遗嘱继承权看作是以自然法为基础的,因而是财产继承权的初始形式和正常形式。①孟德斯鸠对此不以为然。在他看来,无遗嘱继承权的规则更为古老;而个人以立遗嘱的方式处理自己死后的财产,是不符合正常的法律程序的,因此需要一种准立法行为:

> 继承的顺序既然是依据一种政治法而建立起来的,一个公民就不得用私人的意志去搅乱它;这意思就是说,在古代罗马,一个公民是不得立遗嘱的。……在这个问题上,罗马人找到了一个使法律和私人意志相协调的方法。这就是准许个人在人民会议上处分他的财产;所以每一个遗嘱多多少少就是立法权力上的一种行为。②

孟德斯鸠的这番论证,虽然沿袭了多玛的思路,但仍不失为独创之见。他对私法和公法之间的关系,发表了耐人寻味的见解。在强调无遗嘱继承更为古老之时,他实际上提出了一个新的问题,这个问题的结论要留待以后的大量研究加以充实。另外,他还以实例说明了亨利·梅因爵士后来发表

---

① 参见梅因:《古代法》,第 207 页;H.F.约洛维茨:《罗马法引论》,第 125 页;普芬道夫:《自然法与万民法》,第 1 卷,第 565 页及以下多页。

② 《论法的精神》,第 27 章。参见中文版下册,第 200—201 页。

的一句名言的正确性：没有任何其他法律程序能像遗嘱那样鲜明地显示出，调查研究这一历史的方法比其他方法更为优越。①

第二节　法兰西法律的渊源

18 世纪的学者们喜爱的并非仅仅是、也并非主要是早期的罗马法律；虽然他们之中大多数人致力于研究罗马鼎盛时期的法律。但是，有些学者提出了更为严格的目标。在詹农撰著的那不勒斯史中，孟德斯鸠能够读到下面这些严峻的指导意见：

> 一些杰出的作者编纂了一些可以称为罗马法律史的东西，他们都致力于清晰地叙述罗马的法律在帝国兴起、成长和鼎盛时期的起源和发展的历史。然而，迄今世界上尚无一人，对帝国开始衰微后的法律史作出全面的描述，没有一人说清楚罗马法在废弃后如何又被大量涌入欧洲的新的统治者所利用并赋予权威，如何使一些新法律黯然失色。

因此，詹农强调说："一个人在家里尽心竭力去钻研罗马法和本国法律的盛衰经过，远胜于对一个陌生的国度作毫无把握的探索。"②

孟德斯鸠深受詹农的著作的感染。他已经对法国采纳罗马法的历史产生了兴趣。③毫不奇怪，他在讨论了罗马继承法以后，转入探讨由废弃的罗马法和混乱、粗陋的习惯法衍生出来的法国法律体系。他曾考虑在《论法的精神》中写入这样一段话：

> 正如我刚才谈到的某些罗马法的历史那样，前面提到的那本书使我产生了对法国的法律略加评述的念头。④

---

① 梅因：《古代法》，第 186 页。
② 詹农：《那不勒斯王国内政史》(法泽本)，海牙 1742 年版，第 1 卷，第 iii 页。
③ 《随笔》，第 266 条。
④ 《随想录》，第 1795 条。

有两个问题,不可避免地跳入这位注重历史研究的法学者的脑海里:法国是如何分为两个地区,一个地区由成文法,即罗马法治理,而另一个地区则由习惯法治理? 法国的习惯法又起源于什么?

在第28章中,他考虑了这两个问题。他已经有大量的书籍可供参考。拉布莱德的藏书目录中,在习惯法门类中列出31部图书,一般的法学著作更多。他在巴黎时,无法使用自己的主要藏书,就从王家图书馆借阅,有时借阅的书籍中有自己在拉布莱德已拥有的藏书,例如,1747年4月27日他借了《习惯法大全》。

此时,可以看到,孟德斯鸠早年在法律方面受到的教育,使他受益匪浅。我们再也不能责备他过于轻信旅行者讲的故事,再也不能责备他把特殊的例外当作具有代表意义的典型来对待。他审慎而充满热忱地讨论了《西哥特法》《勃艮第法》以及《法兰克法》之间的差异;讨论了神裁判法、决斗裁判法、荣誉观念、圣路易的《法制》、教会裁判权和世俗裁判权的局限性,以及极其纷繁复杂、各不相同的法国习惯法。这一部分长达70页,引证了多种鲜为人知的权威著作,并将其分门别类地加以整理。尽管如此,在第28章的结尾,他还对这部分过于简短表示歉意:

> 我就像那位好古之士一样,离开他的本国,到埃及去,在纵目金字塔之后就回家了。①

不过,他的自谦有些言过其实。《论法的精神》接近结尾之处,他对自己的任务又作了更为妥当的估价:

> 我们只要一看我们的历史和法律的著作,就会发现它们真是浩如烟海,甚至是茫无边际的海洋。所有这些冷冰冰的、干燥的、无味的、困难的著作,全都要读;要把它们吞下去,像寓言里所说的土星把石头

---

① 参见《论法的精神》,中文版下册,第286页。——译者

吞下去一样。①

在孟德斯鸠的时代,法兰西法律史方面标准的、公认的权威著作是弗勒里的《法兰西法律史》。这部著作首次发表于 1674 年,之后又经常重印;在阿尔古的《法兰西的法律制度》的几个版本中,这部著作都被加印在前边。孟德斯鸠有这部著作的初版本。莫尔利编纂的《历史大辞典》1740 年版关于法兰西法律的条目中,只有这部著作的摘录。

弗勒里对于他所称的旧法和新法作了严格的区分,两者的分界线为 10世纪。罗马人征服高卢时,把罗马法律制度(主要体现在《提奥多西乌斯法典》之中)强加于高卢。然而,蛮族在入侵时引入的蛮族法律,无论其形式如何,都只不过是见之于文字的惯例而已。在墨洛温王朝统治时期,治理法兰克人的是《撒利克法》,治理勃艮第人的是贡德鲍制定的法律,治理西哥特人的是哥特法,而高卢的其他所有居民——尤其是所有神甫——则受制于罗马法。然而,这些不同形式的法律并不是平起平坐的。据弗勒里记述,罗马法是占据统治地位的,除因蛮族的法律中有相反的规定而不能适用外,适用于一切案例。加洛林王朝建立后,并没有发生巨大的变化,只在罗马法和蛮族法体系中以敕令形式,增添了法兰西国王的新立法权。10 世纪,法国出现骚乱,国家倒退至混乱状态。法律本身消失了,而习惯法逐渐地、不知不觉地、令人难以理解地取而代之。习惯法在 10 世纪和 11 世纪逐渐确立,并最终由此产生了新法,即法兰西习惯法。

弗勒里所作的这一踌躇不决的推测,远没有消除人们对黑暗时代的茫然不解。是孟德斯鸠阐明了这一整个时期,第 28 章的前 5 节,是他的著作之中最令人拍案称绝、最为气势磅礴的部分之一。

在高卢的三个部分中,最初都并行不悖地存在着蛮族法律和罗马法律。无论何处,高卢的罗马人都受罗马法的管辖,而蛮族则按照他们各自的传统受不同的法律治理:在法兰克人居住的区域是《撒利克法》,在西哥特

---

① 《论法的精神》,第 30 章,第 11 节。参见中文版下册,第 314 页。

人居住的地区是由欧里克编纂的哥特人的习惯法,在勃艮第是贡德鲍的法律。这些法律适用的对象是人而不是地域。子女遵守适用于父亲的法律,妻子遵守适用于丈夫的法律,脱离奴籍的人遵守适用于原奴隶主的法律。这种现象在法律史上极其重要,现在已是人所共知,在孟德斯鸠时代也已经为人所了解。但是,别人把这种现象忘诸脑后,而孟德斯鸠则把它提出来,并使其作为一个健全的、得到公认的学说,流传后世。

然而,他强调指出,因人而不是因地而异的法律的世袭基础并不是不可动摇的。每个人都有权选择在何种法律下生活。自然,他选择对他最为有利的法律。在法兰克人居住的地区,《撒利克法》粗暴地歧视生活在罗马法之下的人。于是,大批居住在法兰克地区的高卢罗马人,把自己置于蛮族法统治之下,以便获益于《撒利克法》。因此,在这个地区,罗马法开始日渐衰落,而蛮族法则取而代之,兴旺起来。西哥特人和勃艮第人的法律,对于那些受罗马法治理的人,都不取歧视态度;因而不会诱使高卢罗马人放弃自己的法律,转而接受哥特人或勃艮第人的法律。这样,在这两个地区,罗马法仍然是有势力、有效力的。由此产生了"习惯法公民"和"成文法公民"的区分,并一直延续到法国大革命时才消亡。在孟德斯鸠看来,早在864年,《毕斯特敕令》就已证实了这种区别的存在。

不过,他并没有把习惯法和蛮族法混为一谈。习惯法往往是由蛮族法强加的,但又与之泾渭分明。习惯法产生于法律之间的冲突:一个地区,大多数人遵从某种法律体系,而法院的裁决是依据另一法律体系作出的(例如,在一个地区,大多数居民受制于法兰克法,但审判勃艮第人所依据的是勃艮第法),习惯法也产生于各种不同的法律体系中存在的漏洞。于是,习惯法作为蛮族法的对立面,与蛮族法同时发展了起来,并最终挤垮了蛮族法。习惯法也向罗马法和敕令发起了挑战,虽然获胜是后来的事,但在丕平在位时期已有大量的事实证明习惯法的优势,而且有证据表明习惯法早在墨洛温王朝就已存在。①

---

① 《论法的精神》,第28章,第12节。参见中文版下册,第226—228页。

这是一种新颖的主张。弗勒里教士认为法兰西习惯法的起源不早于 10 世纪或 11 世纪。孟德斯鸠则认为在 9 世纪习惯法便已存在并获得承认,而且比学识渊博的考古学家、旅行家、历史学家格罗斯莱早 4 年宣布了自己的发现。格罗斯莱在他的《法兰西法历史研究》(1752 年巴黎出版)中,表述了类似的结论。①

孟德斯鸠断言,每个公民都可以选择某种法律,受其管束。在这里,他涉足于一个更为危险的理论问题,后来的历史学家,以萨维尼②开始,都对此不以为然。然而,如果说他犯了错误,他却并不孤立,他有最受人敬服的人作同路人。穆拉托里依据利乌特普兰德③的法律和其他文献,持有相同的观点。孟德斯鸠了解利乌特普兰德的法律,也了解穆拉托里的《意大利作家研究》,1747 年 8 月他从王家图书馆借阅了这部著作之中的两卷。④比一位权威的支持更为重要的是,他还声称有法律文本的支持。罗达利乌斯一世皇帝的宪法规定,必须征询人民,他们选择在何种法律下生活。⑤后来的评论家对此颇感棘手,他们对这一规定的解释各不相同。孟德斯鸠即便犯了错误,仍是颇有见地的,他的见解仍值得敬佩。

第三节　法国贵族的起源

只是在《论法的精神》一书按原计划完成后,孟德斯鸠才决定增添一部分,讨论封建制度的起源。在关于这个棘手问题的讨论中,他能够加进自己的明确意见,是大可引为自豪之事。詹农曾就封建采邑问题写道:

①　格罗斯莱在序言中对自己与孟德斯鸠见解一致表示高兴,并预先驳斥了攻击他剽窃的指责。1752 年 7 月 3 日,孟德斯鸠写信对此表示祝贺。

②　萨维尼(Savigny, Friedrich Karl Von, 1779—1861),德国历史法学派主要代表人物。创刊《历史法学杂志》,著作有《中世纪罗马法史》《现代罗马法体系》等。——译者

③　利乌特普兰德(Liutprandus, ?—744),伦巴第国王(712—744 年在位)。——译者

④　孟德斯鸠曾两次利用利乌特普兰德的著作,参见《全集》,纳热尔版第 3 卷,第 1579 页。

⑤　《论法的精神》第 28 章,第 2 节引用了罗达利乌斯一世(拉丁语,即中法兰克王国的国王洛泰尔一世)的宪法。参见中文版下册,第 215 页。

如同尼罗河一样,(封建采邑的)发端如此神秘,起源如此隐蔽,历代作者一致认为,追溯其起源是一项艰巨而无望的任务;他们的解释更是众说纷纭,甚至自相矛盾,不仅没有使问题变得清晰明朗,反而更加艰涩,漆黑一团。[①]

孟德斯鸠过去曾与弗雷莱、阿拉里和布兰维利埃有交往,不可能不受这项研究的诱惑;他在《论法的精神》第30章的开头宣称,这部著作如果对封建制度的发展只字不提,将是一个缺陷。他把封建法律比作一棵枝叶繁茂而根系深藏的古老橡树:必须深挖才能找到。

这是一个棘手的问题,但是意义极其重大。由此必然引出法国贵族和法国国家的起源这一个多世纪以来人们争论不休的重大问题,过去在这个问题上,神话和偏见甚于历史研究。

关于法兰西民族的起源,传统的解释认为法国人的祖先是特洛伊的赫克托耳之子法兰库斯。龙沙[②]在他的史诗《法兰库斯赞歌》中讴歌了法兰库斯一生跌宕的命运。艾蒂安·帕斯基埃尊重这种说法,尽管显然并不赞同,但也拒绝明确地表示否定。[③]梅兹雷于17世纪末彻底摒弃了这种观点,并力图证明这种说法源自文字讹传。[④]

弗雷莱在这个问题上所作的贡献,包含在一篇题为《论法兰西民族的起源和定居高卢》[⑤]的论文之中。他断言,特洛伊假说已为世人所摒弃,法兰克人是日耳曼地区的一个民族,或是一个由多种民族构成的集团,他们多次进犯高卢,并最终于358年之前在高卢定居。这种关于法兰西民族起

---

①　《那不勒斯王国国内政史》,第1卷,第192页。

②　龙沙(Ronsard, Pierre de, 1524—1585),法国抒情诗人,七星诗社主要代表。所作诗反对禁欲主义和宗教压迫,歌颂爱情和生活,发表《短歌行》《赞歌集》及《时论集》等,以《致爱伦娜十四行诗》最著名。——译者

③　艾蒂安·帕斯基埃:《法兰西溯源》,巴黎1665年版,第35—36页。

④　梅兹雷:《克洛维之前的法兰西》,阿姆斯特丹1696年版,第227—228页。

⑤　《弗雷莱全集》,巴黎1796年版,第5卷,第155页,第16卷,第277页;参见《随笔》,第585条。

源的见解,后来被奥古斯汀·梯叶里①视为历史学的公理②,但在当时是与以耶稣会士达尼埃尔为代表的官方理论相抵触的;达尼埃尔拒绝接受任何认为法兰克人在5世纪末克洛维统治之前就已定居高卢的观点;弗雷莱由于将法兰西君主国的历史前推了280年而被投入巴士底狱。

出狱以后,弗雷莱转而研究争议较小的问题,但是别人继续了关于法兰西起源的讨论。这时出现了两种对立的学说,一种与布兰维利埃的名字相联系,一种与杜博的名字相联系。

布兰维利埃精力充沛、刚愎自用,有自立精神。他认为,法兰克人,或者说法兰西人,来自日耳曼,他们是一个自由平等的民族。他们征服了高卢,并奴役那里的高卢罗马人。他们在自己人中选举了国王。现代的法国贵族就是当时入侵的法兰克人的后裔,而贫民的祖先是当时受奴役的高卢罗马人。

杜博比布兰维利埃在学识上更为渊博,但不如他大胆。他提出了另一种假说:法兰克人不是作为征服者,而是作为罗马人的朋友和同盟者进入高卢地区的。克洛维以审慎的方式,而不是以暴力方式,获得了高卢的占有权;他和他的继承者们基本上没有触动原有的罗马人的体制。中世纪时期法国的农奴制,并非胜利者法兰克人强加给战败的高卢罗马人的制度,而是罗马农奴制的残留。法国国王的权威直接继承了恺撒的权威:这是一种绝对的权威,王权之下,一切等级都享有平等的权力。一切贵族特权都是非法的。

杜博在他的3卷本著作《法兰西君主国在高卢的建立》(1734年巴黎出版)中阐述了这些理论。孟德斯鸠的朋友埃诺评价这部著作在史学领域中的影响时说,它的革命意义毫不亚于笛卡尔前一个世纪在哲学方面的开创。③

---

① 梯叶里(Thierry, Augustin, 1795—1856),法国历史学家。著有《诺曼人征服英格兰史》。——译者

② 梯叶里:《墨洛温王朝故事》,巴黎1846年版,第1卷,第45—46页。

③ 埃诺:《法兰西人在高卢定居史》,巴黎共和九年版,第1卷,第1页。

布兰维利埃与孟德斯鸠似曾相识,杜博则与他在法兰西学士院共事二十八载。这两位作者的著述,他都了如指掌,并且对于他们的学说,持明确的立场。

孟德斯鸠阐述的第一部分,驳斥了布兰维利埃的观点。他明确地指出,认为高卢采地是由入侵的法兰克人所建,是大谬不然;同样,认为领地奴役制是由他们确立,也是错误的。为了把历史事实简单化,他强调指出,蛮族曾三次入侵高卢,而不只是一次;入侵者所采取的方法也不尽相同。的确,西哥特人和勃艮第人占领了高卢罗马人 2/3 的土地,但是,这些土地都在指定给他们的区域内。他们还获得了 1/3 的农奴。因此,在罗马人统治下的高卢,农奴制已经存在。可见,布兰维利埃大错特错了。法兰克人统治下的高卢所实行的各种制度,乃是罗马人的制度的继续。[①]

孟德斯鸠对于布兰维利埃的批评,并不意味着他是杜博的门徒。恰恰相反,他对杜博的观点进行了郑重其事的驳斥。[②]他首先探求杜博在这篇关于罗马的论文中有哪些假设的前提,接着便逐个加以讨论。

认为法兰克人是作为罗马人的同盟者进入高卢的,这种论点暗含着克洛维是应邀进入高卢的意思。他受何人之邀呢? 如果有谁邀请的话,(根据杜博的序言)不是生活在阿摩里克人同盟中的罗马人,就是仍在帝国统治下的罗马人。但是,他并没能证明阿摩里克人同盟确实存在过(孟德斯鸠的这一批评得到吉本的赞同[③]),也没有出示任何证据,说明帝国内的罗马人曾邀请克洛维。

杜博强调,查士丁尼把政治权力让予克洛维的后代,这之中蕴含着连续性。但是,孟德斯鸠反驳道,此时的法兰克王国已牢固地建立,因此,查士丁尼无可奉送。

孟德斯鸠说,若用杜博这种方法论证,他甚至能证明希腊人从未征服

---

① 　《论法的精神》,第 30 章,第 5—11 节。参见中文版下册,第 306—314 页。

② 　同上,第 23—24 节。参见中文版下册,第 345—350 页。

③ 　吉本:《罗马帝国衰亡史》,第 3 卷,第 353 页。

过波斯。①

孟德斯鸠把布兰维利埃的理论体系形容为是对第三等级的反叛;把杜博的理论体系形容为是对法国贵族的反叛。他引用奥维德的著作中太阳对费顿的吩咐说,驾车时不要上得太高,也不要下得太低,不要太靠左,也不要太靠右②,他主张走在中间。不过,他自己的学说绝非妥协的产物。

在孟德斯鸠看来,产生法国贵族的至关重要的事件,不是封地的建立,而是把封地变为世袭。只是到了那时,一个有权势的贵族阶级才作为一个整体发展起来。在孟德斯鸠时代,普遍的观点是:封地是在 10 世纪于格·卡佩即位后变为世袭的。③孟德斯鸠的观点与之截然不同。他强调说,封地永远世袭的制度在法兰西的建立早于日耳曼。④他断言,在墨洛温王朝的国王统治下,一些封地已经变为世袭的⑤;而在铁锤查理死后 100 年时,若干他分封的封地已经成为世袭;甚至可能自封地建立之日起,即是如此。⑥877 年秃头查理的一项敕令,表明当时封地已经普遍是世袭制。于是,贵族不再依附于国王,而成为国王与自由人之间的一个中间阶层。⑦

孟德斯鸠建立的这一学说,为若干其他问题提供了答案。在《论法的精神》问世之前的几十年间,人们激烈地辩论着法国古代君主究竟是世袭的,还是如霍特曼⑧所断言,是选举产生的,这对于当时具有极重要的实际意义。孟德斯鸠的看法是:在墨洛温王朝,王位继承是世袭的,领地在兄弟之间分割⑨;在加洛林王朝,王位在家族内部继承,但要由人民在家族内进行选举⑩;在卡

---

① 《论法的精神》,第 30 章,第 25 节。参见中文版下册,第 350—356 页。
② 同上,第 30 章,第 10 节。参见中文版下册,第 311 页。
③ 莫尔利:《大辞典》,阿姆斯特丹 1740 年版。
④ 《论法的精神》,第 31 章,第 30 节。参见中文版下册,第 406 页。
⑤ 同上,第 31 章,第 7 节。参见中文版下册,第 370 页。
⑥ 同上,第 31 章,第 14 节。参见中文版下册,第 383 页。
⑦ 同上,第 31 章,第 28 节。参见中文版下册,第 403 页。
⑧ 霍特曼:《法兰克人的高卢》,科隆 1574 年版,第 64 页。
⑨ 《论法的精神》,第 31 章,第 33 节。参见中文版下册,第 408 页。
⑩ 同上,第 31 章,第 16 节。参见中文版下册,第 383 页。

佩王朝时期,王位继承成为纯粹世袭的,兄弟之间依嫡长权原则处理。①这样,一个过去主要根据偏见,为达到某种目的而进行探讨的问题,由孟德斯鸠客观地、不带偏袒地解决了。

孟德斯鸠的学说还有一点重要的理论推论。于格·卡佩通过把王权和王国中最大的封地结成一体,从而获得了王位。②于是,继承封地的方式即是继承王位的方式:宪法的形式受到私人法的影响,"民法的规定对政治性的法律发生了影响"③。

以上的实例,说明了民法和政治性的法律是如何联系在一起的;这表明封建制度作为一种历史概念,具有重大的意义。释明这个概念的含义,并以此为基础撰写历史学著作,在很大程度上正是孟德斯鸠的功绩。《论法的精神》的写作原则自然而然地使他取得这样的业绩。在他之前,已经有别的人(尽管为数不多)在封建制问题上有所著述。但是,正如马克·布洛赫所说的,是孟德斯鸠在历史学著作中首创了公民权这一概念,是他使历史学从以帝国和朝代的更迭为基础的历史叙述,发展成为对社会现象的观察。④

第四节　博大精深

弗里德里希·迈因克对孟德斯鸠的历史著述所作的研究,颇有价值。在文章的结尾,他列举了孟德斯鸠所热衷的三个最喜爱的主题:共和制的罗马、立宪制的英国以及日耳曼法兰西的中世纪。⑤在论述这三个经常关注的主题的过程中,他表现出了不同程度的学术研究技巧。在《罗马盛衰原因论》中所运用的历史方法是幼稚的,他对英国情况的了解,部分地是从有偏见的资料来源中汲取来的。他评论布兰维利埃说:

---

① 《论法的精神》,第31章,第33节。参见中文版下册,第408页。
② 同上,第31章,第16节。参见中文版下册,第385页。
③ 同上,第18章,第22节。参见中文版上册,第296页。
④ 马克·布洛赫:《封建社会依附关系的形成》,巴黎1939年版,第2页。
⑤ 弗里德里希·迈因克:《历史学派的形成》,慕尼黑和柏林1946年版,第1卷,第75页。

他的兴致多于领悟,领悟多于知识。不过他的知识还是不可轻视的,因此他对我们的历史和法律的大事是很知道的。①

这一评论也完全适用于他对罗马和英国进行的研究。然而,在法兰克的历史研究中,他却判若两人。论敌攻击他,朋友也批评他。罗拉盖就是其一,他写道,孟德斯鸠"从来只是为拙劣的画片添点色彩"②。尽管如此,孟德斯鸠在论及法兰西历史的章节里,表现出注重调查研究的严谨治学精神,是他关于罗马和英国的著作中所不具备的。在他垂暮之年,当人们本会期待他去寻求安逸舒适的生活的时候,当他的眼疾使他备受折磨的时候,他却以一种前所未有的、惊人的毅力去辨析文献。

有两个例子可以说明他在这方面的才能。

在格列高里·德·都尔的著作中,在一段里使用了 ingenui(自由民)一词,杜博把这个词翻译为"脱离奴籍的人"。孟德斯鸠感到非常不妥,大声疾呼,说无论哪个文法家看到它,都将为之变色。他自己把这个词译为"非农奴"③。

然而,杜博并不是唯一作此译释的人。在他之前,曾有两种格列高里著作的法译本。较早的一种将此词译为"免除一切负担的人"④,第二种则译为"解除一切负担的人"⑤,杜博的著作问世后不久,布盖发表了《史学家文集》,其中包含格列高里著作的全文,在这一段之后有一条附注:"自由民,即免除赋税的人。"迪冈热的词典也无补于事,在第一版中,一开始关于 ingenui 的定义是无可非议的:"与农奴或任何其他处于奴役状况的人相对而言的自由人";但接着立即补充道:"他们豁免捐税;而关于奴隶,则是另外一种情况",并从格列高里·德·都尔的著作中把那一段全文摘录,作为唯一

① 《论法的精神》,第30章,第10节。参见中文版下册,第311页。
② 罗拉盖·德·勃朗卡:《为自己写的回忆录》,伦敦1773年版,第xxxi页。
③ 《论法的精神》,第30章,第12节。参见中文版下册,第315页。
④ 格列高里:《法国史》,巴黎1610年版,第290页。
⑤ 格列高里:《法国人的历史》,巴黎1668年版,第455页。

的证据。孟德斯鸠所拥有的 1710 年法兰克福版,同样如此。在 1746 年或 1747 年,孟德斯鸠又得到了迪冈热词典的新修订版(1733 年巴黎出版,6 卷 对开本),但发现 ingenui 这一词条的注释完全一样;的确,在以后的版本里, 乃至今日,这一段大体上仍无改变。孟德斯鸠面对的反对意见,真如重兵 列阵,头面人物都是专家学者,而他只不过是一名半路出家的新手。尽管 如此,后来编辑格列高里著作的编者都采用了孟德斯鸠的注释。戈戴和塔 拉纳在为法国历史学会编辑这部著作时,尽管令人诧异地采用了杜博的译 法,但是加了附注,说杜博的译法是错误的,孟德斯鸠的译法才是正确的。 一位距今更近的英国编者则干脆将其译为"自由人"①。

第二例是,孟德斯鸠否定了最有声望的权威关于一部文献的出处的结 论。17 世纪时,才学出众的西尔蒙德首次印行了一份敕令汇纂。这份敕令 汇纂有两种原稿,西尔蒙德认为敕令是格罗大利乌斯一世②制定的,制定年 代为 560 年。③孟德斯鸠所使用的巴路兹辑刊的版本,沿用了这种说法。许 多专家学者看到这种世所公认为学术上的里程碑的版本,会毫不置疑地奉 为真言。这却不是孟德斯鸠所为。西尔蒙德只把他感到稍有怀疑的地方 编入一个不显眼的附录里。④巴路兹没有表示任何怀疑,而孟德斯鸠则毫不 犹豫地反对他们在这个问题上的结论。他认为这份敕令出自格罗大利乌 斯二世,原因有三:(一) 敕令作者的祖父看来应是一名基督教徒,而格罗大 利乌斯一世的祖父不信基督教;(二) 敕令所要纠正的恶行,在格罗大利乌 斯一世在位时期是盛行的;(三) 敕令表明王权软弱无力,人们知道,这正是 格罗大利乌斯二世在位时期的特点,格罗大利乌斯一世在位时期则无此 特征。⑤

这些观点被认为是令人信服的。当这份敕令汇纂严肃认真地重新编

---

① O.M.道尔顿编:《法兰克人史》,牛津 1927 年,第 2 卷,第 297 页。
② 格罗大利乌斯一世为拉丁语,即法兰克王国的国王克洛泰尔一世。——译者
③ 雅克·西尔蒙德:《古代高卢的主教会议》,巴黎 1629 年版,第 1 卷,第 318 页。
④ 同上,第 611 页。
⑤ 参阅《论法的精神》,第 31 章,第 2 节。中文版下册,第 362—363 页。

辑时,采用了格罗大利乌斯二世的说法,并注明此说出自孟德斯鸠。

此外,还有其他一些实例,有些甚至是不可等闲视之的。虽然孟德斯鸠的这些观点并没有被世人所接受①,但是,仍受到大家的尊重,被看作是值得仔细辩驳的。实际上,1748 年以后,他在学术界的地位已经巩固,他的境况为之一新,他感到这正合他的口味。他制定了规划,准备研究新的学术问题,其中最引人注目的题目是狄奥多里克的生平。②尽管他没能完成这些规划,但事实上,在《论法的精神》中,他已经作出足够的成就,为自己赢得了荣誉;他不仅仅被看作是一位富有哲理的历史学家,而且被公认为一位学者。

---

① 萨维尼曾在某些细节上提出不同的看法,参见《中世纪罗马法史》,海德堡,1834—1850 年,第 1 卷,第 31—32、117、178、251 页;第 2 卷,第 105 页。

② 《论法的精神》,第 30 章,第 12 节。参见中文版下册,第 317 页。

第十六章　宗教

第一节　宗教的起因

宗教是孟德斯鸠称为"一般精神"的第二类原因中的七大要素之一。孟德斯鸠在《论法的精神》中开宗明义地指出,宗教本身是自然的产物:

> 自然法把造物主这一观念印入我们的头脑里,诱导我们归向他。这是自然法最重要的一条,但并不是规律的顺序中的第一条。①

然而,这句话的结尾所持的保留态度已经表明,这样的解释过于简单,孟德斯鸠不能以此为满足。在与弗雷莱和丰特纳尔这样的学者长时期相处之后,他对宗教的心理基础这一问题深感兴趣。《随想录》和《随笔》记录了他在不同的时期关于神谕和奇迹的想法,包括他在那不勒斯亲眼看见圣血液化之前及其后所了解的奇迹,以及对宗教本身的看法或悟得的启示,在这里,范·达尔和丰特纳尔的影响清晰可见。《波斯人信札》包含着大量的关于宗教仪式和宗教信仰的评论,孟德斯鸠力图对宗教现象作出解释。《波

① 《论法的精神》,第1章,第2节。参见中文版上册,第4页。

斯人信札》发表之后，他对宗教问题的兴趣，仍一如既往。他对阿特纳奥斯①提到的《被误信的事》这部书的书名像是着了迷。他认为人们相信奇迹，是由于傲慢，虽然他提到了"虚构的奇迹"，但是，他举的例子都出自《旧约》。他指出，在虚构的宗教中充满荒谬，却见不到科学，并将两者进行对比。他解释说，之所以如此，是因为它们的起源不同：宗教起源于人民，然后被上层人物系统化了；而科学则是由有知识的人创造的，然后由他们传授给人民。②

孟德斯鸠在《论法的精神》第25章第2节，概述了他关于宗教信仰起源的观点。在18世纪，不少人讨论了这个问题，既有丰特纳尔和德·勃劳斯所作的闪烁着智慧光芒的分析，也有孟德斯鸠的门徒布朗热提出的浅陋幼稚的假说。孟德斯鸠作出了有价值的个人贡献。

他提出，人们热衷于宗教，更为具体地说，热衷于基督教，系出于七种不同的原因：(一)人们因自己明智地选择了一种不崇拜偶像的信仰而感到愉悦(换句话说，在知识方面的虚荣心)；(二)宗教仪式给予人们的感官和情感一种满足；(三)人们为可以自认为是被精心挑选的人而自豪；(四)礼拜仪式频繁，使人们总是有事可做；(五)相信有天堂，也有地狱，使人们天生就具有的希望与恐惧得到满足；(六)教会崇尚的道德观念具有吸引力(因为"人类中固然有几个骗子，但绝大多数是极诚实的")；(七)最后，教堂的富丽堂皇和教会的富裕使人们倾心向往；即使是那些一贫如洗，与之形成鲜明对照的人，也为之倾倒。③

如果宗教的各种要素是以这样的方式在人类的心灵和思维中引起了反响的话，那么，对宗教的各种组织机构也可作类似的解释。所有文明民族都在房屋中居住，那么，上帝也必须有他的房屋，而且比任何个人的房屋

---

① 阿特纳奥斯(Athenaeus，约200—?)，古希腊语法家。《欢宴的智者》一书的作者。——译者

② 《随想录》，第13、22、46条。

③ 参阅《论法的精神》，第25章，第2节。中文版下册，第158—159页。这一节曾多次修改，在巴黎的手稿中，从笔迹来看，这一节写于1746年之前不久。

要大、要更加富丽堂皇,这难道不是顺理成章的信念吗?庙宇被看作是使那些寻求避难的人得到保护,免遭逮捕的地方,难道不是自然而然之事吗?庙宇要得到妥善的维护,神明要充分崇拜,就需要有人经常从事神事,普通人是难以做到的;因此,假设僧侣把终身全部奉献给神事,难道不是最合情合理的吗?如果有众多的僧侣,那么任命一位教长主持所有僧侣的事务,难道不是最明智之举吗?①

以上是宗教产生的一般的、普遍的原因;还存在一些地区性的、特殊的原因。宗教的状况在很大程度上取决于政治和社会环境,取决于现存的政治机制和传统,取决于风俗。因此,在一个具有自由传统的国家里,比如在英国,那里或则对宗教问题漠不关心,或则有许多敌对的教派。②而在一个专制国家里,由于法律不健全,就需要另一种权威,为此,这样的国家里,宗教通常是很有力量的。③那么,既然宗教组织必须与国家政体相适应,因此南方国家的人民更倾向于信仰罗马天主教,而北方国家的人民则转向新教。如果他们受君主统治,便喜爱路德教,如果他们生活在共和国里,便热衷加尔文教。④鉴于政治体制本身是由气候决定的,因此,宗教也受气候影响。在这里,正如在讨论气候的一般影响时一样,孟德斯鸠避免提出夏隆那样严格而系统的理论;他满足于举例说明气候对娱乐、戒律和仪节的影响:南方食物丰富,从社会角度看可以有较多的闲暇,因此,可以有较多的欢宴节日。炎热的气候条件下,经常在河中洗澡有益于身心健康,于是,伊斯兰教和印度教赋予河中洗澡以宗教意义。⑤在孟德斯鸠的著作里,有两处谈到了神学理论本身的偶然性起因,在这两处他最接近于完全的心理决定论。他断言,在穆斯林的日常生活中,压迫他们的专制权力造成了无数难以预见的非常现象,这就使他们相信自己的命运受到外部力量的严格摆

---

① 《论法的精神》,第25章,第3、4、8节。参见中文版下册,第159—161、165页。
② 同上,第19章,第27节。参见中文版上册,第326页。
③ 同上,第2章,第4节。参见中文版上册,第17页。
④ 同上,第24章,第5节。参见中文版下册,第142—143页。
⑤ 同上,第24章,第23—26节。参见中文版下册,第154—157页。

布。而基督徒生活在由人类深思熟虑地控制着的宽和政体之下,他们相信自己的行动也由人类控制,并且相信他们有自由的意志。①另一处涉及灵魂转生说。孟德斯鸠认为,灵魂转生说起源于印度气候炎热、土地干旱的农村。为了使能在那里生存的为数极少的牛群免遭杀戮,因此教诫说,人类灵魂要转生到牛的身躯之中。②

孟德斯鸠不善于建立理论体系。他没有能写出后来休谟著述的、被称为《宗教自然史》的著作来。不过,在他列举的实例中,在他的论述和偶尔为之的概括中,他已经提出了宗教自然史的基本要素。在列举宗教的起源之时,他无意贬低宗教。他并不认为宗教是专事欺诈的僧侣之所为,宗教不是一个骗局。在此,他与霍尔巴赫等人不同。那些人认为有组织的宗教纯属欺骗,他们所追求的是,首先使宗教名誉扫地,然后再将其根除。孟德斯鸠所关心的则是作出解释,他的宗旨是理解而不是判断,这正是历史学家应该抱有的目的。

由此产生了一个意义重大的结果。如果说发现宗教产生的原因,正如发现其他社会制度产生的原因一样,是历史学家的责任,那么,尊重这些原因就是政治家的责任。前边已经看到,孟德斯鸠从未彻底摒弃斯宾诺莎的这样一条原则:任何存在都有继续存在的权利,他不可避免地也要把这一条原则应用于宗教。他在《随想录》中写道:"异教必然存在。"③在《论法的精神》中他写道,就人的因素而言,气候预先规定了基督教和伊斯兰教的范围。④基督教永不可能在中国盛行。⑤印度教是不可摧毁的。⑥很少有人像孟德斯鸠那样坚持不懈地与传教士交往,刻苦钻研他们的著述,而同时却自始至终相信他们的努力注定失败。他不以曾多次会见从中国回到意大利的传教士傅圣泽和马国贤为满足,在法国又接触了其他人,比如斯特凡·埃沃提乌斯·阿赛玛尼。阿赛玛尼是叙利亚的阿帕美亚的大主教,与

---

① 《随想录》,第 2157 条。
② 《论法的精神》,第 24 章,第 24 节。参见中文版下册,第 155 页。
③ 《随想录》,第 417 条。
④ 《论法的精神》,第 24 章,第 26 节。参见中文版下册,第 156—157 页。
⑤ 同上,第 19 章,第 18 节。参见中文版上册,第 314 页。
⑥ 同上,第 21 章,第 1 节。参见中文版下册,第 29 页。

他的交谈表明,他是位中国通。孟德斯鸠还认识一位从暹罗返回的传教士萨侣斯,他报道说,有人认为大象也有语言和宗教。[1]在笔记中,他对已出版的耶稣会教士在远东撰写的记述,进行了认真的分析。在他出国旅行之前,他已经怀疑基督教在土耳其能否有成功的机会[2],此时,他已在酝酿《论法的精神》中阐述的学说:既然宗教信仰通常不能容忍异教,一个国家如对已有的宗教感到满意,就必然会禁止创立其他宗教。[3]

第二节　道德与信仰

皮埃尔·培尔在他的《漫话彗星》一书中,用许多离开本题的不朽的评论,考察了无神论和偶像崇拜各自相对的优点。他从社会的角度出发探讨这个问题,争辩说无神论更有利于社会,道德观念是脱离宗教信仰而独立存在的。孟德斯鸠不同意这种论点。他坚持认为,一切宗教都有社会的和道德的意义,在第 24 章中,他特别讨论了这些问题:

> 在黑暗之中,我们能够辨认哪里最不黑暗;在几个深渊之前,我们能够辨认哪一个最不深;同样,在各种虚伪的宗教之中,我们也能够看出哪一些宗教最符合社会的利益。[4]

他也对基督教作了探讨,但立即声明他不是以神学家,而是以政治著作家的身份来写这本书的,以保护自己免受书报检查官的刁难。

他对培尔发起的首次攻击[5]宣称:即使宗教对于一个国家的臣民没有

---

[1]　《随笔》,第 348 条。

[2]　同上,第 382 条。

[3]　《论法的精神》,第 25 章,第 10 节。参见中文版下册,第 166—167 页。

[4]　同上,第 24 章,第 1 节。参见中文版下册,第 138 页。

[5]　孟德斯鸠在这一点上与培尔的对立由来已久,在《随笔》第 415 条中记载了一段轶闻:有一位土耳其商人要海运一批货物,他宁愿选择天主教徒船主,而不要新教徒船主,因为对天主教徒来说,忏悔是不得欺人的,但对新教徒来说,则无此约束。孟德斯鸠评论说,除非瞎子才会赞同培尔的观点。关于孟德斯鸠对培尔的看法,可参见本人文章:《培尔与孟德斯鸠》。

用处,将超越一切世俗惩戒的君主置于宗教的约束之下,仍是有益的。这一思想概括在一段生动的比喻之中:

> 一个又热爱又畏惧宗教的君主,就好比是一只狮子对抚摩它的手掌或安慰它的声音驯服一样;一个又畏惧又憎恨宗教的君主,就好比是一只野兽,怒吼着、啮咬着那防备它向走近的人们扑去的链子;一个完全不相信宗教的君主,就好比是一只可怕的动物,它只有在把人撕碎、吞食时才感到它的自由。①

这样绘声绘色的语句,在《论法的精神》中不乏其例,使这部著作不仅仅在思想史上举足轻重,而且在法语文体史上具有重大的意义。诚然,宗教对统治者的节制作用是有益的,宗教对于老百姓的节制作用同样是有益的。斯宾诺莎曾说过,甚至连土耳其人的迷信也是有用处的。②孟德斯鸠则详细列出了伊斯兰教和基督教的好处。穆斯林的信仰趋于主张专制主义,因为它在政体的恐怖原则之上,再加上一种恐惧。尽管如此,它或则通过改变君主的意志③,或则通过改变惩罚条例④,还是有助于节制政体的某些邪恶行为。

基督教的作用则不同。它反对专制主义,它使世界许多地区人们的命运得到改善;不仅在欧洲如此,在埃塞俄比亚同样如此,尽管那里气候炎热。基督教的原则,如果得到遵循的话,要比荣誉、品德(共和国中完美的人类品德)以及恐惧,无可比拟地更强有力。有时,它的影响是有害的:卢克莱修对于宗教导致的种种不幸所抒发的哀叹之辞,即使对于基督教,有时也是恰如其分的⑤;教会对高利贷的谴责给商业造成的破坏,就是明证。但是,不

---

① 《论法的精神》,第24章,第2节。参见中文版下册,第140页。
② 斯宾诺莎:《著作集》,第2卷,第87页。
③ 《论法的精神》,第3章,第10节。
④ 同上,第12章,第29节。
⑤ 《随想录》,第207条。

管是好还是坏,在孟德斯鸠看来,基督教在历史上具有重大意义,其中尤以它对奴役制的影响为最。普鲁塔克在他的罗马的第二位国王传记中写道:当人们受农神萨德恩管辖之时,既没有主人,也没有奴隶。孟德斯鸠写道:"在我们的气候里,基督教又恢复了那个时代。"①

同其他宗教一样,基督教之所以具有重大的社会意义和历史意义,是由于它宣扬道德,而不在于它的信条。孟德斯鸠与启蒙时代大多数思想家的见解一致,与信仰相比,更看重道德。《论法的精神》的原稿里,第 25 章的开头有一段从未发表的话:

> 在宽和的政体下,人们尊崇道德甚于尊崇宗教;在专制政体下,人们尊崇宗教甚于尊崇道德。

在孟德斯鸠看来,道德的价值比教义的真理性更为显而易见。因此,从道德的角度比较不同的宗教,比从信仰角度进行比较,更为容易。一眼便可看出,在道德方面,伊斯兰教不如基督教。②在不信奉基督教的国家里,宗教必须与道德取得一致。③孟德斯鸠列举了三个非基督教的宗教为例:在缅甸的勃古的居民所奉行的简单的道德信条,古犹太戒行派教徒的道德信条,以及斯多噶派的道德信条。④对于斯多噶派,孟德斯鸠备加赞许,他把多年前的著作《论义务》中的一段话抽出来放在这里,又新增添了一句,颂扬叛教者尤里安。孟德斯鸠又用了同样的词语宣告,宗教的社会效用与教义的真理性,风马牛不相及;在社会生活中,虚假的教义可能有用,符合真理的、神圣的教义可能有害。⑤

《随想录》中有一段早年写人的话,对于由宗教产生的义务作了简单的

---

① 《论法的精神》,第 15 章,第 8 节。参见中文版上册,第 247 页。
② 同上,第 24 章,第 4 节。
③ 同上,第 24 章,第 8 节。
④ 同上,第 24 章,第 8—10 节。参见中文版下册,第 144—145 页。
⑤ 同上,第 23 章,第 29 节及第 24 章,第 2 节。

分析。上帝把法律赐给人们,这些法律有两类:道德戒律和神圣戒律。道德戒律产生于保护社会的必要性,或者在某些情况下,只是为了使道德戒律本身得以推行。神圣戒律或则基于永恒的理性,如必须热爱上帝的训谕,或则是专断的、与仪式有关的训谕。①这一段话与《论义务》大致写于同一时期,这种斯宾诺莎主义和正统理论的混合物,并不代表孟德斯鸠最终的态度。在《论法的精神》中,他使用了天主教的术语:戒律和劝诫,并主张戒律应由民法制定。宗教的职能是给予更具普遍意义、更为高尚的指导,是指明理想,而不是制定惩戒条例:

> 例如宗教设立规矩,为的不是优,而是最优;为的不是善,而是至善;所以,这些规矩应是劝说,而不是法律,才方便适宜。②

由人制定的规矩则注重其可能性及有益性。

第三节　詹森教派

宗教对于人类社会的重要意义,在孟德斯鸠看来是不言而喻的。在这里,有必要探讨一下宗教对于他本人意味着什么。鉴于他所生活的特定时代和社会,我们首先考察一下他对围绕着詹森教派所进行的争论所持的态度。他对这个问题的看法,不是在《论法的精神》中,而是在《随想录》和较次要的著作中表露的。

18世纪詹森教派中圣西朗和安东尼·阿尔诺的继承人令人不可思议地与他们的鼻祖大相径庭。关于饭前或饭后祷告的教义、对圣僧奥古斯丁训谕所做的解释,以及由王港女修道院的隐士们所实践和制定的严峻的道德准则,都被他们抛在脑后。此时,争论的焦点是教皇克雷芒十一世的通谕。法国各地的高等法院,包括波尔多高等法院在内,都对这份通谕表示

---

① 《随想录》,第205条。
② 《论法的精神》,第24章,第7节。参见中文版下册,第144页。

抗议，但在政府的高压下，不得不违心地接受了这份通谕。18 世纪詹森教派的宗旨，是通过组织一个教廷的主教会议的方式，争取取消这份通谕。他们进行的努力，使许多在品格上和观点上与帕斯卡、安吉莉克·阿尔诺和阿涅丝·阿尔诺等都完全不同的人成为他们的盟友。

孟德斯鸠在他创作活动的早期已经表明他反对通谕，这对一个在职的高等法院的庭长是合乎情理的。在《波斯人信札》中，他的才智锋芒指向那部禁止读《圣经》的通谕，他也抨击那位发表"教令"反对《圣经》的塔尔丢夫式的主教。[①]他对所争论的问题本身似乎并不重视，对于通谕所谴责的凯斯内尔的著作《新约道德论》，他很不以为然：“从未见过这许多卑劣的思想和危险的主张”[②]。关于要求召开公会议的呼吁，他认为实在荒诞无稽，他说大概永远不会再有公会议了[③]，事实也的确如此，直到 1869 年新的公会议才得以举行。另一方面，1721 年索邦神学院的学者们因请愿遭流放，他不同意这种做法，强调说思想观点是不能用强力加以改变的。[④]詹森教徒维护法国教会的自由；孟德斯鸠对此发表评论道：“不如称作法国教会奴性更确切。”因为这些所谓的自由，远没有促进法国教会独立自主，反而使它更加对政治权力卑躬屈膝。这里所谈的自由是指法国人民的自由，其基础是：（一）万民法，即主张一个民族有权免受外来的控制；（二）神权，即主张公会议高于教皇；（三）理性，虽然孟德斯鸠与詹森教徒致力于同一事业，但他的动机却与詹森教徒截然不同。事实上，《随想录》中的另一段（应该承认这一段很令人费解）表明，他的动机之一是希望出家的僧侣世俗化。[⑤]

孟德斯鸠出国旅行期间对詹森教派的兴趣并未中断。据报道，在维也纳，欧仁亲王曾向他询问有关通谕在法国执行的问题，孟德斯鸠回答说，由于内阁所执行的政策，詹森教派将在法国灭绝，几年以后便将不复存在。

---

① 《波斯人信札》，信 24、101。
② 《随想录》，第 116 条。
③ 《随笔》，第 286 条。
④ 同上，第 322 条。
⑤ 《随想录》，第 273 条。

欧仁亲王不同意这种观点：

> 你们绝不会这么快就了结这件事。先王挑起的这件事，他的子孙
> 也收不了场。①

我们已经看到，在罗马，孟德斯鸠一直频繁地同詹森教派的同情者进行接触，因为在意大利，詹森教派作为启蒙运动的盟友所起的作用，远远超过他们在法国的作用。在教皇的都城逗留期间，孟德斯鸠做了认真的努力，研究罗马教廷的管理机构。他发现，教皇本笃十三世个人推行的政策，并不像宗教法庭的政策那样，甚至也不像弗勒里在法国推行的政策那样敌视詹森教派。他了解到许多关于法国宫廷和罗马之间关系的内幕，这使他非常兴奋；尤其是，他从波利尼亚克那里了解到许多关于路易十四反对詹森教派的动机。看起来，他在罗马的朋友并没有使他对阿尔诺的追随者的神学思想和道德观念产生同情，只有詹森教派主张阅读《圣经》这一点，在孟德斯鸠返回法国之后不久，被加在《随笔》中的一条注释之后："我必须读的原著：《圣经》。"②

孟德斯鸠不在波尔多期间，那里的詹森派举行了一些活动。1730年，阿让和利摩日的主教们发表了一系列给教区教友的信，抨击詹森派。波尔多高等法院认为有责任向政府告发此事。一年以后，一位住在波尔多要求上诉的神甫，被他所在的圣普洛杰教区的教堂神甫拒之门外，不得参加圣事活动。他向高等法院上诉，高等法院附上支持的意见后把他的请求上呈弗勒里红衣主教。但是弗勒里发回给波尔多大主教全权处理此事，这等于是参与反对詹森派。③尽管孟德斯鸠在危机初发时不在波尔多，而且他当时已不在高等法院任职，但是他肯定有所耳闻，肯定和他在高等法院的朋友们讨论过此事。大约两年以后，他在笔记中写道："耶稣会士们用极糟糕的

---

① 色贡达：《回忆录》，第399—400页。
② 《随笔》，第561条。
③ 戴博特：《波尔多高等法院史》，第2卷，第267、270页。

方法捍卫莫利那学说这个有意义的事业。"①此后不久，他又抱怨詹森派将使"我们失掉搔痒以外"的一切欢乐。②为了证明意志自由的正确性，他提出了一个简单的论证，而且是从波利尼亚克那里学来的。③后来，在《随想录》里有一部分主要是由他的秘书誊写的旧稿，从中可以看到他虽然没有直呼其名，但实际上是对詹森派的神学观点进行了郑重其事的批判：

> 上帝纵然有时预先作了安排(这种情况极为罕见，因为上帝极少取消我们的自由)，他只可能预先安排我们得到拯救。被上帝预先安排的人都获救了，但这并不意味着没被上帝预先安排的人都被罚入地狱。④

他援引圣保罗的大段言论来支持这种意见。

与此同时，公众却由于一些痉挛治病者的活动而对詹森派更感兴趣。弗朗索瓦·帕里是一位心地圣洁、苦行修道的僧侣，阿尔诺大师的忠实信徒，坚决反对克雷芒通谕的教徒，他于1727年逝世，安葬在塞纳河左岸穆弗塔尔街附近的圣梅达教堂墓地。据说，他的墓碑奇迹般地治愈了许多跛子和残疾人。有人解释说，这证明上帝谴责通谕，而赞同反对通谕的人。在治愈的过程中，病人往往乱扭身躯，痉挛抽搐。不计其数的小册子描述了这些传说。最后巴黎高等法院的推事卡莱·德·蒙日隆著书记载了这些奇迹发生的过程。他本人原是一个不信教的人，奇迹使他成了教徒。整个法国都在谈论这些经过痉挛治愈的残疾人，但是，如果说总督呈送给中央政府的报告是可以信赖的话，波尔多的舆论却对此有些怀疑。报告中说：

> 本区居民由于信奉的宗教不同，对所谓的奇迹不太相信，波尔多

---

① 《随想录》，第730条。
② 同上，第852条。
③ 同上，第437条。
④ 同上，第1945条。

尤其如此,该市外籍人数较多,平时常去教堂的人也不很多。①

孟德斯鸠就1737年卡莱·德·蒙日隆被捕入狱一事发表了评论,但是他所关心的只是由此而产生的高等法院所享有的特权问题。他和马丁·福克斯讨论了这些奇迹。他们一个是英国人,一个是法国人,但看起来都持怀疑态度。这些痉挛治病者的活动,没有使孟德斯鸠对詹森派增加同情。②

使孟德斯鸠感兴趣的,主要还是这场冲突的政治内容,不过他的态度有所转变。还在那些痉挛治病者闹得满城风雨的时候,他就哀叹,关于这场冲突,他几乎从来没有听到任何有见地的意见。10多年来,通谕已不再是个问题,倒是现在法国会不会出现分裂,成了问题,无论对于宫廷还是对于高等法院,分裂都非其所愿。詹森派唯一的愿望似乎是去上绞刑,而莫利那分子却在忙于准备绳索,用来绞死他们——或者绞死自己。与此同时,罗马教廷在火上浇油,使这场斗争愈演愈烈。此时,孟德斯鸠充满敬慕之情,怀念起弗勒里。在他看来,弗勒里处理形势堪称巧妙卓绝,然而,弗勒里已经与世长辞了。无论如何,他是完全忠于巴黎高等法院的精神的。他宣称,巴黎高等法院的精神,乃是所有法官的精神。迫在眉睫的是,人们的头脑要冷静下来,进行平心静气的协商。某人问他,国王是否会取消高等法院,他回答说:"先生:您该知道,国王并不能随心所欲。"③

1753年,这场冲突更严重了:巴黎高等法院被放逐到外省。在这种危急的形势下,孟德斯鸠的态度更加明朗。他把詹森派形容为垂死的迷信组织:用暴力处置他们是不必要的,是愚蠢的。④现在必须承认克雷芒通谕是法兰西法律的一部分,然后再忘却它。如果一个神经不健全的人认为,必须对他的神甫说他拒绝接受通谕,那就必须把他当作扰乱安定的人加以处理;但是,同样,如果一个神甫硬要一个神经不健全的人接受通谕,他也是一

① A.格勒莱-杜马佐:《路易十五时代的波尔多社会》,第95页。
② 《随笔》,第755、669条。
③ 《随想录》,第1226条。
④ 同上,第2158条。

个扰乱和平的人。通谕并不是信条。孟德斯鸠的这种现实的、不拘泥教条的态度，表述在他给一位被放逐的巴黎高等法院成员的信中①，让-巴蒂斯特·德·色贡达在关于他父亲生平的回忆录里也证实了这一点。②孟德斯鸠还写了一份准备呈交政府的备忘录，从不同的立场简要说明了他的这种态度。③这里可以看出，他为这场正在损害法国宗教生活的角斗，深感忧虑。他敦促人们承认圣谕已是既成事实，但同时强烈吁请国王表现出大度宽容的精神。在这场冲突发展到最后的严峻阶段，孟德斯鸠的态度既不是效忠高等法院，也不是效忠宫廷；既不是与通谕为友，也不是以通谕为敌。他的态度是热爱和平、主张宽容。在 18 世纪，在他身上，还继续着 200 年前宗教战争时期，另一位加斯科尼人蒙田和另一位法官奥皮塔尔所表现出的传统精神。④

第四节　孟德斯鸠本人的信仰

在考虑任何个人的宗教信仰时，有两个方面必须区别开：一是外部的实践；二是内心的信念。一般来说，确定第一方面比较容易，而确定第二方面则比较困难。外部实践所依据的证据，通常一目了然，真实可靠。内心信念则不那么容易探究，当世俗权威和依旧好斗的教会都在施加强有力的影响，都在劝诱人们恪守表面的正统时，尤其如此。历史学家们有时认为，只要根据一个人公开宣称的忠诚，例如，临终忏悔就可以知道他内心的信念。一个人，在他的身体已经虚弱无力，精神上又对摆在他面前的来世的前景感到惶恐的时刻，真诚地忏悔，然后在最后的祈祷仪式中死去，这一事实或许能告诉我们，从天主教的神学观来看，他的灵魂如何与创世主在一起，或许能表明他在这最后一次谦卑的时刻对教会的态度。但是，人们由此无以得知，指导他一生的精神信念是什么。孟德斯鸠在生命最后时刻并未直接回答这个问题，我们将在以后讨论这一点。

---

① 1753 年 7 月 9 日，孟德斯鸠致一位巴黎高等法院成员。
② 色贡达：《回忆录》，第 405 页。
③ 《关于通谕》，见《全集》，纳热尔版第 3 卷，第 469—476 页；七星文库版第 2 卷，第 1217—1221 页。
④ 《随想录》，第 715、1223 条。

孟德斯鸠公开表白的信仰,是忠实于罗马天主教。①他的家族具有尊重宗教的传统。家族中每一代人都有修女和神甫。他的两个姐妹都是修女,一个叔父是费兹修道院院长,这个职务后来由深受孟德斯鸠尊重的胞弟和教子夏尔-路易-约瑟夫继任。夏尔-路易-约瑟夫同时身兼数职,其中最重要的职务是波尔多圣索兰教堂的堂长,他那仪表威严的画像至今仍悬挂在教堂的圣器收藏室里。约瑟夫不是一个借神职谋权的人,而是虔诚的教徒。他与孟德斯鸠保持着非常亲密的关系,在几乎长达30年的时间里,孟德斯鸠每次来到波尔多时,都留宿在他的宅邸。孟德斯鸠在教会里有许多朋友:塞拉蒂,尼科里尼,波利尼亚克(不过在他眼里,波利尼亚克主要是一位外交使节和《反卢克莱修论》的著者,而不是侍奉上帝的仆人),虔诚的贝里克的追随詹森派的儿子弗朗索瓦·德·费兹-雅姆以及苏瓦松大主教。孟德斯鸠还有其他许多至交,如康蒂、戴莫莱,他们的渊博学识为教会增光添色。还有许多富有的神甫,孟德斯鸠必然与之相识,其中首屈一指的就是加斯科。尤其不应忘记的是,青年时代的孟德斯鸠是在波舒哀的教区内、在马勒伯朗士的熏陶之下成长的。尽管他并不同意马勒伯朗士的观点,但他对马勒伯朗士无限敬慕。孟德斯鸠的一生都以正统的罗马天主教为背景,只有一个引人注目,甚至令人震惊的例外:他的妻子是加尔文教派的信徒,而且直到生命的终结,她始终忠于初始信仰。②

关于孟德斯鸠的宗教信仰,首先必须讲的一点是他坚定不移地相信上帝的存在。无论是在早年还是在晚年,他始终坚持这一信念。他在周游各国之前曾写道:"上帝是永恒的,这是千真万确的。"③《论义务》的主要宗旨之一,就是批驳无神论。在《随想录》中有一段原为《论义务》而写的长篇大论,慷慨激昂地为上帝存在说争辩。④诚然,他有关上帝存在的一些论述,目的在于当人们想到死亡时能在心理上带来一些慰藉,但是这里要讨论的问

---

① 参见本人文章:《孟德斯鸠的宗教信仰》,本节部分地利用了此文。
② 哈迪:《夏尔蒙回忆录》,第1卷,第66页;《纪龙德省历史档案》,第23卷,第539页。
③ 《随想录》,第156条。
④ 同上,第1266条。

题,不是孟德斯鸠为他的信仰所提出的理由是否无可挑剔,而是他是否相信上帝存在。在这一点上,他的这段议论令人确信无疑:他对上帝的信仰正是他所持有的道德观念的基础。人类的希望和恐惧,都是从上帝的存在中衍生出来的。如果上帝被证明并不存在,那么,整个人类精神结构都将被摧毁。这一信仰也不是年轻时代的孟德斯鸠玩弄玄学的一时爱好,在《随想录》中有这样一段,孟德斯鸠哀叹自己没有能力把《论法的精神》再改写和润色一番,他写道:

> 阅读损害了我的双眼,它们将在某一天永远闭上,而我仅剩的视力似乎就是这一天的开始。在某一时刻,我应该开始和结束,应该揭示和遮盖一切,这个兼具痛苦和欢乐的时刻,这个我将失去一切连同我的软弱的时刻,已近在咫尺了……啊,不朽的上帝! 人类是您最杰出的创造。热爱人类就是热爱您,在结束我的生命时,我将这份爱奉献给您。①

这些文字的作者必是一位精神生活充实的人。无可否认,这样的人必然对宗教景仰之至,必然对其精神一往情深。

然而,这并不是说他是一个坚定的基督教徒。他受到的是基督教的教诲,而且从未正式宣称放弃自己的信仰。但是在《波斯人信札》中,他无论对于信仰还是教会,只不过表露了淡微的同情。在旅行期间,他坦诚地说,在游览了罗马,观看了那里的珍宝之后,他感到与宗教更亲近了;不过,在这样的坦露之前,他加上了这样一句话:"人具有一种伟大的愚蠢。"②就这样,信仰主义的孟德斯鸠遭到理性主义的孟德斯鸠的揶揄。在《罗马盛衰原因论》中,他至少在某种程度上郑重地发表了一些对基督教的赞美之辞。

大约13年以后,《论法的精神》第24章(拉科戴尔称之为替18世纪的

---

① 《随想录》,第1805条。
② 《全集》,纳热尔版第2卷,第1273页。

基督教作的最好的辩解①)中,写下了这样一段话:

> 如果有一种宗教,它控制一切情欲;它不但控制行为,而且控制欲望和思想,它不是用几条链子,而是用千丝万线系住了我们;它把人类的正义放在一边而另立一种正义;它的使命是不断引领人们由忏悔达到了仁爱,又由仁爱达到了忏悔;它在裁判和罪人之间设立一个伟大的中人②;在正直的人和中人之间设立一个伟大的裁判。③

这段话在 1757 年版的附录里被形容为对基督教的绝妙的描述。很难想象,这段描述基督教的话会出自一个从不属于基督教的人之笔。这不仅仅是对基督教郑重地表示敬意,这是在回顾,甚至是缅怀他的母亲以及奥莱托利教派的神甫施教于他的信念。对于孟德斯鸠来说,这是一种早年笃信而如今已极度淡化,但仍值得尊敬、值得赞美的那种信仰残留的痕迹。

孟德斯鸠真正信仰的宗教,是自然神论。

关于自然神论已有多种定义,但是在《论法的精神》中,孟德斯鸠有自己的定义。他说,柏拉图宣称:凡是否认神明存在,或是相信神明的存在,但主张神明不干预人间的事务,或是认为可以很容易用祭祀安抚神明,都是对神明的侮辱。孟德斯鸠断言,根据"自然理智"所可能说出的关于宗教的话,充其量不过如此。④"自然理智"这种自然神论的观点,与孟德斯鸠个人的宗教信仰完全吻合。他赋予这种观点以适用于各种宗教的意义,断言上帝至高无上,受到一切民族的敬仰;但每个民族都以自己的宗教信奉上帝。⑤

---

① 拉科戴尔:《法兰西学士院迎新演说集》,巴黎 1861 年版,第 8 页。
② 中人,是指耶稣基督。——译者
③ 《论法的精神》,第 24 章,第 13 节;手稿无此节,估计写于 1747 年。参见中文版下册,第 147 页。
④ 同上,第 25 章,第 7 节。参见中文版下册,第 164 页。
⑤ 《随想录》,第 1454 条。

　　不应忘记,18 世纪的自然神论并非千篇一律。伏尔泰的诗歌《赞成与反对》持否定态度,而他的《关于自然法的诗歌》却提出了建设性的意见。两者之间,无论在风格方面,还是在所强调的内容方面,都极少有共同之处。此外,对自然神论与基督教义之间的分歧,也不可夸大。特别在英国,低级圣职人员和非国教教徒与持积极态度的自然神论者之间的界限,并非绝对取直的,有时是模糊不清的。因此,1754 年一个英国人访问拉布莱德时评论孟德斯鸠说:"他显然不是罗马天主教徒,但是我没有证据认为他不是基督教徒。"①

　　就在同一年,孟德斯鸠在写给一位英国大主教的书信中,就宗教问题发表了议论,鲜明地表达了自己的意见。他坦率地对沃尔伯顿讲,要攻击天启教,不患无辞,因为天启教是以事实为基础的,而事实是可以抨击的。自然教则不然,它的基础是人的天性和人内心的情感,这两种因素都不会导致争论。然而,英国的天启教却因与众不同,任何善良的人都不愿去攻击它。不过,如果有人仍然去攻击英国的宗教,那么:

　　　　此人如果取胜,纵然他从根本上说是有道理的,他也只不过是将无数有实际效用的好东西毁掉,从而树立起一种纯思辨的真理。②

写这番话的人,并非无名之辈,在启蒙思潮中,他是宣扬自然神论的文人中的一个代表人物。他完全可以与亚历山大·蒲柏齐名。同蒲柏一样,孟德斯鸠来到世上就是一个罗马天主教徒;同蒲柏一样,在临终床上,他重新与罗马教会和好;还是同蒲柏一样,他更多关心的是道德,而不是教条,他毕生为之献身的主要是自然宗教的理性原则。

第五节　宗教宽容

　　孟德斯鸠的宗教观中,尚有一点到目前为止只是提了一笔。然而这一

---

① 　哈迪:《夏尔蒙回忆录》,第 1 卷,第 71 页。
② 　1754 年 5 月,孟德斯鸠致沃尔伯顿;《全集》,纳热尔版第 3 卷,第 527—529 页。

点却是他比任何其他信念更执拗地坚持的信念。他竭尽雄辩之才华,全力支持这一信念。这一信念就是必须提倡宗教宽容。在这个问题上,他和伏尔泰不谋而合,而比卢梭则更为始终如一。曾经有人说过,一个人对于宗教宽容精神的支持程度,与他自己的宗教信仰的强烈程度成反比。孟德斯鸠为这种论点提供了最佳的例证。

在出国旅行之前,他就已经对废止《南特敕令》和圣巴托罗缪之夜惨案①哀叹不已。②他在英国期间得到的启示是,自由的理想也包括信仰自由;伏尔泰也持相同的观点。他虽然接受斯宾诺莎关于存在的事物有继续存在的权利这一思想,但从未因此动摇他主张宗教宽容的信念:必须尊敬上帝,但绝不能为上帝复仇。③国家必须接受宗教宽容原则,必须强令本国边界内所有宗教执行这一原则。④在旅行回国之后不久,他曾一度莫名其妙地充满了乐观情绪。他写道:犹太人得救了,无端的迷信一去不复返,对犹太人的迫害就此告终。⑤他错了。在他一生之中,迫害一直在继续。终于,里斯本的一次处死异教徒的火刑使他万分激动,遂写下了一篇贯注了他的全部激情的作品。这是一封致西班牙和葡萄牙的宗教法庭裁判官的公开信,题为《异常卑微的劝谏》。这篇文章构成了《论法的精神》的第25章第13节。⑥信中,一个犹太人吁请宗教法庭的法官们高抬贵手,不要加害他的种族。他们唯一的过错是,他们仍旧忠实于这一信条,即当今时代基督教徒曾一度认为是真理的信条。他说,我们认为那些信念依然为上帝所珍视,而你们则不这样看,于是,

你们以铁与火对待那些陷于极可原谅的错误中的人们,他们以为

---

① 1572年法国胡格诺战争期间发生的大屠杀事件。因发生于圣巴托罗缪节日(8月24日)前夜和凌晨,故名。——译者
② 《随笔》,第456条。
③ 《论法的精神》,第12章,第4节。参见中文版上册,第190页。
④ 同上,第25章,第9节。参见中文版下册,第166页。
⑤ 《随想录》,第913条。
⑥ 标题改为:"奉告西班牙、葡萄牙宗教法庭的法官们。"——译者

上帝仍爱着他过去之所爱。①

　　基督教徒们乞助于殉道者的鲜血，以证明他们的宗教负有神圣使命，但他们自己却成了他们时代的戴克里先。

　　　　你要我们成为基督徒，而你们自己却不愿成为基督徒。②

他们生活的时代是空前伟大的启蒙时代；但是将来会有一天，人们将重新审视过去对犹太人的迫害。由于这些专事迫害犹太人的人，这个时代的声誉将永久地受到玷污。他们以及与他们同时代的人，将受到仇视。孟德斯鸠说，这份劝谏书是徒劳无益的（"这么显而易见的事，如果还需要加以证明的话，那么肯定是难以说服人们的。"）；但实际上，它可与弥尔顿的《论出版自由》以及《人权宣言》相比拟。它揭示了孟德斯鸠所信仰的主要和神圣不可侵犯的原则。

---

① 《论法的精神》，第 25 章，第 13 节。参见中文版下册，第 169 页。
② 同上。参见中文版下册，第 170 页。

第十七章　围绕《论法的精神》的争论

第一节　最初的攻击

第一位写信给孟德斯鸠评论《论法的精神》的人，是唐森夫人。她收到的那本《论法的精神》为能寄到巴黎，既未装订，也未切边。她津津有味地刚读了一小部分，就不得不把它让给丰特纳尔，她说，否则，丰特纳尔就会把她的眼珠挖出来吃掉。①大约 3 个星期以后，她又写了一封信。这时，她已通读了全书。她称此书集哲学、理性及仁爱之大成，而瑰丽的文字更为博大精深的学识锦上添花。②

其他朋友收到此书稍晚。就在此书即将出版之时，《罗马盛衰原因论》新版问世（这一次是在巴黎出版，获国王特许）。书信函件纷至沓来，向孟德斯鸠表示感谢。不久以后，他的朋友们又用赞美之辞，写信称颂《论法的精神》。爱尔维修称它是"世界上最伟大、最杰出的著作"，他的话也代表了索兰、杜克洛以及其他许多人的意见；艾迪说它将使各国国王、大臣和人民都变得更加聪明；乔弗里夫人热情洋溢地用夸张的词藻赞许它；福尔麦告诉孟德斯鸠，他是自亚当以来，第一个写了两本巨著，而字字珠玑、无一赘词的人。唯一不同意这种赞颂合唱的人是里歇·多布，他是丰特纳尔的外甥，《论法律

与道德的原则》一书的作者,因此对于孟德斯鸠取得的成功,忌恨在心。

其他一些与孟德斯鸠素不相识,或至多见过一面的人,也同样深受感染。德·勃劳斯致函一位朋友时写道:

> 啊,妙极了,难以计数的想法,无与伦比的热情,鞭辟入里的论述(简直太精辟了),崭新的、闪光的思想!

重读此书之后,他回味思考;熟读此书之后,他与人讨论。①博学多识的布伊埃有一个侄子,他说,初读此书之时,他爱不释手,心凝形释,竟至失去了判断能力。②法国国外也不乏赞美之人。霍拉斯·沃波尔不容反驳地说,这是"前所未有的杰作"③。而塞拉蒂在从索拉尔手中借阅此书24小时之后,就从比萨写信给孟德斯鸠,狂热地赞美此书。④

在同一封信里,塞拉蒂向孟德斯鸠发出了警告。几个星期之前,他从巴黎听到一些消息,使他担心会发生某种与孟德斯鸠为敌的事件:"暴风雨将向你的著作袭来。"

他的警告是有根据的。不久之后,反对孟德斯鸠的喊叫甚嚣尘上。

最先摇唇鼓舌的是耶稣会教士。卡斯泰尔因孟德斯鸠没赠送他一套《论法的精神》而忿忿不平。他曾应邀为《特雷沃杂志》写一篇文章评论《论法的精神》,但由于没有得到此书而不得不谢绝了。⑤孟德斯鸠回复说,他认为卡斯泰尔最好不要读这部书,因为阅读此书非他能力之所及,使这位耶稣会教士大为恼火。另外一位耶稣会教士写了一篇文章,刊登在1749年4月出版的《特雷沃杂志》上。据说作者是一位叫普莱斯的布列塔尼神甫,此人的著作寥寥无几。文章采取的是公开信的形式,收信人是该杂志的编辑

---

① 1749年2月24日,德·勃劳斯致热莫,见《法国文学史评论》1923年所载《德·勃劳斯的信札》。

② 马拉泰斯特:《一位前任法官的著作集》,伦敦1784年版,第vii页。

③ 1750年1月10日,沃波尔致曼恩,载《沃波尔书信集》,第20卷,第107页。

④ 1749年2月18日,塞拉蒂致孟德斯鸠。

⑤ 1748—1749年,卡斯泰尔致孟德斯鸠(《全集》,纳热尔版第3卷,第1153—1159页)。

贝蒂埃神甫。此时，《论法的精神》一书问世不久，但是普莱斯说，它在文人中间已颇有名气。他首先对这部著作大加恭维，然后议论了触犯宗教的一些章节。普莱斯反对孟德斯鸠关于"必须尊崇上帝，但绝不能为上帝复仇"的说法，反对对于英国的自杀现象所作的自然主义的解释，反对对于多妻制和独身主义的态度，反对对叛教者尤里安的称赞，反对他所指出的在一国之内改变宗教的种种弊端。在信的结尾，普莱斯说，他敬佩此书作者的超群才智，如果作者想为自己辩解，他将非常愿意倾听。

同一年晚些时候，攻击孟德斯鸠的第一部大部头著作问世了。全书包括两卷8开本，书名为《关于〈论法的精神〉一书中若干部分的见解》。"告读者"写得十分愚蠢，它首次以文字游戏的手法把《论法的精神》说成是《缠在法律身上的幽灵》，作者认为这部著作并无体系可言，给人的印象是，它不过是一部娱乐性著作，如同《土耳其间谍》《犹太人信札》或《波斯人信札》一样。接下去是一篇前言，这是一篇离奇古怪的大杂烩，既有赞美也有责难。这部著作的正文没什么可取之处。孟德斯鸠被攻击为自相矛盾、武断专横，他给法下的定义，被说成是经由一个黑暗的大门，把读者引入著作之中。作者攻击孟德斯鸠关于政体原则的理论，主张以其他理论取而代之；攻击关于气候的章节缺乏科学依据；否认英国人享有自由，说实际恰恰相反，他们不断地受到革命的威胁。

在这部肤浅的檄文中，书名页上没有出现作者的名字。然而，这篇檄文却出于一个曾被认为是他的朋友的人之笔。他就是金融家克洛德·德比内。有人已经警告孟德斯鸠，说德比内在著文攻击《论法的精神》，卢梭是执笔人，他透露说，与他合作的是贝蒂埃神甫①，可能普莱斯也卷了进去；序言可能是德比内夫人所作。②

对孟德斯鸠的这场进攻中途流产了。这本攻击孟德斯鸠的书最多只印了8套，而且其中大部分都销毁了，据说仅有3套幸免。今天，只知1套

① 卢梭：《忏悔录》，第326页。
② 参见 A.G.迪·普莱西：《克洛德·德比内生平历史和文学杂记》，载《善本通报》，1859年，第14卷。

尚存,当时为达尔让松侯爵所有,现存巴黎阿斯纳尔图书馆。德比内为什么收回他的书,已难以弄清。据加斯科的记述,孟德斯鸠对于作者竭尽篡改歪曲之能事十分愤慨。德比内收回了他的著作,以便修改重版。①莫佩尔蒂则说,在该书出版以前,朋友劝告德比内重读《论法的精神》,他听从了劝告,看到了自己的错误,于是收回了他的书。②18世纪最完美的传记辞典《新历史学辞典》的编者又有一说:孟德斯鸠对德比内的批评非常气愤,就去找蓬帕杜侯爵夫人,请她帮助。她派人找来德比内,告诉他,她是《论法的精神》及其著者的保护人。于是,德比内把已在传阅的几套书收回,并焚毁了该版所有的书。

究竟哪种记述符合事实,现在已难断定。加斯科和莫佩尔蒂都著文颂扬孟德斯鸠,因此,讳言一件不值一提的小事,不是没有理由的。而另一方面,辞典编者肖东则是个反对启蒙思想家的文人,况且还与启蒙运动的敌人努诺特教士有联系。对于这样一件表明孟德斯鸠背弃他声言要遵循的原则的逸闻,他一定会津津乐道。答案仍是一个疑团,但是已经部分发表的德比内于1759年6月10日写给法国王子的教师助理的信件表明,德比内是自愿收回此书的。③无论如何,现在唯一能肯定的一点是,德比内的批驳以失败而告终。

《特雷沃杂志》的攻击至多是半心半意的;德比内的进攻虽有耶稣会士的帮助,也失败了。孟德斯鸠和几位耶稣会士在个人关系上相处很好。他甚至曾与贝蒂埃神甫共同进餐。耶稣会士图卢兹的龙巴尔在致维努蒂的信中,热情地颂扬了《论法的精神》。④在这种情况下,詹森派跳出来兴师问罪了。

从1729年起,德·拉罗什神甫就是詹森派的《教会新闻》的编辑;他是一个好争论的人,而且喜欢激烈攻击,不擅于充分说理。1749年10月9日,

---

① 《致友人书简》,第38封,载《全集》,纳热尔版第3卷,第1276页。

② 《孟德斯鸠颂词》,柏林1755年版,第46页。

③ 维安,第360—361页。

④ 1750年2月14日,卡斯泰尔致孟德斯鸠;1749年4月22日,龙巴尔致维努蒂。

他针对《论法的精神》写了一篇文章。他在文章的开头说,大约一年以前,出现了一部反宗教的著作,一段时间以来,这样的著作层出不穷,使世界不胜其扰,尤其自克雷芒通谕颁布以来,这类著作更是成倍增加。这部书就是《论法的精神》。作者在序言中说,他追求着他的目标,但没有构思出一个计划,那么,他得到的下场如同迷路人一样,就不足为奇了。当他把最初辛苦的成果付之一炬的时候,他是听从了从未有过的忠告。《论法的精神》是以自然宗教理论体系,即蒲柏的理论和斯宾诺莎的理论为基础的。在作者看来,宗教只不过是一种政治手段。人和上帝同样受命运的主宰。品德被说成在君主国里是不必要和不适宜的。作者对气候、多妻制、离婚、高利贷、独身主义等一系列问题的见解,也表现出了反宗教主义观点。作者自始至终力图使宗教名声扫地。

一个星期以后,这位编辑再次发表评论:尽管培尔在《论法的精神》中遭到驳斥,但是作者仍把他描写为一个伟大的人物,这就抵销了对培尔的驳斥。对于斯多噶派的赞美,不可能出自基督教徒之笔。整部著作都在争辩说,宗教必然以一个国家的习惯、风俗、惯例和气候条件为基础。文章最后写道,被作者称为"主张自然宗教的先生们"的那些人,根本无宗教可言;《论法的精神》反对耶稣基督的宗教,也同样反对政体的正确准则。①

孟德斯鸠没有因这种凶狠而混乱的攻击在公众面前表现烦恼。他在给一位朋友的信中写道,几只黄蜂围着我嗡嗡叫,但是,如果蜜蜂能采集一点花蜜,他将不介意。②他也没有因为 1750 年初德·拉普特神甫发表的一篇软弱无力的批评文章而感到不安。③但是私下里,在加斯科的催促下④,他并没有等闲视之。1750 年 2 月他发表了《为〈论法的精神〉辩护》,书中出

---

① 《教会新闻》的这两篇文章收录在拉布拉伊编辑的《孟德斯鸠著作集》,第 6 卷,第 115—137 页。

② 1749 年 11 月 11 日,孟德斯鸠致塞拉蒂。

③ 他认为《论法的精神》是在很长一段时期内令人最感兴趣的一部著作,但在结尾处,他明确宣称,他谴责整部著作。参阅 1749—1750 年,孟德斯鸠致加斯科(《全集》,纳热尔版第 3 卷,第 125—126 页)及 1750 年 2 月 14 日(或 15 日),卡斯泰尔致孟德斯鸠。

④ 1752 年 10 月 4 日,孟德斯鸠致加斯科。

版商的名字巴里约和出版地日内瓦都是假的。

第二节　《为〈论法的精神〉辩护》

像孟德斯鸠的其他著作一样,《为〈论法的精神〉辩护》也是匿名发表的;文中涉及他自己的地方一律用第三人称。他明确宣告,这部著作之所以成为必要,是由于某个杂志发表的两篇文章,对他极尽诬陷之能事,指责他是斯宾诺莎分子和自然神论者。尽管两种罪名自相矛盾,因而绝不可能两者都确有其事,却都可使他变得面目可憎。

他驳回了说他追随斯宾诺莎主义的责难,段段都以“他是一个斯宾诺莎主义者”开头。他说,他对物质世界和精神世界作了区分;抨击了无神论,详尽地说明了对上帝创造万物的信仰;明确主张正义和公道先于一切人为法;指出,信仰上帝是自然法中最重要的一条;全力以赴地批驳了培尔的自相矛盾。

随后,他对三点具体的非难作了回答。其中最简单,但绝不是无效的回答是第二点:

> 非难:作者援引普鲁塔克的话,认为法是一切人和神的主宰,这是异教徒的说法,等等。
>
> 回答:的确,作者援引了普鲁塔克的话,认为法是一切人和神的主宰。

接下去的近 40 页反驳了关于自然神论问题的指责。在答辩中,他引用了大量权威著作,每段引文涉及的都是基督教对社会的影响,没有一段涉及他个人的信仰。考虑到他自己的观点,他这样做是很容易理解的。然后讨论了几点具体的非难。对于说他虽然批驳培尔,但又称他是个伟大的人物这一指责,孟德斯鸠反唇相讥说,如果他指责培尔是个可憎恶的人,那么此举所表明的并不是培尔的对或错,而是孟德斯鸠自己以侮辱他人见长。他拒绝接受说他没提原罪的批评,因为他所写的是一部政治专著,而不是神学专著。对于指责他追随蒲柏的理论体系一说，他回驳道，全书对于蒲柏的理论根本只字未提。对于文章开头说的《论法的精神》和其他反宗教著作都是克雷芒通谕引出的结果，他回答道，并不是这份通谕引出了《论法的精神》，倒是通谕和《论法的精神》使批评者作出这种浅薄的论断。

接下去的 100 多页，他回答了指责为异端邪说的若干次要的具体问题：多妻制、气候影响、宗教宽容、独身主义和高利贷等。孟德斯鸠回答得十分巧妙，既有回旋余地，又极有见地。第三部分篇幅不长，对批评的方法发表了合乎情理的、稳妥的见解。他写道，用实际上针对整体的论点来攻击某一部分，是万不可取的；把作者并未用语言直接表达的观点强加给他，也是不足为训的。在结尾的几段——孟德斯鸠在世时发表的最后几页著作里，他写了下面一句话，可以看作是他的最后赠言。他写道：

评论鸿篇巨著不能只凭热情，还得靠学识。①

在《为〈论法的精神〉辩护》一书中，孟德斯鸠的文体达到了从未有的高度：文笔优美而又适度的畅达，具有生花之妙；讨论严谨，不失毫厘；运笔自如，一气呵成；说理有力，切中要害。

他的信念也从未如此坚定不移。在他的一生中，他曾多次表现出法官常有的妥协倾向，也曾打算屈服于压力。在此后的岁月中，这种事又有所发生。他曾修改《波斯人的信札》，曾把《罗马盛衰原因论》呈交教会书报检查机构审阅，并删去了其中有争议的段落。他也曾对《论法的精神》进行删改。这种事在《为〈论法的精神〉辩护》一书中却不存在。对他进行的猛烈攻击，激发了他的勇气。他坚持书中的一切观点，既不撤回，也不表示任何歉意。

不言而喻，此文并不能使批评者就此沉默，而且肯定会激起更猛烈的批评；各种势力的阵线也变得更为分明。

---

① 《全集》，纳热尔版第 1 卷，第 488 页；七星文库版第 2 卷，第 1162 页。

第三节　余波未尽

1750 年 2 月 16 日《特雷沃杂志》上刊登的一篇文章，只就《为〈论法的精神〉辩护》中的一点，即书中引用了狄奥多鲁斯·西库卢斯的理论，进行了指责。然而，就在前一天，卡斯泰尔给孟德斯鸠写了一封信。信写得像往常一样冗长，但比惯常更为粗暴。他写道：

> 或许你是一个神学论敌，或许你并不是一个神学论敌。如果不是，你必须为自己作全面辩护。如果是，我对你的友情尽管热烈而真诚，却不能也不愿原谅你。

詹森派仍坚持他们原来的立场，毫不动摇。拉罗什分别于 1750 年 4 月 24 日和 5 月 1 日在《教会新闻》上发表了两篇文章。①除了谩骂之外（这里，孟德斯鸠被攻击为渎神之人，一个满嘴喷出亵渎之辞的人），毫无新意。但作者在直接引述斯宾诺莎的原文后，再次指责孟德斯鸠追随斯宾诺莎主义，这一点上尚有些道理，在某种程度上达到了目的。

这时，孟德斯鸠得到了一位盟友，虽然是暂时的，却很有权威，而且出乎意料。伏尔泰出版了一个小薄册子，注明的日期是 1750 年 5 月 14 日，标题极有讽刺意味：《向一位仁慈者的衷心感谢》②，他对那位写小册子的詹森派说，你挽救了世界，免遭蒲柏的毒害，但是你不要就此止步。蒲柏的、洛克的、培尔的和孟德斯鸠的著作，都必须付之一炬，还要加上古代那些异教的圣贤们的著作。你说他们的信仰是以理性为基础的，你说对了。你和他们毫无共同之处，你应当为此感谢上帝。

伏尔泰并不是孟德斯鸠的朋友；但在这场争论中他们有共同的敌人，伏尔泰慷慨地支持孟德斯鸠。

下一个站到孟德斯鸠一边的人更令人吃惊。他就是反对启蒙思想家

---

① 这两篇文章重印于拉布拉伊编辑的《孟德斯鸠著作集》，第 6 卷，第 209—237 页。

② 《伏尔泰全集》，第 23 卷，第 257—261 页。

的首领艾里-卡特林·弗雷隆。他一直回避在他主编的《关于当今书刊的通信》杂志上对《论法的精神》发表评论，但是曾简短地提及这部著作，并冠之以赞美的形容词（"深刻的著作""伟大的著作"）。[1]他对伏尔泰的《向一位仁慈者的衷心感谢》进行了攻击[2]，这与他一贯的立场完全吻合。6个星期以后，他却站到了孟德斯鸠一方。[3]他称赞《论法的精神》是一部如此博大精深的著作，当人们发现它竟出自《波斯人信札》的作者那支可亲的手笔，都惊叹不已。书中每一页都有一位关心公共事务的人的印记。断言这部著作缺乏计划是不对的，那些力图诋毁它的人只是在徒劳地追求一个毫无用处的目的。至此最有见地的批评，应举拉普特（他曾在数家杂志社与弗雷隆共事）的评论。但是他也有他的缺点，而且"一个有才智的人"已经对他的评论作了答复。

拉普特的批评文章是一篇新作，题为《评〈论法的精神〉或此书阅读法》。全文198页。文中，作者分析了孟德斯鸠著作的优缺点。他说，书中断无平庸之处；其优点表现了孟德斯鸠之伟大；其失误，若是一般人之所为，则将为世人所不容。答辩是由布朗热·德·里伏利写的《为〈论法的精神〉辩解》，他是一位非开业医生，与孟德斯鸠素昧平生。他的结论是："《论法的精神》的著者处处无懈可击。"几乎同时，还出现了另一篇文章《回敬对〈论法的精神〉的意见》。作者弗朗索瓦·里斯托是波尔多的商人，孟德斯鸠的知交。他的女儿后来成为一个有些小名气的小说家，笔名为科汀夫人。

詹森派戈蒂埃写了一本措辞尖刻的评论《亵渎宗教的〈波斯人信札〉》，从而使争论更扩大化了。除此以外，1751年还有4篇著作参加讨论。J.A.欧内斯蒂在文中讨论了有关古代史的几个问题。他认为孟德斯鸠的拉丁文知识远不是那么准确，而且在几点细节上对他的历史方法提出了质

---

① 《关于当今书刊的通信》，第1卷，第16封信，1749年9月4日；第2卷，第4封信，1749年10月20日。

② 同上，第3卷，第8封信，1750年11月9日。

③ 同上，第4卷，第7封信，1750年12月19日。

疑。《法兰西信使》讨论了"荣誉"一词的含义。①德·博奈尔神甫发表了《分析〈论法的精神〉之精髓的通信》。②他是一个愚蠢而装腔作势的人,他的著作也是文如其人。他认为孟德斯鸠的著作"凭空想象,以空想作为体系"③。《写在为〈论法的精神〉辩护之后》④则是一部另一类型的作品。作者是新教徒拉博梅尔,他是孟德斯鸠的朋友,一个不大著名的有贡献的哲学家。他饶有兴味地攻击孟德斯鸠的敌手。他颂扬《论法的精神》是人类的胜利、天才的杰作和政治家的《圣经》,在这部著作中,"见识、精神和天才融为一体"。

这时,就小册子、单页印刷品和偶尔发表的作品的情况而言,孟德斯鸠面临的危机已经过去。1752 年一部出版地注明为日内瓦的著作《〈论法的精神〉论战汇编》问世了,其内容褒多于贬。书中把詹森派的攻击和伏尔泰的《向一位仁慈者的衷心感谢》放在一起,把耶稣会士的攻击和拉博梅尔的文章放在一起。这本身就是对孟德斯鸠的支持。弗雷隆在他的《〈论法的精神〉评论综述》一文中,以议论的形式汇辑了争论中的各种观点。他的评论有利于孟德斯鸠的朋友,而对他的敌人则嗤之以鼻。韦隆·德·福博奈在他的《〈论法的精神〉摘录》中,偶尔有所批评,但总体来说是公正的和通情达理的。尽管德比内以《关于〈论法的精神〉一书的意见》为题,分为 3 卷,再次出版了他的著作,但是,对于孟德斯鸠的攻击已大为缓和。

在法国以外,孟德斯鸠的声望在与日俱增。意大利人卡塔内奥在他的《法的起源、力量及真正的精神》中对他备加赞赏。佛罗伦萨人贝尔托里尼的《〈论法的精神〉辨析》撰著于 1753 年,出版于 1771 年。这部书博得孟德斯鸠的赞同。丹麦作者霍尔贝格在他的《略论〈论法的精神〉的若干见解》⑤中表达了敬佩和赞赏之情。然而,对于孟德斯鸠来说,他所赢得的这些赞

---

① 1751 年 7 月。
② 《分析〈论法的精神〉之精髓的通信》,1751 年,两卷本。
③ 同上,第 24 页。
④ 柏林 1751 年版。
⑤ 哥本哈根 1735 年版。

美之辞,并不能消除曾喧嚣一时的论战所带来的辛酸。无论是伏尔泰,还是狄德罗,甚或拉梅特利,虽然他们极为大胆的著作曾引起官方激烈反对,但他们所受的迫害,却无法与孟德斯鸠相比。攻击孟德斯鸠的喧嚣,曾短暂地把伏尔泰吸引到孟德斯鸠这一边,曾引起达朗贝尔的同情,使他在《百科全书》前言的修订版中又增添了一篇对孟德斯鸠的热情赞颂①。但是,莫佩尔蒂却把这篇文章称为"永恒的耻辱"②。

第四节　官方的态度

尽管《论法的精神》遭到许多小册子作者的攻击,但它并没有给作者招致来自政治和司法当局的麻烦。在英国,议会里把它当作权威著作加以引用。③在奥地利,尽管教会试图排斥它,但此书还是广为传阅,帝国图书馆的管理员也对它的传播持鼓励态度。④撒丁国王让他的儿子阅读此书,并做笔记。⑤

在巴黎,高等法院和政府也并未持反对态度。如果高等法院把矛头指向这位高等法院的前任庭长,那将令人惊诧。虽然有两位推事悄声咕哝了几句,但并没扩展,也再没听到这一类议论。⑥在政府方面,以大法官达格索为代表,态度有些举棋不定。达格索事先就收到了这本书。他最初的反应似乎是怀有敌意的,甚至下令禁止出售此书。⑦尽管如此,他却是赞赏此书的。⑧终于他被说服了,不仅准许出售此书,而且还允许此书在巴黎出版,条件是(这类情况通常如此)在书名页上,出版地要用外国城镇的名字。⑨随后

---

①　1752 年 12 月 4 日,达朗贝尔致杜·德芳夫人(《杜·德芳夫人通信集》,第 1 卷,第 154 页)。

②　莫佩尔蒂:《孟德斯鸠颂词》,柏林 1755 年版,第 45 页。

③　参见 1740 年 6 月 7 日,唐森夫人致孟德斯鸠。

④　参见《全集》,纳热尔版第 3 卷,第 1544—1547 页。

⑤　达尔让松:《日记与回忆》,第 9 卷,第 11 页。

⑥　1749—1750 年,孟德斯鸠致加斯科,参见《全集》,纳热尔版第 3 卷,第 1276 页。

⑦　1749 年 1 月 9 日,唐森夫人致孟德斯鸠。

⑧　1749 年 1 月 13 日,巴尔克莱致孟德斯鸠。

⑨　1749 年 1 月 8 日,哈尔特和莫罗父子致孟德斯鸠,他们出版了 1749 年版,这是经过著者认可的第 2 版。

此书在巴黎又多次再版，从未遇到障碍。

　　法国的教会机构给孟德斯鸠造成的困难较大。首先是法国神职人员代表大会。这个机构在《论法的精神》出版之后召开的第一次会议是在1750年5月25日开幕的，主席是红衣主教德·拉罗什富科。①7月24日，大会要求他就反宗教著作问题向国王陈情，要求对这类著作采取措施。3天之后，这位红衣大主教向大会报告，说国王对此感到震惊，他将尽力而为。大会正式记录中没有具体列举此类著作的书名。孟德斯鸠自己透露，说《论法的精神》是其中之一。公开指责这部著作的是他在学士院的同事，桑城大主教朗盖·德·吉尔基，主要的指责是对神的启示闭口不谈。对此，孟德斯鸠简洁地回答说，"他在推理和事实方面都错了"②。

　　8月26日，红衣主教带着他的报告回到代表大会。他宣告，检查所有的与宗教和道德相违背的著作，将是一项巨大的任务。他竭力主张最好只处理一部著作，即达尼埃尔·巴热东的著作《你们有能力交税》，因为这部书反对神职人员免纳赋税。这本书从《论法的精神》的序言中引用了6行作为结束语，它是在大会开幕后悄悄地出版的。其作者被认为是西鲁哀特，其中所表达的观点被认为是反对教会的财政总监马肖尔的观点。神职人员的特权受到了威胁。他们以为，代表大会可能再也不召开了③，于是把注意力集中在这部著作上，这使孟德斯鸠得以脱身。于是，大会立即委派以桑城和维也纳的两位大主教为首的特别委员会，处理这些反宗教的信札，而没有再追究《论法的精神》。

　　当孟德斯鸠在神职人员代表大会中的命运尚吉凶未卜时，他又被告发到索邦神学院，或者确切地说，是巴黎大学神学院。对于这一过程最完整的记载（尽管旨在渲染）见于1752年4月23日的《教会新闻》。1750年8月

①　参见A.迪朗东：《法国神职人员代表大会纪录选》，巴黎，1767—1768年，第8卷，第1页。

②　1750年10月8日，孟德斯鸠致尼凡尔内。

③　关于巴热东及其信件，参阅巴比埃：《日记》，第3卷，第145页；达尔让松：《日记和回忆》，第6卷，第208、258页。

1日,神学院决定对敌视宗教的书籍采取行动,并为此指派了一个由20名代表组成的、由塔博奈教士主持的委员会。委员会采取的第一项行动是查阅《教会新闻》,以便确定一个应该审查的书单。提出的书单包括分别由迪雷奈尔和西鲁哀特翻译的蒲柏的《人论》的两种译本,布封的《自然史》以及《论法的精神》。蒲柏著作的两位译者表示愿将书中受到指责的内容删除。布封也一样,而且在《自然史》第4卷上发表了撤回声明。但是,《论法的精神》的命运则截然不同。①

当索邦神学院派人找上门来的时候,孟德斯鸠非常气愤,表示他不妥协;他不理解布封在这种情势下怎么能够无动于衷。他向老朋友苏瓦松的主教弗朗索瓦·德·费兹-雅姆呼吁。这位主教是贝里克的儿子、巴尔克莱的外甥,他对书报检查持怀疑态度,对索邦的委员会也不信任。他说,他将请求巴黎大主教出面干预,但他不能肯定,大主教是否同意干预,也不能肯定他的干预是否会奏效。

根据《教会新闻》的报道,巴黎大主教克利斯多夫·德·博蒙尽力从中斡旋。于是,神学院指派了一个由当时任学院特别委员会委员的米叶和雷尼奥两人组成的委员会,去谈判解决方法。两人委员会会见了博蒙和孟德斯鸠。但是孟德斯鸠对此已无兴趣,径自回波尔多去了,留下大主教和神学博士们去了结这一桩公案。他对谈判表示出"一种哲学家的冷漠"。就这样,对《论法的精神》的查禁不了了之;(根据詹森派的刊物报道)谴责的建议也没有公开发表。孟德斯鸠大致证实了上述的说法。他在1751年3月3日致尼凡尔内的信中写道:"没有任何谴责,此事就此告终。"孟德斯鸠是在1751年5月底返回波尔多的。然而,实际上确曾有过一个"违禁论点举要",虽然没有发表,却已印制了出来,因为有几份保留下来。这个文件交给了孟德斯鸠②,唯一合理的推断是他对其中的问题一一作了被认为是妥善的答复。

---

① 关于孟德斯鸠的反应,参见 C.I.贝叶:《孟德斯鸠和教会对〈论法的精神〉的检查》,载《人文科学杂志》,1953年。

② 参见《全集》,纳热尔版第3卷,第656页;七星文库版第2卷,第1178页。

　　不过,这并不是孟德斯鸠和索邦神学院之间的冲突的终结。国家档案馆里收藏的正式记录原稿记述了事情后来的发展。①看来,孟德斯鸠高兴得太早了。1752 年 7 月 1 日,神学院的那个特别委员会征询同事们,希望如何处置《论法的精神》,以便从各种不同的意见中作出某种决定性的判断。最后决定,应加强委员会,增添 8 名新委员,考虑到大家提出的许多极有见地的见解,应该对已准备好的两个"违禁论点举要"进行增删。

　　1752 年 7 月 17 日,神学院召开特别会议,听取委员会的报告。报告建议对第一次提出的 8 个违禁论点增添新的查禁理由,并增列 4 个违禁论点。特别会议批准这个报告。接着,1752 年 8 月 1 日召开的神学院例会接受了这些建议,并对建议进行了两点修改。会议命令将新的"违禁论点举要"公之于世。然而,这个文件似乎又没发表。文件又交给了孟德斯鸠,他再次作了答复。他的答复于 1754 年 6 月 15 日才送到索邦神学院,耽搁时间的不知是孟德斯鸠还是神学院。答复遭到拒绝;神学院再次命令发表"违禁论点举要",但事实上,一直到最后也没有发表这个文件。它拖延得太久了,孟德斯鸠的威望已经确立。

第五节　罗马教廷

　　一封封称颂《论法的精神》的信函从意大利寄到了孟德斯鸠手中。法国驻罗马教廷大使德·尼凡尔内公爵认识孟德斯鸠,他们同是勃朗卡沙龙的成员。索拉尔此时是马耳他驻罗马大使。这两个人都写信热情赞美这部著作。塞拉蒂也同样充满了热情,他的态度尤其令人感兴趣。他是一个具有詹森派倾向的人,他的朋友也是如此,他对《论法的精神》的态度与法国詹森派在《教会新闻》上表达的观点成为鲜明的对照。意大利的詹森派与法国的詹森派的主张相差甚远。在阿尔卑斯山的另一边,詹森派及其为数众多的发言人是启蒙运动的同盟军;这是宗教史上最不平常的事件之一。在 1750 年期间,意大利詹森派的两个主要杂志都提到了《论法的精神》。

---

　　①　国家档案馆,件号 MM257。

1月,由福吉尼主编的罗马《学界杂志》刊载了长达8页的书评。文章对《论法的精神》的艰涩之处提出了几点批评意见。文章认为,学识平平的人也许会佯装读懂了,而且他们肯定会赞美它,但是他们的态度就像罗马人初次通过齐米尼安山时一样:那些庞大的、歪扭的树木投下的阴影把他们笼罩在一团漆黑之中,而他们以为这黑暗是神灵造成的。因此,粗俗的人(定义是"一切带偏见的人")对《论法的精神》肯定茫然不解。文章指出,这部著作充满了矛盾和艰涩之处。尽管如此,它仍不失为一部超群绝伦的杰作。它文笔丽逸,充满了新颖而光辉的思想,显示出了渊博的学识。评论者在提出个别的批评时,没有一处指责这部著作有丝毫反宗教倾向;不同意见都是与人为善地提出的。同年3月20日,乔瓦尼·拉米主编的佛罗伦萨《文学新闻》,称赞《论法的精神》是一部值得人手一卷、天天阅读的著作,一部关于平民生活的最有用的义务教科书。拉米和福吉尼这样说并非出于对孟德斯鸠的私人友情。孟德斯鸠与他们并不相识。在1728年至1729年间,拉米在国外,而福吉尼还是个孩子。

1750年初,孟德斯鸠得悉,《论法的精神》已被告发到罗马教廷,有人正在试图把它列入《禁书目录》之中。[1]他立即写信给在罗马的德·尼凡尔内公爵,告诉他《论法的精神》所面临的威胁。他说明了他在法国遭到批评的性质,并宣告《为〈论法的精神〉辩护》将在4天以后出版,将使他的敌人就此闭口。他还宣称他正在修订《论法的精神》,遭非议的段落将在新版中删除。他对于在本笃十四世这样一位开明的教皇统治下,在瓦伦蒂和帕西奥内这样的红衣主教管理教廷的情况下,竟会采取措施反对他的著作,表示惊讶。他恳请尼凡尔内为他干预此事。[2]

此事为何人所告发,不得而知。[3]教廷审书部在此之前已经得知此书,

---

① L.贝尔拉特:《〈论法的精神〉面对禁书目录审查委员会》;参见《〈论法的精神〉两百年纪念》,波尔多1949年版。

② 1750年1月26日,孟德斯鸠致尼凡尔内。

③ 在官方信函中没有丝毫踪迹表明教廷大使是告发人。维安指出,告发人是《教会新闻》杂志,但未提供证据。P.巴斯蒂认为,告发人很可能来自耶稣会。参见他所著:《孟德斯鸠与耶稣会士》。

并已指派鲍塔里作为审阅人。鲍塔里是一位杰出的学者,与教皇的关系十分密切。同时,他不仅和科尔西尼家族,而且和塞拉蒂、尼科里尼过从甚密。对孟德斯鸠而言,幸运的是,鲍塔里已经读过《论法的精神》,并对其赞不绝口,还向巴托罗梅奥·科尔西尼推荐此书,说这是一部令人叹羡的著作。①

尼凡尔内迅速采取行动。他首先找人进行了一系列谈话,又写了一份备忘录,转达孟德斯鸠的看法。备忘录指出,孟德斯鸠感觉受到了侮辱;他为自己的著作遭到恣意歪曲而感到遗憾;人们对他提出的指责,他是无辜的;他打算出修订版。1750 年 4 月 1 日,尼凡尔内把备忘录呈送帕西奥内,与此同时,他要求孟德斯鸠寄给他 12 本《为〈论法的精神〉辩护》。②

此时,索拉尔也采取了外交行动,支持尼凡尔内。红衣主教帕西奥内是一位博学的人,并且以学者的赞助人自诩。他鼎力相助,使孟德斯鸠能够为自己辩护,这对教廷审书部来说是不寻常的让步。国务秘书瓦伦蒂也十分帮忙。罗马教廷驻巴黎的使节杜鲁尼给他寄来一本《为〈论法的精神〉辩护》,并随有评论,说此书谬误百出,反对基督教,把基督教与伊斯兰教等同对待。③但是,为了帮助孟德斯鸠逃脱劫难,瓦伦蒂已经把书交给了鲍塔里。与此同时,孟德斯鸠把尼凡尔内索要的 12 本《为〈论法的精神〉辩护》寄给了他。大使把其中一本呈送教皇,同时送去的还有孟德斯鸠的其他著作。但是为了谨慎起见,《波斯人信札》被排除在外。教皇受此敬奉,十分高兴,说这位作者不会徒劳无获。④

鲍塔里没有用多久就勾出了应该谴责的段落,并写下了自己的见解。帕西奥内坚持要过目,要发表意见,并且(尽管一再被告知无此必要)要求译成法文。于是,尼凡尔内把这些意见传达给了孟德斯鸠。他叮嘱孟德斯鸠一定要致函帕西奥内表示感谢,而且要不惜奉承之辞:"诸如赞美、钦佩、万

---

① 1749 年 7 月 13 日,鲍塔里致科尔西尼。
② 1750 年 2 月 18 日,尼凡尔内致孟德斯鸠。
③ 1750 年 7 月 20 日,杜鲁尼致瓦伦蒂。
④ 1750 年 3 月 24 日,尼凡尔内致孟德斯鸠。

分感激等等,他就喜欢这些。"孟德斯鸠不负所望,应付裕如。①

1750 年 8 月 28 日星期五,帕西奥内致函鲍塔里,信的语气一反常态,不像他平常那样随和悠闲。他刚刚得悉教廷审书部已不能等待,鲍塔里将于下周星期一应召呈交他的报告。②次日,尼凡尔内把孟德斯鸠的答复全部交给鲍塔里,并转达了孟德斯鸠完全信任鲍塔里的判断之意。③鲍塔里出席了教廷审书部的会议,但他显然还没研究孟德斯鸠的答复,于是请求改日再议,会议表示同意。

然而,并非万事如意。尼凡尔内担心,即将在那不勒斯出版《论法的精神》的意大利文译本会被看作是挑衅之举,于是设法制止了此事。此时,反对孟德斯鸠的意见日益强烈。一位以阐释伦理严肃主义和反对耶稣会著称的多明我会士达尼埃尔·贡齐纳在他的《基督教神学伦理教条》第 6 卷中,对《论法的精神》尤其是第 26 章进行了猛烈的攻击。他说,在这部著作里,应该严厉指责之处不胜枚举:作者漫无边际地涉及了所有法律,既涉及教会戒律也涉及世俗法律;议论了为数众多的国家的宗教体制和政治体制;并且随心所欲地表示了好恶。作者的一孔之见,他那才智平平的议论,时而用华丽的辞藻作点缀,时而又覆以浓彩淡色;通篇著作,有百害而无一利,理应受到严厉谴责。几乎与此同时,那位像巴拿巴④一样虔诚的后来升任红衣主教、并在选任教皇之前与本笃十四世有私交的贾辛托·西吉斯蒙多·杰迪尔,在都灵王家学院发表了一次演讲,他含沙射影地提到"某些最近发表的、享有盛誉并接二连三地受到赞扬的、关于法律的内在力量和意义的评述,也就是《论法的精神》"。他不无讥讽地接着说,其作者学识超群,乃至对于古今各民族的法律、惯例、判案、习惯,无所不精。他处心积虑溯其本源:这是一项令人瞠目结舌的事业,也是一项把他引入歧途、谬误百出的事业。接着

① 1750 年 5 月 4 日,尼凡尔内致孟德斯鸠,载《全集》,纳热尔版第 3 卷,第 1304—1305 页。
② 1750 年 8 月 28 日,帕西奥内致鲍塔里。
③ 1750 年 8 月 29 日,尼凡尔内致鲍塔里。
④ 巴拿巴曾随同圣保罗一起外出传教。见《圣经》。——译者

杰迪尔讨论了品德是共和政体的本质这一观念。他在演讲里猛烈地驳斥了这种观念，并且在演讲成文后的附录里研讨了 25 个问题，进一步加以驳斥。[1]

在意大利，对孟德斯鸠的谴责日益升级。就在这样的时刻，教廷审书部于 1750 年圣诞节即将来临之际，再次召集会议。在这样的形势下，尼凡尔内直接向教皇提出了吁请，教皇答应了他的请求，下令不准作出决议。尽管孟德斯鸠在教廷审书部多了一位盟友，此人便是审书部主管、红衣主教凯利尼，但敌视情绪仍在日益增长。[2]孟德斯鸠与这位新的支持者通了信，但是尼凡尔内急切地警告他，他们之间的信件往来要严守秘密，因为教皇对凯利尼极不欣赏；如果教皇得知孟德斯鸠在与他接触，将会立即翻脸。[3]为了赢得时间，尼凡尔内设法让和他有私交并公开赞赏孟德斯鸠的艾玛尔迪取代鲍塔里作了教廷审书部的报告人。

然而，这一措施并没有奏效。1751 年 11 月 29 日，《论法的精神》还是被列入了《禁书目录》。尼凡尔内向教皇本人提出的吁请所取得的全部结果是，宣布《论法的精神》为禁书的裁决书不得单独发布。[4]事实上，裁决书在 1752 年 3 月 2 日公开发布。与《论法的精神》一道遭到谴责的还有普芬道夫的《论人的天职》，意大利文著作《加巴利伯爵》，肖弗林神甫的《对教会豁免权的公正评议》，以及一部无疑属下流之作的《天使之战》。

《论法的精神》何以被列入《禁书目录》？鲍塔里提出的批评相当温和，表达既适度又彬彬有礼，完全不同于《教会新闻》所作的指责。提出的异议都是针对细节问题，而且还往往提出了修改建议。[5]孟德斯鸠认为，犹太法律允许男子抛弃妻子，但不给予妇女同等权利，因而是暴虐的。检查官说，"暴虐"一词太重了，改用"这项法律是严酷的"更为妥当。用"不可摧毁"一

---

① 这篇演讲发表于 1750 年 11 月 5 日，并于次年出版。
② 1750 年 12 月 23 日，尼凡尔内致孟德斯鸠。
③ 1751 年 4 月 24 日，尼凡尔内致孟德斯鸠。
④ 1751 年 12 月 8 日，尼凡尔内致孟德斯鸠。
⑤ 这里提议的某些修改，后来被孟德斯鸠所采纳，鉴于这一事实，以及参照 1750 年 5 月 4 日尼凡尔内致孟德斯鸠的信中涉及鲍塔里的批评内容，可以肯定，这份手稿正是鲍塔里提出的审查报告(梵蒂冈图书馆，手稿，编号 3157，第 5—9 页)。

词来形容印度人的宗教也太重了,应找一个弱些的形容词。更不应该因为经院哲学派在高利贷方面的训诲对商业造成的令人不愉快的后果,而责怪整个学派;应该只局限于那些糟糕的经院哲学家。关于亨利八世在他的国土上消灭僧侣——"懒惰的人群",检查官说,许多僧侣懒惰成性,这是一个不幸的事实。但是,作者应该要么明确说明他并不指所有僧侣,要么让这些话出自亨利八世之口。提出的唯一具有实质内容的指责,是针对论及宗教法庭的第 26 章第 11 节。这一节必须完全删除。

这些批评是温和的。教皇对孟德斯鸠持偏袒态度,并有 3 名红衣主教为他积极疏通。然而,尽管他的支持者都是些名流显要,而他的反对者虽然大多是名不见经传之辈,却是胜利者。他们之所以获胜,一个可能的原因是,1751 年《论法的精神》未加修订又再版了。尼凡尔内还提出了另一个可能的原因①,即拉博梅尔发表的《写在为〈论法的精神〉辩护之后》大概触怒了教廷审书部。但是,更为可能的简单原因则是《论法的精神》所包含的大量内容,注定要遭到遵循传统教义和礼仪的 18 世纪教会的责难。有些神职人员接受了正在流行的新思想,有些神职人员与孟德斯鸠有私人交情,然而这些至多只能掩饰一下他著作中某些与教会的训示相抵触的因素,却无法改变这一事实。孟德斯鸠的密友塞拉蒂对此直言不讳。他在危机严重的时刻写信给鲍塔里,称颂《论法的精神》是一部为时代增光添彩、超凡脱俗的天才的成功之作,但又强调说,它肯定不能逃脱神学的谴责。②与孟德斯鸠过从甚密的老朋友戴莫莱教士,甚至在詹森派的《教会新闻》首次发难之前,就表达了大同小异的观点。他写道,这部著作值得赞赏,但又必然受到谴责,因为它公开宣扬真理,而这些真理是心胸狭窄的人无法接受的。③孟德斯鸠和其他哲学家的观点与教会的观点相去太远,尽管兰贝蒂尼、帕西奥内、瓦伦蒂和凯利尼等人有善良的愿望,但却无力使两种观点彼此沟通。

---

① 1750 年 12 月 8 日,尼凡尔内致孟德斯鸠。
② 1751 年 1 月 31 日,塞拉蒂致鲍塔里。
③ 1749 年 9 月 26 日,戴莫莱致某夫人。

对于孟德斯鸠来说,这一事实不是他所期望的。他迫切地希望他的著作免遭谴责。在他写给尼凡尔内的信中,在他叮嘱对方或征求对方的忠告时,他语无伦次、文字啰嗦,完全不像出自他的手笔。他自己也意识到了这一点,在一封信中他甚至说,他的信简直像孩子所写,他希望尼凡尔内不要过于认真对待。然而,在同一封信中,他清醒地承认,他对自己造成的危害远远超过了别人对他的危害。

> 我的自作自受甚于他人对我的加害……作为一个法国的法律界
> 人士,我若能像我的法国同事那样,冷漠地对待他人给我造成的麻烦,
> 这些麻烦将立即不再成为麻烦。要知道,法国的法律界人士正是以这
> 种冷漠去对待教廷审书部的所作所为的。①

然而,孟德斯鸠在这场危机之中的态度,远不是那么超然冷漠。他忘记了同他并列在《禁书目录》之中的还有蒙田和笛卡尔,而是急切地希望自己免受谴责的耻辱。如果尼凡尔内的话是可信的,那么正是那惶惶不安的情绪使他把教会的谴责看得过于严重,而实际上,教廷的审查官们并不认为此事有多么严重,因为尼凡尔内在告诉孟德斯鸠他的著作已遭禁时写道:"那些人并不认为对你有多大损害。"②

---

① 1750 年 10 月 8 日,孟德斯鸠致尼凡尔内。
② 1751 年 12 月 8 日,尼凡尔内致孟德斯鸠。《波斯人信札》于 1761 年被列为禁书。

第十八章 令闻广誉(1748—1755 年)

第一节 外表与性格

关于孟德斯鸠 1748 年以前的生活，传记作者所能获得的文献资料微乎其微。一般来说，只是在《论法的精神》出版以后，与他的会见才被看作是值得记载的，他的隽语才被争相抄录，他的信函才成为珍品。现存的书信之中，几乎半数是在 1748 年至 1755 年间写的。

甚至对他的外貌可信的描述，也只是他暮年时的情况。在波尔多科学院的公寓里现存着一幅他的油画画像，据认为系图卢兹的老让·拉佩纳所作，他曾于 1739 年为科学院作画 6 幅①，此说似乎合于情理。孟德斯鸠身着高等法院庭长的红色长袍(尽管他自从 1726 年以来从未坐在法官席上，并且出卖了他的职位)，手持臼形帽，头戴假发。他的面容对于一个还不到 50 岁的人来说过于苍老，乃至令人吃惊，但却安详、威严。他的脸型由于尖颏而呈长形，下巴露出坚毅的神色，眼睛呈蓝色。尽管不是侧面画像，但是可以看出他的鼻子高耸，在左眼的右侧有一个痣。这是一幅传统画像，具有传统画像的一切缺点。人们从画像中看到的是高等法院法官的全副装饰，而不是孟德斯鸠的性格。

---

① R.默絮莱：《孟德斯鸠的肖像画家》，载《波尔多历史杂志》，1954 年。

一些年以后,加斯科在经过多次请求之后,终于说服了孟德斯鸠,允许一位从西班牙返回、途经波尔多的意大利画家为他作画。①这幅画像失落了。它曾一度由加斯科收藏,但似乎后来成为尼科利尼的收藏品。卡洛·富齐根据此像雕版于1767年印制出版的画像所表现的孟德斯鸠的形象极差。他身着白色皱边的简单的便服,戴着假发,脸部毫无表情,给人的总的印象是一个无足轻重的人。②

孟德斯鸠不喜欢让人画像,一部分原因是出于谦虚,一部分原因(如他的儿子所述)是为了俭省。他多次拒绝当时最杰出的肖像画家康丹·德·拉杜尔的请求。然而,在他的桑榆晚景之年,他应允了一次这样的请求。他有一位朋友叫里斯托,是个商人,在围绕《论法的精神》进行的争论中,曾挺身而出为他辩护。据这位商人叙述,他在巴黎访问时,遇到了瑞士徽章匠人雅克-安托万·达西埃。他曾受雇于伦敦造币厂,雕刻过几位名声显赫的英国贵族的头像。他极其渴望会见孟德斯鸠③,这次专程来巴黎拜访他。里斯托与孟德斯鸠联系,约定次日上午8点会见。达西埃和里斯托如约出现在圣多米尼克大街孟德斯鸠的住所,发现他正在进早餐,早餐只有干面包片、白水和葡萄酒。先是一般性的攀谈,其间,达西埃出示了他制作的有切斯特菲尔德头像的像章。随后,他请求孟德斯鸠坐下来让他画像。孟德斯鸠犹豫片刻后回答说,他没有应允拉杜尔等人,但是他将遵达西埃之命,否则会比让人画像更有傲慢之嫌。结果制作出的胸像,是现在所知的表现最完美的孟德斯鸠的形象。孟德斯鸠对此十分满意,特地为这位艺术家赋诗10行。④

---

①　加斯科:《致友人书信集》,第258—259页(《全集》,纳热尔版第3卷,第1553页)。1744年9月至1746年8月及1748年4月至1749年4月,加斯科和孟德斯鸠一起呆在拉布莱德。因此,这幅肖像很可能是在其中一段时期作的,作于此前的可能性微乎其微。

②　据称,在拉布莱德有两幅肖像画,一幅是红粉画,一幅是木炭画,皆为孟德斯鸠生前所作。见于《吉耶讷珍本收藏家协会简报》。对此我并不相信。

③　1778年,里斯托致让-巴蒂斯特·德·色贡达。里斯托认为此事发生在1752年,这是不可能的,因为那一年孟德斯鸠不在巴黎。可能性最大的是在1753年。

④　《全集》,纳热尔版第3卷,第563—564页;七星文库版第2卷,第1473页。

像章显示的是孟德斯鸠的左侧面像。他脖颈匀称,下颏丰富,鼻子突出但富有表情,一双眼睛无畏地望着一切,头发浓密而蓬松,相貌不凡,简直和罗马帝国的伟人一样。有人曾说他像西塞罗,但实际上更像恺撒,尤其像在吉亚拉蒙蒂画廊中陈列的肖像所表现的恺撒。不过,孟德斯鸠更开朗,更敏锐,更活跃。

他性格特别活跃,这一特点是人们对他评论最多的方面之一。为他画像的那位意大利艺术家说,他为之画像的人中,从未有人像孟德斯鸠那样,面部表情富于变化,孟德斯鸠的儿子,以及达朗贝尔也都谈到他那不同寻常的活跃性格。①

他身材不高,体形瘦弱,皮肤白皙。②他的眼疾直到生命的最后时刻都使他苦恼。尽管他毫无惧色地面对失明的威胁,并能努力适应,常说(据切斯特菲尔德所说)"我能当好盲人"③,但是这一折磨毕竟极大地妨碍了他的研究和他的社交活动。

孟德斯鸠早年时期就有心不在焉的特点。晚年时期,部分地由于他的视力的衰减,这个毛病更加厉害,常常成为他在世时以至谢世之后,人们讲述他的旧事时的话题。有一个故事一直在波尔多流传,并且被米兰达和司汤达分别在 1789 年和 1838 年提到:一次孟德斯鸠和妻子在波尔多乘车上街,他撇下妻子,去看望一位夫人,说定片刻即回。实际上他一去三四个小时,把妻子在车中等他之事竟忘得一干二净。尤为尴尬的是,他所造访的那位夫人据认为是他的情妇。④另一次,他从枫丹白露出发,跟在马车后步行,以便活动身体。他漫不经心地走着,竟走了 32 英里,走到巴黎郊外的维尔茹伊夫,他还以为只走了 5 英里,方到夏依。⑤另一事例是夏尔蒙伯爵讲述的亲身经历:

---

① 色贡达:《回忆录》,第 405 页。
② 色贡达告诉米兰达将军,说他父亲身高 5 英尺 2 英寸,见《米兰达将军档案》,第 4 卷,第 244 页。
③ 1762 年 10 月 7 日,切斯特菲尔德致理查德·切纳维克斯。
④ 司汤达:《南方游记》,第 76 页;《米兰达将军档案》,第 4 卷,第 246 页。
⑤ 伏瓦斯农:《文人轶事》,载《全集》,第 4 卷,第 112 页。

记得有一次我和他一起在我们的大使阿尔比马勋爵家用餐。餐桌上发生了一场热烈的争论。于是,他把 7 只干净的碟子交给了站在身后的侍者,以为他已经都用过了。①

夏尔蒙补充说,这只是因为争论正在高潮中,他由于兴致勃勃而又冲动地全神贯注于争论之中,才忘乎所以;在其他时候,特别是有女子在场的时候,他是完全镇定自若的。

然而,据称他与某些人相处却显得局促不安。瓦伏纳格和孟德斯鸠素不相识,不过,他想孟德斯鸠的谈吐一定不似他的文章那样出众。②据真伪不明的作者德·克莱基夫人的回忆录记载说,他不善于记人名,因此他在谈话中一会儿一个“那位”,乃至乔弗里夫人称他为“那位庭长”。即使不靠这些回忆录,人们也能发现可靠的证据,说明他在社交场合并不总是那么光彩夺目。一位未来的索尔兹伯里主教曾于 1749 年旅行到法国。他写道:

> (孟德斯鸠)高度近视,这大大妨碍他的交往,使他显得很腼腆,因为他搞不清谁在和他交谈。③

达尔让松对他了如指掌,认为他的著述比他的谈吐更充满智慧。因为他不愿炫耀,也不为此而费心。达尔让松还责备他不该一直保持他的加斯科尼的乡音。④

然而,另一些人则宣称他的谈吐才气纵横。达朗贝尔说,他的言谈一如《为〈论法的精神〉辩护》,可以说这便是对他的最高赞誉了。达朗贝尔接着又具体地说道:他谈吐轻松、中听,而且总给人以教益,抑扬顿挫分明,妙

---

① 哈迪:《夏尔蒙回忆录》,第 36 页。
② 1738 年 12 月 24 日,瓦伏纳格致米拉波。
③ 约翰·道格拉斯:《选集》,索尔兹伯里 1820 年版,第 150 页。
④ 达尔让松:《一位公使的闲暇》,列日 1787 年版,第 2 卷,第 62—63 页。

语连珠,既不慷慨陈词,也不讽刺挖苦。①莫佩尔蒂则认为他的谈吐比他的著作更胜一筹,他说:"言简意赅,鞭辟入里,趣味高尚,迷人而有教益,从不伤人。"②杜·德芳夫人认为他有独到的见解。③切斯特菲尔德认为他谈吐毫无矫饰,不矜不伐,并称赞他在法国社交界享有卓越的地位。④

为切斯特菲尔德作传的马蒂,对于人们就孟德斯鸠的口才所作的或褒或贬的截然不同的评价,作了最令人满意的解释。他说:

> 据说孟德斯鸠在人物混杂的场合,言谈举止与人们想象中的他判若两人;但是,与情趣相投的人在一起的时候,人们普遍承认他非常和蔼可亲、非常轻松快活,谈吐高雅。⑤

毫无疑问,孟德斯鸠更欢喜小规模的聚会;当他和几位亲密的朋友在一起的时候,他才能最好地把他自己在《原因论》中提出的会话原则付诸实践。这些原则是:(一) 不要总是使用隽语,因为在 3/4 的情况下隽语都不合时宜;(二) 不要一味咬文嚼字,追求确切无误,因为愉悦的交谈中有许多虚假不实的议论,这些议论之所以有趣,正在于它们谬误百出、千奇百怪。这类交谈没有记录下来,流传百世,实为憾事。不过,这些会话原则已说明了孟德斯鸠为什么有时候受到那些迟钝的人的责难。同样,他在英国所作的关于英法两国对比的精彩谈话,竟引起大使的责备,也是不足为奇的。

第二节　其他活动

《论法的精神》出版以后,孟德斯鸠在沙龙里依然受大家喜爱。艾迪在

---

① 达朗贝尔:《颂词》,见《全集》,纳热尔版第 1 卷,第 24—28 页。
② 莫佩尔蒂:《孟德斯鸠颂词》,第 55 页。
③ 1754 年 2 月 21 日,杜·德芳夫人致卡尔·歇弗尔。
④ 1750 年 12 月 25 日及 1751 年 4 月 22 日,切斯特菲尔德写给儿子的信,见《书信集》,第 1631、1716 页。
⑤ 马蒂:《关于切斯特菲尔德生平的回忆》,第 1 卷,第 42 页。

给杜·德芳夫人的信中写道：

> 谁能不喜爱这样的人,这样心地善良的人,这样伟大的人,他的著述
> 如同他的性格和风度,总是与众不同,但始终无愧于人们的敬仰和钦羡。①

而孟德斯鸠在谈到这位夫人时曾说：

> 我由衷地喜爱这位夫人,她使我快乐,使我开心,和她在一起,绝
> 不会有一时·刻的烦恼。②

此时已荣领巴思伯爵称号的普尔特尼带着茶叶作礼品,来到夫人的府邸,
并在她的餐桌上结识了孟德斯鸠。③在沙龙里或在其他地方,许多到欧洲大
陆旅行的英国青年都费尽心机要与孟德斯鸠见上一面。巴思的儿子普尔
特尼勋爵也是其中之一。他是在他的家庭教师,后来的索尔兹伯里主教约
翰·道格拉斯的陪伴下,来见孟德斯鸠的。海德勋爵在他于 1753 年落马摔
死,从而结束了他那放荡不羁的一生之前,曾前来和孟德斯鸠谈论博林布
鲁克,谈论宗教,谈论教皇。那位后来成为将军,并被休谟形容为一颗陨星
的古怪的苏格兰人罗伯特·克拉克也来讨论教育问题。他报道说,孟德斯
鸠认为私人教育胜过学校教育。第十代彭布罗克伯爵(孟德斯鸠在《论法
的精神》中提到了他的祖父)前来造访,还买了罗凯莫林产的葡萄酒。④后来
晋爵为夏尔蒙伯爵的詹姆士·考尔菲尔德,在以后与吉本结为朋友的爱德
华·伊利奥特的陪伴下,在巴黎和拉布莱德会见了孟德斯鸠。他的记述现
在是关于孟德斯鸠生平的主要资料之一。⑤

----

①② 　1754 年 1 月 28 日,艾迪致杜·德芳夫人(《杜·德芳夫人书信集》,第 1 卷,第
192 页)。

③ 　1751 年 4 月 25 日,巴思致杜·德芳夫人(《杜·德芳夫人书信集》,第 1 卷,第 126—
128 页)。

④ 　1754 年 11 月 3 日,孟德斯鸠致加斯科。

⑤ 　哈迪:《夏尔蒙回忆录》,第 31—38 页。

另一位来访的英国青年叫查尔斯·约克,孟德斯鸠很喜欢他。他是一个很有希望的青年,无论成为一个伟大的人,还是成为一个博学的人,都有同样的把握,但是到头来却未实现。他的父亲哈德威克勋爵是上议院议长,当孟德斯鸠在英国之时,还曾任首席检察官。查尔斯·约克本人与沃尔伯顿有通信往来,后来成为皇家学会会员、大英博物馆的理事,还与波兰国王斯坦尼斯拉斯有书信往来;去世之前他当上了上议院议长,并于1749年来到巴黎,他在给母亲的信中这样写道:

> 孟德斯鸠先生待我非常好,仅用了半个小时就表示同意和我结交。今天我有幸和他进行了长谈。他不仅看问题鞭辟入里,而且性情善良开朗;对英国的宪章和英国人民的智慧推崇备至。我不应该忘记告诉您,他对于上议院议长阅读他的著作并表示赞同一事,由衷地感到荣幸。如果他能有幸再访英国,他将登门致谢,以偿夙愿。他还对我说,在家父任议长之职的13年之中,他的裁决从未撤销,不服裁判而上诉者亦不过两三起。我回答说,的确如此。他又回答说,啊,这是最好的褒奖,超过了一切奉承。[1]

1750年孟德斯鸠和约克再度重逢,但随后这位青年人又曾3次访问法国,却未得一见。不过,他们之间不仅以面谈方式交流思想,还有书信来往。约克为孟德斯鸠提供了不少书籍,其中包括沃尔伯顿[2]的《摩西的神圣使命》和他自己的《论对叛逆罪的没收法》,他还就英国的宪章与孟德斯鸠讨论了领主权问题。

毫不奇怪,孟德斯鸠在他生命的最后几年,还在考虑再次出国旅行。[3]

---

[1] 1749年10月13日,查尔斯·约克致哈德威克夫人(大英博物馆,补遗,手稿编号35353,第88—89页)。

[2] 沃尔伯顿(Warburton, William, 1698—1779),英格兰圣公会教士,文学评论家。著有《教会与政府联盟》《摩西的神圣使命》。后因研究蒲柏的著作而卷入激烈争论。——译者

[3] 1733年6月6日,孟德斯鸠致查尔斯·约克。

频繁的社交活动使他没有多少时间从事学士院的事务。1749 年和 1750 年，他参加了学士院的选举和招待活动。1751 年和 1752 年，他大部分时间都不在巴黎，因而任何活动都没参加。1753 年 4 月 2 日，他获选为院长，从此参加活动比较经常了。在孟德斯鸠任此职期间，学士院有一空额，准备把诗人比隆选入补缺，他是适合获此位置的。国王从教会获悉比隆多年前曾写过一首淫荡诗《致普里亚普斯》，便召见孟德斯鸠，否决了这一选举。结果布封获选补缺，尽管他并不心甘情愿。孟德斯鸠通过德·蓬帕杜夫人，吁请国王对这位不幸的诗人宽大为怀。他的吁请获得批准，比隆获年金 1 000 利弗尔。从此以后，孟德斯鸠就称这位诗人为"亲爱的伙伴"。比隆为此写下这一著名的墓志铭：

此处安息着一钱不值、连院士也没当上的比隆。①

事实上，孟德斯鸠深受宫廷的器重；当伏尔泰移居柏林，王家史官的职位出现空缺的时候，有些人，特别是教廷大使，认为孟德斯鸠将获此任。事实证明这种想法错了，杜克洛获得了这一荣誉。②次年，孟德斯鸠的确得到了王家的恩宠，不过是由波兰流亡国王斯坦尼斯拉斯恩赐的。孟德斯鸠闻讯这位国王在南锡成立了一个学院，便请求能在其中得到一个职位，国王满口答应③，此后，他没有再去波兰宫廷谒见国王，但是他为波兰宫廷写了一篇文章，这是他在世之年发表的最后一篇著作。这是一个短篇记述文，题为《利西马克》，他早在 20 年前就有写这样一篇文章的想法。④这篇文章的风格令人回忆起《苏拉和欧克拉底的对话》，主题令人联想起穴居人的故事。它还在深处隐含着对波兰流亡君主的讽喻，描写了一位以哲学家为友的开明君主终于战胜了一个反复无常的暴君。《利西马克》中妙语连珠，比如，哲

---

①　色贡达：《回忆录》，第 402—403 页；1753 年 6 月 14 日，孟德斯鸠致蓬帕杜夫人。

②　1750 年 9 月 7 日，教皇使节致国务秘书。

③　1751 年 3 月 20 日，孟德斯鸠致斯坦尼斯拉斯。

④　《随思录》，第 563 条。

学家卡里斯梯尼说,如果神灵只是为情欲而创造了人类,那么"他们自己干的比筹划的更多";不过,这充其量是一篇朝臣写的风雅的帮闲文章而已。

孟德斯鸠在晚年从事的其他创作活动,包括准备新版《论法的精神》和《波斯人信札》,利用旧有材料撰著他的《论趣味》和《论政体》,并开始准备一部论狄奥多里克的著作。①据称,在他逝世之后,在拉布莱德尚存有这部著作的原稿片断,但如今已经失落,也没有任何迹象表明这一颇得吉本推崇的计划开花结果。②

第三节 孟德斯鸠与启蒙思想家

孟德斯鸠是否可属启蒙思想家之列呢?

在 18 世纪,"哲人"一词含义几经变化,多种含义相互交错。在 18 世纪 60 年代,该词有其特定的含义,因此,这一问题最为确切的提法是:孟德斯鸠的著作和观点,是否与 18 世纪 60 年代以狄德罗、爱尔维修、达朗贝尔以及杜克洛为核心的那些思想家一致呢? 他与生活在他的时代的那些思想家之间社会联系的密切程度如何? 他与那些思想家在作为他们的特点的共同目的方面,又有多少相同之处?

就观点而言,孟德斯鸠与哲人中的自然神论者相去无几。同他们一样,他主张宗教宽容,热爱自由。事实上,自然神论者这些主张在很大程度上正是受了他的影响。他的影响在意大利最有特点的哲人贝卡里亚身上,表现最为明显:"我转向哲学已有 5 年,阅读《波斯人信札》是我这个转变的原因。"孟德斯鸠区别于启蒙运动的许多人物的最主要的方面,在于他的学识博大精深,他在后半生无疑是启蒙运动中继吉本和弗雷莱之后的最博学的学者。③但是,孟德斯鸠的学识,几乎都是在事后才引起人们的注意。《罗马盛衰原因论》算不上学术的丰碑,铭文与语史学院大门从未向他敞开。他从不属于反启蒙思想的那派学者。他的观点和著作使他成为启蒙派的一

① 《论法的精神》,第 30 章,第 12 节。参见中文版下册,第 317 页。
② 参见吉本:《罗马帝国衰亡史》,第 4 卷,第 180 页。
③ 参见 J.塞兹奈克:《论狄德罗和古代》,牛津 1968 年版。

员;无论是启蒙派还是启蒙派的敌人都这样看。他在私人交往方面同样如此，诚然，一位强烈反对启蒙派的人，菲利波·维努蒂和巴尔博的密友(尽管巴尔博并不甘愿承认)勒弗朗·德·蓬皮尼昂和孟德斯鸠一直保持着友善的关系，并把加斯科赠给孟德斯鸠的女儿丹妮丝的几首诗作译为法文。诚然，孟德斯鸠对于伏尔泰，尽管在社交场合偶尔相遇，但从不掩饰他的厌恶感。

不过，这还不是一切，也不是最要紧的。

在孟德斯鸠生命的最后年代里，学士院中有 9 名院士可以被认为是某种意义上的启蒙派，他们是丰特纳尔、梅朗、迪雷奈尔(蒲柏的《人论》的译者)、米拉波、莫佩尔蒂、伏尔泰、布封、达朗贝尔和杜克洛。在这些人之中，孟德斯鸠从青年时代就认识丰特纳尔和梅朗。莫佩尔蒂是他的朋友和盟友。迪雷奈尔曾受惠于他。他深受布封敬佩。尽管布封在《论风格》一书中几乎不加掩饰地批评了《论法的精神》，他却一再宣称，只有 5 个人可称为伟人:牛顿、培根、莱布尼茨、孟德斯鸠和他自己。尽管伏尔泰和孟德斯鸠互相敌视，但他们各自又在一定程度上敬重对方。伏尔泰在他的学士院任职演说中赞美了《罗马盛衰原因论》，并在《向一位仁慈者的衷心感谢》中为《论法的精神》辩护。孟德斯鸠则并不否认伏尔泰是一位天才。达朗贝尔和杜克洛后来成为学士院中启蒙派事业的最有活力的首领。孟德斯鸠对达朗贝尔推崇备至;他给达朗贝尔写信，语气亲昵随便，不分彼此，热情地称颂他为《百科全书》写的《前言》[1]，并为他选入学士院出了力。[2]达朗贝尔比孟德斯鸠年少，他对孟德斯鸠的崇拜可见于他的《颂词》。由于他们之间的友情，孟德斯鸠成了一名《百科全书》编纂者，因为他应达朗贝尔之邀，为《百科全书》撰写了"论情趣"这一条目，于 1757 年他逝世之后出版问世。杜克洛是相交更早的老友，至少自勃朗卡沙龙之时，他们之间已过往甚密。

学士院之外，爱尔维修是他那个时代最开诚布公、无畏的启蒙思想家。他是孟德斯鸠的密友和创作活动中的知己。雷纳尔与孟德斯鸠也并非素昧

---

[1] 1753 年 11 月 16 日,孟德斯鸠致达朗贝尔。

[2] 1754 年 9 月 13 日,孟德斯鸠致杜·德芳夫人。

平生:除了其他场合之外,他们至少在年迈、仁慈的诗人蒂东·迪蒂耶请客共进不甚丰富的晚餐时,曾经幸会于这位诗人的圣安托万郊区的那幢狭小的房舍里。数年以后,雷纳尔在给一位名声显赫的苏格兰朋友的信中写道:

> 我有幸结识了(孟德斯鸠),从他那里感受到了崇高的情操,懂得了最伟大的美德和最佳的宗教在于有益于他人这个道理。可是什么时代能产生这样的伟人呢?①

最和蔼可亲、最忠贞不渝的《百科全书》编纂者路易·德·若库尔通过克莱拉克的维旺家族,与孟德斯鸠有亲缘关系,因而是他最推心置腹的朋友。狄德罗则在为孟德斯鸠举行葬礼时前往吊唁,以示敬意。

在启蒙运动的自然科学作者中,除了梅朗和布封以外,孟德斯鸠的知交还有雷奥米尔,瑞士生物学家亚伯拉罕·特朗布雷和夏尔·博奈(只有书信来往而已),以及有无限好奇心的秉性欢快的科学家拉孔达明。②这位瑞士人并不是孟德斯鸠晚年对其学术活动感兴趣的唯一外国人。他还和沃尔伯顿保持着书信往来。沃尔伯顿虽然在英国情况远非如此,但在法国却被看作是启蒙学派的朋友。他和休谟互相通过几封书信,并发现两人志趣相投。他甚至还记述了与一位富有哲学头脑的西班牙陆军上校进行的一次交谈,这位上校敌视耶稣会,却对西班牙启蒙运动的先驱费霍③颇有好感。孟德斯鸠没记载这位上校的姓名,很可能是阿兰达,1753 年阿兰达正在法国,据说与狄德罗、达朗贝尔和孟德斯鸠有交往。④他后来成为西班牙最显要的政界人物之一。

至此,证据已足。孟德斯鸠晚年在巴黎的交游,他出入频繁的沙龙,他

---

① 1772 年 4 月 16 日,雷纳尔致威廉·亨特。
② 拉孔达明(La Condamine, Charles Marie de, 1701—1774),瑞士博物学家和数学家。——译者
③ 费霍(Feijóo y Montenegro, Benito Jerónimo, 1676—1764),西班牙教育家和作家,崇尚理性。主要著作有《包罗万象的评论舞台》《广博和奇异的信》。——译者
④ 《随笔》,第 779 条。

每往必待为上宾的府邸,正是启蒙思想广为流传的处所。虽然,霍尔巴赫此时尚未出名;加利亚尼的卓越口才尚未展现;休谟、沃波尔、贝卡里亚和韦里①兄弟尚未与巴黎的社交界频繁交往。但是,启蒙思想家的圈子已经存在,孟德斯鸠是其中最受敬重的成员之一。

那么,他们在多大的程度上意识到了他们有共同的目的呢? 换句话说,在多大程度上意识到了他们在发起一个运动呢?

是启蒙学者的敌人促使他们抱成一团,共同投身于一场类似运动的斗争中去。如果他们拥有他们所寻求的表达自由的权利,他们也许不会形成一个派别。孟德斯鸠的每一部重要著作,都有敌人来反对。《波斯人信札》使他陷入困境,不过从未真正被禁。《罗马盛衰原因论》招致不少麻烦,但是由于他采取了防范措施,把原稿送交卡斯泰尔审阅,从而避免了最严重的后果。《论法的精神》的情况就大为不同了。以针对伏尔泰的《哲学通信》开始的迫害进步作品的浪潮,此时已成咄咄逼人之势。1745 年杜克洛由于他的《路易十一传》遭到攻击。第二年狄德罗也因《哲学思想》遭到责难。1748 年初,图森的《风俗论》被付之一炬。1749 年,狄德罗又因《供明目人使用的关于盲人的信》被囚禁在万森监狱。1751 年底,由波拉德神甫的论文引起了一场危机,结果在第二年首次被查禁。《百科全书》《论法的精神》正是在这种情势下出版并任人争论的。于是,启蒙派在战斗中逐渐形成。而那些身遭监禁的作者,那些著作惨遭焚毁的作者,他们所表达的观点,几乎无一不见于二三十年前发表的《波斯人信札》之中,尽管有些采取了隐晦的形式,有些尚在胚萌之中。围绕《论法的精神》进行的一场争论使启蒙派结成联盟,所以,孟德斯鸠在启蒙派形成一个团体之前就已经是一个启蒙思想家。

另一个与之有关的方面是孟德斯鸠对尚未功成名就的青年思想家关怀备至。在这一方面,他的形象尤其令人肃然起敬。尽管他一生乐善不倦,他在青年和中年时代,并未幸免踌躇满志却怀才不遇的苦恼。他遭受

---

① 韦里(Verri, Pietro, Conte, 1728—1797),意大利学者、记者、文学家和官员。1764—1766 年曾与他兄弟合编杂志《咖啡馆》,著有《政治经济学况思录》等。《书信集》是兄弟俩的来往信件。——译者

过误解和冷遇。然而,当他功成名就之时,他的品格更臻成熟,更以天生的仁爱之心助人为乐。对于那些初出茅庐的作者,尤其那些家境贫寒、来自外省的作者,他关怀入微,慷慨相助,谆谆教导,不厌其烦。在他谢世 14 年之后,在巴黎,人们仍在争相传颂他如何虚怀若谷,不耻向任何人学习。

尚在青年时代的苏阿尔,当时正在帮助雷纳尔编辑《法兰西信使》。他写了一篇文章,甚得孟德斯鸠的赏识。孟德斯鸠请求雷纳尔安排与苏阿尔一见。会晤时,苏阿尔面对孟德斯鸠竟觉一见如故,毫无忐忑不安之感,对孟德斯鸠崇敬爱戴之情油然而生,直至他生命的终结之日,他一直对孟德斯鸠十分景慕。[1]

一位到丹麦作私人教师的年轻新教徒安吉维埃尔·德·拉博梅尔,创办了一家期刊,名为《丹麦女观众》。这份刊物自 1749 年 3 月发刊起只发行了一年,但在这一年中刊登了 5 封《关于〈论法的精神〉的来信》,对这部著作赞不绝口,难怪当他返回巴黎,经常光顾普罗柯普咖啡馆时,引起了孟德斯鸠的注意。孟德斯鸠对他不只是以礼相待,邀他共进晚餐,而且把他引见给各位朋友,特别是拉孔达明,还和他一直保持着友善的联系。拉博梅尔后来报答了孟德斯鸠对他的殊遇:《论法的精神》受到攻击,使他感到震惊和不安,他撰写并发表了令人叹为观止的《写在为〈论法的精神〉辩护之后》。他和伏尔泰发生了一场激烈的笔争之后,于 1753 年 4 月 24 日被投入巴士底狱,监禁了几乎半年,主要是由于孟德斯鸠的干预,他才获释出狱。此后,孟德斯鸠还在他拮据的时候解囊相助。[2]

前面已经提到,孟德斯鸠曾鼓励和支持内拉克的一位淳朴的乡村医生约瑟夫·劳兰。另一位来自西南部的医生,早年就受了孟德斯鸠无微不至的关怀和保护,他就是奥古斯丁·鲁。鲁是波尔多人,据说他在学校里被同学们看不起,老师也不关心他。冬季的波尔多街道冰雪泥泞,他艰难地步行去上学。然而,巴尔博和孟德斯鸠却对他友善相待;孟德斯鸠在巴黎

---

① 苏阿尔夫人:《回忆苏阿尔》,巴黎 1881 年版,第 133 页。

② 参阅塔法奈尔:《拉博梅尔与圣西尔》,巴黎 1898 年版。

给他找了一个私人教师的位置。有人提出异议,说他缺乏经验,孟德斯鸠说:"鲁先生是一位不必先有经验才能教书的人。"①后来,鲁到英国去旅行,把《哲学学报》中的一些文章译为法文,编辑《医学杂志》达 14 年之久,为《百科全书》撰写了若干条目,并曾与霍尔巴赫合作。

鲁在年轻时曾向孟德斯鸠引见一个同龄人让·达赛。他是朗德省杜阿齐特人。孟德斯鸠决定照料他,指定他为秘书,给他充分的闲暇时间,以便从事他自己的研究。让·达赛后来成了一位知名的化学家,并作了科学院的院士。②

另一个得到孟德斯鸠赞助的加斯科尼青年是亚历山大·德莱尔。他曾是耶稣会士,接受了启蒙思想的原则。在《百科全书》行将问世之时,他发表了《培根哲学思想分析》,其中的基本思想主要是受培根的启发。他也为《百科全书》作了贡献。他翻译了戈尔多尼的著作,为狄德罗辩白,证明狄德罗并无抄袭之嫌。他希望成为而且确实是一位兼容并蓄、不属于任何一个小宗派的哲人。他既是狄德罗的朋友,也是卢梭的至交,并且发表了以《孟德斯鸠的天才》为题的论述孟德斯鸠思想的文章。

孟德斯鸠出于助人为乐的高尚品德和将事业的火炬传给下一代的愿望,对达赛、鲁和德莱尔这样一些贫苦的青年鼎力相助,从而使他们获得了有影响的地位。当我们想到这些时,苏阿尔所记述的孟德斯鸠在他风烛残年时所说的一段话,更真实可信了。他说:

　　有一天,孟德斯鸠对雷纳尔教士、爱尔维修、鲁博士和苏阿尔先生说:"先生们,你们处在需要付出艰苦努力并能获得巨大成功的时代,我希望你们有益于大众,有益于个人的幸福。我虽然有过愁绪,但半个小时的沉思便能将愁绪驱散。我的精力已经耗尽,残年即将结束。你们起步了,你们要对准目标;我没有达到目标,但却望见了它。人处

①　A.德莱尔:《鲁先生颂词》,阿姆斯特丹 1777 年版。
②　M.-J.-J.迪才:《让·达赛及其事业简史》,巴黎共和十年版。

在本性状态时,虽然与动物区别不大,却很安全,但是人不愿意也没能停留在本性状态。当人向理性升华时,犯了许许多多重大的错误,人的品德和欢愉不可能比人的思想更真实。各民族都拥有丰富的物质和思想,可是,许许多多的人却缺少面包和常识。使人人都有不可或缺的面包、良知和品德的办法只有一个:好好地启迪人民和政府。这就是哲人的事业。"①

第四节　与世长辞

孟德斯鸠在晚年写道:"我只剩下两件事要做,一是学会忍受病痛,二是学会如何死去。"②

从1754年7月至12月,他一直住在拉布莱德。当年8月,他的弟弟约瑟夫去世,图尔尼的儿子继任了圣索兰修道院院长之职。年底之前,孟德斯鸠来到巴黎,打算了结他在那里的事务。他终止了住房的租约,并通知了女管家贝蒂小姐,他已决定在拉布莱德安度最后的时光。③然而,他命中注定不能再见到他的葡萄园了。

1755年最初的几个月里,一种流行性热病在巴黎蔓延,有些人染病致死。1月29日,孟德斯鸠染上了这种病。头两天,他并未在意,不久病情变得十分严重。医生给他放血过量。他陷入昏迷状态;死亡的征兆已经十分明显。然而,看到死亡将临,他毫无惧色。有一天当他头脑清醒的时候,他说道:"这个时刻不像人们所说的那么可怕。"④

两位医生,布瓦尔和洛里在他家里护理他。两名秘书,达赛和圣马克侍奉左右。前来探询的人成群结队。达埃吉翁公爵夫人几乎寸步不离病床。杜普里·德·圣莫尔夫人也同样如此。若库尔和瑞典大使乌尔里克·谢弗尔一直守候身边。陪伴他身边的最近的亲戚是马朗。他自己也

---

① 加拉托:《苏阿尔先生生平及18世纪的历史回顾》,第103—104页。
② 《随想录》,第2242条。
③ 孟德斯鸠致拉塔皮(《全集》,纳热尔版第3卷,第1531页)。
④ 1755年3月1日,埃诺致谢弗尔,载《伏尔泰研究》,第10集,1959年。

患了一场病,尚未完全康复。病中,孟德斯鸠曾照料他。他的儿子戴斯蒂亚克伯爵陪伴着他。费兹-雅姆家族有人在场;忠实的巴尔克莱也守护在身边。德·尼凡尔内公爵奉国王之命前来探望;病榻上的孟德斯鸠得知此事,挣扎着给蓬帕杜侯爵夫人写了一张字条表示感谢,并向他举荐自己的儿子。在另一次清醒的时刻,他得悉他的教区神甫,圣苏普里斯的本堂神甫被拒之门外,遂告诉身边的人,神甫下次再来时,务必立即请进来。他请求巴尔克莱坦率地告诉他病况如何,被告知说,病情严重,但医生并未绝望。他回答说:"这样很好,我还听得懂,请替我请一位忏悔师来。"当教区的本堂神甫走进他的病房时,孟德斯鸠说,他打算按正直的人在这种情况下应做的那些办事。讨论谁作忏悔神甫时,有人提议请一位当时颇受欢迎的耶稣会士奈维尔来担任,但是孟德斯鸠要请老朋友卡斯泰尔。卡斯泰尔曾作他儿子的教师,并曾对他本人的著作进行了评论。于是,众人立即派人去请卡斯泰尔。[①]

随后发生的事引起了整个欧洲的关注。孟德斯鸠已奄奄一息,那位耶稣会士希图劝他皈依教门,这将是令人难忘的。于是,在圣多米尼克大街的这幢房子里,教会和启蒙思想家之间进行了一场有名的搏斗。

教皇迫不及待地要了解事情的经过。孟德斯鸠逝世后一个月,国务秘书瓦伦蒂,奉本笃十四世的旨意,致函教廷驻巴黎大使,要求详尽叙述庭长逝世的经过。他收到的复信中对孟德斯鸠临终前最后几天的情况作了完整的记述。

孟德斯鸠的一名秘书去给卡斯泰尔送信。这位耶稣会士希望他的另一位会友听取孟德斯鸠的忏悔,他选定了伯纳尔·鲁思,一位也曾与孟德斯鸠相识的爱尔兰人。他们一起来到圣多米尼克大街。这一天是 2 月 5 日。"卡斯泰尔神甫,"孟德斯鸠说,"我要先行一步了。"卡斯泰尔退出之后,

---

① 以上叙述系根据多种资料综合而成,这些资料的记述大同小异,包括:1755 年,达埃吉翁夫人致莫佩尔蒂(首次发表于莫佩尔蒂:《孟德斯鸠颂词》,第 57—58 页);1755 年 2 月 15 日,马朗致加尔德斯(《全集》,纳热尔版第 3 卷,第 1549—1550 页);1755 年 2 月,孟德斯鸠秘书圣马克致苏阿尔(《全集》,纳热尔版第 3 卷,第 1547—1548 页)。

鲁思听取了病人的忏悔。

人们会想,依照教规,忏悔应严守秘密,因此,孟德斯鸠忏悔的内容将永世不得外传。事实却不然,鲁思要求病人应允将他最后的情感公之于世,并且把一切都告诉了教廷大使。忏悔神甫问孟德斯鸠,对天主教会向信徒们宣扬的那些教义持何态度,是否愿意服从教会的决定。鲁思报告说,孟德斯鸠以一种接受训诲、感人的真挚和坦率的态度对这些问题作出了令人满意的回答。他问孟德斯鸠是否对自己的信仰曾有不坚定之时,病人回答道从未有过;阴云和疑团确曾掠过他的想象,这样的情况对于任何人都可能发生,但是,他从未对信条有过任何固定的或明确的异议。鲁思接着询问孟德斯鸠,他曾亲口表达过一些观点,对宗教表示怀疑,这样做是依据什么样的原则。孟德斯鸠答复说,这是由于他喜好标新立异,追求超越成见和已被公认的至理名言,以赢得那些左右公众舆论并对摆脱束缚而争得自由和独立极表赞同的人的承认。这位耶稣会神甫察觉到,病人因说话过多而精疲力竭,临终圣礼不宜再拖延。他要求孟德斯鸠如果有幸病愈,必须言行一致,用忏悔神甫选定的言词表示改正过错,信服上帝,并要求他应允将他刚才表达的最后的意愿公之于世。这些条件,孟德斯鸠都一一欣然接受,于是,鲁思请来了教区本堂神甫。

对于鲁思与临终前的孟德斯鸠之间的谈话,自然只有鲁思最为知情,而孟德斯鸠与圣苏普里斯教区的本堂神甫之间的谈话,则还有他人作证。

教区本堂神甫于3点钟再次来探视。他走近病榻。根据鲁思和秘书达赛的记述,他要求这位面对死神的人确认他的意愿。孟德斯鸠请他去问鲁思:"先生,我与神甫作了安排,如果你们对此表示满意,我将非常高兴。"

鲁思告诉神甫,孟德斯鸠确已赎罪。

神甫此时转向孟德斯鸠说:"先生,你比别人更懂得,上帝多么伟大。"

"是的,先生,"孟德斯鸠回答道,"人是多么渺小啊。"[1]

这时,众人取来了圣体饼放在孟德斯鸠面前,神甫问他是否相信这就

---

[1]　达赛:《孟德斯鸠著作集》,巴黎1796年版,第4卷,第483页。

是上帝。

"是的,是的,"他回答道,"我相信,我相信。"①

神甫请他做一表示崇拜的动作。孟德斯鸠抬眼上望,并举起了右手,手中紧握着他的睡帽。然后,他接受了临终涂油礼和临终圣餐。

孟德斯鸠又苟延了 5 天,几乎一直处在昏迷之中②,不过还有神志清醒之时,清醒时,有时盘问医生他的病情,有时对公众对他的关心表示感谢。有一次神志清醒之时,他说了一些话,表明了他对宗教信仰的程度和限度。他说:

> 我始终尊重宗教;《福音书》中的伦理道德是无与伦比的,这是上帝赐给人们的最美好的礼物。③

在此期间,鲁思一直未离寸步。他留下来向前来探视的人通报孟德斯鸠的病情,还同红衣主教德·拉罗什富科以及巴黎大主教进行谈话。他留在那里(如他自己所声称)也是为利用孟德斯鸠每次神志清醒的机会,使他在效忠宗教的路上再前进一步。

他为此而作的努力之一,涉及一份手稿,内容是孟德斯鸠提出的对《波斯人信札》的修正意见。达埃吉翁公爵夫人叙述说,这位耶稣会士敦促孟德斯鸠把这些手稿交给他们,孟德斯鸠没有照办,而把手稿交给了她和杜普里·德·圣莫尔夫人。当时,孟德斯鸠说:

> 我将一切奉献给理性和宗教,但是,我不愿把任何东西送给宗教团体。请你们征询我的朋友们的意见,然后决定是否出版。④

据柯雷记述,孟德斯鸠将手稿交给杜普里夫人时说:

---

① 圣马克,前引书。
② 马朗,前引书。
③④ 1755 年 2 月,达埃吉翁夫人致莫佩尔蒂。

神甫们想从我手里把手稿拿走，以便恣意篡改，但是我没有让步。①

不过，柯雷当时并未在场。加斯科与柯雷一样，也未亲眼看到②，不过他与孟德斯鸠的关系更为密切。他补充了一些情况，但很可能是从达埃吉翁公爵夫人那里得知的。他说，孟德斯鸠卧病期间，有一天，公爵夫人外出用餐，鲁思走进病房，命令当时在场的秘书退出，自己单独留下来和孟德斯鸠在一起。达埃吉翁夫人回来时，她听到病房里的孟德斯鸠在高声讲话。她敲门进去，对来开门的那位耶稣会士高声喊道："你为什么还要折磨这个快死了的人？"孟德斯鸠抱怨说，鲁思在胁迫他交出书柜的钥匙。那位耶稣会士面对公爵夫人的责备，为自己辩解道，他不能不服从上司的指示。

这些细节真假如何，实难断定。但显然，达埃吉翁公爵夫人和鲁思之间存在着分歧。鲁思急切地想要孟德斯鸠表示悔改。他的急切心情使他忘乎所以，这是完全可能的；而他对自己的过火行为不予记载，也是顺理成章之事。1767 年达埃吉翁公爵夫人亲口说，她认为鲁思的记述是可信的。另一方面，也没有任何理由怀疑她本人的记述。让-巴蒂斯特·德·色贡达在他父亲病故之后立即来到巴黎，他从公爵夫人手里接受了手稿，对公爵夫人讲述的事情经过也确信不疑。尽管他是一个虔诚的天主教徒，他也认为那些耶稣会士企图染指这些手稿，实属过分。

然而，对于读者和传记作者来说，更为重要的是孟德斯鸠的态度。在互相敌对的派别围绕着他明争暗斗之时，他力图使每一方都得到某些程度的满足，使自己在既不触犯宗教，又不背弃他的著作所阐述的信念的情况下死去。

1755 年 2 月 10 日星期一是神学日。这一天，孟德斯鸠溘然长逝了，在场的有他的亲属马朗、马朗的儿子戴斯蒂亚克、他的孙子达马让，及圣苏普里斯的本堂神甫罗兰和另外 3 人。③达埃吉翁公爵夫人和杜普里·德·圣莫尔夫人几乎自始至终守在那里，德·若库尔始终忠于他的朋友，只是在

---

① 夏尔·柯雷：《历史日记》，巴黎 1868 年版，第 2 卷，第 4 页。
② 加科斯：《致友人书信集》，信 60（《全集》，纳热尔版第 3 卷，第 1551—1552 页）。
③ 入葬证书现存于拉布莱德。

最后的时刻不在场。①

教皇收到了鲁思关于孟德斯鸠临终前几天的记事,以崇敬的心情仔细阅读,然后下令发送所有教廷使节和罗马天主教属下的各国各主要城市的总管阅读。波尔多科学院历来对其院士逝世不作任何表示,这次却打破常规,向色贡达发了一封吊唁信,同时声明此举不得作为今后的先例。在波尔多,高等法院的法官在圣安德烈大教堂举行了悼念仪式,然后,又向孟德斯鸠夫人表示哀悼之情。当他们走进她那间灯火昏暗的房屋之时,由于没看见台阶,全都被长袍绊倒。

孟德斯鸠逝世的第二天下午5点,遗体在圣苏普里斯教堂中的圣热纳维耶芙小教堂中入殓。狄德罗是唯一在场的启蒙哲人。②

在法国大革命中,孟德斯鸠的坟墓被捣毁,遗骸不知去向。

狄德罗对他过去遭到的攻击余怒未息,用维吉尔的手法写下了这样一句话:

> 他从高高的天际寻找光明,
>
> 当他找到时,
>
> 他呻吟叹息。③

但是,切斯特菲尔德勋爵在《伦敦晚邮报》为孟德斯鸠之死发表的文章,表明他把目光投向未来,文章的结尾写道:

> 他的事业使他的名字光辉夺目,只要正直的理性、道德义务和法的真正精神为人们所理解,为人们所尊重,并为人们所维护,他的事业就将使他永存。④

---

① 1755 年 2 月,达埃吉翁夫人致加斯科。

② 1755 年 2 月 20 日,J.J.卢梭致佩狄里奥。

③ 《百科全书》,1755 年,第 5 卷,第 284 页。

④ 《切斯特菲尔德书信集》,第 5 卷,第 2137 页。

孟德斯鸠论著目录

凡有可能,每一论著都标明其首版以及其评论版手稿的下落和写作日期。关于手稿已失落的未刊著作,皆出示证据,说明其存在。

缩略语补充说明

《杂篇》 《孟德斯鸠未刊杂篇》*Mélanges inédits de Montesquieu*,孟德斯鸠男爵〔及 R. Céleste〕辑刊,1892 年波尔多及巴黎出版。

《随想录及遗稿》 《随想录及未刊遗稿》*Pensées et fragments inédits*,加斯东·德·孟德斯鸠男爵〔及 H. Barckhausen〕辑刊,1889 年至 1901 年波尔多出版,2 卷本。

Plassan 《孟德斯鸠著作集》*Œuvres de Montesquieu*,法兰西共和四年——1796 年巴黎出版,5 卷本。

《旅行记》 《孟德斯鸠旅行记》*Voyages de Montesquieu*,加斯东·德·孟德斯鸠男爵〔及 R. Céleste, H. Barckhausen and R. Dezeimeris〕辑刊,1894 年至 1896 年波尔多出版,2 卷本。

孟德斯鸠原著(依写作日期排列)

1700—1705 《布里托马尔》*Britomare*(诗体悲剧,写于朱伊公学)

〔手稿已失落,未发表。片断在《随想录》,第 359 条(Bkn.477)中〕

1711 《异教神甫》*Les Prêtres dans le paganisme* 〔手稿已失落,未发表。色贡达:《回忆录》,第 397 页及《随想录》,第 2004 条(Bkn.591)均有提及〕

1716 《波尔多科学院受职演说》*Discours de réception à l'Académie de Bordeaux* 〔手稿:波尔多市立图书馆手稿,828(6),第 5 号,4 月 18 日宣读。首次发表于《孟德斯鸠著作集》(以下简称 Plassan),第 4 卷〕

1716 《论罗马的宗教政策》*Dissertation sur la politique des Romains dans la religion* 〔手稿:波尔多市立图书馆手稿,828(6),第 6 号,6 月 16 日宣读。首次发表于 Plassan,第 4 卷〕

1716 《论思想体系》*Discours sur le système des idées* 〔手稿已失落,未刊。波尔多市立图书馆手稿,1699(3),第 281 页提及,11 月 16 日宣读〕

1716(约) 《论国家债务》*Mémoire sur les dettes de l'Etat* 〔手稿:波尔多市立图书馆手稿,2104。首次发表于《杂篇》,1892 年;参较 F. K. Mann:《孟德斯鸠:公民》(《波尔多经济杂志》*Revue économique de Bordeaux*,1911 年)及国家图书馆手稿,片断,7767〕

1717 《论政体》*Mémoire sur la Constitution*(参见 1752 条目)

1717 《论才华的差异》*De la différerce des génies* 〔手稿已失落,未刊。手稿:波尔多市立图书馆手稿,1699(3),第 332 页提及,8 月 25 日宣读〕

1717 《波尔多科学院新学年开始时的演说》*Discours prononcé à la rentrée de l'Académie de Bordeaux* 〔手稿:波尔多市立图书馆手稿,828(3),第 1 号,11 月 15 日宣读。首次发表于 Plassan,第 4 卷〕

1717(约) 《论西塞罗》*Discours sur Cicéron* 〔手稿:波尔多市立图书馆手稿,2099。首次发表于《杂篇》,1892 年;孟德斯鸠说写于"青年时代"〕

1717(约) 《赞诚实》*Eloge de la sincérité* 〔手稿:波尔多市立图书馆手稿,2100。首次发表于《杂篇》,1892 年,参见该集关于日期的讨论〕

1717—1721 《波斯人信札》*Lettres Persanes* 〔手稿已失落。修订稿存于国家图书馆,尚无架号。首次发表于 1721 年科隆(写作阿姆斯特丹),创作日期,见本人文章:《〈波斯人信札〉中的伊斯兰日期》;评论版辑刊者 H. Barckhausan(1897 年,1913 年),E. Carcassonne(1929 年),A. Adam (1954),P. Vernière(1960 年)〕

1718 《论回声的起因》*Discours sur les Causes de l'écho* 〔手稿:波尔多市立图书馆手稿,828(3),第 2 号,5 月 1 日宣读。首次发表于 Plassan,第 4 卷〕

1718 《论肾腺的功能》*Discours sur l'usage des glandes rénales* 〔手稿:波尔多市立图书馆手稿,828(6),第 7 号,8 月 25 日宣读。首次发表于 Plassan,第 4 卷〕

1719 《古今地球历史的设想》*Project d'une histoire physique de la terre ancienne et moderne* 〔手稿已失落。首次发表于《学者杂志》*Journal des savants* 及《法兰西信使报》*Mercure de France*,1719 年〕

1719—1721 《对自然史观察的随笔》*Essai d'observations sur l'histoire naturelle* 〔手稿:波尔多市立图书馆手稿,828(6),第 8 号,1719 年 11 月 16 日及 1721 年 11 月 20 日宣读。首次发表于 Plassan,第 4 卷〕

1720 《论物体重力产生的原因》*Discours sur la cause de la pesanteur des corps* 〔手稿:波尔多市立图书馆手稿,828(3),第 3 号,5 月 1 日宣读。首次发表于 Plassan,第 4 卷〕

1720 《论物体透明性的产生原因》*Discours sur la cause de la transparence des corps* 〔手稿:波尔多市立图书馆手稿,828(3),第 4 号,8 月 25 日宣读。首次发表于 Plassan,第 4 卷〕

1723 《论弹性》*Dissertation sur le ressort* 〔手稿已失落,未刊。11 月 18 日在波尔多学院宣读。《全集》,纳热尔版第 3 卷,第 6 页提及〕

1723(约) 《致古蒂芒什神甫书简》*Epître au curé de Courdimanche* 〔手稿:波尔多市立图书馆手稿,693,第 389—390 页(巴尔博:《蠢话录》*Sottisier*)。首次发表于《孟德斯鸠书信集》*Correspondance de Montesquieu*,F. Gebelin 及 A. Morize 辑刊,1914 年波尔多出版,第 1 卷,第 36—37 页(此前部分发表于 Vian,第 182—183 页)〕

1723(约) 《歌:我们没有哲学》*Chanson: 'Nous n'avons pour philosophie'*〔手稿已失落。首次发表于《杂篇》Plassan,第 5 卷〕

1723(约) 《致普利夫人》*A Madame de Prie: Les dieux que vous vintes surprendre* 〔手稿:波尔多市立图书馆手稿,693,第 599 页(巴尔博:《蠢话录》*Sottisier*)。首次发表于 Vian,第183 页〕

1723 《论相对运动》*Dissertation sur le mouvement relatif* 〔手稿已失落,未刊。但在戴莫莱于 1724 年撰著的《文讯》*Nouvelles littéraires* 中发表了此文概要,11 月 18 日在波尔多科学院宣读〕

1724(约) 《色诺克拉底致菲拉斯的信》*Lettres de Xénocrate à Phérès*〔手稿于 1957 年 3 月 14 日在 Drouot 饭店出售。首次发表于《杂篇》,1892;此作于摄政王逝世(1723 年 12 月)之后完成〕

1724 《尼德的神殿》*Le Temple de Gnide* 〔手稿已失落。首次发表于1724 年《法兰西图书》*Bibliothèque française*,1725 年在巴黎(获准)单行出版〕

1724 《赛菲斯与爱情》*Céphise et l'amour* 〔附录于《尼德的神殿》,参见该集〕

1724 《苏拉与欧克拉底的对话》*Dialogue de Sylla et d'Eucrate* 〔手稿已失落,1817 年时曾为 Villenave 收藏(《孟德斯鸠著作集》,1817 年巴黎和柏林出版,第 1 卷,第 xxi 页)。波尔多市立图书馆手稿,828(3),第 5 号是一份复制品。首次发表于 1745 年《法兰西信使报》;日期依据 1724 年 7 月,巴尔博致孟德斯鸠〕

1725 《论敬重与名望》*De la considération et de la réputation* 〔手稿:波尔多市立图书馆手稿,2101。其概要首次发表于 1726 年《法兰西图书》。全文首次发表于《杂篇》,1892 年。1725 年 8 月 25 日在波尔多科学院宣读〕

1725 《在波尔多高等法院复业时的演说》*Discours prononcé à la rentrée du Parlement de Bordeaux*(or *Discours sur l'équité qui doit régler les jugements et l'exécution des lois*) 〔手稿:波多尔市立图书馆手稿,828(39),第 13 号。首次发表于 1771 年,单行本。11 月 12 日在高等法院宣读〕

1725 《论鼓励科学研究的诸因素》*Discours sur les motifs qui doivent nous encourager aux sciences* 〔亲笔,波尔多市立图书馆(学院档案),以及复制品,波尔多市立图书馆手稿,828(6),第 9 号。首次发表于 Plassan,第 4 卷。11 月 15 日在波尔多科学院宣读〕

1725 《论义务》*Traité général des devoirs* 〔手稿已失落。5 月 1 日在波尔多科学院宣读摘要;摘要首次发表于 1726 年《法兰西图书》;1818 年手稿目录(《全集》,纳热尔版第 3 卷,第 1575—1576 页)有关于手稿的描述(包括其目录);参见本人文章:《〈论法的精神〉创作始末》*La Genèse de l'Esprit des lois*(《法国文学史评论》,1952 年)〕

1725 《论政治》*De la politique* 〔手稿:巴黎国民议会图书馆。首次发表于《杂篇》,1892 年;似乎曾并入《论义务》〕

1725(约) 《论自然法及正义与非正义的区别》*Essai touchant les lois naturelles et la distinction du juste et de l'injuste* 〔手稿:曾在列宁格勒收藏,现已失落。复制品现存波尔多市立档案馆。首次发表于《全集》,纳热尔版第 3 卷,是否孟德斯鸠所作,值得怀疑〕

1726 《颂扬德·拉福斯公爵的演说》*Discours contenant l'éloge du duc de La Force* 〔手稿:波尔多市立图书馆手稿,828(6),第 10 号,8 月 25 日在波尔多科学院宣读。首次发表于 Plassan,第 4 卷〕

1726 《论雷电的产生原因及效用》*Discours sur la cause et les effets du tonnerre* 〔手稿已失落,未刊。《全集》,纳热尔版第 3 卷,第 7 页提及〕

1726 《论情趣》*Essai sur le goût*(见 1753—1755)

1726—1727(约) 《论西班牙的财富》*Considérations sur les richesses de l'Espagne* 〔手稿现属伦敦,M. Altmann 博士的指定执行遗嘱者。首次发表于 1910 年《法国文学史评论》,日期依笔迹确定〕

1727 《反对 1725 年 2 月 27 日枢密院决定》*Mémoire contre l'arrêt du conseil du 27 février 1725* 〔手稿:波尔多市立图书馆手稿,2105。首次发表于《杂篇》,1892 年〕

1727 《巴弗斯游记》*Voyage à Paphos* 〔手稿已失落。首次发表于

1727 年《法兰西信使报》，是否孟德斯鸠所作，值得怀疑〕

1727(约)　《对话》*Dialogues*　〔手稿已失落，未刊。仅在《随想录》第330—338 页(Bkn. 478—486)中提及，日期依其在《随想录》中的位置而定〕

1727(约)　《桑蒂帕与色诺克拉特的对话》*Dialogues de Xantippe et de Xénocrate*　〔手稿于 1957 年 3 月 14 日在 Drouot 饭店出售。首次发表于《杂篇》，1892 年;《随想录》中提及，由此推知其写作日期〕

1728　《法兰西学士院受职演说》*Discours de réception à l'Académie française*　〔手稿已失落。1 月 24 日宣读。首次发表于 1728 年，单行本〕

1728　《奥地利旅行记》*Voyage en Autriche*　〔手稿由 R. Schuman 收藏。首次发表于《旅行记》，第 1 卷，1894 年〕

1728　《告别热那亚》*Adieu à Gênes*　〔手稿已失落。首次发表于《致友人书信集》，1767 年，第 2 版〕

1728—1729　《意大利、德国、荷兰游记》*Voyage en Italie，en Allemagne，et en Hollande*　〔手稿由 R. Schuman 收藏。首次发表于《旅行记》，第 1 卷及第 2 卷，1894 年至 1896 年〕

1728—1729　《佛罗伦萨》*Florence*　〔手稿由 R. Schuman 收藏。首次发表于《旅行记》，第 2 卷，1896 年〕

1729—1731　《旅英笔记》*Notes sur l'Angleterre*　〔手稿已失落。首次发表于《著作集》，1818 年巴黎(勒费夫尔)出版，第 5 卷〕

1729—1731　《英国旅行记》*Voyage en Angleterre*　〔手稿已失落，未刊。1818 年手稿目录提及(勒费夫尔，第 1575 页)〕

1731(约)　《热那亚书简》*Lettre sur Gênes*　〔手稿由 R. Schuman 收藏。首次发表于《旅行记》，第 2 卷，1896 年〕

1731　《利西马克》*Lysimaque*(见 1751 条目)

1731—1732　《关于矿山的论文》*Mémoires sur les mines*(其中的前 5 篇题为《关于匈牙利两个喷泉的描述》*Description de deux fontaines de Hongrie*)　〔手稿由 R. Schuman 收藏。首次发表于《旅行记》，第 2 卷，1896 年;1731 年 8 月 25 日，1731 年 10 月 2 日及 1722 年 2 月 3 日在波尔多科学

院宣读〕

1731—1733 《论欧洲一统王国》*Réflexions sur la monarchie universelle en Europe* 〔手稿已失落。首次发表于 1734 年(回收的唯一一份现存拉布莱德);第二次发表于《两本小册子》*Deux Opuscules*,1891 年〕

1731—1733 《罗马盛衰原因论》*Considérations sur les causes de la grandeur des Romains et de leur décadence* 〔手稿已失落。首次发表于 1734 年阿姆斯特丹;C. Jullian 辑刊的评论版日期不详,1900 年 H. Barckhausen 辑刊的评论版〕

1731—1733 《论几位君主的性格及其一生中的若干事件》*Réflexions sur le caractère de quelques princes et sur quelques événements de leur vie* 〔手稿于 1957 年 3 月 14 日在 Drouot 饭店出售。首次发表于《杂篇》,1892 年;日期来自《随想录》〕

1731(约)—1738 《真实的故事》又名《灵魂转世者》*Histoire véritable (or Le Métempsychosiste)* 〔第一种版本:手稿已失落(1939 年出售)。首次发表于《杂篇》,1892 年;第二种版本,手稿已失落(1924 年出售)。首次发表于 1920 年波尔多;1948 年 R. Caillois 辑刊两种版本的评论版;日期见《杂篇》〕

1732 或此前 《康蒂的信》*Lettres de Kanti* 〔手稿已失落,未刊。《随想录》提及,由此推知其写作日期〕

1732 或此前 《嫉妒的故事》又名《论嫉妒》*Histoire de la jalousie (or Réflexions sur la jalousie)* 〔手稿已失落,未刊。《随想录》提及此文,由此推知其写作日期〕

1732 《论罗马居民的节俭及其与古罗马人饮食无度的对比》*Réflexions sur la sobriété des habitants de Rome comparée à l'intempérance des anciens Romains* 〔手稿由 R. Schuman 收藏。首次发表于《旅行记》,第 2 卷,1896 年;1732 年 11 月在波尔多科学院宣读〕

1734 《论思想的形成及发展》*Discours sur la formation et le progrès des idées* 〔手稿已失落,未刊。1732 年 11 月 14 日在波尔多学院宣读(波尔

多市立图书馆手稿,1699(3),第471页提及)〕

1734(约) 《政治自由》*La Liberté politique* 〔手稿已失落,未刊。见《随想录》〕

1734(约) 《论哥特人的风俗》*De La manière gothique* 〔手稿:由R. Schuman收藏。首次发表于《旅行记》,第2卷,1896年;日期来自有关资料〕

1734(约)—1748 《论法的精神》*De l'esprit des lois* 〔手稿:国家图书馆,n.a.f 12832—12836。首次发表于1748年日内瓦;自1950年始,J. Brethe de la Gressaye辑刊评论版,日期参见本人文章:《国家图书馆手稿》(《全集》,纳热尔版第3卷,第567—577页)及上面所提及Brethe评注版〕

1734后 《贝里克元帅颂词草稿》*Ebauche de l'éloge historique du maréchal de Berwick* 〔手稿已失落。首次发表于1778年贝里克的《回忆录》;日期据贝里克逝世日期〕

1736—1742 《论影响精神与性格的诸因素》*Essai sur les causes qui peuvent affecter les esprits et les caractères* 〔手稿于1957年3月14日在Drouot饭店出售。首次发表于《杂篇》,1892年,日期参见本人文章:《孟德斯鸠气候学说的演进》(《国际哲学杂志》,1955年)〕

1738 《献给乔弗里夫人》(四行诗)*Pour Madame Geoffrin*(*quatrain*)〔手稿:波尔多市立图书馆手稿,1868,第355页。首次发表于《全集》,纳热尔版第3卷;诗作注有日期,较早的一种版本作于1734年,不能肯定确系孟德斯鸠所作〕

1738 《献给勒弗朗夫人》*Pour Madame Le Franc* 〔手稿现存拉布莱德。首次发表于《全集》,纳热尔版第3卷,诗作注有日期。诗中一节系早些时候(1735年)所作;其手稿为波尔多市立图书馆手稿,1868,第331页。首次发表于1941年Gebelin及Morize辑刊《孟德斯鸠通信集》〕

1738(约) 《法兰西史》*Histoire de France* 〔手稿:《随想录》中有长篇片断(1302,1306;Bkn.595,596)。首次发表于《随想录及未刊遗稿》,第1卷,1899年;不能确定是否还有其他残卷存在〕

1739—1740 《路易十一史》*Histoire de Louis XI* 〔手稿已失落(被秘

书无意中销毁），未刊。首次发表于《致友人书信集》，信 24（《全集》，纳热尔版第 3 卷，第 1097 页）提及〕

　　1740 或此后　《米尔波瓦夫人素描》*Portrait*〔de Madame de Mirepoix〕〔手稿已失落。首次发表于 1758 年《著作集》，第 3 卷；另见 1765 年《小册子》；日期据米尔波瓦夫人结婚日期〕

　　1742　《阿萨斯与伊斯梅尼》*Arsace et Isménie*　〔手稿现存拉布莱德。首次发表于 1783 年《遗作》及同年单行本。日期据 1742 年 9 月 8 日，孟德斯鸠致巴尔博〕

　　1742　《圣让的新年礼物》*Etrennes de la Saint-Jean*　〔手稿已失落。首次发表于 1742 年，见上述，第 184 页至 185 页〕

　　1745（约）　《致布弗莱夫人》*A Madame de Boufflers*　〔手稿已失落，原文 Vian 所有。首次发表于《著作集》，Laboulaye 辑刊，第 7 卷，1879 年，日期据他与布弗莱夫人结识的日期〕

　　1745（约）　《马德里加尔：致两位向他索取歌曲的姐妹》*Madrigal: à deux soeurs qui lui demandaient une chanson*　〔手稿已失落。首次发表于 Plassan，第 5 卷，日期据孟德斯鸠与布弗莱夫人结识的日期，收信人大概是布弗莱夫人和米尔波瓦夫人〕

　　1747　《斯坦尼斯拉斯·莱茨津斯基宫中回忆》*Souvenirs de la cour de Stanislas Leckzinski*　〔手稿由 R. Schuman 收藏。首次发表于《旅行记》，第 2 卷，1896 年；日期据孟德斯鸠造访吕内维尔的日期〕

　　1747　《向缪斯诸神祈求》*Invocation aux Muses*　〔手稿存在国家图书馆所藏《论法的精神》（较后期的一份）的手稿之中。首次发表于 1790 年。Saladin 所著 *Mémoire sur Vernet*，1747 年 7 月 8 日 Mussard 致孟德斯鸠的信中提及〕

　　1748 或此后　《论所有权诉讼》*Dissertation sur l'action possessoire*　〔手稿现存拉布莱德，未刊。日期依据手迹而定，未完成〕

　　1750　《为〈论法的精神〉辩护》*Défense de l'Esprit des lois*　〔手稿已失落。首次发表于 1750 年日内瓦（＝巴黎）〕

1750 《关于〈论法的精神〉的几点澄清》*Eclaircissements sur l'Esprit des lois* 〔手稿已失落。首次发表于 1750 年。与《为〈论法的精神〉辩护》一起发表〕

1750 《关于鲍塔里报告的思考》*Réflexions sur le rapport de Mgr Bottari* 〔手稿已失落。首次发表于 Vian,第 291 页,1750 年 6 月 2 日,孟德斯鸠致 Passionei 中提及〕

1751 《利西马克》*Lysimaque* 〔手稿已失落。首次发表于 1754 年《法兰西信使报》;1751 年 4 月 4 日,孟德斯鸠致 Solignac 的信中提及;《随想录》表明,这部作品的一部分约在 1731 年已存在〕

1751(约) 《关于〈罗马盛衰原因论〉英文版译者提出的几点意见》*Remarques sur certaines objections que m'a faites un homme qui a traduit mes 'Romains' en Angleterre*〔手稿:波尔多市立图书馆手稿,2103。首次发表于《杂篇》,1892 年;日期据所涉及的译作〕

1752(约) 《论政体》*Mémoire sur la Constitution* 〔手稿:波尔多市立图书馆手稿,2103。首次发表于《杂篇》,1892 年;此文似乎为 1717 年(约)所作〕

1752—1754 《对神学院的答复与解释》*Réponses et explications données à la Faculté de théologie* 〔手稿现存拉布莱德。首次发表于 H. Barckhausen 辑刊所著《孟德斯鸠,〈论法的精神〉及拉布莱德档案》*Montesquieu,l''Esprit des lois',et les archives de La Brède*,1904 年波尔多出版〕

1753 《致达西埃》*A Dassier* 〔手稿已失落。首次发表于《小册子》*Opuscules*,1765 年哥本哈根出版,日期据肖像完成日期〕

1753—1755 《论情趣》*Essai sur le goût* 〔手稿已失落。首次发表于《百科全书》,第 7 卷,1757 年,补加章节。手稿:国家图书馆 n.a.f. 717。首次部分发表于 Plassan,第 3 卷;全文发表于 1804 年《文学年鉴》*Annales littéraires*。1753 年 11 月 16 日,孟德斯鸠致达朗贝尔提及,《随想录》表明,1728 年此文已具雏形〕

译名对照表

A

Abelard, Peter 阿贝拉尔, 佩特

Académie de Bordeaux 波尔多科学院

Académie française 法兰西学士院

Adam, Antoine 阿丹姆, 安东尼

Adam of Nancy 南锡的阿丹姆

Addison, Joseph, 艾迪生, 约瑟夫

Agathias 阿加提阿斯

Aguesseau, Henri-François d' 达格索, 亨利-弗朗索瓦

Aiguillon, Anne-Charlotte de Crussol-Florensac, duchesse d' 达埃吉翁公爵夫人

Aiguillon, Armand-Louis de Vignerot, duc d' 达埃吉翁公爵

Aimaldi 艾玛尔迪

Aïssé, Charlotte-Elisabeth 艾茜, 夏洛蒂-伊丽莎白

Alary, Abbé Pierre-Joseph 阿拉里教士

Albani, Cardinal Alessandro 红衣主教阿尔巴尼, 亚历山德鲁

Albani，Cardinal Annibale 红衣主教阿尔巴尼，阿尼巴里

Albemarle，2nd earl of 阿尔比马尔伯爵二世

Alberoni，Cardinal Giulio 红衣主教阿尔贝罗尼

Albessard，Jean-Baptiste d' 达尔贝萨，让-巴蒂斯特

Alcaméne 阿尔卡梅纳

Alembert，Jean Le Rond d' 达朗贝尔

Algarotti，Francesco 阿尔加罗蒂，弗朗西斯科

Althan，Cardinal Michael-Friedrich 红衣主教阿尔坦

Amadis de Gaule《高卢的阿马迪》

Ammianus Marcellinus 阿米亚努斯·马塞里努斯

Anson，Lord 安森勋爵

Appian 阿庇安

Aquinas，St. Thomas 阿奎那，圣托马斯

Aranda，Conde d' 阿兰达

Arbuthnot，John 阿巴思诺特，约翰

Argeau，Jean 阿尔若，让（孟德斯鸠管家）

Argenson，d'，family 达尔让松家族

Argenson，François-Elie de Voyer d'，archbishop of Bordeaux 波尔多主教达尔让松

Argenson，Marc-Pierre de Voyer，comte d' 马克·皮埃尔·达尔让松伯爵

Argenson，René-Antoine，de Voyer，marquis de Paulmy d' 雷诺-安东尼·波尔米·达尔让松侯爵

Argenson，René-Louis de Voyer，marquis d' 雷诺-路易·达尔让松侯爵

Argou，Gabriel 阿尔古，加布里埃尔

Aristotle 亚里士多德

Armajan，Vincent de Guichanères d' 达马让，德·基夏内尔

Arminger，freemason 阿明格尔（共济会成员）

B

Baron(Entre-deux-mers) 巴龙

Baronius 巴罗尼乌斯

Barrillot, Jacques 巴里约,雅克

Barrin, Abbé 巴兰教士

Barrière, P. 巴利埃尔

Barrère, Bertrand 巴雷尔,贝特兰

Bassompierre, marquis de 巴松皮埃尔侯爵

Baurein, Abbé Jacques 博兰,雅克教士

Bayle, Pierre 培尔,皮埃尔

Beaumont, Christophe de, archbishop of Paris 德・博蒙(巴黎主教)

Beccaria, Cesare 贝卡里亚

Bel, Jean-Jacques 贝尔,让-雅克

Benedict XIII(Orsini), Pope 本笃十三世教皇

Benedict XIV(Lambertini), Pope 本笃十四世教皇

Bentivoglio, Cardinal Cornelio 本蒂沃廖主教

Bequin, near Montesquieu 贝基(孟德斯鸠村附近)

Berlin, Academy of 柏林科学院

Bernadau, Pierre 贝尔纳多,皮埃尔

Bernard, Jean-Frédéric 贝尔纳多,让-弗里德里克

Bernier, François 贝尔内,弗朗索瓦

Bernis, Abbé, later Cardinal François-Joachim de Pierre de 贝尔尼教士

Bernstorff, Johann Hartwig Ernst, baron von 冯・伯恩斯托夫男爵

Berthelot de Duchy, Jean-Baptiste 贝尔特洛・德・杜谢,让-巴蒂斯特

Berthelot de Jouy, Nicolas-François, 贝尔特洛・德・若维,尼古拉-弗朗索瓦

Berthelot de Montchesne, Louis-Michel 贝尔特洛・德・蒙谢纳,路易-米歇尔

Berthelot de Pléneuf, Etienne 贝尔特洛・德・普雷内夫

Bonneval，Claude-Alexandre，comte de 博纳瓦尔伯爵

Bonneval，René de 博纳瓦尔，雷纳·德

Bordeaux，Parlement，de 波尔多高等法院

Borelli Giovanni-Alfonso 博雷利

Borromeo，Contessa Clelia 博罗梅奥夫人

Boscheron des Portes，C.-B.-F. 布什龙

Bosser，Jean 鲍塞，让（孟德斯鸠的仆人）

Bossuet，Jacques-Bénigne，bishop of Meaux 波舒哀（莫城主教）

Boswell，James 波斯维尔

Bottari，Giovanni-Gaetano 鲍塔里

Bouchardon，Edme 布夏尔东

Boucher，Claude，Intendant of Bordeaux 布歇（波尔多地方行政长官）

Boufflers，Madeleine-Angélique，duchesse de 布弗莱公爵夫人

Bouhier，Jean 布依埃，让

Boulainvilliers，Henri，comte de 布兰维利埃伯爵

Boulanger，Nicolas-Antoine 布朗热，尼科拉-安东尼

Boulenger(or Boulanger) de Rivery，Claude-François-Félix 布朗热·德·里伏利

Bouquet，Martin 布盖，马丁

Bourbon，Louis-Henri，duc de，known as M. le Duc 波旁公爵

Bouvard，doctor 布瓦尔医生

Bowmont，Marquis 博蒙特侯爵

Boyle，Robert 玻意耳，罗伯特

Boze，Claude Gros de 博兹，克劳德·格鲁·德

Bragelonne，Abbé Christophe-Bernard de 布拉热洛内，克里斯托弗-伯纳德教士

Brancas，Louis，marquis de 勃朗卡侯爵

Brancas，Marie-Angélique，duchesse de 勃朗卡公爵夫人

C

Caroline of Anspach, Queen of England 安斯帕赫的卡罗琳(英国王后)

Carré de Montgeron, Louis-Basile 卡莱·德·蒙日隆

Cassini, Giovanni Domenico 卡西尼,多米尼科

Cassini, Jacques 卡西尼,雅克

Cassiodorus 卡西奥多鲁斯

Castel, Père Louis-Bertrand, S. J. 卡斯泰尔,路易-贝特朗神甫

Castelnouben, near Agen 卡斯泰尔诺本(阿让附近)

Castilhon, Jean-Louis 让-路易-卡斯蒂雍

Cataneo, Giovanni 卡塔内奥,乔瓦尼

Catrou, Père François, S. J. 卡特隆,弗朗索瓦神甫

Caumont, Joseph de Seytre marquis de 戈蒙侯爵

Caupos, Jean-Baptiste de 科波,让-巴蒂斯特·德

Caylus, Anne-Claude-Philippe de Tubières, comte de 凯吕斯伯爵

Cerati, Gaspare 塞拉蒂,戈阿斯彼埃

Céreste, Louis-Paul, marquis de 塞莱斯特侯爵

César 赛尚

Chabannes, Jacqueline, comtesse de 德·夏巴纳伯爵夫人

Chamberlayne, Edward 尚贝莱纳,爱德华

Chamberlayne, John 尚贝莱纳,约翰

Chardin, John 夏尔丹,约翰

Charlemagne, Emperor 查理曼

Charlemont, James Caulfield, 1st Earl of 夏尔蒙,詹姆士·考尔菲尔德伯爵一世

Charles Emmanuel I, King of Sardinia 查理·伊曼纽尔一世(撒丁国王)

Charles II, King of England 查理二世(英国国王)

Charles II, the Bald, Emperor, and King of France 查理二世(法国国王,也称秃头查理)

Clermont 克莱尔蒙

Clotaire I，King of France 格罗大利乌斯一世

Clotaire II，King of France 格罗大利乌斯二世

Clovis，King of France 克洛维(法兰西国王)

Cobbett 科贝特

Coigny，François，duc de 库瓦尼公爵

Coke，Sir Edward 科克，爱德华

Colardeau，Charles-Pierre 科拉蒂奥，夏尔-皮埃尔

Colbert，Jean-Baptiste 科尔贝尔，让-巴蒂斯特

Collé，Charles 柯雷，夏尔

Collins，Anthony 柯林斯，安东尼

Collins，J. Churton 柯林斯，丘顿

Communay，A. 科米内

Comte，Auguste 孔德

Concina，Daniel 贡齐纳，达尼埃尔

Condorcet Jacques-Marie de Caritat de 孔多塞

Conduitt，John 康杜依特，约翰

Congreve，William 康格里夫，威廉

Conringius，Hermannus 康林吉乌斯

Constantine Porphyrogenitus 君士坦丁七世

Constantine the Great，Emperor 君士坦丁一世(罗马皇帝)

Conti，Antonio 康蒂，安东尼奥

Corneille，Pierre 高乃依，皮埃尔

Corsini，Bartolomeo 科尔西尼，巴托罗梅奥

Cortona，Accademia etrusca di 科尔托纳科学院

Coscia Cardinal Niccolò 科西亚主教

Coste，Pierre 科斯特，皮埃尔

D

Deleyre, Alexandre 德莱尔, 亚历山大

Delpit, Jules 德尔皮, 朱利斯

Demosthenes 德摩斯梯尼

Denina, Carlo 德尼纳, 卡罗

Denis, merchant at Bordeux 德尼 (波尔多商人)

Derwentwater, Charles Radclyffe, titular Earl of 德温特沃特伯爵

Desaguliers, Jean-Théophile 戴萨里埃

Desbordes, Jacques 德博尔德, 雅克

Descartes, René 笛卡尔

Desgraves, Louis 戴格拉夫

Des Maizeaux, Pierre 戴麦佐, 皮埃尔

Desmolets, Père Nicolas 戴莫莱, 尼科拉神甫

Destutt de Tracy, Antoine-Louis-Claude 戴都特·德·特拉西

Diderot, Denis 狄德罗

Diocletian, Emperor 戴克里先 (罗马皇帝)

Dionysius of Halicarnassus 狄奥尼西奥斯

Dodart, Denis 多达尔, 德尼斯

Dodart, maître des requêtes 多达尔

Dodwell 多德威尔

Domat, Jean 多玛, 让

Domville, William 多姆维尔, 威廉

Doni, Giovanni Battista 多尼, 焦瓦尼·巴蒂斯塔

Doria, Paolo Mattia, 多利亚, 保罗·马蒂亚

Dorly, Madame 道尔利夫人

Douglas, John, bishop of Salisbury 道格拉斯, 约翰 (索尔兹伯里主教)

Doujat, Jean 杜贾, 让

Doyenart, servant to Montesquieu 杜瓦纳尔 (孟德斯鸠的仆人)

Du Bernet, Anne-Jeanne 杜·伯尔内

E

德华

Entresol，Club de l' 中楼俱乐部

Ernesti，Johann August 欧内斯蒂

Espiard de La Borde，François-Ignace 埃斯比亚·德·拉博德

Estillac，comte d' 戴斯蒂亚克伯爵

Estrées，Victor-Marie，duc d' 戴斯特里公爵

Eugene of Savoy，Prince 萨伏依的欧仁亲王

Euric，King of the Visigoths 欧里克（西哥特国王）

Eylaud，J.-M. 埃罗

Eyquem，near La Brède 埃康（拉布莱德附近）

F

Faguet，Emile 法盖，埃米尔

Faize，near Libourne 费兹（利布讷附近）

Falconet，Camille 法尔考内，坎米里

Faucci，Carlo 富齐，卡洛

Feijóo y Montenegro，Benito Jerónimo 费霍，本贝托·杰罗尼莫

Fénelon，François de Salignac de La Mothe de，archbishop of Cambray 费奈隆（坎布雷大主教）

Ferguson，Adam 弗格森，亚当

Ferriol，Charles de，baron d'Argental 费里奥尔男爵

Ferrière，Claude-Joseph 费里埃尔，克劳德-约瑟夫

Fiorelli，Domenico 弗奥莱里，多米尼科

Fitz-James，François de，bishop of Soissons 费兹-雅姆（苏瓦松主教）

Fitzpatrick，Florence，secretary of Montesquieu 弗茨帕特里克，弗洛伦斯（孟德斯鸠秘书）

Fitz-William，freemason 费兹-威廉（共济会成员）

Flavius Blondus 弗拉维乌斯

Galland，Antoine 加朗，安东尼

Garat，Dominique-Joseph，*Mémoires historiques sur la vie de M.Suard*
加拉托

Garelli，Pio Niccolò 加莱利，皮奥·尼科罗

Garrick，David 加里克，大卫

Gascq，Antoine-Alexandre de，baron de Portets 加斯克，安东尼-亚历山
大·德

Gauffecourt，Jean-Vincent Capperonnier de 戈弗库尔，卡普罗尼埃

Gaussen，Madame 戈桑夫人

Gautier，Jean-Baptiste 戈蒂埃，让-巴蒂斯特

Gebelin，François 戈布兰，弗朗索瓦

Gendron，Claude Deshais 让德隆

Geoffrin，Madame Marie-Thérèse 乔弗里夫人

Geoffroy 乔弗鲁瓦

George II，King of England 乔治二世（英国国王）

Gerdil，Cardinal Giacinto Sigismondo 杰迪尔，贾辛托·西吉斯蒙多

Germon 热尔蒙

Giannone，Pietro 詹农，皮埃特罗

Gibbon，Edward 吉本，爱德华

Giotto 乔托

Giraldus，Lilius 吉拉尔杜斯，里利乌斯

Godefroy 戈德弗洛瓦（孟德斯鸠的女婿）

Godofre，Annet 戈多弗尔，阿内（孟德斯鸠的车夫）

Goldoni，Carlo 戈尔多尼，卡洛

Gondebaud，king of Burgundy 贡德鲍（勃艮第国王）

Gordon，Robert 戈登，罗伯特

Gouffier，François-Louis 古菲埃，弗朗索瓦-路易

Goulart，near Montesquieu 古拉特（孟德斯鸠村附近）

H

Hayley，William 海利，威廉

Heineccius，Johann Gottlieb 海因絮斯

Helvétius，Claude-Adrien 爱尔维修

Hénault，Charles-Jean-François 埃诺，夏尔·让·弗朗索瓦

Henry IV，King of France 亨利四世(法国国王)

Hérault de Séchelles，Marie-Jean 埃霍·德·塞谢尔

Herbert，freemason 赫伯特(共济会成员)

Herbigny，Madame Louise-Françoise-Armande d' 德尔比尼夫人

Herodotus 希罗多德

Hervey，John，1st Lord 赫维勋爵一世

Hervey，Mary，Lady 赫维夫人

Hewer，Hewer Edgley 休尔，休尔·埃奇利

Hickman，Nathan 希克曼，内森

Hill，Thomas 希尔，托马斯

Hippocrates 希波克拉底

Hoange，Arcadio 黄嘉略

Hobbes，Thomas 霍布斯，托马斯

Hoey，Abraham van 霍伊(荷兰驻法大使)

Holbach，Paul Henri Thiry，baron d' 霍尔巴赫

Holberg，Ludvig，baron de 霍尔贝格男爵

Hooke，Luce-Joseph 胡克，罗斯-约瑟夫

Hooke，Nathaniel 胡克，纳撒尼尔

Horace(Q. Horatius Flaccus) 贺拉斯

Hotman，François 霍特曼

Howard，Charles 霍华德，查尔斯

Huarte，Juan 华尔特，胡安

Huet，Pierre-Daniel，bishop of Avranches 于埃，皮埃尔-丹尼尔

Hugh Capet，King of France 于格·卡佩(法兰克国王)

Lavie, Jean-Charles de 拉维,让-夏尔·德

Law, John 劳,约翰

Le Berthon, André-François-Benoît 勒贝尔东,安德烈

Le Blanc, Abbé Jean-Bernard 勒勃朗,让-贝尔纳多神甫

Le Blanc, Claude 勒勃朗,克劳德

Le Blond, French chargé d'affaires in Milan 勒勃隆(法国驻米兰领事)

Le Courayer, Pierre-François 勒古拉耶,皮埃尔-弗朗索瓦

Lecouvreur, Adrienne 洛库弗勒,阿德里安娜

Le Despencer, Francis Dashwood, Lord 德斯潘塞勋爵,弗朗西斯·达什伍德

Lefranc, Jean-Jacques, marquis de Pompignan 勒弗朗,让-雅克·德·蓬皮尼昂侯爵

Legendre, Gilbert-Charles, marquis de Saint-Aubin 勒让德尔,圣奥班侯爵

Leibniz, Gottfried Wilhelm 莱布尼茨

Lelong, Père Jacques 勒龙,雅克神甫

Lenclos, Ninon de 朗克洛,尼侬·德

Léognan, near La Brède 莱奥尼昂(拉布莱德附近)

Léonard, Nicolas-Germain 列奥纳达

Lesage, Alaine-René 勒萨日

L'Estivette, near La Brède 莱斯蒂凡特(拉布莱德附近)

Leti, Gregorio 莱蒂,格列高利

Lévesque de Champeaux 勒韦斯克·德·尚博

L'Hôpital, Michel de 奥皮塔尔,米歇尔·德

Liria, Jacopo-Francisco Fiz-James, duque de 利里亚(贝里克元帅之子,西班牙驻俄大使)

Lisola, François-Paul, baron de 利苏拉男爵,弗朗索瓦-保尔

Liutprandus, King of Lombardy 利乌特普兰德(伦巴底国王)

Livry, Abbé François Sauguin de 利弗里

Livy 李维

Locke，John 洛克，约翰

Locmaria，Jean-Marie-François，marquis de 洛马里亚侯爵

Lodoli，Carlo 洛多里，卡罗

Lombard，Père Théodore，S.J. 龙巴尔

London Evening Post《伦敦晚邮报》

London Journal《伦敦杂志》

Lorry，doctor 洛里医生

Lotharius I，Emperor 罗达利乌斯一世皇帝

Louis IX，Saint，King of France 路易九世（法国国王）

Louis XIV，King of France 路易十四世（法国国王）

Louis XV，King of France 路易十五世（法国国王）

Louis XVI，King of France 路易十六世（法国国王）

Louvois，François-Michel Le Tellier，Marquis de 卢瓦，弗朗索瓦-米歇尔·勒泰利埃侯爵

Loyac brothers，cousins of Montesquieu 卢瓦亚兄弟（孟德斯鸠表兄弟）

Loyseau，Charles 鲁瓦索，夏尔

Lucretius 卢克莱修

Luther，Martin 路德，马丁

Luxembourg，Anne-Sophie-Emile-Honorate，duchesse de 卢森堡公爵夫人

Luynes，Charles-Philippe d'Albert，duc de 吕伊纳公爵，夏尔-菲利普·达尔贝兰

Lyttleton，George 利特尔顿，乔治

M

Machault，Jean-Baptiste de 马肖尔

Machiavelli，Niccolo 马基雅维利

Maffei，Francesco Scipione 马费伊，希皮奥内

Mahomet 穆罕默德

Maine，Anne-Louise-Bénédicte de Bourbon，duchesse du 迈纳公爵夫人

Maine，Sir Henry 梅因

Maintenon，Françoise d'Aubigné，marquise de 曼特农夫人

Mairan，Jean-Jacques Dortous de 梅朗，让-雅克·多尔图·德

Malebranche，Nicolas de 马勒伯朗士，尼古拉斯·德

Maleteste，Jean-Louis，marquis de 马拉泰斯特侯爵

Mallet，Jean-Roland 马兰特，让-罗拉纳

Manfredi，Eustachio 曼弗雷迪

Mansancal，servant of Montesquieu 芒萨卡尔（孟德斯鸠的仆人）

Marais，Mathieu 马莱，马蒂厄

Marana，Giovanni Paolo 马拉纳，焦瓦尼·保罗

Marans，Joseph de 马朗，约瑟夫·德

Marcello，Benedetto 马尔赛罗，本尼迪托

Marcus Aurelius 马可·奥勒利乌斯

Marivaux，Pierre Carlat de Chamblain de 马里沃

Marlborough，Henrietta，Duchess of 马尔巴罗公爵夫人

Marlborough，John 马尔巴罗，约翰

Marlborough，Sarah，Dowager Duchess of 马尔巴罗，萨拉女公爵

Marmontel，Jean-François 马蒙泰尔

Marsollier，Jacques 马索利埃

Martillac，near La Brède 马尔蒂亚克

Martini，Filippo 马提尼

Masaniello 马萨尼埃洛

Matignon，Charles-Auguste，maréchal de 马蒂翁元帅

Matignon，Marie-François Auguste，comte de 马蒂翁伯爵

Matignon，Marie-Thomas-Auguste，marquis de 马蒂翁侯爵

Mons，Marie-Catherine-Thérèse de 德蒙，玛丽-卡特琳娜-特莱丝（孟德斯鸠儿媳）

Montagnac，Godefroy de Secondat，baron de 蒙塔尼亚克，戈德弗洛瓦·德·色贡达

Montagu，John 蒙塔古，约翰

Montagu，Lady Mary Wortley 蒙塔古，玛丽·沃特利夫人

Montaigne，Michel Eyquem de 蒙田，米歇尔·德

Montespan，Françoise-Athénaïs de Rochechouart，marquise de 蒙特斯潘侯爵夫人

Montesquieu，Chalers-Louis-Prosper de Secondat baron de，great-grandson of，Montesquieu 孟德斯鸠，夏尔-路易-普鲁斯帕·德·色贡达（孟德斯鸠曾孙）

Montesquieu，Joseph-Cyrille de Secondat，baron de，grandson of Montesquieu 孟德斯鸠，约瑟夫-西里尔·德·色贡达（孟德斯鸠孙子）

Montesquieu，Jean-Baptiste de Secondat，baron de，uncle of Montesquieu 孟德斯鸠，让-巴蒂斯特·德·色贡达（孟德斯鸠伯父）

Montesquieu，Jeanne de Lartigue，baronne de，wife of Montesquieu 孟德斯鸠，让娜·德·拉尔蒂克（孟德斯鸠夫人）

Montesquieu，near Agen(Lot-et-Garonne) 孟德斯鸠村（阿让附近）

Montfaucon，Bernard de 蒙福孔，伯纳德·德

Morery，Louis 莫尔利，路易

Mornac，Antoine 莫尔纳克

Morshead，Sir Owen 莫斯黑德，欧文爵士

Morton，James 莫尔顿，詹姆士

Morville，Charles-Jean-Baptiste Fleuriau，comte de 莫尔维尔伯爵

Muratori，Ludovico Antonio 穆拉托里

Mussard，Pierre 缪萨，皮埃尔

N

O

S

Sacy，Louis de 萨西，路易·德

Sade，Donatien-Alphonse-François，marquis de 萨德侯爵，道纳蒂安-阿尔丰斯-弗朗索瓦

Sade，François，comte de 萨德伯爵，弗朗索瓦

Saint-Aignan，Paul-Hippolyte de Beauvillier，duc de 圣埃尼昂公爵，德·布维利埃

Saint-Aulaire，François-Joseph de Beaupoil，marquis de 圣奥莱尔侯爵

Saint-Cyran，Jean du Verger de Hauranne，abbé de 圣西朗

Sainte-Beuve，Charle-Augustin，Port-Royal 圣伯夫，夏尔-奥古斯丁，王港

Sainte-Palaye，Jean-Baptiste de La Curne de 圣帕莱

Saint-Evremond，Charles de Saint-Denis 圣埃弗尔蒙，夏尔·德·圣德尼斯

Saint-Florentin，Louis，comte de 圣弗洛伦丁，路易伯爵

Saint-Hyacinthe，Trémiseul de 圣西辛特

Saint-Marc，secretary of Montesquieu 圣马克(孟德斯鸠秘书)

Saint-Morillon，near La Brède 圣莫里永(拉布莱德附近)

Saint-Pierre，Charles Iréné Castel，abbé de 圣皮埃尔

Saint-Simon，Louis de Rouvroy，duc de 圣西门公爵

Saladin，Michel-Jean-Louis 萨拉丁，米歇尔-让-路易

Sale，George 塞尔，乔治

Salisbury，Countess 索尔兹伯里伯爵夫人

Sallier，Abbé Claude 萨里埃

Salligourde，kinsman of Montesquieu 萨里古尔德(孟德斯鸠的亲戚)

Sallust 萨罗斯特

Salvianus 萨尔维安努斯

Taine，Hippolyte 泰纳

Talence，near Bordeaux 塔朗斯（波尔多附近）

Tallemont，Paul 塔勒芒

Tamponnet，Abbé 塔博奈

Tanesse，professor at Bordeaux 塔内斯（波尔多大学教授）

Tartuffe 塔尔丢夫

Tassoni，Alessandro 塔索尼，亚历山德鲁

Tavernier，Jean-Baptiste 塔韦尼埃，让-巴蒂斯特

Teissier，George-Louis 泰西尔，乔治-路易

Tencin，Cardinal Pierre Guérin de 唐森，皮埃尔·昆埃林主教

Tencin，Madame Alexandrine Claude Guérin de 唐森夫人

Terentius 泰伦提乌斯

Te Yee Neen Ho Ga Prow 梯耶宁荷加普罗（印第安部落酋长）

Teynham，Philip 特纳姆，菲利普

Thémire 泰米尔

Theodoric，King of the Ostrogoths 狄奥多里克（东哥特国王）

Thieriot，Nicolas-Claude 蒂埃里奥

Thierry，Augustin 梯叶里，奥古斯汀

Thrale，Mrs Hester Lynch 斯雷尔夫人

Tickell，Richard 蒂克尔，理查德

Tillemont，Sébastien Le Nain de 德蒂耶蒙

Titon du Tillet，Evrard 蒂东·迪蒂耶

Toland，John 托兰德，约翰

Toldo，Pietro 托尔多，皮埃特洛

Tournemine，Père René-Joseph, S. J. 图尔纳米纳

Tourny，Louis-Urbain Aubert, marquis de 图尔尼侯爵（波尔多行政长官）

Toussaint，François-Vincent 图森，弗朗索瓦-维森特

Townshend，Charles 汤森，查尔斯

Verri brothers 韦里兄弟

Verteillac Marie-Madeleine Angélique，Comtesse de 凡尔戴亚克伯爵夫人

Vertot，Abbé René Aubert de 凡尔托

Vespasiano，Carlo 威斯帕西亚诺，卡尔洛

Vian 维安

Vico，Giovanni Battista 维柯，乔瓦尼·巴蒂斯塔

Victor-Amedeus II，King of Sardinia 维克多-阿马戴乌斯二世（撒丁-皮埃蒙特国王）

Villette，de 维耶特

Vincent of Beauvais 博韦的文森

Vitry，Père Edouard de，S.J. 维特里

Vivens，François de 维旺

Voisenon，Claude-Henri，Abbé de 伏瓦斯农神甫

Voltaire，François-Marie Arouet de 伏尔泰

W

Wade，Ira O. 韦德

Walcott，R. 沃尔科特

Waldegrave，James 沃尔德格雷夫，詹姆士

Walpole，Horace 沃波尔，霍拉斯

Walpole，Horatio 1st Baron Walpole of Wolterton 沃波尔，霍雷肖

Walpole，Sir Robert 沃波尔，罗伯特

Warburton，William，bishop of Gloucester 沃尔伯顿，威廉（主教）

Weil，Mlle. F. 韦尔

Whikes，John 维尔克斯，约翰

Woolhouse，John Thomas 伍尔豪斯，约翰·托马斯

Wyndham，Sir William 温德姆，威廉

Y

Yorke，Charles 约克,查尔斯
Young，Edward 杨,爱德华

Z

Zimmermann 齐默尔曼

再版后记

记得在去年(2017年)7月中旬,不经意间接到一个电话。原来是上海人民出版社孙瑜先生打来的,他说明来意,是询问有关《孟德斯鸠评传》的事,问我是否有意修订一下然后出一个新版,版权之事由出版社负责解决。我听后感到十分欣喜,因为本书离初版已隔20多年,对我而言仿佛十分遥远和淡漠,现有出版社愿意修订后重新出版,顿时有一种慧眼识珠、觅到知音之感,所以我们十分愉快和友好地商定,待版权问题解决后便展开这项工作,并征得了合译者许明龙先生的支持。

岁月无痕,时光像握在掌中的流沙一样不知不觉地流淌,回首这本《孟德斯鸠评传》的翻译过程,倏忽间又回到20世纪80年代。那时我在《世界历史》编辑部工作,负责《世界历史》和《世界史研究动态》。当时我对启蒙运动颇有兴趣,连续读了3本孟德斯鸠的代表作《波斯人信札》《罗马盛衰原因论》及《论法的精神》的中译本,还写了几篇小文章介绍。当时我就萌生了一个念头,鉴于当时学界对这方面研究较为薄弱和作品不多,何不翻译一本较好的孟德斯鸠传记供大家参考呢? 从各家图书馆找来找去,终于找到了这本由牛津大学罗伯特·夏克尔顿教授写的《孟德斯鸠评传》。我觉得这本书比其他的传记更合适,不仅资料翔实丰富,而且学术水平较高。作者曾到波尔多拉布莱德古堡(即孟德斯鸠的故居)中查阅收集了所有遗作手稿,还到欧洲各国凡孟德斯鸠去过的地方查阅相关资料,甚至能辨认孟德斯鸠各位秘书的笔迹,可见其做学问的功夫之扎实。无怪乎波尔多市孟德斯鸠研究会会长达拉先生对本书予以高度好评:"这是我所见到的孟德斯鸠传记中最好的一种。"这一评价名至实归、十分中肯,可见上海人民出版社之所以选择本书,与我当初的想法完全一致,即看重本书的学术水平。虽然选定了本书,但当时实际工作中还是遇到不少困难,除本职工作较忙外,一是文种多,除了英语,还涉及法、德、西、意、拉丁甚至古希腊文;二是文中注释多,其中大多是当时国内很难查阅到的,限于水平只能求助于朋友和同行。令人高兴的是几位合译者水平很高,尤其是同事许明龙先生,他不仅通晓法文,而且对孟德斯鸠深有研究,发表过多篇著作,在译校中帮助解决了不少疑难问题。经过 3 年努力,本书终于在 1991 年出版。但由于当时还是手排铅印,加之疏忽和水平之限,仍留下少量瑕疵和遗憾。

这次新版的《孟德斯鸠评传》得以与读者见面,首先应该感谢上海人民出版社的大力支持,尤其是孙瑜先生和范晶女士亲自参与此项工作,从版权交涉到校阅全书都付出了巨大的努力。在本书的修订和校阅过程中,我虽也浏览了全书,但因病动了腰椎手术,不能全力以赴。幸亏许明龙先生自告奋勇相助,承担了全书的修订工作,认真仔细校阅了全书,而且对有些疑难之处提出讨论,还加了一些新注,使本书质量有了进一步提高,在此对他的辛勤劳动和对读者负责的精神,深表感谢。

本书历经 27 年后重新面世,我们还是希望本书能对读者进一步了解孟德斯鸠这位世界文化名人的生平思想有所裨益,也有利于对 18 世纪启蒙运动的了解和研究,这是我们重新修订本书最大的愿望,若能如愿,至为幸也。毋庸讳言,在译校中虽努力审阅,但疏漏和瑕疵仍难以避免,恳望读者不吝指教,并致诚挚的感谢!

沈永兴

2018 年 6 月于北京

图书在版编目(CIP)数据

孟德斯鸠评传/(英)罗伯特·夏克尔顿
(Robert Shackleton)著;沈永兴,许明龙,刘明臣译
—上海:上海人民出版社,2024
书名原文:Montesquieu:A Critical Biography
ISBN 978-7-208-18780-1

Ⅰ.①孟… Ⅱ.①罗… ②沈… ③许… ④刘… Ⅲ.
①孟德斯鸠(Montesquieu, Charles Louis de Secondat
1689-1775)-评传 Ⅳ.①B565.24

中国国家版本馆 CIP 数据核字(2024)第 050636 号

责任编辑 邱   迪
封面设计 赤   徉

孟德斯鸠评传

[英]罗伯特·夏克尔顿 著

沈永兴   许明龙   刘明臣 译

出　　版　上海人民出版社
　　　　　(201101 上海市闵行区号景路 159 弄 C 座)
发　　行　上海人民出版社发行中心
印　　刷　江阴市机关印刷服务有限公司
开　　本　635×965 1/16
印　　张　31
插　　页　5
字　　数　422,000
版　　次　2024 年 4 月第 1 版
印　　次　2024 年 4 月第 1 次印刷
ISBN 978-7-208-18780-1/K·3359
定　　价　145.00 元